普通高等教育新型规划教材
供应链管理专业

绿色供应链管理

GREEN SUPPLY CHAIN MANAGEMENT

于晓辉　刘静 ◎ 主编

首都经济贸易大学出版社
Capital University of Economics and Business Press
· 北 京 ·

图书在版编目（CIP）数据

绿色供应链管理 / 于晓辉，刘静主编. -- 北京 ：首都经济贸易大学出版社，2025. 3. -- ISBN 978-7-5638-3845-5

Ⅰ. F252.1

中国国家版本馆 CIP 数据核字第 20256AB044 号

绿色供应链管理

LÜSE GONGYINGLIAN GUANLI

于晓辉　刘静　主编

责任编辑　浩南

封面设计　砚祥志远·激光照排 TEL: 010-65976003

出版发行　首都经济贸易大学出版社

地　　址　北京市朝阳区红庙（邮编 100026）

电　　话　（010）65976483　65065761　65071505（传真）

网　　址　https://sjmcb.cueb.edu.cn

经　　销　全国新华书店

照　　排　北京砚祥志远激光照排技术有限公司

印　　刷　北京建宏印刷有限公司

成品尺寸　170 毫米 × 240 毫米　1/16

字　　数　393 千字

印　　张　24

版　　次　2025 年 3 月第 1 版

印　　次　2025 年 3 月第 1 次印刷

书　　号　ISBN 978-7-5638-3845-5

定　　价　58.00 元

前　言

资源问题和环境问题是21世纪人类社会面临的巨大挑战。传统产业在给人类带来文明和财富的同时，也给人类带来了困境和挑战，如资源枯竭、环境恶化和生态失衡等，这些问题正对人类的生存和发展造成严重的威胁。随着环境问题的日益严峻，环境保护受到全世界越来越广泛的关注，绿色观念逐渐深入人心。我国实施绿色供应链管理不仅符合全球绿色发展趋势，也是我国可持续发展战略的关键组成部分，对企业和整个社会均具有深远的意义。在“碳达峰碳中和”战略目标以及绿色发展新时代背景下，国家高度重视绿色供应链发展，国务院发布《2030年前碳达峰行动方案》《做好碳达峰碳中和工作意见》等重要文件，指导各行各业绿色低碳转型和新产业生态建设。

伴随着绿色生产制造逐步落地，各大企业开始联合研究机构在绿色生产的基础上，结合供应链管理的业务理念，在供应链各个环节开始进行探索，“绿色采购”“绿色物流”等系列概念开始涌现。21世纪，伴随着多环节探索逐步成熟，欧盟开始倡导绿色产品，供应链的整体环境影响开始被企业重视，绿色供应链应运而生。当前绿色供应链虽然尚无统一的标准定义，但是相对明确的是，区别于可持续供应链，绿色供应链更加专注于对环境影响的控制与优化，需要考虑包括社会责任、生态责任以及经济可持续性在内的多样化维度。2020年9月22日，我国向世界做出“碳达峰碳中和”的郑重承诺，这进一步推动了中国企业对绿色供应链的探索。当前，推动实现绿色发展和可持续发展已成为国际共识。我国推进生态文明建设的重要任务之一就是建立健全绿色低碳循环发展的生态经济体系，而生态经济体系的基本原则和实现途径是循环经济。为应对中国生态环境风险，我国提出“加快建立绿色生产、消费的法律制度和政策导向，建立健全绿色低碳循环发展的经济体系”。在上述背景下，2014 年绿色供应链被纳入北京 APEC 首脑会议议程。2021 年 2 月，国务院发布《关于加快建立健全绿色低碳循环发展经济体系的指导意见》，将构建绿色供应链上升为国家政策，成为促进绿色转型、实现绿色发展的重要抓手。

绿色供应链需要通过管理工作来实现，即绿色供应链管理。绿色供应链管理是一种在整个供应链中综合考虑环境影响和资源效率的现代管理模式，它以绿色制造理论和供应链管理技术为基础，依托上下游企业之间的供应关系，以核心企业为支点，通过绿色供应商管理、绿色采购等工作，向上下游企业持续传递绿色要求，引导相关企业参与绿色发展工作，进而带动全产业链绿色化水平持续提升。

本书共十章内容，编者结合多年的教学实践，试图解决好以下几个问题。

一是绿色供应链与传统供应链的联系与差异。供应链是绿色供应链的根基，整体来看，绿色供应链比传统供应链更加重视环境问题和资源的高效利用，在追求经济效益的同时，把对环境的危害降低到最小。本书在讲解绿色供应链的同时联系实际案例，分析绿色供应链与传统供应链的差别。上述内容将在第 1 章进行阐述。

二是绿色采购、供应商管理的内涵与要求。供应商位于整条供应链的上游，因此在绿色采购中具有重要地位。实施绿色供应商管理有利于供应商树立绿色发展理念，促进绿色创新，从而将其在节约成本和保护环境方面的行动传递到供应链下游的各个环节。本书第 2 章将重点探讨绿色采购、绿色供应商管理、绿色采购的碳足迹以及国内外的先进实践等，全面阐述绿色供应商的闭环管理。

三是绿色供应链管理全流程的实施要求。本书第 3、4、5、6 与 7 章将从绿色供应链的重要实施环节——绿色设计与制造、绿色物流、绿色营销、绿色回收与绿色供应链绩效评价切入，阐述相关绿色环节的内容、实施方法、国内外标准化现状、碳足迹测算、先进实践案例与优秀经验，帮助读者更加全面地了解绿色供应链管理的实施要点及关键措施。

四是绿色供应链管理的先进技术与应用。本书的第 8、9 与 10 章将绿色供应链现在的研究热点融入教学过程中，结合最新的发展趋势，阐述绿色供应链管理的相关标准发展情况及趋势、ESG 管理、绿色供应链的博弈优化等，启发读者思考，帮助读者掌握最新的绿色供应链管理技术。

五是理论性与实用性相结合。绿色供应链管理具有极强的理论与实践相结合的特性，本书在体系设计上注重实用性原则，在每章中安排了学习目标、案例、小结等内容。节中案例均来自当前的供应链实践，且章末安排了案例分析，以帮助读者深入研讨有关问题，掌握所学知识。

本书主要满足工商管理、物流管理、物流工程、供应链管理专业本科生和研究生的教学需要，对相关领域的管理人员和技术人员也有一定的帮助。在本书的编写过程中，北京物资学院的研究生商盈润、吴优、苏子涵、何雁翎、吴贻来、高颖颖、刘迪、徐柳、陈辰辰、戴天琦、崔庆茹、司泽众等参与了资料的搜集和整理工作，在此一并感谢。本书在准备、撰写、整理的过程中参考了国内外同行的诸多著作和文献，引用了部分资料，特向这些作者表示感谢。

绿色供应链管理近几年在我国进入高速发展阶段。面对复杂严峻的国际形势，在我国构建新发展格局、建设美丽中国和社会主义现代化强国的新发展阶段，提升我国全产业链绿色化水平势在必行。希望本书的出版，能够为广大绿色供应链管理相关人员提供一定的启示或者参考，为促进我国供应链绿色转型做出一些贡献。本书内容繁多，难免有不足之处，敬请各位读者批评赐教。

于晓辉　刘　静

目　录

第 1 章　绿色供应链导论

【学习目标】

1. 掌握供应链的概念、特征。
2. 掌握绿色供应链的概念、特征和实现路径。
3. 熟悉绿色供应链管理的内容。
4. 理解低碳供应链和绿色供应链的区别。

21 世纪，资源问题和环境问题是人类社会面临的巨大挑战。传统工业经济模式下的生产活动已经无法满足可持续发展对自然资源的要求。尽管传统产业为人类带来了文明和财富，但它也引发了如资源耗尽、环境退化和生态失衡等问题。随着环境问题的日益严峻，环境保护受到世界各国越来越广泛的关注，绿色理念逐步赢得了人们的普遍认同。本章介绍了绿色供应链管理的基本概念，结合企业绿色供应链管理实际案例阐述了绿色供应链管理涉及的核心环节，最后总结了国内外绿色供应链管理的先进实践，具有重要的参考意义。

1.1　绿色供应链

1.1.1　什么是绿色供应链

1.1.1.1　供应链

供应链是一种结构，是供应商将产品提供给最终用户的过程中形成的网链结构。供应链涉及原材料供应商、生产制造商、物流商、分销商、批发零售商等环节（如图 1–1 所示）。传统供应链的全球化扩张造成了一系列环境压力，从而逐渐推动国际范围内绿色供应链理论和实践的发展。

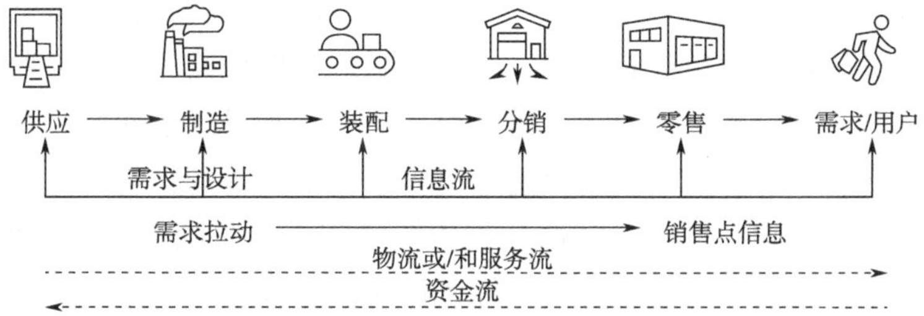

图 1–1　传统供应链框架图

1.1.1.2 绿色供应链与管理

供应链是绿色供应链的根基，绿色供应链在传统供应链的环节中提出了环境要求。绿色供应链比传统供应链更加重视环境问题和资源的高效利用，在追求经济效益的同时，要求降低对环境的危害。绿色供应链框架如图1–2所示。

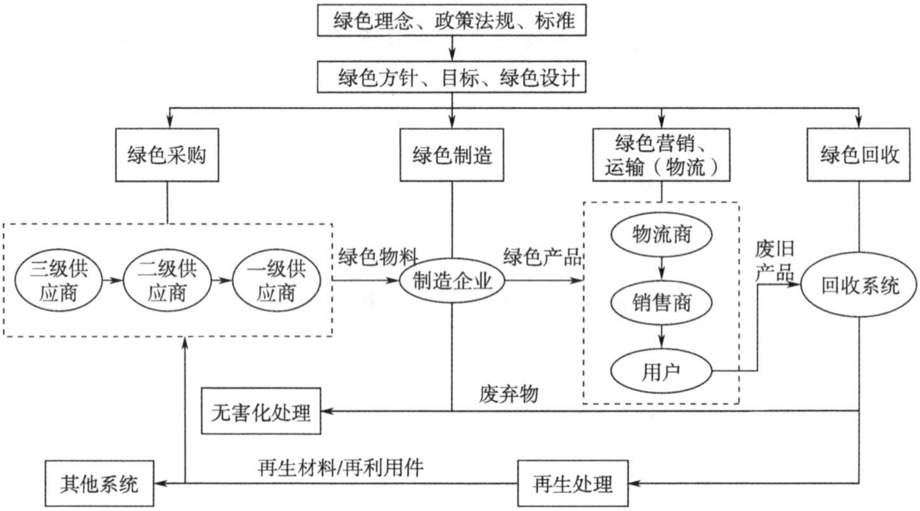

图1–2 绿色供应链框架[10]

从概念界定上看，绿色供应链概念起源于Webb[1]在1994年提出的绿色采购概念，最早由美国密歇根州立大学的制造研究协会在1996年进行的一项“环境负责制造（ERM）”研究中首次提出，又称环境意识供应链（environmentally conscious supply chain，ECSC）或环境供应链（environmentally supply chain，ESC），是一种在整个供应链中综合考虑环境影响和资源效率的现代管理模式，它以绿色制造理论和供应链管理技术为基础，涉及供应商、生产厂、销售商和用户，其目的是使产品在物料采购、制造、组装、物流和使用等整个过程中，对环境的影响（负作用）最小，资源效率最高[2]。Beamon[3]在传统供应链的基础上加入了再制造、回收和再利用这些活动流，提出了绿色供应链的概念。Srivastava[4]认为，绿色供应链管理是在供应链管理的产品设计、采购、制造、分销和产品的生命周期末端治理管理等各个环节中综合考虑环境管理因素。Nagel[5]认为，绿色供应链的管理涉及产品、资金、管理以及生产等要素的全部，而非简单地针对生产、销售而言。Walton[6]等认为绿色供应链管理就是将供应商加入企业的环境战略中，其核心是将集成管理的思想应用到绿色供应链领域。Rogers 和 Tibben-Lembke[7]认为逆向物流①是企业实施环境战略的潜在优势所在。Nagel[5]认为绿色供应链管理与传统供应链管理的区别主要有两点：一是绿色供应链管理相较于传统供应链管理新增加了环境保护意识和供应链内部长期稳定的战略合作关系；二是技术支持在此过程中将起到举足轻重的作用。

与以上学者只考虑绿色供应链某些环节与环境的关系不同，Handfield 和 Nichols[8]将研究视角扩大至绿色供应链全局，给出了绿色供应链相对全面的定义：绿色供应链是产品从原材料采购到最终用户使用过程中，贯穿于供应链上下游的同商品及信息的流动和转移有关的所有活动。

我国绿色供应链的定义基本秉持了两点共识：一是绿色供应链的诞生和发展源于产业经济发展和生态环境保护之间的相互依存和共生发展的需求；二是绿色供应链需要完成从以产业节点为边界的管理架构到具有跨企业和跨行业维度的突破和颠覆，是一种贯穿于当前生态环境保护议题的全生命周期的管理模式。

目前，绿色供应链的定义分为广义和狭义两种。其中，广义的绿色供应链是在工信部发布的《绿色供应链管理评价要求》中提出的：按照产品生命周期要求，对设计、采购、生产、物流、回收等业务流程进行管理，其中涉及供应商、制造企业、物流商、销售商、最终用户以及回收、拆解企业的协作（是一种面向产品全流程的绿色生产）。狭义的绿色供应链[9]，是指在传统供应链的基础上，将环境保护和资源节约的理念贯穿于企业从产品设计到原材料采购、生产、运输、储存、销售、使用和报废处理的全过程，使企业的经济活动与环境保护相协调的上下游供应关系。虽然国内外对于绿色供应链的概念尚未统一，但都认为绿色供应链是将环境保护意识整合到供应链各个环节里，减少环境污染，优化资源利用，增进社会福利。

---

① 逆向物流：与传统供应链反向，为价值恢复或处置合理而对原材料、中间库存或最终产品实施的从消费地到起始点的物流活动过程。参见国家标准SZDB/Z 295《供应链服务术语》。

需要特别说明的是，有学者将环保达标视为绿色供应链的依据，事实上，环保合规是应尽的法律义务，不能作为判断绿色供应链的唯一标准。判断企业是否打造了绿色供应链，主要看核心企业有没有带着相关企业持续改善环境绩效。例如，从环保合规走向更高要求，从关注环保到关注节能、节水等。

1.1.2 绿色供应链的特征

绿色供应链是在传统供应链的基础上发展起来的，两者都强调系统性，希望通过各节点、各企业及各部门间相互协调合作，实现整个供应链效益。但相对于传统供应链而言，绿色供应链在追求经济收益的同时，更强调环境因素，寻求经济、社会与环境三者之间效益的平衡，强调计划、采购、生产、流通至消费等活动与环境的相容性。目前国内外学者从不同角度对绿色供应链进行了阐述，总结起来，绿色供应链的特征有以下四点。

1.1.2.1 绿色性

绿色供应链与传统供应链的本质区别，是绿色供应链将“绿色属性”融入供应链的整个生命周期，强调对产品整个生命周期的绿色改造。供应链的绿色性主要体现在两个方面：一是环境保护，绿色供应链在生产运作中（包括采购、设计、生产等过程）处处蕴含环保意识，尽可能降低对环境的污染；二是能源利用，在运营过程中对每种应用到的资源加以最大限度的利用，缓解资源的紧张，增加社会福利，最终在降低资源消耗和对环境影响的追求下实现经济绩效。

1.1.2.2 动态性

供应链是一个复杂的网络系统，各节点企业之间存在竞争与合作，环境变化、企业价值变化促使供应链向绿色供应链发展，在此过程中，绿色供应链不断从低级阶段向高级阶段持续发展进步，供应链绿色化程度也不断加深，因此必然表现出动态性的特点。

1.1.2.3 循环性

绿色供应链与传统供应链相比增加了绿色回收环节，从绿色采购到绿色回收，对供应链的各个环节进行节能环保设计，形成了一个完整的闭环供应链。通过绿色回收，将使用寿命结束的产品通过逆向物流使部分材料或零部件循环使用，从而提高供应链系统的资源利用率，降低对环境的负面影响。

1.1.2.4　复杂性

尽管绿色供应链是一个闭环的链状结构，但外部环境变化会影响到供应链的绿色化进程，企业是否进行绿色创新及其绿色化程度受到国家、法律、政策、文化、民族、习俗等多方面的影响。不仅如此，供应链成员之间也会互相影响，供应链中不同成员的类型、规模、文化、理念不尽相同，这些因素也可能成为影响供应链企业绿色创新的因素。同时某一企业可能是不同供应链中的成员，即供应链之间也会发生相互关系。

1.1.3　实现绿色供应链的基本途径

1.1.3.1　加强供应链成员内部管理

由于供应链成员的情况千差万别，绿色供应链管理的模式也多种多样，因此供应链成员在决定实施绿色供应链管理时，应仔细分析自身的状况，要从承载能力和实际出发，解决自身急需的问题，并以见效较快的环节作为突破口，明确认识实施目标，确保成功。

加强供应链成员内部管理，重新思考、设计和改变在旧的环境下形成的按职能部门进行运作和考核的机制，有效建立跨越职能部门的业务流程，减少生产过程中的资源浪费，节约能源，减少环境污染。

强化领导和员工的环境意识，高层领导转变观念，积极地把经济目标、环境目标和社会目标恰如其分地同供应链联系在一起考虑，通过学习和培训，提高各个层次员工的环境认识，让员工从根本上了解环保、重视环保。

实施绿色采购，尽量根据供应链成员自身的需求采购原材料和零部件，减少原材料和零部件库存量，对于有害材料，尽量寻找替代物，要充分利用多余设备和材料。

1.1.3.2　加强供应商的环境管理

绿色供应过程对供应商提出了更高的要求。首先，要根据制造商本身的资源与能力、战略目标对评价指标加以适当调整，设置的指标要能充分反映制造商的战略意图。其次，强调供应商与制造商在企业文化与经营理念上对环境保护的认同，这是供应链成员间战略伙伴关系形成的基础。再次，供应链成员具有可持续的竞争力与创新能力。最后，供应商之间具有可比性，这样有利于在多个潜在的供应商之间择优选择。

1.1.3.3　加强用户环境消费意识

要从中国人均资源占有水平低、资源负荷重、压力大的角度出发，充分认识到绿色消费对可持续发展的重要性。发展绿色消费可以从消费终端减少消费行为对环境的破坏，遏制生产者粗放式的经营，从而有利于实现中国社会经济可持续发展的目标。同时，发展绿色消费不仅可以通过优质无污染的消费对象来改善人们的消费质量和身体健康，而且可以在消费过程中通过观念的转化、行为的转变，提高广大群众对环保、绿色消费与可持续发展的认识。

1.1.3.4　加强管理部门的环境执法

由于技术水平和资金相对有限，生产过程是否最节约资源、能源和减少环境污染无法确定。为了节约成本，应当对生产过程进行适当的修改，但由于习惯、经验、技术、设备和资金的影响，大多数生产方式修改空间有限，效果如何无法很好地考察，甚至为了追求短期效益，不顾污染环境。这个过程需要全社会的力量参与进行。执法部门要广泛深入地宣传环保，向企业决策者宣传绿色市场营销观念，向广大消费者宣传生态环境的重要意义，针对不同对象，采取不同方式进行教育培训。

1.2　绿色供应链管理

供应链管理是围绕核心企业，通过对信息流、物流、资金流的控制，将从物料获取并加工成中间产品及成品，到把成品送到用户手中的一系列企业和部门整合起来形成协同运作体系。它涉及原材料供应商、零部件及标准件承包商、核心制造商、销售商和最终用户，并将它们看成是企业经营的合作伙伴。它以控制库存、降低成本、实现供应链上的伙伴企业共赢为目标，故一条关系紧密、经济利益相连的供应链将极大地增强合作者的竞争力。供应链是由物料获取并加工成中间件或成品，再将成品送到用户手中的一些企业和部门构成的网络，包括从订单的发送和获取、原材料的获得、产品制造到产品分配发放给用户的整个过程。它应用系统工程统筹规划企业的各种物流、信息流、资金流和工程流，克服各种损益，从而降低整个供应链的成本，以求整体活动的最优化。

绿色供应链将减污、降碳、扩绿、增长的理念融入整个供应链。它以达到绿色制造为目标，充分利用其具有绿色优势的外部企业资源，并与具有绿色竞争力的企业建立战略联盟，使各企业分别集中精力去巩固和提高自己的绿色制造核心能力和业务，使整个供应链的资源消耗和环境影响（副作用）最小化。供应链管理的目标是6R：将顾客所需的正确的产品（right product）能够在正确的时间（right time），按照正确的数量（right quantity）、正确的质量（right quality）和正确的状态（right status）送到正确的地点（right place），并实现总成本最小化。因此，在上升到绿色供应链管理时，它涵盖了一个公司从各种环境管理的努力一直到与供应链上各企业在环境问题方面的合作。它在供应链管理的6R基础上再增加一个R，即正确的环境（eight environment）[11]。这就要求企业管理者在追求经济利益的同时，还要尽最大努力，通过实施各种环境项目和技术减少产品在整个生命周期内给环境带来的负面影响，改进环境绩效。

绿色供应链需要通过管理工作来实现，也就是绿色供应链管理。绿色供应链管理是一种在整个供应链中综合考虑环境影响和资源效率的现代管理模式，它以绿色制造理论和供应链管理技术为基础，依托上下游企业之间的供应关系，以核心企业为支点，通过绿色供应商管理、绿色采购等工作，向上下游企业持续传递绿色要求，引导相关企业参与绿色发展工作，进而带动全产业链绿色化水平的持续提升。从运作管理的角度出发，绿色供应链管理大致包括以下几个方面。

1.2.1　绿色采购

绿色采购是指企业在采购活动中，推广绿色低碳理念，充分考虑环境保护、资源节约、安全健康、循环低碳和回收促进，优先采购和使用节能、节水、节材等有利于环境保护的原材料、产品和服务的行为。在绿色采购中，占主导地位的企业会迫使其上游供应商采用对环境友好的技术、材料和生产手段，以达到降低温室气体排放和环境污染的目的，这种做法可以从根本上保证供应链的可靠性。

负责任的材料采购

苹果（Apple）公司的《负责任原料采购标准》基于多项领先的国际指导原则，包括《联合国工商企业与人权指导原则》以及经济合作与发展组织（OECD）关于尽责管理的指南。2022年，苹果供应链中经认证的锡、钽、钨、金（3TG）、钴和锂冶炼厂和精炼厂全部完成评估且符合苹果的标准，识别了社会、环境、人权和治理方面的风险。此外，苹果还会追踪产品中的其他材料，如云母、铜、石墨和镍，在将新材料用于生产之前评估它们的供应商是否符合要求。

（资料来源：苹果公司《2023年环境进展报告》。）

1.2.2 绿色设计

绿色设计也称生态设计，是指在设计阶段将产品的环境绩效作为出发点，最大化地避免产品对环境和人类产生的危害，减少用料或者使用可再生、可降解、可回收原料，延长产品使用寿命，降低产品在生产使用环节的能耗等。作为绿色供应链的基础环节，绿色设计有助于从源头遏制污染，提高产品的环境性能和企业的竞争力。与传统供应链不同，绿色设计是思维方式的一次全面革新，供应链内各环节的操作都应以减少对环境的影响为指导思想，与此同时，仍不影响实际操作效果，采用绿色设计的供应链能够达到与传统供应链操作下相同甚至更好的效果。

低碳设计

苹果公司致力于使用可再生和可持续材料改善并提升制造效率，通过使用再生材料，降低产品碳足迹，如恢复金属、再生纤维和生物塑料。自2015年以来，通过改用再生和低碳铝材，苹果铝金属相关的碳排放已降低了71%之多。

（资料来源：苹果公司《2023年环境进展报告》。）

1.2.3　绿色制造

绿色制造旨在维护环境、经济和社会的可持续发展，并贯穿于产品设计、生产等运作中，使环境影响最小化。减少有害排放、降低无谓的资源浪费和支持回收管理是绿色制造的有效运作手段。在产品的生产工艺流程中，通过技术创新，提升管理能力，提高资源和能源利用率，控制污染物和温室气体的排放，降低制造过程中产生的边角下料和废弃物。

更高明的化学工艺

苹果公司在产品制造过程中实行多层控制，从而限制潜在的化学品暴露。多层控制的概念适用于控制暴露风险，由五项限制行动组成，其优先顺序为：消除、替代、工程控制、行政控制和个人防护设备。消除和替代是最优先采取的控制形式。没有其他方法可以消除或替代暴露风险时，便会依靠工程控制和行政控制来防止暴露，以此最大限度地减少潜在有害物质的重复循环，支持循环供应链方面的工作。从产品中去除潜在有害化学品的工作可以制造出对人和环境安全的产品。

（资料来源：苹果公司《2023 年环境进展报告》。）

1.2.4　绿色物流

绿色物流是指在物流过程中抑制物流对环境造成危害的同时，实现对物流环境的净化，使物流资源得到最充分的利用。绿色物流包括物流作业环节和物流管理全过程的绿色化。从物流作业环节来看，包括绿色运输、绿色包装、绿色流通加工等。从物流管理过程来看，主要是从环境保护和节约资源的目标出发，改进物流体系，包括正向物流环节的绿色化和供应链上逆向物流体系的绿色化。绿色物流的关键是运输和仓储环节，在运输和仓储过程中会产生大量温室气体，因此这两个环节还具有巨大的优化空间。目前，绿色物流在实际应用中存在以下问题：空驶率高、机动车碳排放高、网络布局不合理、物流包装浪费、缺乏资源整合与共享、运输方式选择不当、标准化程度低、管理体系不完善等。例如，宜家为了降低成本，把全世界的配送中心和中央仓库大部分设立在交通要道和集散重镇，便于运输和仓储。与此同时，当前新能源送货车的兴起也大大帮助了企业进行低碳转型实践。

产品运输

苹果公司在积极寻求运输技术方面的创新，包括与供应商合作，使用替代燃料和电动汽车。例如，在欧洲试运行了以氢气为燃料的重型卡车，这种新兴的低碳燃料十分适合长途卡车。同时。苹果还继续评估使用电动车辆（包括电动单车和电动汽车）提供碳中和送货服务的承运商，选用那些提供低碳服务方式的供应商有助于降低环境影响。此外，苹果还尽可能地同时运输多种产品，减少包装并通过提高尾段运输的效率来减少排放。同时，苹果正努力推动全新解决方案，如通过支持Carbon Direct分析来确定开发可持续航空燃料的路径。

（资料来源：苹果公司《2023年环境进展报告》。）

1.2.5 绿色包装

绿色包装（green package）又被称为无公害包装和环境之友包装（environmental friendly package），是指对生态环境和人类健康无害，能重复使用和再生，符合可持续发展的包装。它的理念有两层含义：一个是保护环境，另一个是节约资源，两者相辅相成，不可分割。其中保护环境是核心，节约资源与保护环境密切相关，因为节约资源可减少废弃物，其实就是从源头上保护环境。从技术角度讲，绿色包装是指以天然植物和有关矿物质为原料研制成对生态环境和人类健康无害，有利于回收利用，易于降解、可持续发展的一种环保型包装。也就是说，其包装产品从原料选择、产品制造到使用和废弃的整个生命周期，均应符合生态环境保护的要求，应从绿色包装材料、包装设计和大力发展绿色包装产业三个方面入手实现绿色包装。

循环利用材料

苹果公司已经实现了产品和包装完全采用可再生材料或可回收材料的目标，培育了足够的可持续发展森林来满足其在产品包装上的用纸需求，比如，所有MacBook Air和Mac mini的外壳材料均为可回收铝，所有零售包装材料均为木质纤维，目前，苹果99%以上的产品包装用纸都来自这些可持续发展森林和循环利用材料。

（资料来源：苹果公司《2023年环境进展报告》。）

1.2.6　绿色销售

绿色销售是指企业在生产经营过程中，将企业自身利益、消费者利益和环境保护利益三者统一起来，以此为中心，对产品和服务进行构思、设计、销售和制造。通过缩短分销渠道，减少分销过程中造成的资源浪费和环境影响；引导消费者树立可持续消费观，选择绿色包装，回收废旧产品。线上销售是减少分销的一种方式，同时很多企业已经开始通过树立自身的“碳标签”来助力塑造产品的绿色低碳形象，许多消费者开始希望积极参与解决气候变化问题，因此会更加重视其购买决策带来的碳影响。根据美国著名沙拉连锁品牌Just Salad公布的数据，其于2020年9月开始在菜单中添加碳标签后，低碳食品的销售额增长超20%，并且这些产品在总销售额中的份额也有所增加。

绿色销售

苹果公司通过与第三方销售渠道合作，对于还有转售价值的设备，苹果会赠予礼品卡；对于已经不能使用的设备，苹果将负责将其填埋，防止电子设备对环境造成污染。苹果还与全球160 多家回收机构进行合作，确认它们的设施符合高标准的环境、健康和安全要求及社会责任。苹果公开的数据显示，通过这些努力，自1994年以来，苹果已有超过27万吨的设备免遭填埋。

（资料来源：苹果公司《2023年环境进展报告》。）

1.2.7　绿色回收

绿色回收包括一个完整的回收系统，在产品生命周期末端对其进行回收，以进入再使用、再制造等逆向流程，实现供应链闭环运作。产品在使用周期结束后，如不进行合理的回收处理，可能会造成资源浪费和环境污染。回收可再次利用的材料可以使绿色供应链形成闭环。

绿色回收

苹果公司通过对废弃物品进行正确分类，努力使无法避免产生的废弃物不被填埋。在可能的情况下将废弃物转化为回收利用和堆肥制造。为了实现这一点，在各个场所均提供附有明确标签的容器。例如，努力通过持续推出用于回收、堆肥和填埋的综合垃圾箱，以及对标志进行改进来减少污染并提高回收率。苹果公司的全球大部分公司场所和零售店，都会对纸张、塑料、铝金属和硬纸板进行回收。有超过450间办公室、零售店和数据中心参与了堆肥制造项目。此外，苹果还会利用科技提高公司场所的转化率。例如，在加州Santa Clara Valley和Culver City的办公室试点了废弃物传感技术系统，通过在垃圾箱内采用摄像头和数据收集，监控污染并提高转化率。

（资料来源：苹果公司《2023年环境进展报告》。）

1.2.8 绿色绩效评价

绿色供应链绩效评价是指对企业在实施绿色供应链管理过程中取得的成果和效益进行定量或定性评估的过程，主要包括以下几部分。

1.2.8.1 指标体系设计

设计合理的评价指标体系是绿色供应链绩效评价的关键。指标体系通常包括环境绩效、经济绩效和社会绩效等方面的指标。

1.2.8.2 数据收集与监测

通过收集和监测相关数据，对指标进行定量或定性分析。数据来源包括企业内部系统、供应商信息、环保监测数据等，可以通过信息系统实现数据的自动化采集和监测。

1.2.8.3 选择绩效评估方法

常用的绩效评估方法包括层次分析法、加权评分法、成本效益分析法等，可根据不同的评估对象和评价目的，选择合适的评估方法。

1.2.8.4 结果分析与改进措施

对评价结果进行分析，发现问题和不足，并提出改进措施。通过持续改进，优化绿色供应链管理过程，提高绩效水平。

1.2.8.5　信息披露与共享

将评价结果及时反馈给企业内部和外部相关方，增强透明度和信任度。同时，促进企业间的信息共享和经验交流，推动整个行业的绿色转型。

环境进展报告

自2008年以来，苹果公司通过发布环境进展报告不断推动其供应链的可持续发展，并通过绩效评价来监测和改进其供应链的表现。

环境绩效评价：苹果公司定期评估其供应链在环境方面的绩效，包括能源使用、碳排放、水资源管理、废物处理等。同时公司还会对供应商进行环境审核，并要求其符合苹果的环境标准和政策。通过监测和评估，苹果可以识别和推动供应链中的环境改进措施。

社会责任绩效评价：苹果公司关注其供应链中的劳工权益、工作条件、员工健康与安全等社会责任问题。公司可能会进行供应商审核和评估，确保供应商遵守相关劳工法规和公司的社会责任政策。通过与供应商的合作以及对供应商的监督，苹果努力改善供应链中的社会责任问题。

公司治理评价方面，苹果公司关注董事会结构、信息披露、反腐败措施等方面。报告中包括公司治理结构、董事会成员资质、公司内部审计机制等内容。

（资料来源：苹果公司《2023年环境进展报告》。）

1.3　绿色供应链管理企业实践

1.3.1　戴尔（Dell）

戴尔科技集团对绿色供应商管理、绿色生产、搭建绿色信息收集监测披露平台等关键环节制定了绿色供应链管理战略规划并以绿色供应链标准为支撑，以资源节约、环境友好为导向。

主要措施如下：

一是产品全生命周期绿色设计。戴尔从产品设计一直到使用寿命终结的各个环节，都积极地将可持续发展理念应用贯穿于产品和服务的全生命周期。包括推崇循环经济，以延长产品的使用寿命为目标，寻找能够循环使用的材料，并满足相关方所期望的严格环境标准。

二是绿色供应商准入。所有进入戴尔供应链的供应商都必须通过负责任商业联盟行为守则（RBA）审核，且根据不同的供应商类别、风险大小设定不同的准入标准。戴尔还要求供应商在保证质量的前提下必须通过环境和社会责任相关管理体系认证，将供应商的管理体系建设纳入风险评估范围。

三是对供应商提出明确的绿色要求。戴尔要求供应商对产品进行生态设计并对自身资源能源消耗、污染物排放、有害物质使用等进行有效管理。

四是绿色供应链信息平台建设和信息披露。戴尔积极在供应链生态中实施“在中国，为中国”4.0战略，利用强大的供应链优势，推动中国本土供应链向自动化、绿色和大数据方向发展，推进供应链大数据管理和绿色信息披露平台的完善。

1.3.2 三星（Samsung）

为了更好地发挥协同效应，三星电子与战略合作供应商共同实施绿色管理。三星为供应商提供所需的预算和人力资源，以帮助其实现符合国际标准的绿色管理，三星提供教育培训，帮助供应商的员工认识到环境问题的重要性。

主要措施如下：

一是实施生态合作伙伴计划认证制度。三星通过评估供应商是否遵守“产品使用物质管理标准”和供应商的环境质量管理体系，对其进行认证管理。供应商需提交一份包含有害物质证明信息的产品环境报告，以及原料公司提供的数据。具体的认证过程如图1–3所示。

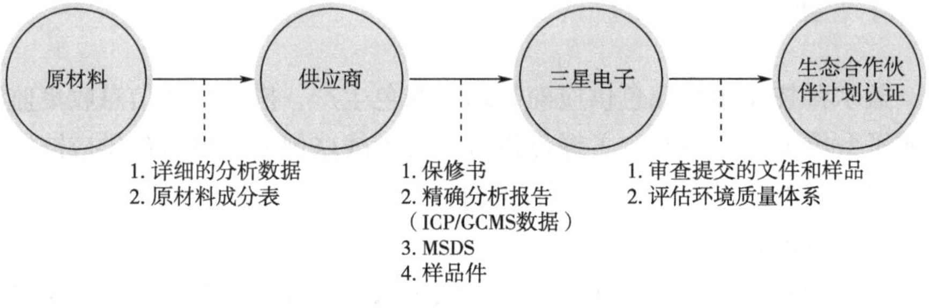

图1–3 三星合作伙伴计划认证过程

二是全面的供应商评估。三星的综合性供应商评估每年举行一次，以提升供应商的竞争力。该评估分为两个方面，即企业竞争力和可持续发展风险。可持续发展风险包括环保领域。对于合作伙伴，需评估其在环保管理方面的现状以及其在国际环境标准方面的认证地位。如果在环保方面低绩效，供应商会被分类为高风险供应商，三星将对该供应商进行单独管理并不断跟进，以确定其在具体改进议程中是否取得进展。值得注意的是，从2016年开始，三星向主要供应商提供的环境顾问支持计划已扩大到二级和三级供应商，以寻求建立更完整、更持续的供应链。三星的供应商综合评价流程如图1–4所示。

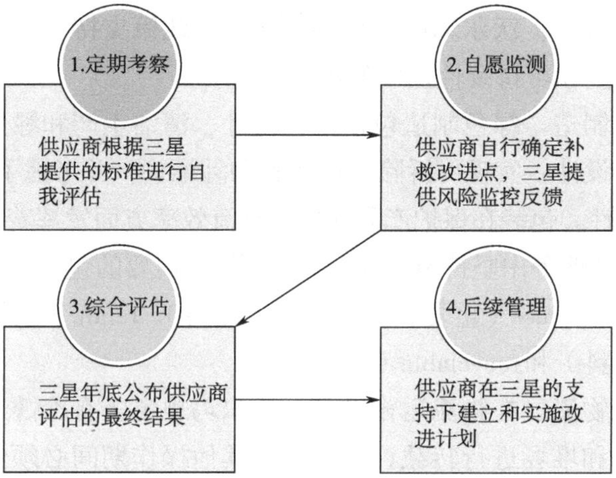

图 1–4　三星供应商综合评价流程

三是绿色施工。三星西安项目将行之有效的绿色施工措施落实到施工现场，这些措施具体包括环境保护、职业健康安全与绿色施工、节材与材料资源利用、节水与水资源利用、节能与能源利用、节地与土地资源保护等方面，且每个方面都有极其详细的要求，通过采用钢筋桁架楼承板施工结构楼板，预制构件施工部分梁、柱、板等技术措施，提高了“工业化”程度，减少了各种资源的浪费及建筑垃圾的产生，绿色施工取得了显著的效果。

1.3.3 沃尔玛（Walmart）

2000年，沃尔玛开始致力于在为顾客提供更优质的服务和商品的同时，更注重可持续发展，积极延伸企业社会责任，将可持续发展纳入供应链和运营的方方面面，制定了“可持续发展360”战略。

主要措施如下：

一是绿色采购。沃尔玛要求全球供应商必须达到当地的环保要求，并提供符合当地环境保护标准和法律法规的证据，此要求被写入采购合同。2008年开始通过采购系统，要求全球供应商将环境、质量方面的标准明确写入其合同内；要求供应商定期报告，如果环境问题没有得到改善，沃尔玛将终止与其合作；沃尔玛向合规供应商提供政策支持，使其能够践行沃尔玛对产品质量和可持续性发展的承诺。

二是绿色制造。绿色制造包括绿色设计、清洁生产和绿色包装。沃尔玛推广无废料设计，实现可拆除、可回收和易维护，并考虑了产品的环境、经济和社会属性。包装在保护产品和提高物流效率方面发挥着重要作用。沃尔玛在绿色包装业务中坚持5R：remove（去掉不需要的包装）、reduce（去掉不必要的包装）、reuse（重复利用一些包装材料）、renew（使用可回收、可降解的包装材料）和recyclable（可回收）。

三是绿色物流。在物流运输过程，沃尔玛规定所有冷链运输车辆必须在仓库、码头和堆场进行转载、卸载，或其他操作期间必须停止车辆发动机，并使用现场电力为制冷设备提供动力。

四是逆向物流。沃尔玛专门为客户提供金属材质、玻璃材质和纸质包装的有偿回收服务，鼓励消费者重新利用资源。目前，沃尔玛超过40%的可回收物可以有效回收。

本章小结

本章介绍了绿色供应链以及管理的基本思想、相关理论。同时，从运营管理的角度，阐述了绿色供应链管理运作的主要内容，并且分析了绿色供应链管理过程中企业的先进实践，从总体上为读者介绍了绿色供应链管理的关键措施及要点。

思考题

1. 绿色供应链是什么？请解释其基本概念和目标，并列举实施绿色供应链的主要原因。

2. 怎样理解绿色供应链和可持续供应链？两者有哪些相同点和不同点？

3. 随着全球气候的不断恶化，新的环境变化如何推动供应链管理的变革？

4. 如何看待我国绿色供应链发展过程中存在的问题？

5. 参考国外绿色供应链管理的现状，请分析我国应如何实施绿色供应链管理。

6. 绿色供应链如何促进企业社会责任的履行？请提供一些实例，阐述企业通过实施绿色供应链管理体现社会责任的方式。

7. 探讨企业在实施绿色供应链中可能面临的法规合规问题，并提供解决方案。

8. 企业实施绿色供应链管理如何促进环境可持续性？

9. 环保认证在绿色供应链中的作用是什么？

参考文献

[1] WEBB L. Green purchasing：forging a new link in the supply chain [J]. Resource，1994，1（6）：14–18.

[2] 顾志斌. 绿色供应链国内外综述 [J]. 中国人口资源与环境，2012，22（11）：204–206.

[3] BEAMON B M. Designing the green supply chain [J]. Logistics Information Management，2013，12（4）：332–342.

[4] SRIVASTAVA S K. Green supply chain management：a state-of-the-art literature review [J]. Social Science Electronic Publishing，2007，9（1）：53–80.

[5] NAGEL M H. Environmental supply-chain management versus green

procurement in the scope of a business and leadership perspective [C] . IEEE International Symposium on Electronics & the Environment，2002.

[6] WALTON S V，Handfield R B，Melnyk S A. The green supply chain：integrating suppliers into environmental management processes [J] . Journal of Supply Chain Management，1998（4）：2–10.

[7] ROGERS D S，TIBBEN–LEMBKE R S. Going backwards：reverse logistics trends and practices [D] . University of Nevada，Reno，Center for Logistics Management，1998.

[8] HANDFIELD R B.，Nichols E L. Introduction to supply chain management [M] . Pearson，1998.

[9] 杨红娟.绿色供应链管理：企业可持续发展模式 [M] . 北京：科学出版社，2008.

[10] 全国绿色制造技术标准化技术委员会. 绿色制造 制造企业绿色供应链管理 导则.GB/T 33635—2017 [S] . 北京：中国标准出版社，2017.

[11] 毛涛，马军. 绿色供应链创新应用制度与实践 [M] . 北京：中国社会科学出版社，2020.

第2章　绿色采购与供应商管理

【学习目标】

1. 掌握绿色采购的概念、体系和流程。
2. 明确绿色采购与供应商管理在企业中的作用和地位。
3. 熟悉绿色供应商选择与评价过程。
4. 了解企业绿色采购的发展方向。

绿色供应链的建立已成为当前企业提供绿色产品与迈向可持续发展社会的主要挑战，其中绿色采购和供应商管理是实施绿色供应链的重要环节和核心内容。本章主要介绍绿色采购和绿色供应商的相关理论，包括传统采购、绿色采购、绿色供应商管理、绿色采购的碳足迹及减排实践等。

2.1　传统采购与采购管理

2.1.1　采购

采购不同于简单意义上的购买行为。购买一般是指以金钱为等价物作为交换，发生商品转移的行为，通常交换的商品数量较少。购买是个人行为，即为满足自身的需要发生的交换活动。采购是集体活动，需求方为某一团体组织，为满足团体组织发展的需要，以金钱为等价物作为交换，采购对象不仅包括有形的商品，也包括无形的服务，且采购过程一般有明确的文件规范要求。需要明确的是，采购除了购买产品和服务以获得商品的使用权、所有权外，还包括通过借贷、租赁的形式获得生产资源的有期限的使用权，期限过后仍要将商品归还给借贷者。《供应链与物流术语》[①]对采购的定义：采购是企业有关购买需要的物品和服务的职能，包括采购计划、采购活动、存货控制、运输、接收、入库检验等业务活动。

综上，本书将“采购”界定如下：为满足企业运营发展的需要而发生的从企业外部引进产品或者服务的行为。

根据采购的对象及目的不同，可以将采购分为项目采购、转售采购、商品采购和服务采购，下面具体介绍。

2.1.1.1　项目采购

项目一词已经越来越多地被应用于社会经济和文化生活的各个领域。

① Supply chain and logistics terms and glossary（Kate Vitasek，2005）.

关于项目的定义有很多种，美国项目管理学会（PMI）在PMBOK®2000中将项目定义为“为完成某一独特产品或服务所做的一次性努力”。

项目具有一次性和独特性等特点。一次性是指项目有明确的开始时间和明确的结束时间，当项目目标已经实现，或因项目目标不能实现而终止时，就意味着项目的结束。项目的独特性是指要完成的某些工作是以前未曾做过的工作。

2.1.1.2 转售采购

转售采购是指采购的目的不是为了自己使用或生产产品，而是为了出售而进行的采购活动。零售商、批发商或分销商出售他们采购的东西，因此，在考虑买什么的时候必须想好要卖什么。

2.1.1.3 商品采购

商品是指初级商品，即原材料，这类商品具有世界性。原材料（如铜、棉花、橡胶、石油等）通常是敏感商品，在购买商品时，采购企业面临的主要问题是商品价格经常在短时期内发生大幅波动。

2.1.1.4 服务采购

服务采购是指除货物或工程以外的任何采购，包括专业服务、技术服务、维修、培训和劳务等。相较于传统采购更关注产品、原材料、零部件和MRO物料等实物采购，服务采购因其多样性、无形性、异质性、动态性等特点使得其管理存在一定难度。

2.1.2 采购管理

对于采购管理，目前定义并不统一。Indelicato[1]将采购管理定义为：为了优化原有的采购流程，企业通过协调供应商来提高供应商的绩效，挖掘供应商的潜力。Chen等[2]将采购管理定义为：在全球动态的环境变化中，为了满足终端消费者的需求，更新产品和服务。

本质上，采购管理的目的是保证采购人员能够在合适的时间、合适的地点，以恰当的方式和尽可能少的成本获得足够的商品。

采购管理在供应链管理中占据重要意义。从直接作用角度来讲，采购管理在以下几个方面对经营的成功具有重大贡献：一是采购管理可以通过节约实际成本显著提高营业利润；二是通过与供应商一起对质流进行更好的安排，采购管理能为更高的资本周转率做出贡献；三是通过科学的采购流管理，能够对企业的业务流程重组及组织结构改革做出贡献；四是提供信息源，采购部门与市场的接触可以为企业内部部门提供有用的信息，主要包括价格、产品的可用性、新供应源、新产品及新技术等信息，这些信息对企业中其他部门也非常有用。供应商所采用的新营销技术和配送体系很可能对营销部门大有好处，而关于投资、合并、兼并对象及当前和潜在的顾客等方面的信息则对营销、财务、研发和高层管理有一定的意义。

除了直接降低采购成本，采购职能也能够以一种间接的方式对公司竞争地位的提高做出贡献。这种间接贡献以产品品种的标准化、质量成本（与检查、报废、修理有关的成本）的降低和产品交货时间的缩短等形式出现。在实际中，这些间接贡献通常比直接节省资金更加实在。

一是产品标准化。可以通过采购标准化的产品来减少采购品种，从而降低企业的生产成本。同时还可降低企业对某些供应商的依赖性，更好地使用竞标的方法。

二是减少库存。通过对采购活动的科学管理，可以实现对企业各个生产环节所需原材料的即时供应，从而降低企业的库存水平以及因大量库存而带来的资金占用。

三是增强柔性。迫于国际竞争的压力，越来越多的公司正尝试实施柔性制造系统。这些系统能提高公司的市场反应速度，还可以促进企业产品质量的提高，降低库存水平，加快资金周转。这种系统的实施要求供应商具有良好的素质。把提高供应商的表现作为采购管理任务的思想会提高企业在其最终用户市场的竞争力。

四是对产品设计和革新的贡献。随着科技的进步，产品的开发周期在极大地缩短，产品开发同步工程应运而生。以汽车为例，20世纪50年代的开发周期约为20年，70年代缩短为10年，80年代缩短为5年，90年代则进一步缩短到3年左右。能做到这一点是与供应商参与早期开发分不开的。通过采购让供应商参与到企业产品开发中，不仅可以利用供应商的专业技术优势缩短产品开发时间，节省产品开发费用及产品制造成本，还可以更好地满足产品功能性的需要，提高产品在整个市场上的竞争力。成功的工业革新常常是从供应商和买方的相互深入作用中实现的，积极地寻求这种相互作用是采购的任务。

总之，采购管理在企业管理中占有至关重要的地位，采购环节是供应链运作过程中的关键一环。因此，做好采购管理是企业在激烈的市场竞争中发展的基本条件。

2.2 绿色采购

2.2.1 绿色采购的内涵

绿色采购是建立在可持续发展理念上的。20世纪70年代，一些西方学者认为，企业在生产经营活动中除了要考虑经济利益，还应当承担相应的社会责任，具体到采购领域就是对社会负责任的采购。随着全球生态环境的恶化，学术界和工业界指出，采购过程中应当尽量减少对环境的负面影响，即着眼于采购与环境之间的协调。

基于此，世界各国也开始在政府采购中突出环保的示范功能。自20世纪90年代起，绿色政府采购蓬勃发展，并成为引领可持续消费的首选手段，如《里约环境与发展宣言》等可持续发展行动计划中提到推动政府绿色采购措施、实施环保标志计划等相关内容。在企业层面，绿色采购成为许多企业实施绿色供应链管理的起点。国际大型制造和零售企业，如IBM、通用汽车、沃尔玛等，通过绿色采购以源头控制的方式保护环境，从而提升企业的绿色形象和品牌价值。

目前，对于绿色采购的概念仍没有一个明确的定义。基于其他学者对绿色采购的认识，并考虑到供应商在绿色采购中的重要地位，一般来说，绿色采购是指在充分考虑环境因素的前提下，通过采购和供应双方的紧密合作，以使产品从物料获取、加工、包装、仓储、运输、使用到报废处理的整个过程中对环境的影响最小为目的而采取的一系列行动[3]。

本书认为：绿色采购是指企业在采购活动中，推广绿色低碳理念，充分考虑环境保护、资源节约、安全健康、循环低碳和回收促进，优先采购和使用节能、节水、节材等有利于环境保护的原材料、产品和服务的行为[4]。绿色采购除具有一般采购所具有的特征外，还具有学科交叉性、多目标性、多层次性、产品全生命周期考察、时域性和地域性等特征。绿色采购旨在源头上减轻环境负担，提高企业绩效，减少末端治理成本，有效降低企业生产经营的环境风险，对全社会节能减排、绿色环保起到良好的引导作用。近年来，中国政府高度重视绿色采购工作，不断丰富我国绿色采购的标准内涵和执行机制，完善绿色采购政策的调控目标、实施办法和配套措施，增强绿色采购促进生态文明建设和可持续发展的引导调控职能，推动低碳、循环、可持续发展的理念在绿色采购领域的贯彻和落实。

与传统采购相比，绿色采购具有以下特征。

2.2.1.1　绿色采购具有多目标性

绿色采购的多目标性体现在采购活动要顺应可持续发展的战略目标要求，注重对生态环境的保护和对资源的节约，注重经济与生态的协调发展，追求经济效益、社会效益与生态环境效益多目标的统一。因此，绿色采购应该在可持续发展理念的指导下注重采购行为与整个环境、社会与人的系统性协调，如何实现这些目标的统筹兼顾、均衡发展是绿色采购的核心问题。

2.2.1.2　绿色采购是多主体、多环节的复杂活动

一方面，采购方可以是政府、企业或其他经济主体，兼具私人采购的商业行为性质和政府采购的非商业行为性质，特别是在政府采购中，绿色采购活动还是公共财政体系管理的一部分内容，具有引导大众、激励企业的重要作用；另一方面，绿色采购活动包括产品环境规范、供应商评价和选择、供应关系管理以及与采购相关的物流、包装、逆向回收等环节，是一个复杂的系统活动。

2.2.1.3　绿色采购强调考察产品的全生命周期

绿色采购要求在现有的采购体系中引入环境标准、评估方法和实施程序，确保采购符合环境保护和资源节约的要求，鼓励采购方选择那些具有尽可能多的生命循环阶段的产品和服务，要从资源开发、生产、运输、销售、使用和废旧物品的处理处置等全生命周期，按照绿色目标的要求开展。

绿色采购管理要从采购管理的具体环节方面来进行分析，企业实施绿色采购的主要内容如图 2–1 所示。

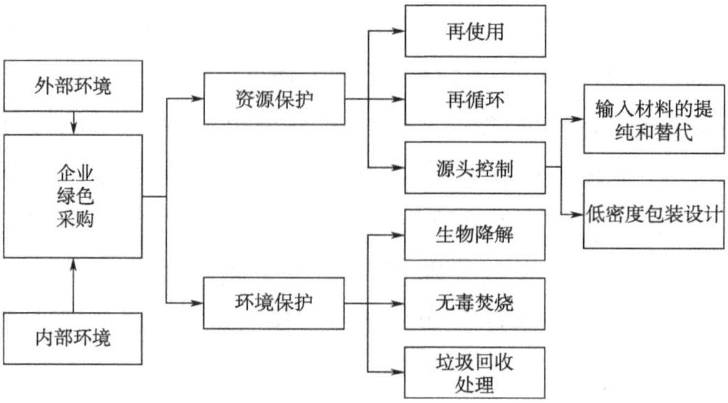

图 2–1　企业实施绿色采购的框架

2.2.2　绿色采购的管理措施

2.2.2.1　构建绿色企业组织

构建绿色企业组织首先要建立对社会负责任的企业，要承担社会责任，提高企业防治污染的能力，预防、限制并尽可能地消除污染源，不断改进环境状况；实行绿色经营，改进生产工艺，使企业树立长期的良好形象。

2.2.2.2　建立相关环境管理体系

绿色采购强调3R（reduce，reuse，recycle）原则，避免不必要的采购，提高资源的利用率。例如，生产产品时提高产品的寿命，使产品的使用价值时间延迟；注意产品安全，产品成分不含有对人体有害的物质；尽量使产品具有重复使用性能和可循环再生性能。

ISO 14000环境管理体系吸收了发达国家在环境管理上的成功经验和先进思想，要求企业在环境方面有持续性的改进，有助于经济社会的可持续发展。由于ISO 14000环境管理体系适用于任何类型的企业，为发展中国家的中小企业同发达国家的大型跨国公司进行公平竞争提供了统一的评价准则，也可以在一定程度上突破发达国家实施的非关税壁垒。因此，积极建立相关的环境管理体系，对于我国企业实现在国际市场中的平等竞争地位具有重要意义。

（1）制定采购标准

产品的绿色标准。根据ISO 14000环境管理体系和国家有关的法律法规以及行业规范，并结合本企业的技术条件提出科学合理的产品技术标准，包括产品的设计要求、包装、运输、保管、使用、回收、处置等环节的绿色要素要求。没有可行的采购标准，容易使绿色采购的战略目标流于形式。

绿色供应商的选择标准。依据公司的绿色供应链采购战略和产品的绿色标准，制定出本企业的供应商选择标准，充分考虑供应商的绿色管理战略、现有装备水平、实际生产能力、经济实力和长远合作的可行性，筛选出适合本企业的绿色供应商。绿色供应商提供的产品是实现公司绿色采购战略的一步，选择并管理好绿色供应商至关重要。

采购绩效评价管理标准。包括对本企业内部的绿色采购设计和实践的绩效审计和评价，以及对供应商绿色供应绩效的审计与评价，依照PDCA（plan，do，check，action）循环的标准（图2–2），考核绿色采购的绩效并进行整改和提高，最终实现公司的绿色采购战略目标。

（2）建设共享信息平台

传统的采购过程是典型的非信息对称博弈过程，而绿色供应链采购管理要求供应商能够以合适的时间、价格、方式把物资送到合适的地点，因此其必须依赖有效、及时、准确的信息。此外，企业内部的需求分析、部门之间的沟通也需要有效的信息平台，可以说，没有发达的现代信息技术就没有今天的供应链管理模式。采购、供应企业之间的信息共享是绿色供应链管理成功实施的重要保证。

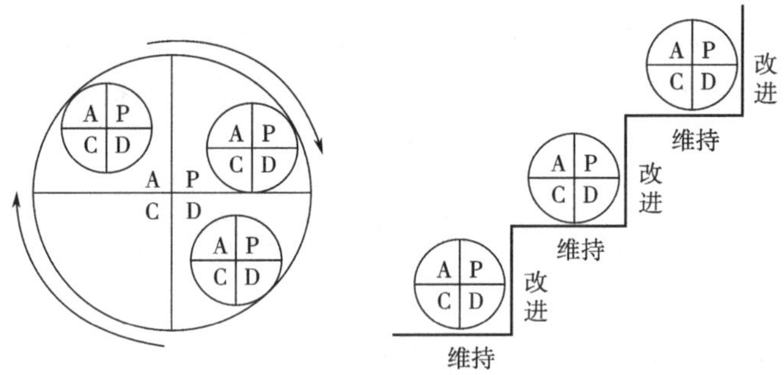

图 2–2　PDCA 循环

整体而言，制造企业和供应企业之间的环境信息最多，但与客户之间的信息交换非常匮乏。更进一步讲，通常大企业拥有足够的资源并在市场上占据主要地位，因此获得供应企业的环境信息相对容易，而充分、有效、及时的环境信息沟通有利于改善绿色供应链的整体绩效。

（3）建立高效的采购和供应物流系统

绿色化的物流系统也是绿色采购和绿色供应商管理的重要内容，包括运输的绿色化、仓储的绿色化、包装的绿色化及流通加工的绿色化等。企业运用绿色物流的全新理念，制订出相应的绿色标准，加大对绿色物流新技术的研究和应用，如提升运输规划效率，积极开发和试验绿色包装材料等，从原材料选择、生产、使用、回收直到废弃的整个过程均符合环境保护的要求，做到既对生态环境和人体健康无害，又节约资源和能源。

（4）建立绿色壁垒应对机制

绿色贸易壁垒是指在国际贸易活动中，进口国以保护自然资源、生态环境和人类健康为由而制定的一系列限制进口的措施，包括国际和区域性的环保公约、国别环保法规和标准、ISO 14000环境管理体系等自愿性措施，是当今国际贸易领域主要的贸易壁垒之一。自20世纪90年代以来，发达国家设置的一系列绿色技术标准，提高了我国企业的出口成本，削弱了企业的国际竞争力。在其他国家的企业逐步采取环保措施的情况下，我国企业如不及时调整，将会在国际市场中陷入困境。因此，企业必须了解和熟悉与本行业密切相关的国际上的各种环保规定，才能够建立起有效的绿色应对机制。此外，在环境保护成为国际共识的背景下，提高产品的科技含量成为企业突破绿色壁垒的根本途径，除了引进国外先进的清洁生产技术、污染治理技术之外，还要逐步培养企业的自主创新能力。

2.3 绿色供应商管理

2.3.1 绿色采购与供应商管理

绿色供应商作为绿色供应链的源头，如果出现了问题，下游的采购者即使付出再多的努力也无法做到最优。企业要保证正常的生产、研发过程不间断，就必须谨慎选择可靠的供应商。政府部门要保证政府采购达到预定的目标，也必须选择符合要求的供应商。所以，供应商管理水平决定了绿色采购是否能够进行和实施的水平。绿色供应商管理的重要性体现在以下方面。

2.3.1.1　有利于绿色采购中环境目标的实现

企业的环境责任不仅限于其自身的经营活动，还要对其供应商的环境影响负责。因此，采购者要关注其产品供应商的环保努力，在环境管理问题上，应把供应商纳入本企业的环境管理体系。由于供应商往往因为企业规模小，技术、资金、人力有限，无法开发出有效的环境管理手段。为了避免因供应商无法达标而遭受环保部门的制裁，采购部门可以向供应商提供必要的技术或资金支持以保证供应链的连续运作。企业加强供应商管理，使采购方与合格的供应商建立合作伙伴关系，实现信息共享，有利于绿色采购的实现。

政府采购的绿色标准不仅要求产品符合环保技术标准，而且要按照产品生命周期标准使产品设计、开发、生产、包装、运输、使用、循环再利用到废弃的全过程均符合环保要求。政府部门要制定相关绿色标准，督促供应商绿色产品的开发、生产工作。要从产品设计开始，贯穿整个产品的生命周期，用绿色可持续发展观念和强烈的环保意识，指导绿色产品的开发设计和循环再利用。

2.3.1.2　有助于保证采购质量，降低采购成本

供应商产品的质量是客户生产质量和研发质量的组成部分。从成本角度考虑，供应商的成本一定程度上也是采购者的成本，供应商成本增加，势必最终将附加的成本转移到采购方。因此，通过加强供应商管理，厂商在生产绿色产品的前提下，力争降低成本，生产质优价廉的绿色产品，从而促进供应商在竞争中保持优势，对保证采购质量、降低采购成本有积极意义。

2.3.2　绿色供应商管理及方法

传统的供应商管理的主要目的是压缩采购成本，获得稳定的商品供应来源，以实现采购者的经济利益最大化，因此采购者和供应商之间是一种零和博弈的竞争关系。绿色采购中的供应商管理在考虑经济效益的同

时，还需要考虑资源的使用效率和环境保护。由于绿色采购着眼于产品整个生命周期的成本最小化，所以绿色采购中的供应商管理在很大程度上是对供应商的环境管理。对于绿色采购中的供应商管理，应当包括以下方面。

2.3.2.1 供应商的开发和选择

供应商的开发和选择是整个采购体系的核心，其表现关系到整个采购部门的业绩。一般来说，供应商开发包括的内容有：供应市场竞争分析、寻找合格的供应商、潜在供应商的评估、询价和报价、合同条款的谈判，以及最终供应商的选择。传统供应商开发的基本准则坚持质量、成本、交付与服务并重。质量意味着采购者可能愿意为较高的质量支付更高的价格；成本需要考虑供应商提供的各种折扣等；交付是对送货时间、运输成本、紧急订货与加急服务的回应时间等因素的权衡，应重点考虑供应商是否愿意且能够回应需求改变、接受设计改变等；服务涉及范围较广，主要指供应商的售前、售后服务。

2.3.2.2 供应商环境管理

在绿色采购环境下，供应商选择除了传统供应链环境下的衡量标准以外，还要考虑供应商的环境表现。绿色采购的生命周期成本不仅包含产品的绿色度要求，也关注产品从生产、供应、使用到回收全生命周期内对环境的潜在影响。其中，产品的绿色度主要包括是否合法、环保、符合可持续发展的要求；整个生产和供应过程的绿色度主要通过供应商保护环境的各种努力来衡量。由于专业技术和监督成本的限制，采购者往往不能直接监督其供应商的环境行为，只能依据外部专业人员提供的审核和认证结果来评价供应商的环境表现，目前最常用的企业环境管理体系是ISO 14000环境管理体系。

2.3.2.3 供应商关系管理

供应商关系管理对绿色采购影响越来越大。供应商管理体系的运行需要根据行业、企业、产品需求和竞争环境的不同而采取不同的细化评价指标。对于不同的供应商，采购者应当实施不同的关系管理策略。按供应商的重要性分类，可以分为重点型供应商、伙伴型供应商、商业型供应商和优先型供应商（如图2–3所示）。

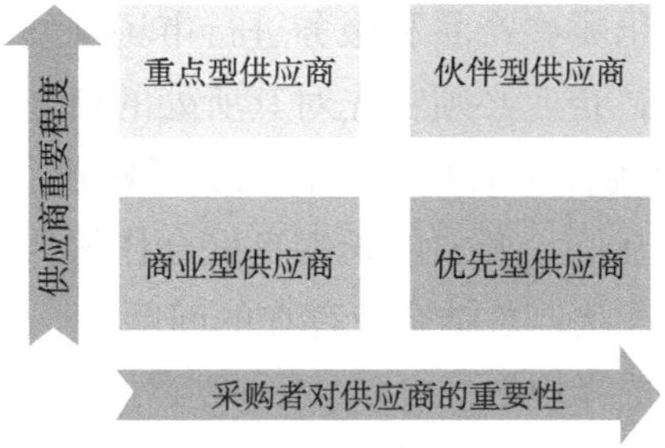

图 2–3　供应商分类

由于供应商的管理水平和供应链管理实施的深入程度不同，应该优先考虑规模、层次相当的供应商。如果供应商认为采购者的采购业务非常重要，而对于采购者来说，这项采购业务对本企业并不重要，这类供应商就是“优先型供应商”。对于采供双方都不太重要的采购业务，而且供应商更换方便，这类供应商属于“商业型供应商”。一般情况下，这两类供应商并不是供应商管理的重点。如果双方规模差异过大，采购物资在供应商总产值中所占比例过小，则采购商往往在生产排期、售后服务、弹性和谈判力量对比等方面处于弱势，这类供应商就是需要注意改善关系的“重点型供应商”。如果供应商认为采购者的采购业务对他们非常重要，供应商自身又有很强的产品开发供应能力，同时该采购业务对采购者也非常重要，那么这些采购业务对应的供应商就是“伙伴型供应商”。鉴于采购业务对采供双方的重要性，可以签订“一揽子协作合同”，实施战略性长期伙伴关系。实际供货的供应商数量不应太多，同类物料的供应商数量最好保持在2~3家，有主次供应商之分。这样可以降低管理成本和提高管理效果，保证供应的稳定性。

2.3.2.4　绿色供应商选择流程

在绿色供应链中，选择合适的供应商对于增强供应链的整体竞争能力具有重要意义。一般而言，好的供应商是指在质量、生产能力等方面满足采购需求，并且能够在盈利的同时提供有竞争力的产品。但是，不同企业对供应商的选择是不同的，尤其是与新的合作伙伴进行交易，采购方的风险敏感度可能更高，因此必须有一套科学的、程序化的方法来帮助采购人员识别合格的供应商。通常来说，绿色供应商的选择可以遵循以下流程。

（1）分析市场竞争环境

企业是社会大系统的一部分，必然受到各种经济、政治、文化和市场因素的影响。为了找出哪些产品和服务进行市场开发并开展有效的供应链合作关系才是有效的，企业必须首先对其所处的市场竞争环境进行细致的分析，确认建立供应链合作的必要性，从而了解供应商选择的重要程度，进而与供应商建立起互信、开放的长期良好合作伙伴关系，并分析现有供应商和潜在供应商的现状，总结企业存在的问题。

（2）制定供应商选择规划

供应商的选择是程序化的，因此利用供应商选择机制进行供应商选择时，必须从战略角度建立供应商的选择目标和标准。而这些目标和标准必须与企业整体的长期目标、规划及战略匹配，为提高企业的核心能力和市场竞争力助力。不同的行业和企业对供应商的要求和选择是不同的，所以应在体现科学性、灵活性、稳定性和特殊性的基础上制定供应商选择规划。企业在制定规划时除了要确立目标和标准等原则性问题以外，还需确定供应商选择的时机及具体的实施细则。

（3）建立供应商选择团队

企业在进行供应商选择时，必须建立一个团队组织以控制和实施供应商选择的整个流程。团队组织的成员来自管理、采购、质量、生产、市场和技术等与供应链有合作关系的企业内部部门，以及市场调研、咨询等与供应商选择有关的企业外部公司或部门。团队的建立必须以高度合作的精神为前提。团队在具备一定的专业技能的基础上，应积极主动地与企业和供应商进行有效的沟通，充当桥梁和纽带的作用，从而确保供应商评价操作的各项程序能够顺利进行。

（4）市场调研和数据采集

企业为适应变幻莫测、日益激烈的市场竞争，必须通过广泛的市场调研收集数据，及时了解各种市场因素尤其是市场环境因素的变化，从而有针对性地采取措施。市场调研和数据采集小组首先根据企业的具体要求和具体环境，选择合适的供应商选择评价模型，设计具体可行的理论调研问卷，发放给具有一定规模的企业决策者和符合本企业或本行业要求的供应商或潜在供应商，从而获得数据。企业的决策者可以通过这种方式及时地获得市场反馈信息，了解当前市场状况，为较为准确的市场预测和战略调整提供依据。

供应商信息的搜集可以采用的方法有很多，常见的有问卷调查、实地考察、面谈等方式。

①问卷调查

问卷调查是管理咨询中一个获取信息的常用方法，可以用来收集供应商的主观性数据。这种方式功能齐全，应用广泛。问卷调查的关键在于如何设计问卷，使其能够恰当、高效地满足信息获取的目标。一般来讲，问卷内容既要简洁，又要覆盖关键信息，还要避免被调查者对敏感问题的猜疑和理解偏差。

②实地考察

相对于问卷调查，企业对供应商进行实地考察是比较直观的方式，需要收集和观察的信息包括以下几个重要方面：设施、关键设备的使用年限；研究和开发的设备；主要员工的士气和经验；技术流程与控制；客户订货的主要流程；电子订货和开发票的信息系统和兼容性；全面质量管理原则的贯彻；进度安排和优先排序系统的自动化程序。

（5）数据分析得出结果

数据分析是供应链选择机制的核心环节，决定着供应商选择的正确性和未来供应链合作关系运行的有效性。对市场调研所采集来的数据进行筛选和分类处理后，利用一定的工具和技术方法进行供应商的评选。得到评价初步结果后，再按照模型所提供的理论和方法对现有供应商和潜在供应商进行排序，从中选出符合企业长期或短期生产计划和经营目标的最佳供应商。

（6）实施供应链合作关系

实施供应链合作关系也是不可忽视的重要环节。企业的决策者应该根据企业的具体状况和市场竞争态势，选择有效的供应链合作关系。在建立供应链合作关系的过程中，企业必须紧密追踪市场需求，调整自己的生产和经营侧重点，根据市场需求和市场竞争状态的不断变化，及时调整供应链合作关系或重新开始供应商选择。

2.4　绿色采购的碳足迹核算及减排实践

采购活动中的碳排放来源有两类，一类是基于所采购的物资，应是较低排放、环境友好的，从需求、计划、采购实施、仓储、物流到使用、回收围绕采购绿色低碳物资进行，另一类是采购管理活动由需求计划、编制方案、方案审批、采购实施、采购执行等组成，采购管理活动本身产生碳排放。其中，采购管理活动产生的碳排放是在上述管理活动中一切用于电力、建设、运输等方面的能源以及所使用的消耗品的碳排放。所涉及的变量依次为采购管理用电量（如电脑、空调、会议仪器等耗电办公用品）、商务用车、飞机出行、火车出行、办公用水量、用纸公斤数等。因此，采购管理所产生的碳排放属于日常工作碳排放。采购物资部根据生命周期评价理论、采购PAS 2050准则制定物资整个生命周期各个阶段的碳排放量及生命周期过程中的碳排放总量，包括原材料获取、制造、使用、运输、回收碳排放。

碳足迹的核算主要有三种方法，生命周期评估法（LCA法）、政府间气候变化专门委员会所制定的核算方法（IPCC法）、投入产出法（IOA法）。常用的碳足迹研究方法主要有投入产出分析法、生命周期评估法和混合生命周期评估法，三种碳足迹研究方法的对比具体如表2-1所示。

表2-1　三种碳足迹研究方法对比

碳足迹研究方法	优势	劣势
生命周期评估法	克服生命周期评估法中边界设定和清单分析的弊端，能够比较完整地核算产品或者服务的碳足迹和环境影响	受到投入产出表的制约，一方面时效性不强，另一方面表中的部门不一定能够很好地与评价对象相互对应，因此无法评价一个具体产品，同时也不能完整核算整个产品生命周期的排放
投入产出分析法	能够比较精确地评估产品或服务的碳足迹和环境影响，且可以根据具体目标设定评价目标、范围的精确度	由于边界设定主观性较强以及截断误差等问题，评价结果可能不够准确
混合生命周期评估法	既可以规避截断误差，又可以比较有针对性地评价具体产品及其整个生命周期阶段	分层混合和基于投入产出的混合易造成重复计算，不利于投入产出表的系统分析功能的发挥；集成混合模型由于难度较大，对数据要求较高，尚且停留在假说阶段

生命周期评估法是当前主流的评价方法，是一种承担消费者全部责任的方法，它的分析视角是处于供应链最末端的消费者，主要评估某一产品在生命周期或服务过程中所排放出来的温室气体，强调从源头控制碳排放，提出不同阶段的改善措施。产品全生命周期数据因子库是基于全生命周期理论计算产品碳排放的重要前提条件之一，目前的生命周期数据因子库包括：由四川大学和亿科环境共同开发的中国生命周期基础数据库（CLCD），涵盖中国大宗能源、原材料、运输的LCA数据，包含中国本土化的资源特征化因子、归一化基准值、节能减排权重因子等参数，支持产品碳足迹分析、完整的LCA分析和节能减排评价；生态环境部联合多所高校，在中国城市温室气体工作组统筹下，建成的中国产品全生命周期温室气体排放系数库；由瑞士Ecoinvent中心开发的Ecoinvent数据库，数据主要来源于统计资料及技术文献，包含各种常见的LCA清单数据，是国际LCA领域使用最广泛的数据库之一；ELCD数据库，该数据库由欧盟研究总署（JRC）联合欧洲各行业协会构建，涵盖欧盟300多种大宗能源、原材料、运输的汇总生命周期清单数据集，是欧盟环境总署和成员国政府机构指定的基础数据库之一。可见，生命周期评估法在计算过程中需要大量的经济和人力资源投入数据，并且往往受限于产品生命周期数据库的完整性，并且由于数据库和不同产品的生命周期差异较大等因素，核算结果差别较大。

相比之下，投入产出分析法更具成本效益且易于操作。投入产出分析法是以投入产出分析为基础的自上而下的模型，此方法主要利用编制投入产出表来进行核算，同时可与温室气体排放系数结合，将产业间复杂的经济关系转化为碳排放的实物关联，其主要特点是能够描述一个经济系统，是分析区域或区域间贸易来往的良好工具，但是区域间投入产出表的编制耗时耗力。

混合生命周期评估法指的是将生命周期评估法和投入产出法相结合所产生的一种生命周期评价方法，可以按照混合方式将其划分为分层混合、基于投入产出的混合和集成混合，这种评估方法的优势在于不但可以规避截断误差，还可以比较有针对性地评价具体产品及其整个生命周期阶段（包括使用和废弃阶段），但是分层混合、基于投入产出的混合易造成重复计算，且不利于投入产出表的系统分析功能发挥，集成混合则因为数据要求较高、难度较大，可行性较低。

2.4.1 采购管理的碳足迹核算

绿色采购环节的碳核算主要包括四个阶段（如图2–4所示）：目标与范围确定、数据准备与计算阶段、后续处理阶段、核查与声明阶段。

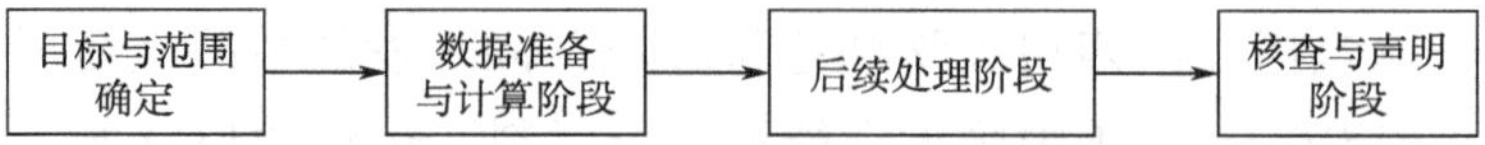

图 2–4 碳足迹计算关键阶段

2.4.1.1 目标与范围确定

根据GB/T 24040[6]和GB/T 24044[7]，核算范围应包括所界定的系统边界内单元过程中可能对产品碳足迹或部分产品碳足迹有实质性贡献的所有温室气体排放和清除。在目的和范围的确定阶段，在以下方面应具有一致性。

一是确定对产品碳足迹或部分产品碳足迹有实质性贡献而应被详细评价的单元过程。

二是确定可基于次级数据来进行排放与清除量化的单元过程（相关初级数据的收集是不可能或不可行）。

三是确定可被合并的单元过程，例如工厂内的所有运输过程。

产品碳足迹研究包括所研究系统的所有单元过程和流。当个别物质流或能量流对某一单元过程的碳足迹无实质性贡献时，可将其作为数据排除项排除并进行报告。应在目的和范围界定阶段确定一致的取舍准则，所选取舍准则对研究结果的影响也应在产品碳足迹研究报告中进行描述和评价。目前现有的产品层级的国际通用碳足迹核算标准如表2–2所示。基于此，本书分别梳理出采购环节中产品和供应链层级下的碳排放活动（见表2–3）。

表 2–2 产品层级国际通用碳足迹核算标准

标准	发行机构	发行时间
PAS 2050：2011 产品与服务生命周期温室气体排放评价规范	BSI	2011
温室气体核算体系：产品生命周期核算与报告标准	WRI & WBCSD	2011
ISO 14067产品碳足迹量化与交流的要求与指导技术规范	ISO	2013

表 2–3　采购环节的碳排放活动

层级	活动	碳排放数据
产品（业务）	智能采购	平台能源消耗
		能源碳排放因子
		数据传输量
		数据传输碳排放因子
供应链采购活动环节	采购管理	采购管理用电量
		商务用车里程
		飞机出行里程
		火车出行里程
		办公用水量
		用纸公斤数
	采购物资	原材料获取、制造、使用、运输、回收各阶段消耗的实物量
		材料碳排放因子

2.4.1.2　数据准备与计算

（1）数据准备

收集采购环节所有单元过程的定性资料和定量数据。通过测量、计算或估算而收集到的数据，均可用于量化单元过程的输入和输出。一般情况下，应当选取能实现目标和范围的初级数据和次级数据。

在开展产品碳足迹研究的组织拥有财务或运营控制权的情况下，应收集现场数据。所收集的现场数据应具有代表性。对于那些重要的过程①，即使不在财务或运营控制下，也应使用现场数据②。在收集现场数据不可行的情况下，宜使用经第三方评审的非现场数据的初级数据。仅在收

① 重要的过程是那些对产品碳足迹贡献度不低于 80% 的过程。

② 现场数据是指直接温室气体排放量、活动数据或排放因子。可从一个特定的地点收集现场数据，也可在所研究的系统内包含该过程的所有地点取平均值，获取现场数据。

集初级数据不可行时，次级数据才能用于输入和输出，或用于重要性较低的过程。通过使用现有最高质量数据，尽可能地减少偏差和不确定性。

数据质量的特征应包括定量和定性两个角度。数据质量的特性描述应涉及以下方面。

· 时间跨度。数据的年份和所收集数据的最小时间跨度。

· 地理覆盖范围。为实现产品碳足迹研究目的，所收集的单元过程数据的地理区域。

· 技术覆盖面。具体的技术或技术组合。

· 精度。对每个数据值的可变性的度量（例如方差）。

· 完整性。测量或测算的流所占的比例。

· 代表性。对数据集反映实际关注群（例如地理范围、时间跨度和技术覆盖面等）的程度的定性评价。

· 一致性。对研究方法是否能统一应用到敏感性分析不同组成部分中而进行的定性评价。

· 可重现性。对其他独立从业人员采用同一方法和数值信息重现相同研究结果的定性评价。

· 数据来源。

· 信息的不确定性。

（2）数据计算

①产品（业务）层级

产品（业务）层级的碳排放核算数据主要来自各数字化平台，计算公式如下：

$$E_{总} = E_{设备} + E_{数据} + E_{服务器} \tag{2.1}$$

式中：$E_{总}$——碳排放总量；

$E_{设备}$——移动设备的碳排放量；

$E_{数据}$——数据传输产生的碳排放量；

$E_{服务器}$——服务器能源消耗的碳排放量。

各组成部分碳排放量计算方式如表2–4所示。

表 2–4　产品业务层各组成部分碳排放量计算方式

组成部分	计算公式	解释
移动设备	$E_{设备}=W_{设备}\times T_{设备}\times CF_{设备}$	$W_{设备}$ 为移动设备功率（W），$T_{设备}$ 为移动设备使用时长（H），$CF_{设备}$ 为移动设备消耗能源的碳排放因子
数据传输	$E_{数据}=G\times CF_{数据}$	G 为数据传输量（GB），$CF_{数据}$ 为数据传输的碳排放因子
服务器	$E_{服务器}=W_{服务器}\times T_{服务器}\times CF_{服务器}$	$W_{服务器}$ 为移动设备功率（W），$T_{服务器}$ 为移动设备使用时长（H），$CF_{服务器}$ 为服务器消耗能源的碳排放因子

②供应链层级的碳核算

采购环节需要准确识别企业用电、用水、燃料燃烧量中属于采购管理活动的部分。

a. 购入电力所对应的 CO_2 排放量的计算公式为：

$$E_{电}=AD_{电}\times EF_{电} \tag{2.2}$$

式中：$AD_{电}$——购入使用电量；

$EF_{电}$——电力排放因子。

办公用电以场所照明为例，其碳足迹计算公式为[①]：

$$E_{购明电}=\sum_{i=1}^{n}t_w\times\sigma_w\times S\times EF_{电} \tag{2.3}$$

式中：t_w——照明时间（一般而言，每日8小时，每周5天，一年52周，共2 080小时）；

σ_w——照明功率；

S——办公场所面积。

b. 交通阶段的碳足迹计算公式为：

$$G_d=\sum_{b=1}^{n}d_b\times h_b\times\theta_b \tag{2.4}$$

① Ecoinvent数据库。

式中：n——员工数；

d_b——员工通勤次数；

h_b——员工交通距离；

θ_b——交通排放因子。

c. 购入热力所对应的CO_2排放量的计算公式为：

$$E_{热力} = AD_h \times EF_h \tag{2.5}$$

式中：AD_h——购入蒸汽和热水的数量；

EF_h——蒸汽和热水的排放因子。

2.4.1.3 后续处理与核查声明

反复性是产品碳足迹量化的固有特征。如果不使用CFP-PCR系统方法，应根据由敏感性分析所判定的重要性来决定数据的取舍。初始系统边界应根据目的和范围确定阶段所规定的取舍准则进行调整。应在产品碳足迹研究报告中记录调整过程和敏感性分析结果。系统边界调整的作用是将随后的数据处理限制在被判定为对产品碳足迹研究目的具有重要性的输入和输出数据范围内。

2.4.2 绿色采购实践

2.4.2.1 美国的绿色采购实践

美国政府绿色采购实践起步较早。《政府采购法》《能源政策法》《2007能源独立和安全法案》等法律文件中都有相关规定，并通过总统行政命令来推动实施，比如美国联邦政府第12873号行政令《联邦采购、资源回收和防止浪费》、第13101号总统行政令《通过废弃物减量、资源回收及联邦采购来绿化政府行动》、第13148号总统行政令《通过在环境管理的领导作用绿化政府》。这些法律文件主要规定了政府绿色采购产品的种类、比例、门槛等，比如政府绿色采购的产品包括节能节水产品、保护臭氧层产品等七大类；政府购买的所有轻型汽车和中型乘用车都应该是温室气体低排放的汽车，一旦超过1万美元，政府就必须采购美国环保署指定类型产品；联邦政府电力消费中应有不少于3%的可再生能源。在总统行政命令方面，主要提出了政府绿色采购计划，明确要求实施环境优先采购项目，并要求在官网上公开发布采购标准和采购产品信息。

2.4.2.2 日本的绿色采购实践

1995年，日本仙台地方政府开始推动绿色采购工作。2001年，日本出台第一部专业的《绿色采购法》，指导国家、地方和企业进行绿色采购。在《绿色采购法》的实施过程中，日本出台了一系列配套文件。对采购者推出了每年都会更新的《绿色采购实施者操作书》，明确采购的产品信息，对于21大类产品明确了产品的环保性能要求、生产的要求，可操作性较强。2012年日本环境厅推出的《绿色采购推进指南》（以下简称《指南》），旨在从国家层面推动采购商提高绿色采购能力，同时打造有价值的供应链管理体系。《指南》对于绿色采购的概念、经营者的意识、环境经营的组成、环境经营的评价（清单）以及其他相关项目做了明确的规定，起到了指引企业实践的作用。

《绿色采购法》主要关注节约能源和资源，削减温室气体，减少废弃物，防止大气土壤污染，保护生物多样性等内容。该法不仅规定了绿色采购的一般要求，还确定了采购的品目及其产品要求（绿色采购基本标准/绿色采购者实施要求）。其调控的主体包括国家政府机关以及独立的行政法人（强制实施义务）、地方公共团体及地方政府行政法人（尽力达到义务）、企业和国民（一般责任）。在国家层面，国家机关每年要制定"采购方针"，并基于方针进行绿色采购，年底向环境大臣提交汇总后的实施情况；地方层面大体类似，同时倡导企业和国民进行绿色采购。

2004年绿色采购协会（GPN）在仙台成立，同期构建了绿色采购网。经过多年的发展，该网站已经是日本最大的环保产品数据库，设立了绿色采购产品专区，有14 359万家公司的信息（产品），同时GPN从日本走向国际，开发了各种工具和技术，帮助日本和国际企业（主要是亚洲）构筑绿色供应链，成员包括12个国家和地区的绿色采购网络，并由绿色采购领域的国际知名专家和学者组成了国际绿色采购（IGPN）理事会和顾问委员会。多年来，IGPN领导并支持开展了多项国际合作项目，并作为联合国环境署"可持续公共采购10年框架项目"的合作伙伴，为推动区域甚至国际绿色采购发展做出了贡献。

此外，日本不少龙头企业也致力于绿色采购，特别是在化学物质管控领域，形成了统一的需求和意识。2001年成立的“日本环保产品优先购入调查共通化协会”（JGPSSI），基于14家大企业对于供应商提出的采购要求，实施统一绿色采购。企业自愿参与，利用统一的规则、调查问卷、要求，实施采购调查的标准化。JGPSSI开发了绿色采购和供应链管理工具，利用技术工具应用于不同的供应商，得到相对统一的评价结果，从而减少了采购的成本，实现了供应链上下游的信息传递，对于供应链上的化学物质实施了有效管控。在实施物质管理的同时，JGPSSI还制定了管理指南，提倡通过体系管理和绩效管理并重的评价方法实施四个维度的管理。

2.4.2.3　欧盟的绿色采购实践

欧盟在2008年发布的《公共采购是为更好的环境发展》中签署了关于实现绿色公共采购（GPP）的明确目标，为之后GPP的实施建立起一系列支持措施。作为制度创新的重要推动力，GPP为行业提供了开发绿色产品和服务的激励，在公共购买者占市场份额很大的部门（如建筑、卫生服务、运输）中尤是如此。欧盟GPP标准针对21种产品和服务类别制定了绿色采购标准，并对这些标准进行定期审查和更新，以考虑最新的科学产品数据、新技术、市场发展和立法变化。除了GPP各类别标准外，欧盟还建立了一个服务平台，以传播有关GPP的信息，以方便利益相关者查询。2001年欧委会的调查显示，55%的绿色采购相关合同至少包涵一条欧盟GPP核心准则。近年来，欧盟的政府公共采购支出比例逐渐下降，2022年公共采购约占欧盟国内生产总值的14%（约2万亿欧元）[9]。

除了欧盟层面的立法外，特定行业（如建筑工程、办公室IT设备及纸制品与木制品）的立法同样规定了强制采购一些商品和服务的义务。强制性义务目前适用于以下采购类型：

一是办公室IT设备。欧盟政府机构购买的IT产品必须符合欧盟能源之星法规（关于办公设备的社区能效标识计划的第106/2008号法规）规定的最新的最低能效要求。

二是道路运输车辆。必须考虑运营车辆的能源使用和环境影响，作为采购过程的一部分。欧盟提供了计算终身运营成本的通用方法（关于促进清洁和节能道路运输车辆的指令2009/33/EC）。

三是建筑物。最低能源性能标准适用于公共建筑，这些标准是根据欧盟的共同方法在国家层面设定的。从2019年1月起，公共部门占用和拥有的所有新建筑必须是“近乎零能耗的建筑”（关于建筑物能源性能的指令2010/31/EU）。能源效率指令8001还规定了有关公共建筑改造以及符合最低能效标准的采购或新租赁协议的强制性要求。

本章小结

本章介绍了采购、采购管理、绿色采购及供应商管理，包括传统采购与绿色采购的区别与联系、绿色采购的管理措施，以及绿色采购中的绿色供应商管理等方面。帮助读者从供应链的角度了解如何通过绿色供应商管理实施绿色采购。

案例分析

联想（中国）的绿色采购与供应商管理

（一）全面评估供应商的环境表现

联想持续关注供应链的环境表现，监控和推动环境管理和实践，在自身取得绿色发展的同时，积极打造绿色供应链，从行业高度全面推进绿色设计和绿色制造。

2015年，联想制定并实施《供应商行为操守准则》，覆盖了可持续发展的各个方面，详细记载了对供应商的环境表现期望，并导入公司级采购流程，进行供应商绿色管理、评估和监督。联想也制定了与《电子行业行为准则》（EICC）在劳工、环保、健康安全、道德和管理方面要求一致的采购政策和流程，要求供应商建立EICC标准操作规范，协助供应商制定运作模式，定期总结、分享和推广经验和成果。同时，要求占联想采购支出超过95%的一级供应商遵守EICC准则，并通过正式合约和独立的第三方EICC审核来直接核实供应商调查结果。在采购订单的条款、条件以及其他正式协议方面，联想要求供应商遵守法律、法规及多项其他可持续发展的规定。联想的采购流程如图2-5所示。

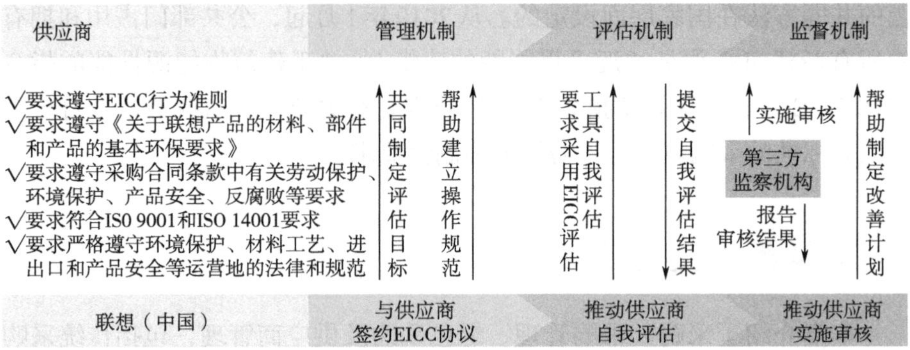

图 2–5　联想（中国）采购流程

此外，联想积极避免使用来自其供应链的冲突矿产，并全力支持EICC、无冲突措施（CFSI）、非政府组织及政府机构为解决这一复杂问题所开展的活动。2016年，联想完成收购整合并推动供应商计划覆盖率恢复至95%（按开支计），以直接的方式或通过积极参与CFSI冶炼厂工作小组，加强与冶炼厂之间的沟通。同时，联想还是行业中少数几家要求供应商制定碳减排目标的厂商之一。联想建立了碳报告体系，用于收集和分析全球供应链部门和环境事务部门确定的供应商碳足迹，并将对供应商应对气候变化的表现和策略的评估结果作为联想选择供应商的重要标准。

（二）供应商有害物质管控

联想是行业第一家推动供应商导入“全物质声明”措施来管控有害物质使用的厂商，助推了整个产业链有害物质的替代与减排。自2014年以来，通过引进并优化业内领先的材料全物质声明解决方案FMD（full material declaration）和GDX/WPA系统平台，联想大力推动供应链开展全物质信息披露，变革产品有害物质合规模式，提高环境合规验证效率，为产品废弃拆解、逆向供应链、材料再利用等提供依据，实现了有害物质的合规管理。

截至2016年，手机和平板类产品全物质信息披露程度达100%，笔记本类达100%，台式机和服务器类达92%。此外，联想基于此全物质信息披露平台获得的大数据分析结果表明，计算机类产品每换代一次，有害物质种类的使用量减少约1%。

（三）环保消费类再生材料

通过对供应链的高效管控和持续推进绿色技术，联想在2008年开始逐步引入环保消费类再生塑料（PCC），并将其引入到供应商评价中，如表2–5所示，而后不断扩大PCC在产品种类中的使用比例，逐渐扩展至包括PC、服务器、显示器等在内的“PC+”产品，并且所有材料均通过环保和性能认证。自2005年起，联想集团在台式机、工作站、笔记本电脑、显示器及外设产品中，共使用毛重超过1.15亿千克的再生塑料。同时，联想承诺到2025年，全线计算机产品100%含有再生塑料，累计使用量达到13万吨①。不但有助于材料的再利用，减少电子废弃物污染，降低二氧化碳排放，还避免了焚烧、填埋等处理方式带来的环境危害。

表 2–5　联想供应商评价指标

类别	指标	目标	评价指标	指标内容
供应商管理	环保消费类再生塑料（PCC）	所有业务单位的所有产品将包含一定的消费者用后循环再用含量PCC	包含PCC的产品百分比	透过监察及准备工作满足客户的PCC规定（如IEEE1680.1）
				所有产品的业务单位将于各产品中使用PCC
			各产品PCC百分比	在现有产品的下一代产品中保持或提高目前的PCC使用百分比
	供货商环境表现	尽量降低联想第一、二、三类供货商对环境的潜在影响	第三类供货商经审核百分比	100%的第二类供货商将据联想规定接受审核及批准
		监察并推进联想供应链的良好环境管理实践	供货商无冲突情况	推动无冲突情况较2015年提高5%

为提升工业资源利用效率，联想集团在2019年启动了趋海塑料回收再利用方面的研究，如图2–6所示，并于2021年11月推出了首批含趋海塑料的笔记本电脑及包装。联想集团将研究全线产品导入趋海塑料的可行性，将带

① 《联想集团2020/21财年环境、社会和公司治理报告》。

动相关产业链、供应链的发展和完善，为保护海洋生态系统贡献更多的企业力量。

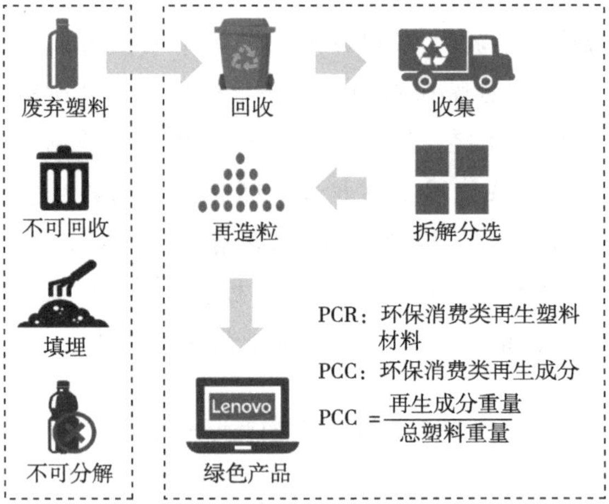

图 2–6　废弃物处理流程

（四）对供应商进行培训

自2008年来，联想定期举办全球供应商环境标准与法规大会，通过宣传联想全球环境政策、方针、目标与指标，推动供应商全面合规，携手供应商提升自身环境表现。2017年，来自300家联想供应商的近500位代表参加了在乌镇和上海举办的大会。

2021年3月，联想集团入选工信部第二批工业产品绿色设计示范企业名单；截至2022年1月，全球知名媒体与投资研究机构Corporate Knights发布的全球最佳可持续发展企业百强榜单中，联想集团共入围七次。

问题讨论：

（1）联想是如何实施绿色采购的？

（2）联想是如何提高供应商的绿色水平的？

思考题

1. 绿色采购与传统采购有什么不同？
2. 绿色采购流程包括哪些内容？
3. 绿色采购与绿色供应商管理的关系是什么？
4. 如何核算采购管理中的碳足迹？
5. 结合实际，讨论国内外绿色采购的发展现状。

参考文献

[1] INDELICATO G. A guide to the project management body of knowledge (PMBOK®; guide), fourth edition [J]. Project Management Journal, 2010, 40 (2): 104.
[2] CHEN I J，PAULRAJ A，LADO A A. Strategic purchasing，supply management，and firm performance [J]. Journal of Operations Management，2004，22 (5)：505–523.
[3] 吴承健，胡军. 绿色采购管理 [M]. 北京：中国物资出版社，2011.
[4] 姚进. 绿色产与销 联盟架绿桥 [N]. 经济日报，2018–06–18. 中国政府网.
[5] 赵道致，王振强. 采购与供应链管理 [M]. 北京：清华大学出版社，2009.
[6] 全国绿色制造技术标准化技术委员会. 环境管理 生命周期评价 原则与框架. GB/T 24040—2008 [S]. 北京：中国标准出版社，2008
[7] 全国绿色制造技术标准化技术委员会. 环境管理 生命周期评价 要求与指南. GB/T 24044—2008 [S]. 北京：中国标准出版社，2008
[8] 全国绿色制造技术标准化技术委员会. 绿色制造 制造企业绿色供应链管理 采购控制. GB/T 39258—2020 [S]. 北京：中国标准出版社，2008
[9] 本刊采编部. 欧盟研究机构呼吁重新制定采购政策 [N]. 中国政府采购报，2023–07–10 (003).

第3章　绿色设计与制造

【学习目标】

1. 掌握绿色设计与制造的概念、特点。
2. 掌握绿色设计与制造中的降碳减排。
3. 理解绿色设计的流程与评价。
4. 了解绿色制造的工艺。
5. 了解绿色制造的系统模型。

随着全球绿色低碳意识的增强，新发展理念深入人心，实现碳达峰、碳中和的“双碳”目标日益趋于紧迫。这不仅要求充分开展环境污染的末端治理，通过先进的水处理技术、大气处理技术、再资源化技术减少废气、废水、固体废物的直接排放，更重要的是要利用绿色设计与制造技术，在产品全寿命周期的各个阶段实现节能减排、降低污染。

3.1　绿色设计与制造

人类发展到今天已经离不开制造业，随着全球环境保护意识的逐步提高，如何在不缩小制造业规模的前提下，使制造业能够更高效地利用资源，最大限度地减少资源消耗和浪费，同时降低对环境的负面影响，实现可持续发展，成为绿色制造首先需要解决的问题。而在绿色制造实施的过程中，绿色设计是关键，它在很大程度上决定了材料、工艺、包装和产品寿命终结后处理的绿色性，反映了人们对于现代科技文化所引起的环境及生态破坏的反思，同时也体现了设计师道德和社会责任心的回归。因此，统筹绿色设计与制造，在制造业中深入贯彻社会可持续发展理念，促进现代企业转型升级是企业发展的必由之路。

3.1.1　传统设计与绿色设计

3.1.1.1　传统设计

传统的产品设计是从制订出新产品设计任务书起到设计出产品样品为止的一系列技术工作，具体流程如图 3–1 所示。

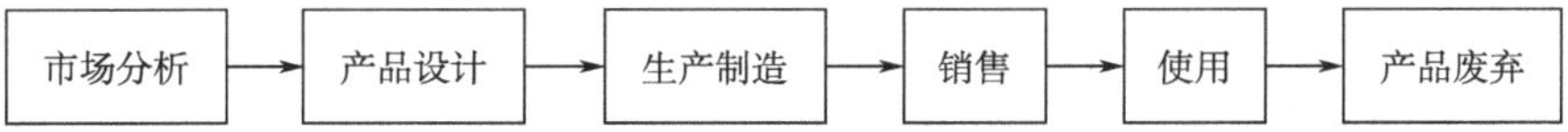

图 3–1　传统设计过程

传统的产品开发的各个环节按顺序进行，反复次数多，开发周期长，开发费用高，而且很少考虑产品的环境属性，结构复杂，拆卸回收难度大，造成大量的资源、能源浪费，并且污染环境。传统设计的产品难以适应市场竞争和持续发展的需要。

3.1.1.2　绿色设计

绿色设计（green design）又称生态设计（ecological design）、面向环境设计（design for environment）、环境意识设计（design for environment）等。虽然叫法不同，但内涵却是一致的，其基本思想是在设计阶段就将环境因素和预防污染的措施纳入产品设计之中，将环境性能作为产品的设计目标和出发点，力求使产品对环境的负面影响最小。

因此，本书对“绿色设计”的界定如下：在产品的整个生命周期内，着重考虑产品的环境属性（如材料的友好环境性，产品的可拆卸性、可回收性，产品生命周期的环境影响等），并将其作为设计目标，在满足环境目标的同时，并行地考虑并保证产品应有的基本功能、使用寿命、经济性和质量等[1]。

对于工业设计而言，绿色设计的核心是3R：不仅要减少物质和能源的消耗，减少有害物质的排放，还要使产品及零部件能够方便分类回收，并再生循环或重新利用。

3.1.2　绿色设计的特征

3.1.2.1　并行闭环设计

传统设计是一个串行设计过程，产品的生命周期是指从设计、制造直至废弃的所有阶段，而产品报废后的各个环节则没有被考虑，因而是一个开环过程。传统设计过程如图3–1所示。

与传统设计相比，绿色设计的生命周期还包括产品使用结束后的回收利用阶段，实现了产品生命周期阶段的闭路循环，而这些过程在设计时必须被并行考虑，因而，绿色设计是并行闭环设计。

3.1.2.2　扩大产品的生命周期

传统的产品生命周期是从产品的生产到投入使用为止，是“从摇篮到坟墓”的过程；而绿色设计将产品的生命周期延伸到了产品使用结束后的回收重用及废物处理，也即“从摇篮到再现”的过程。这种扩大了的生命周期概念便于在设计过程中从总体的角度理解和掌握与产品有关的环境问题及原材料的循环管理、重复利用、废弃物的合理分类堆放等。只有对产品生命周期的各个阶段进行总体考虑，才能进行绿色设计的整体优化[2]。

3.1.2.3　减缓资源消耗

绿色设计在设计之初不仅选择了能够与环境相适应并且可循环利用的产品，而且在产品的制造过程中采用合理的工艺，可以大大减少原材料的浪费。在产品报废之后，还可以对产品进行合理拆卸并从中回收可循环利用的材料，使其能够投入再生产中。因而产品在绿色设计过程中减少了对材料资源的需求，减缓了地球各类资源的消耗，保护了环境，有利于社会实现可持续发展。

3.1.2.4　从源头上减少废弃物的产生

在进行产品绿色设计的过程中，设计师对产品的环境需求进行全面分析和充分考虑，合理地选择产品材料，优化产品结构，从一开始就可以有效地防止废弃物的产生，有利于保护环境，维护生态系统平衡。现如今，工业化国家每年要生产大量的垃圾，垃圾处理成为颇为棘手的问题。通常采用的填埋法不仅占用了大量的土地，而且会造成二次污染。绿色设计将废弃物的产生消灭在萌芽状态，可使其数量降低到最低限度，大大缓解垃圾处理的矛盾。

3.1.2.5　改善生态环境

绿色设计要求全面考虑从原材料提炼、材料加工、部件制造、产品装配、产品包装、产品运输、产品使用，到产品废弃后的回收利用和处理等整个生命周期对环境造成的总负荷为最小。绿色设计的产品不仅不能损害人体健康，还应有益于人体，具有多功能化，能满足不同人的需要，如抗菌、除臭、隔热、阻燃、调温、调湿、消磁、防放射线、抗静电等。

3.1.2.6　实现价值创新

绿色设计是在产品系统设计框架内对产品环境效能的充分考量，其具体过程是对与产品相关的生产、流通、使用以及回收等多个系统流程进行综合创新以及调校的复杂工程。该过程同时还是一个价值创新过程，成功的产品开发不但能为制造者带来商业利润，为使用者带来功能价值，还会因其优秀的系统特性为与之构成某种系统关系的相关产品带来新的价值[3]。例如，良好的拆卸性能不但会节约装配时间进而降低生产成本，同时也能为产品的回收处置创造新的价值。

3.1.3 传统制造与绿色制造

3.1.3.1 传统制造

国际生产工程协会（CIRP）将“制造”定义为“人类按照所需目的，运用主观掌握的知识和技能，借助手工或可以利用的客观物质工具，采用有效的方法，将原材料转化为最终物质产品，并投放市场的全过程”。

目前，对“制造”主要有两种理解：狭义的制造，指从原材料到产品的制作过程；广义的制造，在范围方面，制造涉及的工业领域不仅局限于机械制造，还包括电子、化工、轻工、食品、军工等国民经济的众多行业；在过程方面，制造不仅是指具体的工艺过程，而且包括市场分析、产品设计、生产工艺过程、装配检验、销售服务、回收处理等组成的产品全生命周期过程。

3.1.3.2 绿色制造

当前国内外对绿色制造的定义有所不同。美国制造工程师学会（SME）对“绿色制造”的定义如下：绿色制造（又称清洁制造）的目标是使产品从设计、生产、运输到回收处理的全过程对环境的负面影响达到最小，内涵是产品生命周期全过程均具有绿色性。

科技部颁布的《绿色制造科技发展“十二五”专项规划》对绿色制造的定义：绿色制造是一种在保证产品的功能、质量、成本的前提下，综合考虑环境影响和资源效率的现代制造模式，通过开展技术创新及系统优化，使产品在设计、制造、物流、使用、回收、拆解与再利用等全生命周期过程中，对环境影响最小，对资源能源利用率最高，对人体健康与社会危害最小，并使企业经济效益与社会效益协调优化。

绿色制造系统与传统制造系统相比，具体有以下特点。

一是具有系统性。绿色制造系统与传统制造系统相比，其本质特征在于除保证一般的制造系统功能外，还要保证环境污染最小化。

二是突出预防性。绿色制造是对产品和生产过程进行综合预防污染的战略，强调以预防为主，通过污染物源削减和保证环境安全的回收利用，使废弃物最小化或消失于生产过程中。

三是保持适合性。绿色制造必须结合企业产品的特点和工艺要求，使绿色制造目标符合企业生产经营发展的需要，又不损害生态环境，并保持自然资源的潜力。

四是符合经济性。绿色制造从末端治理转向对产品及生产过程的连续控制，使污染物产生最少化或消失于生产过程之中，综合利用再生资源和能源、物料的循环利用技术，有效地防止污染再产生。

3.1.4　绿色制造体系

绿色制造是一个动态概念，绝对的绿色是不存在的，它是一个不断发展、永不间断的持续过程。绿色制造体系[3]包括两个"过程"、三个"内容"、两个"目标"和三条"途径"，如图3–2所示。

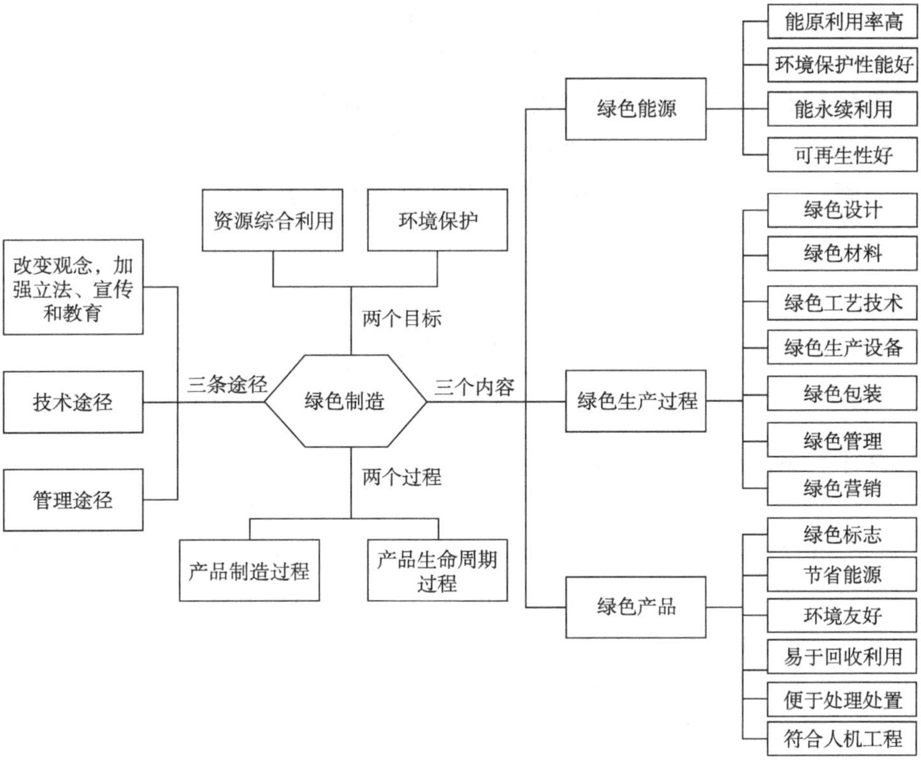

图 3–2　绿色制造体系

绿色制造的两个“过程”：产品制造过程和产品生命周期过程。也就是说，从产品的规划、设计、生产、销售、使用，到报废淘汰、回收利用、处理处置的整个生命周期均要做到节能降耗、绿色环保，减少或没有环境污染。

绿色制造的三个“内容”：利用绿色材料、绿色能源，经过绿色生产过程（绿色设计、绿色工艺技术、绿色生产设备、绿色包装、绿色管理等）生产出绿色产品。

绿色制造追求的两个“目标”：通过资源综合利用、短缺资源的代用、可再生资源的利用、二次能源的利用及节能降耗等措施延缓资源的枯竭，实现持续利用；减少废料和污染物的生成和排放，提高工业产品在生产过程和消费过程中与环境的相容程度，降低整个生产活动给人类和环境带来的风险，最终实现经济效益和环境效益的最优化。

实现绿色制造的三条“途径”：一是改变观念，树立良好的环境保护意识，并体现在具体行动上，可通过加强立法、宣传教育来实现；二是针对具体产品的环境问题，采取技术措施，即采用绿色设计、绿色制造工艺、产品绿色程度的评价机制等，解决所出现的问题；三是加强管理，利用市场机制和法律手段，促进绿色技术、绿色产品的发展和延伸。

3.2 绿色设计的原则与方法

3.2.1 绿色设计的原则

绿色设计是将产品的绿色特性有机地融入产品生命周期全程，从具体实施层面来说，还需要为设计人员提供便于遵循的绿色设计原则。绿色设计原则就是在传统产品设计中通常主要依据的技术原则、成本原则和人机工程学原则的基础上纳入生态环境原则，并将生态环境原则置于优先考虑的地位[4]。

绿色设计的生态环境原则包括资源最佳利用、能量消耗最少、零污染、零损害、技术先进以及生态经济效益最佳等原则。这些原则是绿色设计的指导原则，通过遵循这些原则，我们可以减少对自然资源的消耗，降低对环境的污染，提高能源利用效率，保护人体健康和生命安全，推动社会的可持续发展。在未来的设计中，我们应当秉持绿色设计理念，不断探索创新，推动绿色设计的发展。

3.2.1.1　资源最佳利用原则

在选用资源时，应从可持续发展的观念出发，考虑资源的再生能力和跨时段配置问题，尽可能使资源实现循环重复利用或使用可再生资源。

3.2.1.2　能量消耗最少原则

一是在选用能源类型时，尽可能选用太阳能、风能等清洁型可再生能源；二是力求在产品整个生命周期循环中能源消耗最少，能源效率最高。

3.2.1.3　零污染原则

绿色设计应彻底抛弃传统的“先污染，后处理”的末端治理方式，而要实施“预防为主，治理为辅”的环境保护策略。因此，设计时必须充分考虑如何消除污染源，从根本上防止污染。

3.2.1.4　零损害原则

绿色设计应该确保产品在生命周期内对劳动者（生产者和使用者）具有良好的保护功能，在设计上不仅要从产品制造和使用环境以及产品的质量和可靠性等方面考虑如何确保劳动者的安全，而且要符合人机工程学和美学等有关原理，以免对劳动者的身心健康造成危害。

3.2.1.5　技术先进原则

要使设计出的产品具有较高的绿色度，就应该多学科融合，采用先进的方法、技术与工具，而且要求设计者有创造性，使产品具有最佳的市场竞争力。

3.2.1.6　生态经济效益最佳原则

绿色设计不仅要考虑产品所创造的经济效益，而且要从可持续发展的观点出发，考虑产品在生命周期内的环境行为对生态环境和社会造成的影响所带来的环境生态效益和社会效益损失。也就是说，要使绿色产品生产不仅能取得好的环境效益，还要能取得好的经济效益，即取得最佳的生态经济效益。

3.2.2 绿色设计的方法

3.2.2.1 模块化设计

对一定范围内的不同功能或相同功能、不同性能、不同规格的产品进行功能分析的基础上，划分并设计出一系列功能模块，通过模块的选择和组合可以构成不同的产品，满足不同的需求。模块化设计既可以很好地解决产品品种规格、产品设计制造周期和生产成本之间的矛盾，又有利于产品的快速更新换代，提高产品的质量，方便维修和产品废弃后的拆卸、回收，为增强产品的竞争力提供必要条件。

3.2.2.2 循环设计

循环设计即回收设计，就是实现广义回收所采用的手段或方法，即在进行产品设计时，充分考虑产品零部件及材料回收的可能性、回收价值的大小、回收处理方法、回收处理结构工艺性等与回收有关的一系列问题，以达到零部件及材料资源和能源的充分有效利用，环境污染最小化的一种设计理念和方法。

3.2.2.3 可拆卸性设计

良好的可拆卸性是产品维护性好，零件材料可回收、可再生的重要保证，可以达到节省成本、减少污染、保护环境的目的。首先，应从观念上重视可拆卸性设计，设计人员应经常与用户、产品维护及资源回收部门联系，获取产品结构在拆卸方面的不足，并为可拆卸性设计的发展准备有关数据资料。其次，为便于拆卸，产品在整机设计时，就要从结构上考虑拆卸的难易程度，提出相应的设计目标、结构方案。对模块间、部件间的连接方式等问题要进行细致的研究与设计。例如，在家电产品的设计中应尽量避免采用焊接、胶粘、铆接等不可拆卸连接方式，而尽可能地优先选择易于分离的搭扣式连接。

3.2.2.4 可维修设计

用可维修设计方法设计出的产品在发生故障后，可通过适当的维修使产品恢复功能，从而延长产品的寿命，实现节能、省料、无废少废的绿色目标。为了便于维修，除产品整机结构要采用模块化设计、可拆卸性设计外，各独立模块内部也要尽可能地设计成可维修的。例如，对易耗易损的零件、元器件，应尽量将其设计得集中一些，便于维修装卸。

3.2.2.5　节能设计

节能设计即设计合理的产品结构、功能、工艺或利用新技术、新理论使产品在使用过程中消耗能量最少、能量损失最少。越来越多的人开始关注产品的使用所消耗的资源及其给环境带来的负担，因此在产品的设计阶段，对其使用所造成的能源消耗问题应给予足够的重视。产品使用阶段的节能设计应注意根据产品耗能特点有针对性地进行。例如，对录像机、电视机等产品进行设计时就应特别注意减少待机能耗。节能设计同样也要考虑产品的储存和运输环节。例如，汽车运输要消耗燃油，汽车尾气的污染等也会对环境产生一定的影响。减少产品的重量、体积都能减轻产品的运输给环境带来的负担。

3.2.2.6　绿色包装设计

产品的绿色包装设计主要有以下三个原则。

一是材料最省，即在满足保护、方便销售、提供信息的功能条件下，绿色包装应是使用材料最少而又文明的适度包装。

二是尽量采用可回收或易于降解、对人体无毒害的包装材料。例如，纸包装易于回收再利用，在大自然中也易自然分解，不会污染环境，因而从总体上看，纸包装是一种对环境友好的包装。

三是易于回收利用和再循环。采用可回收、重复使用和再循环使用的包装，提高包装物的生命周期，从而减少包装废弃物。

3.3　绿色设计的流程

绿色设计是建立在多学科交叉融合基础上的一种设计理论与方法，只有将各种设计方法、技术及工具有效的集成在一起，才能更好地实施产品的绿色设计。而制定系统化的设计流程是达到这一目标的有效途径，绿色设计的流程如图 3–3 所示，绿色设计的流程被划分为七个阶段：绿色设计准备阶段，设计标准确定与绿色需求分析阶段，确定绿色设计策略阶段，制定绿色设计方案阶段，产品详细设计阶段，设计分析与评价阶段，实施与完善阶段[4]。

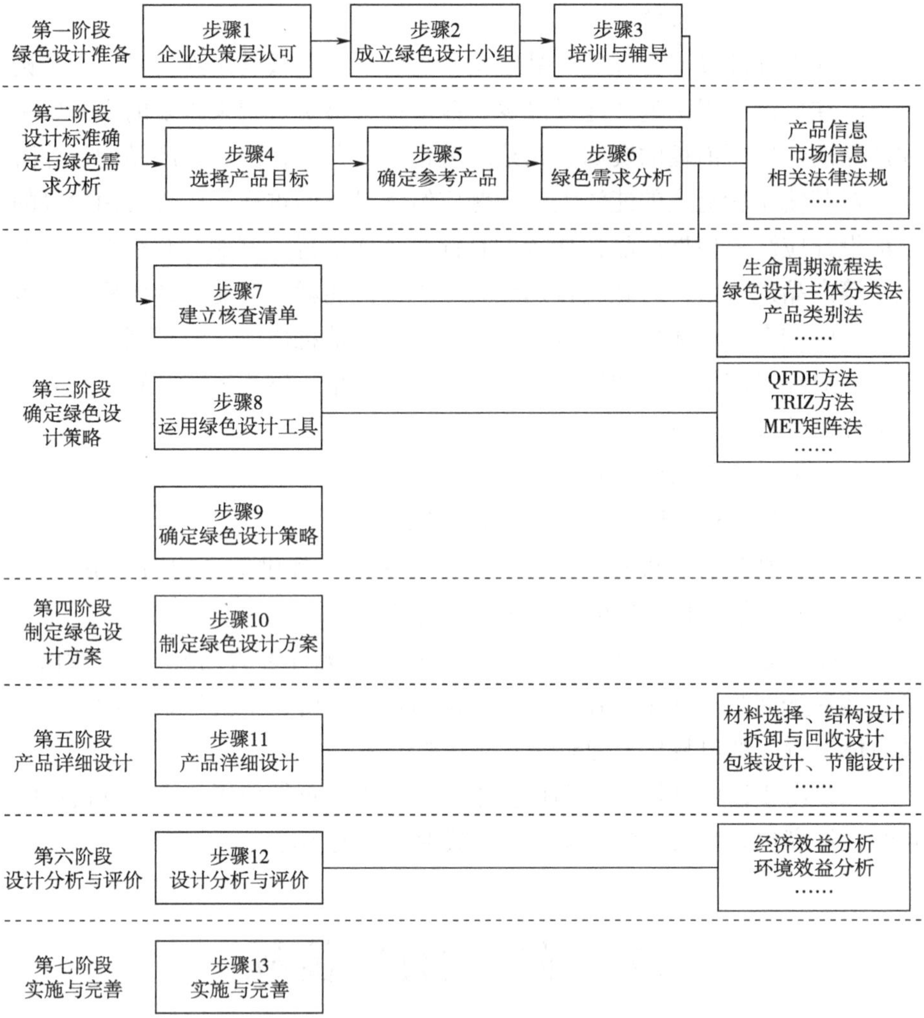

图 3–3 绿色设计的流程

3.3.1 确定绿色设计标准与分析绿色需求

绿色设计准备阶段是绿色设计的前期工作，对后续分析与设计过程有重要影响。绿色设计准备阶段包括三个步骤，即企业决策层认可、成立绿色设计小组、绿色设计实施的培训与辅导。企业实施绿色设计是一个系统工程，不可能一蹴而就，需要充分调用企业内部的各项资源，因此必须得到最高管理层的认可和委托，进而讨论项目组成员的组成，成立绿色设计小组，并随后进行绿色设计的规划和培训。

绿色设计的目标不仅要满足市场和相关法规政策的要求，同时还要充分考虑企业发展的自身现状、技术水平等诸多因素。企业在制定产品绿色设计目标时，可以通过选择合适的对标产品，从功能、技术、环境影响等方面确定适应企业需求的绿色设计目标。在确定了设计目标后，需要进一步对产品的绿色需求进行分析。

客户需求一般是指用户对产品的要求，其内容是消费者对产品使用功能、性能及价格等方面的要求和愿望，是客户要求的汇总。绿色需求有别于一般的客户需求，其需求范畴不仅仅是产品使用者对功能性能、质量价格等的需求，还包括产品对生态环境无害或微害、资源利用、能源消耗等方面的各类绿色性能需求。需要根据具体产品的特点对绿色需求进行细化及规范表达，常见的绿色性能需求的描述如表3-1所示。

表 3-1　常见的绿色性能需求的描述

类别	绿色性能需求	需求描述
资源	提高资源利用率	产品、部件或零部件的资源利用效率
	降低材料消耗	产品中或特定部件中的材料使用量
	提高易拆卸性	产品及部件的拆卸容易程度
	减少材料毒性	产品中各种材料的毒性
	提高材料回收率	产品构成材料中可回收材料所占比例
能源	减少能量消耗量	产品在其各个生命周期阶段的能量消耗量
	提高能量利用率	提高产品在其各个生命周期阶段的能量利用率
环境	减少空气污染量	在产品生命周期的各阶段，产品向空气中排放的污染物质量
	减少水体污染量	在产品生命周期的各阶段，产品向水中排放的污染物质量
	减少土壤污染量	在产品生命周期的各阶段，产品向土壤中排放的污染物质量

绿色需求分析流程如图3–4所示。

图3–4 绿色需求分析流程

3.3.1.1 产品绿色需求的结构化表达

收集的产品需求包含多种信息，并且大多是一些模糊、抽象或不完整的信息，甚至在一些情况下是相互矛盾的信息。这就需要将这些模糊抽象的需求进行分析，生成结构化的绿色产品需求集。其分析过程主要包括以下步骤。

（1）产品需求分解

产品需求分解的目的就是将隐含有各种产品设计信息与要求的客户需求信息分解为能被设计者理解或者独立性较强的基本单元。

（2）语义分割

由于客户对需求的表达很难直接转化为产品设计人员进行设计所需要的信息，这就要求对客户需求进行合理的分割，将其分解成完善的需求单元。

（3）需求单元规范化

将客户需求分割后，得到的需求单元往往能够较为真实地反映客户需求，但是需求单元仍然是客户的原始语言。为了让客户需求更好地被识别，需要对其进行规范化表述，将其转化为设计者可以识别的专用术语。

（4）需求合并与补充

规范化以后的需求单元仍然有很多是重复出现的，为了保证最后的需求单元相互独立，需要对这些需求单元进行合并。在合并处理过程中，有些表达有可能没有被清楚地捕捉到，会造成一定的语义损失，这时需要设计者根据经验进行补充。

3.3.1.2 产品绿色需求重要度分析

由于客户需求具有模糊性、动态性、多样性及优先性等特征，而且不同需求往往优先级不同，对于重要的基本需求设计时必须优先考虑。同时过多的产品需求通常会加大需求分析的难度和设计方案的生成难度，因此还需要对这些需求进行去粗取精，准确把握。

3.3.1.3　产品绿色需求预测

产品绿色需求不是静态的，会随着时间的推移而发生变化，进行产品设计时要充分考虑需求的变化。产品绿色需求预测方法主要包括经验法、概率法、前景分析法，以及时间序列预测法、因果预测法等。

3.3.2　确定绿色设计策略

产品绿色设计策略的确定包括两个内容，即建立检查表和确定绿色设计策略。所谓检查表就是以表格的形式表示绿色设计在产品生命周期不同阶段需要重点考虑的问题。

（1）建立检查表

检查表有通用型和专用型之分。通用检查表是列出绿色设计过程中需要考虑的所有问题，通常用于设计方案的讨论，它也是建立专用检查表的基础。专用检查表是针对不同对象产品（或同类产品）的特点建立的绿色设计检查表。

（2）确定绿色设计策略

绿色设计中遵循的不同技术路线又称绿色设计策略。绿色设计策略的确定是绿色设计的核心内容之一，通常也是产品设计人员进行绿色设计的指导原则。

绿色设计策略的确定是通过小组讨论并结合运用一些技术工具来完成的。讨论要以集思广益的方式进行，可以组织产品设计人员、管理决策者、营销人员、环境工程师及绿色设计方面的专家学者等，根据各自的专业知识以及经验，以产品基础资料分析结果为基础，利用检查表，经过充分沟通与讨论，确定绿色设计的具体内容及方法。

3.3.3　制定绿色设计方案

绿色设计方案的制定是根据产品生命周期各个阶段的要求，求解实现功能，满足各种技术、经济和环境指标可能存在的各种可行方案，并最终确定最优总体设计方案的过程[4]。设计方案的制定主要由产品研发人员完成，并将确定的绿色设计策略进一步具体化为绿色设计总体方案。绿色设计方案的优劣对产品绿色性能的实现有决定性影响。绿色设计方案的制定本质上属于产品概念设计，即完成满足功能要求的工作原理求解和实现功能结构的工作原理载体方案的构思和系统化设计。

绿色产品概念设计主要通过四个步骤来生成绿色产品设计方案，即绿色产品功能建模、产品结构要素中环境技术要求的确定、绿色产品构成要素的生成、绿色产品结构要素的优化组合。绿色产品总体设计方案的生成过程如图3-5所示。

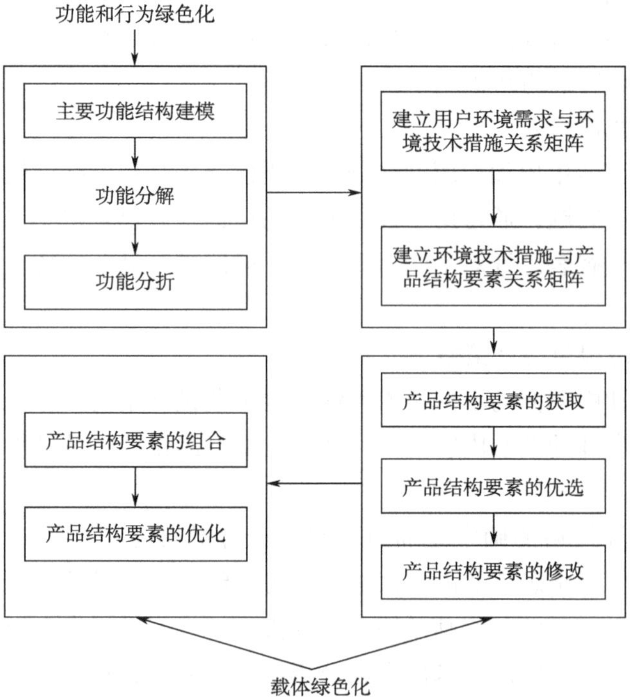

图3-5 绿色产品设计方案生成过程图

3.3.3.1 绿色产品功能建模

功能建模是构建合理的产品功能结构，从而保证产品概念设计完成后相关设计工作的进一步展开。产品功能构成和产品主要工作原理都是在功能建模阶段完成的，所以产品功能绿色化和行为绿色化也主要体现在这一阶段。绿色产品的功能建模分为三个阶段：第一个阶段是主要功能结构建模，根据产品的主要设计目标和设计要求建立产品的主要功能结构；第二个阶段是功能分解，是对主要功能的详细划分，生成更为详细的子功能，这些子功能往往对应一个具体的物理结构，称为基本功能单元；第三个阶段是功能分析，对产品各个功能之间的相互关系和影响进行分析，并对产品的功能结构进行优化。

3.3.3.2　产品结构要素中环境技术要求的确定

产品结构要素的绿色性能是产品绿色性能的基础。为了设计出具有优良环境性能的产品结构要素，需要根据面向环境的质量功能配置方法，建立用户环境需求与环境技术措施关系矩阵和环境技术措施与产品结构要素关系矩阵，通过两级映射确定产品结构要素的环境技术要求。

3.3.3.3　产绿色产品构成要素的生成

由于绿色设计实际上是在常规设计的基础上融合了环境性能要求，而现实中已有许多现成的设计经验可供借鉴，可利用基于实例推理的方法通过实例获取、实例优选和实例修改等步骤生成绿色产品结构要素，这样产品设计人员就可以专注于提升产品的绿色性能，而不必把精力浪费在产品结构要素的常规设计上。

3.3.3.4　产绿色产品结构要素的优化组合

虽然经过以上步骤得到了环境性能优良的产品结构要素，但是局部最优并不代表整体最优。产品的环境性能不仅体现在产品的基本结构要素上，还取决于这些产品结构要素的组合方式。因此，在满足产品功能的前提下，根据绿色设计准则把这些产品结构要素进行优化组合是绿色产品设计方案的一项重要工作。产品结构要素的优化组合主要包括产品结构要素的组合和产品结构组合的优化。

3.3.4　产品详细设计

产品详细设计需要按照之前制定的产品设计策略与设计方案，完成产品的具体结构设计。详细设计阶段需要根据产品类型、市场需求和生产设备状况等因素，将抽象的设计策略转化为设计方案，完成产品的材料选择、结构及其尺寸确定、生产工艺选择等。这一阶段，主要是通过一定的方法和手段实现节能、节材、低碳、轻量化、拆卸性能、可回收性能、环境污染类型及其影响等产品的绿色性能。具体来说，主要涉及以下三个方面：绿色材料的选择、零部件结构优化设计和零部件配合关系的优化。

3.3.4.1　产绿色材料的选择

目前，很多传统的工程材料正在被不断涌现的绿色材料所取代。据估计，现在可用的工程材料多达八万种以上，选用合适的工程材料不仅影响产品的功能、质量、成本，还直接影响产品全生命周期的环境性能。绿色设计要求产品设计人员改变传统的材料选择程序和步骤，选材时不仅要考虑产品的使用条件和性能，还要考虑环境约束准则，了解材料对环境的影响，选用无毒、无污染的材料及易回收、可重用、易降解的材料。除合理选材外，同时还应加强材料管理。绿色产品设计的材料管理包括两方面内容：一方面不能把含有有害成分的材料与无害成分的材料混放在一起；另一方面，达到寿命周期的产品，有用部分要充分回收利用，不可用部分应采用合适的工艺方法进行处理，使其对环境的负面影响降低到最低限度。

3.3.4.2　零部件结构优化设计

零部件结构优化是在保证零部件的力学性能、材料性能和理化性能的基础上，实现结构轻量化、零部件数量最少化，在确保实现产品预定设计目标的基础上，尽可能减少产品的资源能源消耗及各类排放。常用的零部件结构优化设计方法包括拓扑优化、形状优化、形貌优化、尺寸优化等。

3.3.4.3　零部件配合关系的优化

零部件的配合关系，不仅影响产品的工作性能、制造装配成本，也直接影响产品的维修、拆卸性能。在产品设计过程中，良好的可拆卸性能通常是产品绿色设计的主要目标之一。

3.3.5　设计分析与评价

与传统设计对比，绿色设计除满足传统设计的要求外，必须从产品全生命周期的角度考虑对环境的影响，即考虑生产、使用、回收处理的全过程。在每个过程都要考虑材料的影响、结构的影响及环境资源、能源的有效利用，并要对整个过程做出相应的评价。产品设计分析与评价是一个复杂的过程，涉及多个阶段、众多因素，产品设计分析与评价体系结构如图3–6所示。在进行产品设计方案分析与评价时除要考虑产品的功能及结构等因素外，还必须考虑产品在其生命周期过程中产生和排放的污染物数量和种类、噪声、安全性、社会影响以及资源的利用效率和绿色资源的利用等因素。

随着绿色设计标准及规范的陆续出台及不断完善，对绿色设计的分析与评价会越来越明确和有针对性，因此，绿色设计的分析与评价指标体系、评价标准、评价方法等都应该根据实际情况进行不断修订与完善。

3.3.6　实施与完善

针对企业选择的目标产品，通过绿色设计获得的最优方案在企业实施后，对初期设计目标满足程度如何？哪些方面还需要进一步优化？其环境效益与经济效益如何？这些问题都需要认真分析，根据分析结果再进一步完善设计，最后在企业的其他产品或行业进行推广应用。

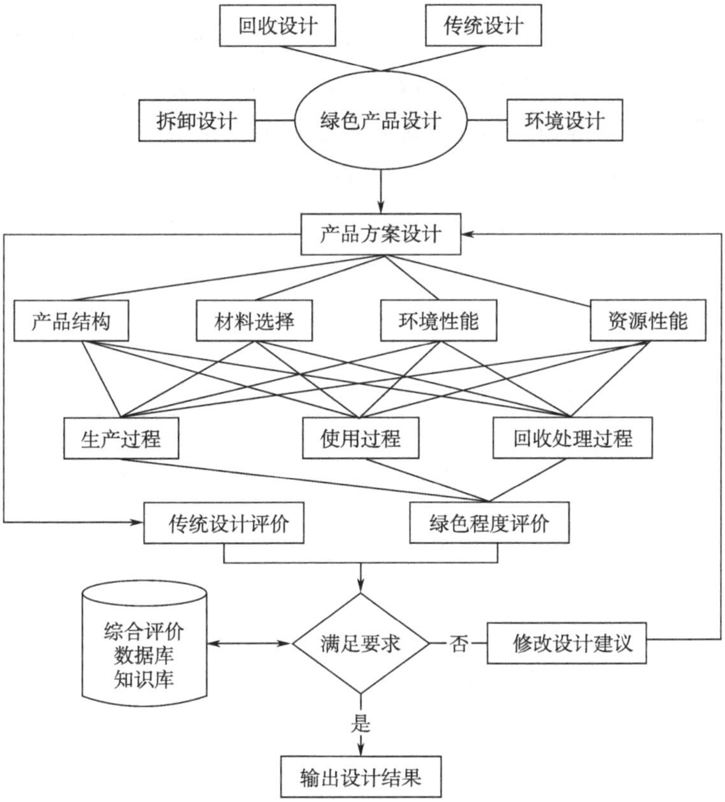

图 3–6　产品设计分析与评价体系

3.3.6.1 符合性分析

进行符合性分析的目的是评估产品绿色设计方案实施情况与所确定的绿色设计策略之间的差距大小，并找出尚需进一步改善之处。符合性分析可由绿色设计小组通过讨论的方式进行，由专人就绿色设计策略及其具体实施情况进行逐项介绍，小组成员依据表3–2，对绿色设计策略的实施情况进行逐项评分。可根据以下标准在该表中填入分数："0"表示尚未实施；"1"表示部分实施，效果不明显；"3"表示已经实施，效果明显；"5"表示充分体现了绿色设计的效果，效应明显。各检查项的评分结果由小组成员的分数加总平均求得，各单项再加总求平均值即可求得最后总平均值。

3.3.6.2 效益分析

效益分析包括环境效益分析和经济效益分析。环境效益分析通常运用生命周期评价方法，对产品绿色设计前后的差异进行分析，比较绿色设计与原设计的差异部分，对于没有改变的部分不列入分析的范畴。通过产品生命周期评价，可得到产品环境影响的定量分析结果。经济效益分析就是运用经济效益分析方法和工具对绿色设计的成本、社会效益等进行分析，为方案的进一步改善提供帮助。根据符合性和效益分析结果，并通过小组讨论的方式，对现有设计方案，特别是实施情况较差的方案进行调整，提出具体改进意见。

表 3–2 绿色设计策略的实施情况评分表

生命周期阶段		物质材料投入/产出（M）	能源使用投入/产出（E）	有毒排放物（T）
材料和零部件的生产和供应				
本场内生产				
分销				
使用	运转			
使用	服务			
系统终结	回收处置			

3.4 绿色设计的评价体系

绿色设计的最终结果是否满足预期的需求和目标、是否还有改进的潜力、如何改进等是绿色设计过程中关心的问题。要回答这些问题，则必须进行绿色设计评价。

3.4.1 绿色设计评价指标

3.4.1.1 评价指标的选择原则

绿色设计评价指标体系的选择必须遵循综合性、科学性、系统性、可操作性、动态指标与静态指标相结合、定性指标与定量指标相结合等原则。

综合性：指标体系应该能全面反映评价对象的情况，应能够从技术、经济、环境三个方面进行评价，充分利用多学科知识及学科交叉综合知识，以保证综合评价的全面性和可信度。

科学性：力求客观、真实、准确地反映评价对象的绿色属性，有些指标可能目前尚无法获取必要的数据，但与评价关系较大时仍可作为建议指标给出。

系统性：要有反映产品资源属性、能源属性、经济性及环境属性的各自指标，并注意从中抓住影响较大的因素，既要充分认识到其与社会经济发展过程有不可分割的联系，又要反映这几大属性之间的协调性指标。

可操作性：绿色设计的评价指标应有明确的含义，以有一定的现实统计作为基础，因而可以根据数量进行计算分析。同时，指标项目要适量，内容要简洁，在满足有效性的前提下尽可能使评价简便。

动态指标和静态指标相结合：评价指标受市场及用户需求等的制约，对产品设计的要求也将随着工业技术和社会的发展而不断变化。在评价中，既要考虑现有状态，又要充分考虑未来的发展。

定性指标与定量指标相结合：绿色设计各项指标应尽可能量化，但对某些指标（如环境政策指标、材料特性等）量化难度较大，此时也可采用定性指标来描述，以便从质和量的角度对评价对象做出科学的评价结论。

3.4.1.2　评价指标的分类

绿色设计的评价指标体系除包含传统设计评价的指标外，还必须满足环境属性要求，其构成体系通常包括环境指标、能源指标、资源指标、经济性指标、环境化设计指标、可持续发展指标六个方面，如图3–7所示。

环境指标：环境指标主要是指在产品的整个生命周期内与环境有关的指标，主要包括环境污染和生态环境破坏两方面，可用各种有害物的排放量或各种比值来衡量。

能源指标：一般来说，能量生产过程需要利用其他各种资源（如煤、石油等），且会产生一定的环境污染，因此必须最大限度地节约和利用能源。能源利用率提高也就节约了资源，减少了环境污染。

资源指标：这里所说的资源包括产品生命周期中使用的材料资源、设备资源、信息资源和人力资源，是绿色产品生产所需的最基本条件。具体评价衡量时，可考虑全生命周期资源消耗，也可以分别评价生命周期不同阶段的资源利用情况。

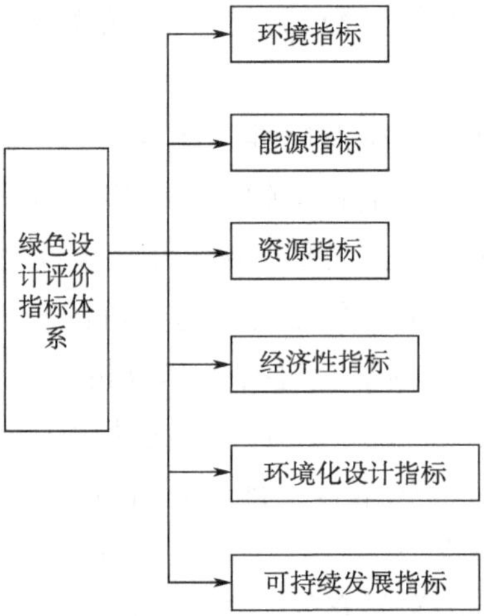

图3–7　绿色设计评价指标体系

经济性指标：绿色产品的经济性是面向产品的整个生命周期的，与传统的经济性评价明显不同。

环境化设计指标：环境化设计指标主要包括拆卸时间、拆卸效率、回收潜力指标、回收率、技术可修复性指标、材料再生率、再制造指数、耐用性和毒性潜能指数等。

可持续发展指标：评价环境、经济和社会可持续发展状况、压力及政策响应等全过程的指标。其指标体系是可持续发展指标组成的综合体，按基本功能可分为三类：状态指标，用于衡量环境质量或环境状态；压力指标，用于衡量对环境造成的压力；响应指标，用于衡量环境政策的实施状况。可持续发展指标主要用于说明自然和环境的变化情况、变化原因和人类采取的对策等。

3.4.2　绿色设计评价方法

3.4.2.1　生命周期评价方法

生命周期评价（life cycle assessment，LCA），是对产品系统在整个生命周期中的（能量和物质的）输入输出和潜在的环境影响的分析汇编和评估。这里的产品系统是指具有特定功能的、与物质和能量相关的操作过程单元的集合，在LCA标准中，产品既可以指（一般制造业的）产品系统，也可以指（服务业提供的）服务系统；生命周期是指产品系统中连续的和相互联系的阶段，它从原材料的获得或者自然资源的产生一直到最终产品的淘汰废弃为止。

LCA通常包括四个阶段，即目标和范围确定、清单分析、影响评估和结果解释。LCA的基本框架如图3–8所示。

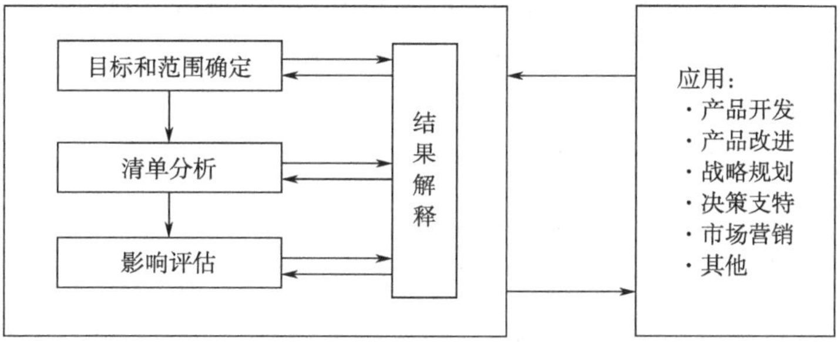

图 3–8　LCA 框架

（1）目标和范围确定

在进行LCA之前，必须明确地表达评估的目标和范围，因为评估的目标和范围是评估过程所依赖的出发点和立足点。需要定义的LCA目标包括：实施LCA的原因和评估结果公布的范围。需要定义的LCA范围包括：产品系统功能的定义、产品系统功能单元的定义、产品系统的定义、产品系统边界的定义、系统输入输出的分配方法、采用的环境影响评估方法及其相应的解释方法、数据要求、评估中使用的假设、评估中存在的局限性、原始数据的质量要求等。

（2）清单分析

清单分析是LCA中发展最完善的一个部分。它是对产品工艺过程或活动等系统整个生命周期阶段资源和能源的使用以及向环境排放的废弃物等进行定量分析的过程。清单分析开始于原材料获取，结束于产品的最终消费和回收处理。

（3）影响评估

影响评估是根据清单分析过程中列出的要素对环境影响进行定性和定量分析。该过程包括以下几个步骤：对清单分析过程中列出的要素进行分类；运用环境知识对所列要素进行定性和定量分析；识别出系统各环节中的重大环境因素；对识别出的环境因素进行分析和判断。影响评估过程中，把清单分析的结果归到不同的环境影响类型，再根据不同环境影响类型的特征化系数加以量化，来进行分析和判断。

（4）结果解释

结果解释是LCA的最后一个阶段，是将清单分析和影响评估的结果组合在一起，使清单分析结果与确定的目标和范围一致，以便做出结论和建议。结论和建议可作为后期决策和采取行动的依据。LCA完成后，通常还需要撰写和提交LCA研究报告。

3.4.2.2 绿色产品模糊层次评价方法

绿色产品模糊层次评价方法就是在对产品进行分析的基础上，建立待评对象的递阶层次结构，根据评价指标的属性，利用模糊数学原理，对其绿色程度进行综合评价，以进行产品方案比较或进行绿色设计决策。绿色产品模糊层次评价方法的主要步骤如图3–9所示。

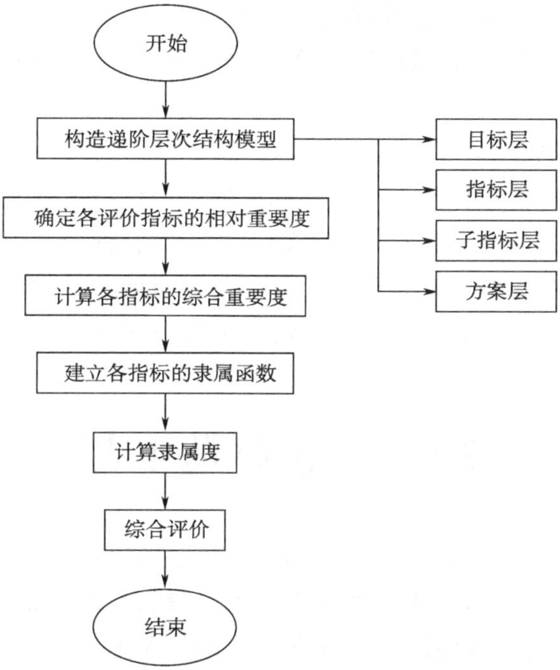

图 3–9　绿色产品模糊层次评价方法的步骤

（1）构造递阶层次结构模型

根据评价指标体系中各指标所属类型，将其划分成不同层次，就形成了绿色设计评价的递阶层次结构模型。该模型由四个层次组成：目标层（最高层），该层是最高层次或称为理想结果层，描述了评价的目的；指标层（中间层），该层为评价准则或影响评价的因素，是对目标层的具体描述；子指标层，该层是对评价指标层的细化，即对绿色属性的具体化，对有些指标而言，该层往往还需要进一步细化；方案层（最低层），该层是采用的方案、措施或评价的对象。

（2）确定各评价指标的相对重要度

评价指标相对重要度的确定过程包括建立相对重要度判断矩阵，权重的计算和相容性判断及误差分析。

（3）计算各指标的综合重要度

在计算了各级指标对上级指标的相对重要度以后，即可从最上一级开始，自上而下地求出各级指标关于评价目标的综合重要度。

（4）建立各指标的隶属函数及计算隶属度

隶属函数的建立和隶属度计算的正确与否对评价结构的正确性有重要影响。

（5）综合评价

求出每个评价指标的实际值和标准值对于该指标理想值的隶属度，并计算出各指标的重要度总和后，即可进行综合评价。综合评价就是对受多因素影响的事务和现象做出综合评价，目的是追求整体最优。一般采用线性加权法、理想点法、乘积法确定综合评价结果。

3.5 绿色制造工艺

绿色制造工艺的创新是实现制造业绿色发展的基础保障，主要创新领域包括新工艺原理发现、替代性工艺技术、绿色工艺装备研制、工艺链集成优化和辅助物料（切削油液、溶剂等）的环保化。绿色制造工艺是以先进设备和工艺优化为基础，通过改善制造工艺从而构造绿色车间[5]。

3.5.1 绿色制造工艺的类型

根据绿色制造工艺技术追求的目标，可将绿色制造工艺划分为三种类型：节约资源的工艺技术、节省能源的工艺技术和环保型工艺技术。

3.5.1.1 节约资源的工艺技术

节约资源的工艺技术是指在生产过程中简化工艺系统组成、节省原材料消耗的工艺技术。例如，通过优化毛坯形状，减小加工余量，降低原材料消耗；通过提高刀具寿命，选用新型刀具材料，降低刀具组成材料的消耗；减小或取消切削液的使用；简化工艺系统的组成要素；等等。

3.5.1.2 节省能源的工艺技术

加工过程中要消耗大量的能量，这些能量一部分转化为有用功，而大部分则转化为其他能量形式而消耗掉。消耗掉的能量总是伴随着各种各样的有害损失，如摩擦损失掉的能量伴随着磨损而导致机床过早地丧失应有的精度。

3.5.1.3　环保型工艺技术

生产过程是一个输入输出系统，当给系统输入加工过程所要求的各要素时，系统会输出除最终目标产品外，还有对环境、操作者等有影响或危害的物质，如废液、废气、废渣、噪声等。

3.5.2　典型的绿色制造工艺技术

3.5.2.1　干切削及亚干切削工艺技术

（1）干切削工艺

干切削工艺就是在加工过程中不用冷却润滑液的加工方法。干切削加工工艺有两种方式，即完全干式加工和准干式加工（当切削过程所用的切削液的数量很少时，即为准干式切削）。

（2）亚干切削工艺

介于湿切削和完全干切削之间的加工技术被称为亚干切削或者微量润滑技术，它是将压缩空气与少量的切削液混合雾化后，以雾状喷到切削区域。雾状切削液可以避免膜态沸腾的负面作用，而且很小的雾滴在高速状态下更容易突破蒸汽膜而进入变形区，从而使得微量切削液到达切削区，起到甚至超过传统大量浇注式切削的冷却效果，可以代替传统大量浇注切削液的冷却、润滑、防锈及冲屑等作用。常见的亚干切削技术主要有低温冷风切削技术、微量润滑切削技术、水蒸气冷却技术、微量油膜附水滴切削技术、液氮冷却润滑技术。

3.5.2.2　增材制造工艺

增材制造有各种工艺方式，但其工作流程都可以分为CAD建模、分割为二维图形信息、打印为三维模型、后处理等，如图3–10所示。

结合增材制造工艺的实现流程，目前应用较为广泛的增材制造工艺主要有光固化成形工艺（SLA）、选择性烧结工艺（SLS）、激光工程化净成形工艺（LENS），电子束熔化工艺（EBM）、三维喷涂黏结工艺（3DP/3DPG）、箔材黏结成形工艺（LOM）、电弧喷涂成形工艺（ASP）、物理/化学气相沉积成形工艺（PVD/CVD）、堆焊成形工艺（OW）或喷焊成形工艺（SW）等。将上述各种增材制造工艺方法依据使用的材料及其构建技术进行分类，如表3–3所示。

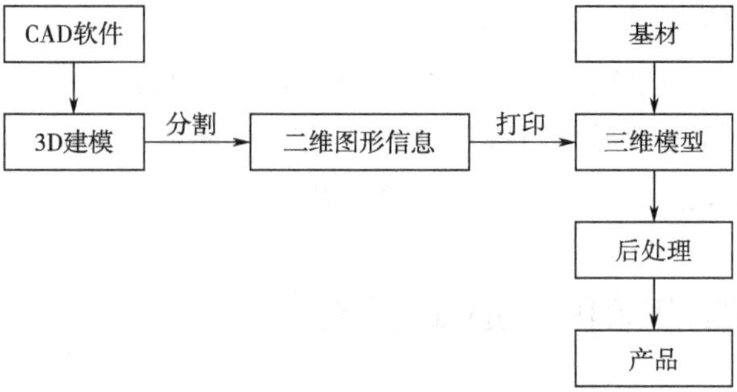

图 3-10　增材制造工艺的一般工作流程

3.5.2.3　无铅制造工艺

无铅制造本身没有额外废弃物的排放，与此同时还能严格限制产品中重金属铅的含量，其环境效益好，在产品的整个生命周期中无需再花费额外的人力物力处理铅污染问题，因此经济效益相应地提高，工人本身的作业环境也更加安全。

表 3-3　增材制造工艺分类

	使用材料	构建技术	工艺方法
增材制造	液态材料	光固化成形	逐点固化（SL、LTP、BIS） 逐层固化（SGC） 全息干涉固化（HIS）
		电铸成形	ES
		冷却固化	逐点固化（BPM、FDM、3DW、ASP） 逐层固化（SDM、PVD、CVD）
	薄层材料	热熔胶黏结薄材	LOM
		光照黏结薄材	SFP
	粉末材料	热熔冷却	激光烧结熔化（SLS、GPD、SLM、EBM） 电弧熔化（ASP、OW、SW） 火焰熔化（SW）
		黏结剂黏结粉材	3DP、SF、TSF

无铅制造的具体实现方式包括以下几方面。

（1）无铅焊料

根据环境保护要求及工业实际应用，寻找在电子装配工业中能全面替代Sn–Pb的无铅焊料必须满足以下要求。

低熔点：材料的熔点必须低到能避免有机电子组件的热损坏，同时又必须高到能满足现有装配工艺下具有良好力学性能。

润湿性：只有在焊料与基体金属有着良好的润湿性时才能形成可靠的连接。

可用性：无铅焊料中所使用的金属必须是无毒的且有丰富的供给。

价格：焊料中所使用的金属的价格是一个因素，同时还要考虑因使用新焊料改变装配线所附加的成本。

（2）无铅元器件

元器件的无铅化是指元器件的组成材料中铅的含量小于一定比例，同时元器件的电性能和物理性能均满足无铅工艺的要求。无铅制造工艺中必须按照无铅化标准完善元器件的材料和封装设计，确保元器件的高可靠性，避免因焊接过程中的高热对元器件造成热冲击。

3.5.2.4　绿色热处理工艺

绿色热处理工艺是绿色工业的重要环节之一，是指在保证产品质量、控制制造成本的前提下，最大限度地减少对环境的负面影响。绿色热处理工艺的内涵主要体现在三个方面：工艺改善、能源节约及清洁生产。热处理工艺改善的主要目的是提升金属材料性能，从而节约优质钢材。能源节约是指减少热处理生产过程中的能源消耗。清洁生产是指实现热处理生产无害化，减少污染物质、有害物质排放，将热处理剩余物进行回收利用。传统热处理工艺实质上属于能源换取资源的模式，绿色热处理技术需要从能源与资源角度进行综合评估，改善技术本身的环境效应。因此可以认为绿色热处理工艺是实现绿色制造的一种工艺手段。

（1）真空热处理

真空热处理是真空技术与热处理技术相结合的新型热处理技术，是工件在10^{-1}~10^{-2}Pa真空介质中被加热到所需要的温度，然后在不同介质中以不同冷速进行冷却的热处理方法。真空热处理实际也属于气氛控制热处理。

真空热处理被当代热处理界称为高效、节能和无污染的清洁热处理。真空热处理的零部件具有无氧化，无脱碳、脱气、脱脂，表面质量好，变形小，综合力学性能高，可靠性好（重复性好，寿命稳定）等一系列优点。因此，真空热处理受到国内外广泛的重视并得到普遍的应用，真空热处理普及程度已成为衡量一个国家热处理技术水平的重要标志。真空热处理技术是近年来热处理工艺发展的热点，也是当今先进制造技术的重要领域。

（2）激光热处理技术

激光的穿透能力极强，可把金属材料表面快速加热到仅低于材料熔点的临界转变温度，其表面奥氏体化非常迅速，然后进行急速自冷淬火，使金属表面迅速被激光相变硬化。

实际生产中，激光热处理（laser heat treating，LHT）工艺就是利用高功率密度的激光束对金属材料表面进行激光处理，使材料实现相变硬化、表面合金化，产生用其他表面淬火达不到的零部件表面的成分、组织、性能。激光热处理具有高速加热、高速冷却特点。激光热处理零部件表面组织细密、硬度高、耐磨性能好。由于高速冷却，激光淬火部位可获得残余压应力，提高了零部件的疲劳性能。激光淬火时可以进行局部选择性淬火，更适合其他热处理方法无法完成的局部区域淬火硬化。激光热处理技术主要用于强化汽车零部件或工模具的表面，提高其表面硬度、耐磨性、耐蚀性以及强度和高温性能等。例如，汽车发动机缸孔、曲轴、冲压模具、铸造型板等的激光热处理。

激光热处理工艺流程为：预处理（表面清理及预置吸光涂层）→激光淬火（确定硬化模型及淬火工艺参数）→质量检测（宏观及微观检测）。

3.6 绿色制造的碳足迹核算及减排实践

3.6.1 机械设备制造企业的温室气体排放

以机械设备制造企业为例，分析绿色设备制造的碳足迹核算。根据国家发展改革委办公厅印发的《机械设备制造企业温室气体排放核算方法与报告指南（试行）》[6]，机械设备制造企业的温室气体排放总量应等于边界内所有生产系统的化石燃料燃烧所产生的排放量、工业生产过程排放量，以及企业净购入的电力和热力产生的排放量之和，按公式（3.1）计算：

$$E = E_{燃烧} + E_{过程} + E_{电力} + E_{热力} \tag{3.1}$$

式中：E——企业温室气体排放总量 tCO_2e；

$E_{燃烧}$——企业边界内化石燃料燃烧产生的排放量 tCO_2；

$E_{过程}$——企业边界内工业生产过程各种温室气体的排放量 tCO_2e；

$E_{电力}$——企业净购入的电力产生的排放量 tCO_2；

$E_{热力}$——企业净购入的热力产生的排放量 tCO_2。

按照以下方法分别核算上述各类温室气体的排放量。

3.6.1.1　化石燃料燃烧排放

（1）计算公式

化石燃料燃烧导致的二氧化碳排放量是企业核算和报告年度内各化石燃料燃烧产生的二氧化碳排放量的加总，按公式（3.2）计算。

$$E_{燃烧} = \sum_{i=1}^{n} AD_i \times EF \tag{3.2}$$

式中：$E_{燃烧}$——企业边界内化石燃料燃烧产生的排放量 tCO_2；

AD_i——报告期内第 i 种化石燃料的活动水平 GJ；

EF_i——第 i 种化石燃料的二氧化碳排放因子 tCO_2/GJ；

i——化石燃料种类。

（2）活动水平数据的获取

机械设备制造企业化石燃料燃烧的活动水平是核算和报告年度内各种燃料的消耗量与平均低位发热量的乘积，按公式（3.3）计算。

$$AD_i = NCV_i \times FC_i \tag{3.3}$$

式中：AD_i——报告期内第 i 种化石燃料的活动水平 GJ；

NCV_i——报告期内第 i 种化石燃料的平均低位发热量（固体或液体燃料 GJ/t，气体燃料 GJ/万Nm^3）；

FC_i——报告期内第 i 种化石燃料的净消耗量（固体或液体燃料 t，气体燃料万 N^3）；

i——化石燃料种类。

对于燃料的净消耗量，采用企业计量数据，相关计量器具应符合《用能单位能源计量器具配备和管理通则》（GB 17167）要求。对于化石燃料平均低位发热量，可采用本书附录二所提供的推荐值，具备条件的企业可开展实测，或委托有资质的专业机构进行检测，也可采用与相关方结算的凭证中提供的检测值。如选择实测，化石燃料低位发热量检测应遵循《煤的发热量测定方法》（GB/T 213）、《石油产品热值测定法》（GB/T 384）、《天然气能量的测定》（GB/T 22723）等相关标准。

（3）排放因子数据的获取

机械设备制造企业消耗的化石燃料燃烧的排放因子由燃料的单位热值含碳量和碳氧化率等参数计算得到，计算如公式（3.4）所示：

$$EF_i = CC_i \times OF_i \times \frac{44}{12} \tag{3.4}$$

式中：EF_i——第 i 种化石燃料的二氧化碳排放因子 tCO_2/GJ；

CC_i——第 i 种化石燃料的单位热值含碳量 tC/GJ；

OF_i——第 i 种化石燃料的碳氧化率 %；

i——化石燃料种类。

3.6.1.2　工业生产过程排放

机械设备制造业的过程排放由各工艺环节产生的过程排放加总获得，具体按公式（3.5）计算：

$$E_{过程} = E_{TD} + E_{WD} \tag{3.5}$$

式中：$E_{过程}$——工业生产过程中产生的温室气体排放 tCO_2e；

E_{TD}——电气与制冷设备生产过程中的排放 tCO_2e；

E_{WD}——CO_2 作为保护气的焊接过程中的排放 tCO_2。

（1）电气设备与制冷设备生产过程中温室气体的排放

电气设备或制冷设备生产过程中有 SF_6、HFCs 和 PFCs 的泄漏造成的排放，其排放量按公式（3.6）计算：

$$E_{TD} = \sum_{i=1}^{n} ETD_i \tag{3.6}$$

式中：E_{TD}——电气设备或制冷设备制造过程中的排放 tCO_2e；

ETD_i——第 i 种温室气体的泄漏量 tCO_2e；

i——温室气体种类。

每种温室气体的泄漏量按公式（3.7）计算：

$$ETD_i = (IB_i + AC_i - IE_i - DI_i) \times GWP_i \tag{3.7}$$

式中：ETD_i——第 i 种温室气体的泄漏量 tCO_2e；
IB_i——第 i 种温室气体的期初库存量 t；
AC_i——第 i 种温室气体的购入量 t；
IE_i——第 i 种温室气体的期末库存量 t；
DI_i——第 i 种温室气体向外销售/异地使用量 t；
GWP_i——第 i 种气体的全球变暖潜势；
i——温室气体种类。

向外销售/异地使用的温室气体按公式（3.8）和公式（3.9）计算，其中无计量表测量按公式（3.8）计算，有计量表测量则按公式（3.9）计算：

$$DI_i = MB_i - ME_i - E_{L,i} \tag{3.8}$$

$$DI_i = MM_i - E_{L,i} \tag{3.9}$$

式中：DI_i——第 i 种温室气体向外销售/异地使用量 t；
MB_i——向设备填充前容器内第 i 种温室气体的质量 t；
ME_i——向设备填充后容器内第 i 种温室气体的质量 t；
MM_i——由气体流量计测得的第 i 种温室气体的填充量 t；
$E_{L,i}$——填充操作时造成的第 i 种温室气体泄漏量 t；
i——温室气体种类。

填充时在管道、阀门等环节的温室气体泄漏按公式（3.10）计算：

$$E_{L,i} = \sum_k CH_k \times EF_{CH,k} \tag{3.10}$$

式中：$E_{L,i}$——填充操作时造成的第 i 种温室气体泄漏 t；
CH_k——在连接处 k 对设备填充的次数；
$EF_{CH,k}$——在连接处 k 填充气体造成泄漏的排放因子吨/次；
k——管道连接点；
i——温室气体种类。

填充气体的期初库存量、期末库存量、异地使用量取自企业的台账记录，购入量、向外销售量采用结算凭证上的数据。填充气体造成泄漏的排放因子由企业估算或设备提供商提供，数据不可得时采用以下推荐值：在0.5MPa，20℃下，填充操作造成0.342摩尔/次的排放；通过乘以各气体的摩尔质量获得泄漏的排放因子。

（2）二氧化碳气体保护焊产生的二氧化碳排放

企业工业生产中，使用二氧化碳气体保护焊焊接过程中二氧化碳保护气直接排放到空气中，其排放量按公式（3.11）和公式（3.12）计算。

$$E_{WD} = \sum_{i=1}^{n} E_i \tag{3.11}$$

$$E_i = \frac{P_i \times W_i}{\sum_{k} q_j \times M_j} \times 44 \tag{3.12}$$

式中：E_{WD}——二氧化碳气体保护焊产生的二氧化碳排放量 tCO_2；

E_i——第 i 种保护气的二氧化碳排放量 tCO_2；

W_i——第 i 种保护气的净使用量 t；

P_i——第 i 种保护气中二氧化碳的体积百分比%；

q_j——混合气体中第 j 种气体的体积百分比%；

M_j——混合气体中第 j 种气体的摩尔质量 g/mol；

i——保护气类型；

j——混合保护气中的气体种类。

电焊保护气净使用量根据电焊保护气的购售结算凭证以及企业台账，按照公式（3.13）计算。其中，保护气的期初库存量、期末库存量取自企业的台账记录，购入量、售出量采用结算凭证上的数据。其他参数从保护气瓶上的标识数据获取，或由保护气供应商提供。

$$W_i = IB_i + AC_i - IE_i - DI_i \tag{3.13}$$

式中：W_i——第 i 种保护气体的使用量 t；

IB_i——第 i 种保护气的期初库存量 t；

IE_i——第 i 种保护气的期末库存量 t；

AC_i——第 i 种保护气的购入量 t；

DI_i——第 i 种保护气的售出量 t；

i——含二氧化碳的电焊保护气种类。

3.6.1.3 净购入电力、热力产生的排放

（1）计算公式

企业净购入的电力、热力产生的二氧化碳排放量按公式（3.14）和公式（3.15）计算。

$$E_{电力}=AD_{电力}\times EF_{电力} \tag{3.14}$$

$$E_{热力}=AD_{热力}\times EF_{热力} \tag{3.15}$$

式中：$E_{电力}$——净购入的电力产生的排放 tCO_2；

$E_{热力}$——净购入的热力产生的排放 tCO_2；

$AD_{电力}$——企业的净购入使用的电量 MWh；

$AD_{热力}$——企业的净购入使用的热量 GJ；

$EF_{电力}$——区域电网年平均供电排放因子 tCO_2/MWh；

$EF_{热力}$——热力供应的排放因子 tCO_2/GJ。

（2）活动水平数据获取

企业净购入电量数据以企业电表记录的读数为准，如果没有电表记录，可采用供应商提供的电费发票或者结算单等结算凭证上的数据。企业应按净购入电量所在的不同电网，分别统计净购入电量数据。

企业净购入热力数据以企业热计量表计量的读数为准，如果没有计量表记录，可采用供应商提供的供热量发票或者结算单等结算凭证上的数据。

（3）排放因子数据获取

区域电网年平均供电排放因子应根据企业生产地址及目前的东北、华北、华东、华中、西北、南方电网划分，选用国家主管部门最近年份公布的相应区域电网排放因子进行计算。热力供应的二氧化碳排放因子暂按 0.11tCO_2/GJ 计，待政府主管部门发布官方数据后应采用官方发布数据并保持更新。

3.6.2　制造节能减排路径

在实际碳足迹核算过程中应依据最终的计算结果，确定关键的排放环节，分析减少碳足迹的有效途径，提出减排建议并采取必要的措施，降低关键排放环节如浓缩、烘干、废水处理等过程的碳排放。

首先，制造企业应树立并强化节能减排、可持续发展的理念。其次，制造企业需要加强绿色低碳制造技术与装备的研究和应用，不断对产品生产技术进行更新，达到低耗能高效率的目的。例如，在中药制剂生产过程中常见的干燥工艺，涉及了高额净购入电力的消耗；在不影响药效的情况下，可考虑采用微波干燥、热泵干燥等高效方式替代传统干燥方式[7]。同时，对于一些制造设备运行产生的具有回收价值的余热应当加以回收利用，如在蒸发过程中对产生的二次蒸汽进行利用且尽量避免多效蒸发器中热量的损耗。此外，工业化生产过程中会产生大量废渣，这些废渣由于缺乏有效利用途径而废弃，不仅造成资源的严重浪费，还加剧了生态环境压力。因此，制造企业应基于多层次资源化模式，实现对废渣的资源化利用，有效降低其碳足迹并实现一定的经济效应。最后，近年来随着碳汇技术的逐渐成熟，未来制造企业也可通过碳捕集与封存技术（CCS）及碳捕集、利用和封存技术（CCUS）[8]等技术固碳方式来降低自身碳足迹。

本章小结

绿色设计是一种将环境影响和资源效率纳入产品开发全过程的思维方式。它旨在最小化产品生命周期内对环境的负面影响，同时优化资源利用。随着全球环境问题日益严重，绿色设计对于减缓气候变化、保护自然资源以及减少废弃物至关重要。通过绿色设计，企业可以提升产品价值，满足消费者对环保产品的需求，从而在市场中获得竞争优势。企业进行绿色设计的核心原则包括：减少环境污染，资源优化利用，提高能源效率以及产品生命周期的可持续性。

绿色设计与绿色制造紧密相连，相辅相成。绿色设计为绿色制造提供理念和方向，而绿色制造则是将绿色设计理念转化为实际生产过程的重要环节。通过将两者结合，可以实现产品全生命周期的环保优化。随着环保意识的提高和技术的进步，绿色制造的前景广阔。然而，企业面临着技术更新成本高、法规标准不健全等挑战。为推动绿色制造的发展，需要政府、企业和社会的共同努力。

案例分析

成长中的绿色环保“小巨人”凯美特气

当您品味“可口可乐”“百事可乐”“娃哈哈”，畅饮“青岛”“百威”之时，可知其中就添加了绿色环保的“凯美特气”？这种“凯美特气”便是湖南凯美特气体股份有限公司生产的食品级液体二氧化碳。

湖南凯美特气体股份有限公司致力于回收利用石油化工企业排放的尾气，是国内工业气体回收利用领域的龙头企业，生产的产品不仅有食品液体二氧化碳，还包括干冰、氩气、氮气、氢气、甲烷气、一氧化碳等其他气体。目前，按照公司战略规划和市场需求，公司已经进入稀有气体生产经营领域，取得了高端气体生产一系列突破性进展和成就。

公司依托化工工业尾气回收，倡导循环经济和绿色化工，是湖南省重点支持的资源综合利用和环境保护友好型示范企业，先后荣获全国五一劳动奖章、高新技术企业、著名商标企业、湖南省省长质量奖等荣誉。2019年公司承接的工业尾气（废气）综合利用循环经济标准化试点项目通过国家发展改革委、国家标准委专家组评估验收，成为国家第一批循环经济标准化示范企业。2019年6月，工信部授予该公司为第一批国家级专精特新“小巨人”企业，该公司因此被誉为绿色环保“小巨人”。

公司秉持“成为全球最大的高品质二氧化碳供应商”的愿景、“闭路循环，吃干榨尽石化尾气，打造绿色环保、生态高效的循环经济的绿色工厂”战略计划和“不与社会争资源，不与国家抢能源”的理念，缔造“凯美特”民族品牌。公司回收来自上游的尾气（废气），以3R原则（减量化、再利用、再循环）为核心，利用二氧化碳提纯技术、氢气回收利用技术、稀有气体分析提纯技术、LNG\LPG生产技术等核心技术，生产出的一部分产品如干冰、液体二氧化碳、液氧和液氩等出售，一部分产品再转入下游进行深加工，最后一部分产品与上游单位合作，返回上游循环利用，属于典型的绿色循环经济模式。通过严格生产工艺控制和完善的管理体系保障，公司生产的产品满足国家对产品中有害物质限制使用的要求，各主要生产工序能耗满足国家、行业或地方发布的能耗限额标准中的限定值要求；同时公司对单位产品碳排放量进行盘查，采取相应的减排减碳措施，减少二氧化碳排放量，并持续改进。

湖南凯美特气体股份有限公司回收并处理上游石化企业的“废气”，变废为宝，通过专利自有技术得到高纯的液体二氧化碳、液氧、液氮、液氩等产品，公司具备液态二氧化碳生产能力50万吨/年，2019年实际销量超30万吨，相当于种植了1 640万棵树。其高端食品气在湖南市场占有率达90%以上，在华中、华南、华北市场平均占有率超过60%，是目前国内最大的二氧化碳系列产品生产厂家。

近年，该公司节能改造的典型案例包括以下几个方面。

1. 可调节的新型冷量回收与综合利用技术开发与应用

为了进一步降低装置运行能耗，重复利用现有冷量，公司设计了一种可调节的新型冷量回收与综合利用技术，具体来说是将一部分冷量从干燥后预冷调整为干燥前预冷，并通过设定预冷后的气体温度，系统自动调节冷量的分配。与原有方案相比，在回收冷量的同时，减少预冷后二氧化碳中水分的含量，延长了干燥器吸附时长，从而降低了干燥器再生电加热器的工作时间，达到了节能降耗的目的。

项目实施后干燥前原料气温度由平均32℃调整为26℃，水含量由平均3 137ppm降低到2 141ppm，降幅约为1 000ppm，电加热器加热时长由平均7小时/天降低为4.5小时/天。电加热器全年节约电能超9×104kW·h。

通过该项目实施，达到了节能降耗的目标。

2. 二氧化碳装置节能优化改造

2018年凯美特气体股份有限公司投资3 290万元对二氧化碳装置进行节能优化改造，淘汰部分老旧设备，优化设备布局，有效解决了二氧化碳生产装置部分设备老旧和设备布局不合理导致的高能耗问题，达到节能减排的效果，此项目2020年完工后，取得以下一系列成果。

一是通过管道重新布局，生产装置改造成可切换生产的生产线，分别生产普通食品级二氧化碳和高纯食品级二氧化碳，设备重新布局，使用氨设备尽量靠近制冷系统，提高冷量利用率。改造后可解决布局不合理造成的高负荷情况下系统阻力大、能耗高的现状。

二是通过新购一台大型冰机代替现有两台20型小冰机。经计算，在提供装置所需制冷量相同的情况下，初步估算可降低冰机功率30~40kW·h。

三是采用实时流量计计量，现场PLC控制器控制下的自动充装系统替代现有的手动充装，减少充装损耗和减轻充装人员的劳动强度，大幅提高工作效率和工作质量。

四是通过新增立式真空保冷液氧罐，降低了低负荷情况下装置液氧来源的瓶颈，从而有效解决了目前装置液氧损耗大的难题。

五是将各类老旧高能耗设备替换成新的节能设备，不但彻底解决了能耗高的问题，也消除了老旧设备的安全隐患。

3. 采用新式节能设备取代原有的低效设备，大幅节约电力资源

一是使用新式变压器取代原有的低效变压器，降低变压损耗。

二是主设备使用高压电机替代高耗能低压电机，降低电机电耗。

公司持续关注“绿色工厂”创建，将该工作纳入公司总体生产和经营战略，进行科学合理的规划，从合规合法经营、重视基础设备、加强管理体系建设、减少资源能源投入、关注产品绿色化、加强环境保护等几方面着手，明确发展目标，从环保、节能、循环经济、低碳、产品等方面加强建设，推进企业持续性的绿色低碳发展，为“美丽中国”建设，实现“中国梦”，做出企业应有的贡献。

问题讨论：

凯美特气是如何实现绿色设计和绿色制造的？

思考题

1. 详细阐述绿色设计的原则与方法。
2. 绿色设计的实施过程分哪几个步骤进行。
3. 详细阐述绿色制造内涵的广义性。
4. 用表格的方式概述传统设计与绿色设计的区别。
5. 如何实现设计与制造过程的碳足迹核算？

参考文献

[1] 刘志峰，刘光复.绿色设计［M］.北京：机械工业出版社，1999.

[2] 刘志峰，刘光复.绿色制造［M］.北京：中国科学文化出版社，2002.

[3] 刘志峰，刘光复.绿色制造系统模型及绿色制造工艺开发［J］.机电一体化，1998（02）：8-10.

[4] 刘志峰，黄海鸿，李新宇.绿色制造理论方法及应用［M］.北京：清华大学出版社，2021.

[5] 李敏，等.绿色制造体系创建及评价指南［M］.北京：电子工业出版社，2018.

[6] 国家发展和改革委员会.机械设备制造企业温室气体排放核算方法与报告指南（试行）［EB/OL］.（2015-11-11）［2024-2-15］.https：//www.ndrc.gov.cn/xxgk/ zcfb/tz/201511/W020231027531108809609.pdf

[7] 慈志敏，等.双碳背景下中药制药企业碳足迹产生环节与核算模型［J］.中草药，2022，53（24）：7980-7988.

[8] 赵震宇，等."双碳"目标下：中国CCUS发展现状、存在问题及建议［J］.环境科学，2023，44（02）：1128-1138. DOI：10.13227/j.hjkx.202203136.

第4章　绿色物流

【学习目标】

1. 掌握绿色物流、运输、仓储、配送、包装、流通加工的概念和意义。

2. 掌握物流行业的碳足迹核算方法。

3. 理解绿色物流在物流管理中的作用。

4. 熟悉绿色配送活动的意义和性质。

5. 了解绿色物流的流程和作业分类。

6. 了解物流过程中的降碳减排措施。

绿色物流是绿色供应链的重要组成环节。绿色物流是指以降低对环境的污染、减少资源消耗为目标，利用先进物流技术规划和实施运输、储存、配送、包装、流通加工等物流活动。

4.1　传统物流与绿色物流

4.1.1　物流

“物流”的概念最早诞生于20世纪30年代的美国，物流（logistics）原意为实物分配或货物配送（physical distribution），是供应链的一部分。第二次世界大战（简称“二战”）期间，美国从军事后勤需要角度出发，军火战时供应中首先采用了“物流管理”（logistics management）这一名词，并对军火的运输、补给、屯驻等流程进行全面管理。二战后，物流管理被美国人运用到企业管理中，即“企业物流”（business logistics），是指对企业的供销、运输、存储等活动进行综合管理。日本于20世纪60年代引进“物流”这一概念，并将其解释为“物的流通”。中国的“物流”一词引自日文资料，源于日文资料中对“logistics”一词的翻译“物流”。

对于物流的定义每个国家各有不同，主要观点如下：日本综合研究所的《物流手册》认为，“物流”是货物由供应者向需求者的物理移动，它由一系列创造时间价值和空间价值的经济活动组成，包括运输、保管、配送、包装、装卸、流通加工及物流信息处理等多项基本活动；美国物流协会将“物流”定义为为了符合顾客的需要所发生的从生产地到销售地的物质、服务以及信息的流动过程，以及为使保管能有效、低成本进行而从事的计划、实施和控制行为。

中华人民共和国国家标准《物流术语》将物流定义为：根据实际需要，将运输、储存、装卸、搬运、包装、流通加工、配送、信息处理等基本功能实施有机结合，使物品从供应地向接收地进行实体流动的过程。

4.1.2 绿色物流

随着经济的高速发展，物流量快速增加，物流各环节对环境的影响也随之加剧。20世纪90年代产生的绿色物流概念正是针对资源环境问题提出的。绿色物流的产生是全球绿色运动向物流领域的渗透，也是物流业节能减排的必然选择，更是现代物流发展的必然趋势。

现代物流的发展要消耗大量的能源。物流活动中的运输、储存、包装、装卸搬运、流通加工、信息处理等环节都会消耗大量能源，其中以运输环节的能源消耗最为严重。欧洲运输经济研究机构的研究结果显示，运输过程产生的一氧化碳约占一氧化碳总排放量的75%；运输过程产生的二氧化碳约占二氧化碳总排放量的40%，其中98%是公路运输造成的。由此可见，物流过程中高能耗和高排放问题的严重性。因此，物流业的节能减排是一个十分迫切的问题，物流业所面临的挑战不再是如何实现物流系统的利润最大化，而是如何在追求利润的同时做到节能减排，以实现物流业的可持续发展，即实现物流的绿色化发展。构建绿色供应链、发展绿色物流已成为我国经济社会可持续发展的必然选择。

“绿色物流”（green logistics）是20世纪90年代中期出现的概念。这里的绿色包括两层含义：一是创造、保护和谐的自然生态环境，减少对自然资源的占用，以保证人类社会和经济的可持续发展；二是依据红色禁止、黄色警示、绿色通行的惯例，用绿色表示合乎科学性、规范性、能保证永久通行无阻的行为。各国对绿色物流有不同的定义。

《绿色物流指标构成与核算方法》（GB/T 37099—2018）：通过充分利用物流资源、采用先进的物流技术，合理规划和实施运输、储存、装卸、搬运、包装、流通加工、配送、信息处理等物流活动，降低物流活动对环境影响的过程。

美国环境保护署：绿色物流是一种采用可持续发展原则、以最小化资源消耗和减少环境影响为目标的物流管理方法。

欧洲环境署：绿色物流是一种旨在减少对环境负面影响的物流实践。强调在物流和供应链管理中，通过改进运输、仓储和包装等方面的措施，减少资源使用和环境影响，提高效率和可持续性，实现经济效益和社会效益的双赢。

日本环境省：绿色物流是通过减少运输中的能源消耗和排放，实现低碳化和资源循环利用等目标的物流。

上述对绿色物流的各种定义，虽然有不同的表述，但其本质和内涵是基本相似的。基于此，本书认为，绿色物流是指通过采用先进技术和管理方法，合理规划和实施产品或服务全生命周期中的运输、储存、装卸、搬运、包装、流通加工、配送、信息处理等物流活动，优化资源利用，降低物流活动的负面环境影响和碳足迹，实现经济、社会和环境协调可持续发展的过程。

近年来，随着“低碳经济”概念的提出，物流领域出现了另一个与绿色物流相似的术语“低碳物流”。低碳物流顺应低碳经济的时代要求，是应对社会能源消耗严重、全球气候变暖最有效的物流发展方式，是实现可持续发展的物流运营模式。低碳物流并不是一味地减少能源消耗，降低碳排放，而是降低碳强度。低碳物流的本质就是通过物流规划与物流政策、物流合理化与标准化、物流信息化与低碳物流技术等方式，既能达到实现物流能力满足社会经济发展的适度增长的要求，又能达到缓解能源供给压力的目的，即有效实现物流领域的能源使用效率。

4.1.3　绿色物流的意义与特征

总的来说，绿色物流的功能是通过减少对环境的负面影响、节约资源、提高效率以及增强企业竞争力来实现可持续发展和环保目标。实施绿色物流有以下意义。

4.1.3.1　减少对环境的负面影响

通过采用环保的运输方式降低能源消耗、减少废弃物和排放物的产生，绿色物流有助于减少对环境的负面影响，包括减少温室气体排放、减少空气和水污染等。

4.1.3.2　节约资源

绿色物流可以通过优化运输路线、减少包装材料的使用、提高能源利用效率等方式，节约资源，降低对自然资源的消耗。

4.1.3.3　提高效率

通过优化供应链管理、减少运输中的浪费、提高运输和仓储设施的利用率等方式，绿色物流有助于提高物流系统的整体效率，降低成本。

4.1.3.4 增强企业竞争力

实施绿色物流可以提升企业形象，符合消费者对环保的需求，同时也有助于满足政府对环保的法规要求，提高企业的社会责任感，从而增强企业的竞争力。

另外，绿色物流除了具有一般物流所具有的特征外，还具有绿色物流的核心特征和突出特点[1]，具体如表4–1所示。

表 4–1 绿色物流的核心特征和突出特点

核心特征	描述
资源集约	通过整合、减量等措施，高效合理地规划、使用绿色物流服务活动中的资源
低碳友好	全方位监测绿色物流服务过程中各个场景的温室气体排放，通过源头减碳、过程降碳、末端固碳等措施，提高设备设施利用率和用能清洁化、低碳化水平，降低温室气体排放强度
循环再生	为价值恢复或合理处置对绿色物流服务过程中原材料、半成品、成品、包装器具、废弃物等进行逆向回收，并通过分拣、加工、分解等方式使其重新流入生产、消费等领域
环境安全	减少绿色物流服务过程中固体、液体、气体、噪声等污染，降低物流活动对健康和环境的影响
可持续性	所提供的绿色物流服务既满足当代人环境、社会和经济方面的需要，又不危及后代人并满足其需要
突出特点	描述
创新性	绿色物流强调创新发展，通过引入新技术、新材料、新设备、新模式、新理念等，探索和推广新型智慧物流解决方案
系统性	绿色物流是由运输、储存、包装、装卸、流通加工等由多个子系统构成的，每个子系统之间存在相互制约和依存的关系。通过子系统之间的相互作用，来实现物流系统的整体发展目标
多层次性	绿色物流是建立在多行业交叉融合基础之上的，结合不同层面的知识理论，整合而成的一种模式
产业链协同性	绿色物流强调全产业链合作，通过企业间合作、政府间合作和跨行业合作等方式，实现资源共享，优化供应链，减少资源浪费
时空性与动态性	绿色物流活动贯穿于产品的全生命周期，从产品生产到回收、报废过程中，通过不同主体的时间和空间的演变与动态响应，来推进绿色物流的发展

4.2　绿色物流的关键流程点

绿色物流要求以先进设施和科学管理为手段在包装、装卸搬运、运输、储存、流通加工、配送、信息处理等功能要素中实现节能、降耗以及减少环境污染，从物流活动源头注意防止环境污染，并由此实现盈利目的。绿色物流实施的关键流程点如图 4–1 所示。

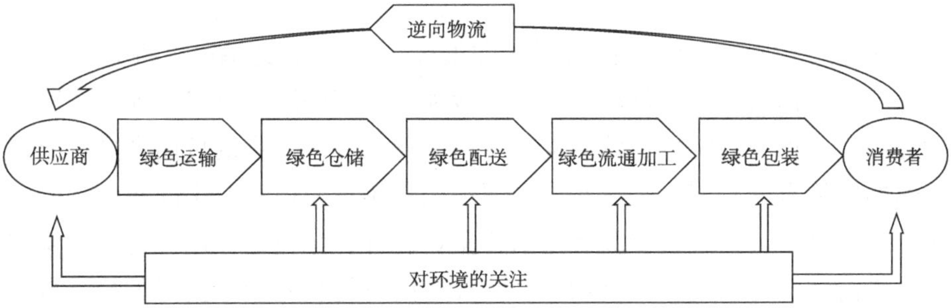

图 4–1　绿色物流实施的关键流程点

4.2.1　绿色运输

运输是指利用载运工具、设施设备及人力等运力资源，使货物在较大空间上产生位置移动的活动[2]。运输是社会经济的纽带，是物流的核心功能之一。

在理解运输的概念时，要特别注意运输不同于搬运和配送，运输与搬运的主要区别在于：运输是在较大范围内（如城市之间、工厂之间等）、在不同地域范围间进行的以实现物品的空间位移为目的的物流活动，是在物流网络的结点之间经过公共空间移动物品的活动；搬运是在场地内部的移动，是在同一区域（如工厂、仓库、车站等）之内对物品进行的以水平移动为主要内容的物流活动。此外，运输与配送的不同更多地体现在配送是运输与其他物流活动共同构成的有机整体，配送所包含的运输活动往往处于整个运送过程的末端。

4.2.1.1　绿色运输的概念

绿色运输（green transportation）是一种以降低环境污染、减少资源消耗为目的，利用先进技术手段和改善管理方法，实现高效、安全、环保的运输方式。

随着全球对环境问题的关注日益增加，绿色运输成为现代运输领域的重要议题。绿色运输的主要特点如下：

一是高效性。通过优化运输网络、提高运输设备效率等手段，降低运输过程中的时间和能源浪费。

二是环保性。采用环保型运输方式，如节能减排技术、新能源车辆等，减少运输过程中产生的污染物对环境的影响。

三是可持续性。注重资源节约和生态保护，推动运输业的可持续发展。

四是安全性。强化运输安全管理和预防措施，确保运输过程的安全可靠。

绿色运输通过推广低碳排放和高效能源使用的运输方式，促进资源的循环利用，可有效降低运输活动对气候变化和环境污染的负面影响。绿色运输的实施有助于减少空气污染，缓解因传统运输模式产生的环境污染问题，从而改善公共健康状况和生活质量。此外，绿色运输还促进了能源多样化与清洁能源的运用，推动了经济社会的可持续发展，提高了物流行业的整体竞争力，是实现物流业绿色化的重要途径。

4.2.1.2 绿色运输的实施路径

为了有效实施绿色运输，一系列综合性措施需要相互配合执行。

其一，首要任务是优化运输结构，强调铁路、水运等低碳运输手段的发展，并减少对公路、航空等高能耗、高排放运输方式的依赖。同时积极发展多元化的运输方式，优化运输方案，提高环保型运输方式的比重。

其二，推动能源效率的提升成为绿色运输策略的关键一环。这涉及将运输车队车辆更新为新能源或低排放车辆，例如电动汽车、氢能源汽车、混合动力汽车等，降低传统燃油汽车的使用率。同时，改进物流管理和装载方式，比如实施满载运输和优化路线规划，以减少空载率和缩短行驶里程，进一步提升能源的使用效率。

其三，应用数字信息技术对整体运输效率的提升至关重要。构建智能化的数字化运力平台，有效对接货源与运能，提高运输组织的效率。利用大数据、人工智能等技术进行运输过程的实时监测和能效分析，为优化运输线路和调整运输策略提供数据支撑。通过数字化管控可以减少不必要的行程和浪费，提高整个物流链的透明度和追踪能力。

其四，持续推进技术创新和绿色标准的建立也是重要路径之一。加大对绿色运输相关技术的研发投入，如先进的电池技术、高效的动力系统、轻质环保材料等，从而为绿色运输提供物质基础。同时加强绿色运输标准体系的构建和推广，使之成为行业发展的共同遵循之策，进一步推动绿色运输的普及与应用。通过这些实施路径的结合应用，可以促进绿色运输从理念走向实践，从而实现更加环保、高效和可持续的运输模式。

4.2.1.3　传统运输与绿色运输

传统运输与绿色运输的区别主要体现在对环境影响、能源消耗、运输效率以及其对社会经济可持续发展的影响。尽管存在显著的区别，但它们并非完全独立。随着社会对环境问题的持续关注和技术的进步，传统运输方式也在逐渐向绿色运输转变。二者之间的区别与联系见表4–2。

表 4–2　传统运输与绿色运输的区别与联系

<table>
<tr><td colspan="3">区别</td></tr>
<tr><td>环境影响</td><td>传统运输大量依赖化石能源，如石油和煤炭，这些能源的使用会导致大量的温室气体和其他污染物的排放，对环境产生负面影响</td><td>使用低排放或无排放的能源和技术，如电动汽车、太阳能动力或氢能源，显著降低对环境的损害</td></tr>
<tr><td>能源消耗</td><td>传统运输方式通常效率较低，能源消耗较高</td><td>绿色运输强调能效优化和节能技术的应用，如通过改进的轮胎和空气动力学设计减少能耗</td></tr>
<tr><td>运输效率</td><td>传统运输可能未充分利用现代信息技术来优化运输路线和装载，致使运输效率有限</td><td>绿色运输侧重于使用智能运输系统、大数据等技术提高运输效率和减少不必要的航行</td></tr>
<tr><td>可持续发展</td><td>传统运输可能牺牲环境和社会长远利益以换取短期经济效益</td><td>绿色运输重视在保护环境的前提下促进社会经济的长远和可持续发展</td></tr>
<tr><td colspan="3">联系</td></tr>
<tr><td colspan="3">传统运输是绿色运输进步的基础，很多绿色运输的技术和管理方法是在传统运输的框架内逐步演进而来。随着社会对环保和可持续性的持续关注，传统运输也在逐步整合绿色技术和方法，以降低环境成本，并实现向绿色运输的转变。同时，绿色运输的推广需要传统运输体系中的协作和渐进式改良。这些改进不仅促进了运输行业的技术革新，也有助于实现长远的环境保护和社会经济效益的平衡</td></tr>
</table>

4.2.1.4　运输方式

运输方式是从事运输活动所采用的某种手段或方法，这些手段或方法主要表现在运输基础设施及运输工具上，也正是运输基础设施和运输工具上的差别，使不同运输方式有区别[3]。

按不同的标准，可把运输方式按以下方法分类。

（1）按运输的范围分类

干线运输，是利用铁路、公路的干线，大型船舶的固定航线进行的长距离、大批量运输，是进行远距离空间位置转移的重要运输形式。干线运输一般速度较同种工具的其他方式运输速度要快，成本也较低。干线运输是运输的主体。

支线运输，是与干线相接的分支线路上的运输。支线运输是干线运输与收、发货地点之间的补充性运输形式，路程较短，运输量相对较小。

二次运输，是一种补充性的运输形式，指的是干线、支线运输到站后，站与用户仓库或指定地点之间的运输。由于是单个单位的需要，所以运量较小。

厂内运输，是在大型工业企业范围内，直接为生产过程服务的运输。但小企业内的这种运输被称为“搬运”。从工具上讲，厂内运输一般使用卡车，而搬运则使用叉车、输送机等。

（2）按运输的作用分类

集货运输，是将分散的货物进行汇集的运输形式，货物集中后才能利用干线运输形式进行远距离及大批量运输，因此，集货运输是干线运输的一种补充形式。

配送运输，是将节点中已按用户要求配好的货物分送给各个用户的运输。一般是短距离、小批量的运输，从运输的角度讲是对干线运输的一种补充和完善的运输。

（3）按运输的协作程度分类

一般运输，是孤立地采用不同运输工具或同类运输工具而没有形成有机协作关系的运输。

联合运输，是使用同一运送凭证，由不同运输方式或不同运输企业进行有机衔接运送货物，利用每种运输手段的优势以充分发挥不同效率的一种运输形式。采用联合运输，可以简化托运手续，方便用户，同时可以加快运输速度，有利于节省运费。

（4）按运输中途是否换载分类

直达运输，指在组织货物运输时，利用一种运输工具从起运站、港一直到达站、港，中途不经过换载、中途不入库储存的运输形式。直达运输可避免中途换载所出现的运输速度减缓、货损增加、费用增加等一系列弊病，从而能缩短运输时间、加快车船周转、降低运输费用。

中转运输，指在组织货物运输时，在货物运往目的地的过程中，在途中的车站、港口、仓库进行转运换装，称为中转运输。中转运输可以将干线、支线运输有效衔接，可以化整为零或集零为整，从而方便用户，提高运输效率。

（5）按运输设备及运输工具不同分类

按运输设备及运输工具不同，可以分为以下五种运输方式（铁路运输、公路运输、水路运输、航空运输、管道运输），它们又被称为基本运输方式，这五种运输方式的优缺点如表4-3所示。

铁路运输，是使用铁路列车运送客货的一种运输方式。铁路运输的经济里程一般在200km以上。铁路运输主要承担长距离、大批量的货运，在没有水运条件的地区，几乎所有大批量货物都是依靠铁路。铁路运输是在干线运输中起主力运输作用的运输形式。

公路运输，是主要使用汽车在公路上进行客货运输的一种方式。公路运输主要承担近距离、小批量的货运，水运、铁路运输难以到达地区的长途、大批量货运及铁路、水运难以发挥优势的短途运输。由于公路运输有很强的灵活性，近年来，在有铁路、水运的地区，较远距离的大批量运输也开始使用公路运输。

水路运输，是使用船舶运送客货的一种运输方式。水运主要承担大批量、长距离的运输，是在干线运输中起主力作用的运输形式。在内河及沿海，水运也常作为小型运输工具使用，担任补充及衔接大批量干线运输的任务。水路运输有以下四种形式：沿海运输，是使用船舶通过大陆附近沿海航道运送客货的一种方式，一般使用中、小型船舶；近海运输，是使用船舶通过大陆邻近国家海上航道运送客货的一种运输形式，视航程可使用中型船舶，也可使用小型船舶；远洋运输，是使用船舶跨大洋的长途运输形式，主要依靠运量大的大型船舶；内河运输，是使用船舶在陆地内的江、河、湖、川等水道进行运输的一种方式，主要使用中小型船舶。

航空运输，是使用飞机或其他航空器进行运输的一种形式。航空运输的单位成本很高，因此主要适合运载的货物有两类：一类是价值高、运费承担能力很强的货物，如贵重设备的零部件、高档产品等；另一类是紧急需要的物资，如救灾抢险物资。

管道运输，是利用管道输送气体、液体和粉状固体的一种运输方式。管道运输形式是靠物体在管道内顺着压力方向循环移动实现的，和其他运输方式的重要区别在于管道设备是静止不动的。

表 4–3　不同运输方式的优缺点

运输方式	优点	缺点
铁路运输	①运输速度快。高速铁路运行时速可达到210~260km ②运输能力强。能承运大量的货物，是大宗、通用的运输方式 ③运输成本低。一般说来，铁路的单位运输成本比公路运输和航空运输要低得多。如果考虑装卸费用，有时甚至低于内河运输	只能在固定线路上实现运输，需要其他运输手段配合和衔接
公路运输	①灵活性强。公路运输可以满足用户的多种要求，易于因地制宜，对收到站设施要求不高 ②公路建设周期短，投资较低 ③可以采取“门到门”的运输形式。即从发货者门口直到收货者门口，而不需要转运或反复装卸搬运	运输单位小，不适合大量运输，长距离运输运费较高
水路运输	运输成本低，能进行低成本、大批量、远距离的运输，适合宽大、质量重的货物的运输	运输速度较慢、港口的装卸费用较高，不适合短距离运输，航行受天气影响较大
航空运输	速度快，不受地形的限制	运费偏高，也受重量的限制
管道运输	由于采用密封设备，在运输过程中可避免散失、丢失等损失，也不存在其他运输设备在运输过程中消耗动力所形成的无效运输问题。另外，运输量大，适合于大量且连续不断运送的物资	建设投资大，对运输货物有特定要求和限制，功能单一，灵活性差

4.2.1.5　积极采用多式联运

（1）多式联运的定义

在上述五种基本运输方式的基础上，可以组成不同的综合运输。各种运输方式都有其特定的运输路线、运输工具、运输技术、经济特性及合理的使用范围。因此，为获得较好的运输绩效，可采用多式联运模式，综合利用不同运输方式的优势进行不同运输方式之间的协作。

多式联运（也称联合运输或综合运输），指的是为了将货物从原始地点运送到最终目的地，通过两种或两种以上不同的运输模式（如铁路、公路、航空和海路）来进行货物运输的一种物流方式。这种方式能有效结合各种运输方式的优势，如铁路运输的环保性结合公路运输的灵活性，可以减少运输成本，提高运输效率以及降低环境影响。

《联合国国际货物多式联运公约》对“国际多式联运”的定义为：按照国际多式联运合同，以至少两种不同的运输方式，由多式联运经营人把货物从一国境内接管地点运至另一国境内指定交付地点的货物运输。

（2）多式联运的分类

根据不同的原则，对多式联运可以有多种分类形式。但就其组织方式和体制来说，基本上可分为协作式多式联运和衔接式多式联运两大类。

①协作式多式联运

协作式多式联运是指用两个或两个以上运输企业，按照统一的规章或商定的协议，利用两种或两种以上运输方式共同将货物从接管货物的地点运到指定交付货物的地点的运输。

协作式多式联运是目前国内货物联运的基本形式。在协作式多式联运下，参与联运的承运人均可受理托运人的托运申请，接收货物，签署全程运输单据，并负责自己区段的运输生产；后续承运人除负责自己区段的运输生产外，还需要承担运输衔接工作；而最后的承运人则需要承担货物交付以及受理收货人的货损货差的索赔。在这种体制下，参与联运的每个承运人均具有双重身份。对外而言，他们是共同承运人，其中一个承运人（或代表所有承运人的联运机构）与发货人订立的运输合同，对其他承运人均具有约束力，即视为每个承运人均与货方存在运输合同关系；对内而言，每个承运人不但有义务完成自己区段的实际运输和有关的货运组织工作，还应根据规章或约定协议，承担风险，分配利益。

目前，根据开展联运依据的不同，协作式多式联运可进一步细分为法定（多式）联运和协议（多式）联运两种。

a.法定（多式）联运

法定（多式）联运是指承担不同运输方式的运输企业之间根据国家运输主管部门颁布的规章开展的多式联运。目前铁路、水路运输企业之间根据铁道部、交通运输部共同颁布的《铁路水路货物联运规则》开展的水陆联运即属此种联运。在这种联运形式下，有关运输票据、联运范围、联运受理的条件与程序、运输衔接、货物交付、货物索赔程序以及承运之间的费用清算等，均应符合国家颁布的有关规章的规定，并实行计划运输。这种联运形式无疑有利于保护货方的权利和保证联运生产的顺利进行，但缺点是灵活性较差，适用范围较窄，它不仅在联运方式上仅适用铁路与水路两种运输方式之间的联运，而且对联运路线、货物种类、数量及受理地、换装地也做出了限制。此外，由于货方托运前需要报批运输计划，给货方带来了一定的不便。法定（多式）联运通常适用于保证指令性计划物资、重点物资和国防、抢险、救灾等急需物资的调拨。

b.协议（多式）联运

协议（多式）联运是指运输企业之间根据商定的协议开展的多式联运。比如，不同运输方式的干线运输企业与支线运输或短途运输企业，根据所签署的联运协议开展的多式联运即属此种联运。与法定（多式）联运不同，在这种联运形式下，联运采用的运输方式、运输票据、联运范围、联运受理的条件与程序、运输衔接、货物交付、货物索赔程序，以及承运人之间的利益分配与风险承担等，均按联运协议的规定办理。与法定（多式）联运相比，该联运形式的最大缺点是联运执行缺乏权威性，而且联运协议的条款可能会损害货方或弱小承运人的利益。

②衔接式多式联运

衔接式多式联运是指由一个多式联运企业（以下称“多式联运经营人”）综合组织两种或两种以上运输方式的运输企业，将货物从接管货物的地点运到指定交付货物的地点的运输。在实践中，多式联运经营人既可能由不拥有任何运输工具的国际货运代理、场站经营人、仓储经营人担任，也可能由从事某一区段的实际承运人担任。

在衔接式多式联运下，运输组织工作与实际运输生产实现了分离，多式联运经营人负责全程运输组织工作，各区段的实际承运人负责实际运输生产。在这种体制下，多式联运经营人也具有双重身份。对于货方而言，他是全程承运人，与货方订立全程运输合同，向货方收取全程运费及其他费用，并承担承运人的义务；对于各区段实际承运人而言，他是托运人，他与各区段实际承运人订立分运合同，向实际承运人支付运费及其他必要的费用。这种运输组织与运输生产相互分离的形式，符合分工专业化的原则，由多式联运经营人“一手托两家”，不但方便了货主和实际承运人，也有利于运输的衔接工作，因此，它是联运的主要形式。在国内联运中，衔接式多式联运通常被称为联合运输，多式联运经营人则被称为联运公司。

（3）多式联运的主要业务程序

多式联运经营人是全程运输的组织者，在多式联运中，其业务程序主要有以下几个环节。

①接受托运申请，订立多式联运合同

多式联运经营人根据货主提出的托运申请和自己的运输路线等情况，判断是否接受该托运申请。如果能够接受，则双方议定有关事项后，在交给发货人或其代理人的场站收据副本上签章，证明接受托运申请，多式联运合同已经订立并开始执行。

发货人或其代理人根据双方就货物交接方式、时间、地点、付费方式等达成协议，填写场站收据，并把其送至多式联运经营人处编号，多式联运经营人编号后留下货物托运联，将其他联交还给发货人或其代理人。

②集装箱的发放、提取及运送

多式联运中使用的集装箱一般应由多式联运经营人提供。这些集装箱来源可能有三类：一是经营人自己购置使用的集装箱；二是由公司租用的集装箱，这类集装箱一般在货物的起运地附近提箱而在货物交付地点附近还箱；三是由全程运输中的某一区段承运人提供，这类集装箱一般需要在多式联运经营人为完成合同运输与该分运人订立分运合同后获得使用权。

如果双方协议由发货人自行装箱，则多式联运经营人应签发提箱单，或者将租箱公司或区段承运人签发的提箱单交给发货人或其代理人，由他们在规定日期到指定的堆场提箱并自行将空箱托运到货物装箱地点准备装货。如果是发货人委托亦可由经营人办理从堆场装箱地点的空箱托运。若是拼箱货或整箱货但发货人无装箱条件不能自装时，则由多式联运经营人将所用空箱调运至接受货物集装箱的货运站，做好装箱准备。

③出口报关

若联运从港口开始，则在港口报关；若从内陆地区开始，应在附近的海关办理报关。出口报关事宜一般由发货人或其代理人办理，也可委托多式联运经营人代为办理。报关时应提供场站收据、装箱单、出口许可证等有关单据和文件。

④货物装箱及接收货物

若是发货人自行装箱，发货人或其代理人提取空箱后在自己的工厂和仓库组织装箱，装箱工作一般要在报关后进行，并请海关派员到装箱地点监装和办理加封事宜。如需理货，还应请理货人员现场理货并与之共同制作装箱单。若是发货人不具备装箱条件，可委托多式联运经营人或货运站装箱，发货人应将货物以原来形态运至指定的货运站由其代为装箱。如是拼箱货物，发货人应负责将货物运至指定的集装箱货运站，由货运站按多式联运经营人的指示装箱。无论装箱工作由谁负责，装箱人均需制作装箱单，并办理海关监装与加封事宜。

对于由货主自装箱的整箱货物，发货人应负责将货物运至双方协议规定的地点，多式联运经营人或其代理人在指定地点接收货物。如是拼箱货，多式联运经营人在指定的货运站接收货物。验收货物后，代表多式联运经营人接收货物的人应在场站收据正本上签章并将其交给发货人或其代理人。

⑤订舱及安排货物运送

经营人在合同订立之后，应制定货物的运输计划，该计划包括货物的运输路线和区段的划分，各区段实际承运人的选择确定及各区段衔接地点的到达、起运时间等内容。这里所说的订舱泛指多式联运经营人要按照运输计划安排确定各区段的运输工具，与选定的各实际承运人订立各区段的分运合同。这些合同的订立由经营人本人或委托的代理人办理，也可请前一区段的实际承运人作为代表向后一区段的实际承运人订舱。

⑥办理保险

发货人应投保货物运输险。该保险由发货人自行办理，或由发货人承担费用，由多式联运经营人代为办理。货物运输保险可以是全程保险，也可分段投保。多式联运经营人应投保货物责任险和集装箱保险，由多式联运经营人或其代理人向保险公司发起或以其他形式办理。

⑦签发多式联运提单，组织完成货物的全程运输

多式联运经营人的代表收取货物后，经营人应向发货人签发多式联运提单。在把提单交给发货人之前，应注意按双方议定的付费方式及内容、数量向发货人收取全部应付费用。

多式联运经营人有完成或组织完成全程运输的责任和义务。在接收

货物后，要组织各区段实际承运人、各派出机构及代表人共同协调工作，完成全程中各区段的运输以及各区段之间的衔接工作，以及运输过程中所涉及的各种服务性工作和运输单据、文件及有关信息的组织和协调工作。

⑧运输过程中的海关业务

按照国际惯例，国际多式联运的全程运输均应视为国际货物运输。因此该环节的主要工作包括货物及集装箱进口国的通关手续、进口国内陆段保税运输手续及结关等内容。如果陆上运输要通过其他国家的海关和内陆运输线路时，还应包括这些海关的通关及保税运输手续。

这些涉及海关的手续一般由多式联运经营人的派出机构或代理人办理，也可由各区段的实际承运人作为多式联运经营人的代表办理，由此产生的全部费用应由发货人或收货人承担。

如果货物在目的港交付，则结关应在港口所在的地海关进行。如果是在内陆地交货，则应在口岸办理保税运输手续，海关加封后方可运往内陆目的地，然后在内陆海关办理结关手续。

⑨货物交付

当货物运至目的地后，由目的地的代理通知收货人提货。收货人需凭多式联运提单提货，经营人或其代理人需按合同规定，收取收货人应付的全部费用。收回提单后签发提货单，提货人凭提货单到指定堆场和集装箱货运站提取货物。如果是整箱提货，则收货人要负责至掏箱地点的运输，并在货物掏出后将集装箱运回指定的堆场，至此运输合同终止。

⑩货运事故处理

如果全程运输中发生了货物丢失、损害和运输延误，无论是否能够确定发生的区段，发（收）货人均可向多式联运经营人提出索赔。多式联运经营人根据提单条款及双方协议确定责任并做出赔偿。如果已对货物及责任投保，则存在要求保险公司赔偿和向保险公司进一步追索的问题。如果受损人和责任人之间无法达成一致意见，则需在诉讼时效内通过提起诉讼和仲裁来解决。

（4）多式联运的特点

根据多式联运的合同进行操作，运输全程中至少使用两种运输方式，而且是不同方式的连续运输。

多式联运的货物主要为集装箱货物，具有集装箱运输的特点。

多式联运是一票到底，实行单一运费率的运输。发货人只要订立一份合同，一次付费，一次保险，通过一张单证即可完成全程运输。

多式联运是不同方式的综合组织，全程运输均是由多式联运经营人组织完成的。无论涉及几种运输方式，分为几个运输区段，均由多式联运经营人对货运全程负责[4]。

瑞士 Alpine Crossing 项目

瑞士地处阿尔卑斯山区，是欧洲重要的东西向货物运输通道。由于地形的限制和对环境保护的重视，瑞士政府与私有物流公司合作，发展了一个以铁路为主体的多式联运项目 Alpine Crossing。该项目将货物从公路转移到铁路，通过山区隧道有效跨越阿尔卑斯山，然后在目的地附近的物流中心再转移到卡车完成最后一程的递送。通过这种方式，瑞士不仅能有效降低公路的拥堵和汽车尾气排放，还能提升运输的效率。

该项目的一项创新之举是采用自动装载系统，使得卡车无需卸除货物便可直接驶上火车，极大节省了时间和资源。铁路公司还通过采用电力驱动的火车，进一步降低了运输过程中的温室气体排放。这个案例充分展现了多式联运在提高物流效率与环境可持续性方面的巨大潜力与有效性。

4.2.1.6 提升能源效率

在面向绿色运输的转型过程中，提升能源效率是特别重要的核心要素之一。提升能源效率意味着对车辆的运输过程进行精细管理，旨在使用尽可能少的能源来完成货物的运送。

顺丰积极探索车辆换电模式

顺丰开展新能源换电车型在干支线运输场景的应用研究，在提升充换电效率的同时，减少电池搭载数量，延长车辆续航里程。同时，顺丰依托大数据分析和深度学习技术，整合货运线路和运力资源，提升陆地运输效率，实现车辆与货物的精准匹配。

4.2.1.7 使用清洁能源

为实现运输过程的低碳化，清洁能源的使用势在必行。使用清洁能源强调在运输过程中采用非化石燃料的能源选项，以降低对环境的影响。对此，许多知名企业纷纷有所布局，具体案例见表4–4。

表 4–4　部分企业的能源清洁化实践

企业名称	措施
中海油田服务股份有限公司	2022年5月28日，中国海油旗下中海油田服务股份有限公司（下称“中海油服”）对外宣布，由中国自主设计建造的首批以液化天然气（LNG）为动力的智能守护船“海洋石油542”“海洋石油547”在江苏南通成功交付，两船的交付填补了我国在LNG动力船舶领域的多项技术空白。同期，为满足长江生态保护和航运绿色发展需求，外运长航集团首艘新一代130米纯LNG动力散货船在湖北开工建设。船舶设计吃水载货量7 500吨，最大吃水载货量9 800吨，是长江第一艘采用纯LNG动力的新一代130米绿色智能川江标准船
中国外运	2023年，中国外运中标中兴通讯南京至马德里5G基站加智能手机全链路空运清洁能源运输项目，全程使用清洁能源运输，标志着中国外运、中兴通讯、汉莎货运在推进物流绿色低碳发展，践行国家“碳达峰碳中和”的战略目标中，首次在行业内进行了有益尝试

4.2.1.8　应用数字信息技术

数字信息技术为运输业界提供了一系列的工具，这些工具可以用来增加运输流程的透明度、效率和生态可持续性。信息技术的应用，例如通过运输管理系统（TMS）、车辆追踪和自动化数据收集，对提升环保目标产生了积极影响。

沃尔玛的运输管理系统

大型零售商沃尔玛利用其先进的运输管理系统来追踪和优化其产品的运输。这个系统集成了高度专业化的路线规划软件，允许沃尔玛通过减少空载和计划更有效的递送路线来降低运输的里程和燃料消耗。此外，沃尔玛还利用货车装载最优化工具，确保每次运输都能装载尽可能多的货物，从而减少总运输次数和相关的环境影响。

同时，物联网（IoT）技术正在重塑供应链管理。装有传感器的车辆不仅可以实时提供车辆的位置信息，还能够监控车辆的燃料效率和排放，甚至在车载货物状态也是如此。这样的技术允许更为精准的运输过程管理，确保货物以最绿色的方式到达目的地。

DHL 对物联网技术的使用

DHL 利用传感器和联网车辆进行仓库内外的运输优化。通过智能追踪系统，可提高配送效率，减少不必要的行驶距离，并打造更为透明高效的物流操作。

从上述案例可以看出，能源使用优化和数字信息技术的利用在运输行业中起到的关键作用，多式联运能够成为提升物流绩效和环境可持续性的强有力工具，推动实现更加高效和绿色的供应链管理。

4.2.2 绿色仓储

4.2.2.1 绿色仓储

绿色仓储是指将环保理念和可持续发展原则应用于仓储活动中，以减少环境污染、节约资源和减少能源消耗的一个管理制度与实践活动。该概念涵盖了从建筑设计到运营管理，包括物料搬运、存储设备以及废弃物回收等多个方面。在绿色仓储的运作过程中，通过有效的规划和管理，力求达到物流效率与环境保护的平衡，实现经济效益与环境效益的协同发展。

（1）绿色仓储的特点

①降低能耗

通过采用高效能源系统，改进供光与通风设施，以及选用更加节能的物料搬运设备等方式减少整个仓储过程中的能源消耗。

②增强资源利用效率

提倡资源的合理配置和循环利用，减少物品的浪费，例如采用可循环材质的包装，优化存货管理减少库存积压。

③减少废弃物

在仓储过程中，优化物料的拣选与打包流程，减少包装材料的使用和废弃，同时建立有效的废弃物回收和处理机制。

④提升环境质量

通过使用绿色建材、建立绿化空间等方式改善仓储环境，减少对周边环境的影响，为员工提供一个更加健康和安全的工作环境。

（2）绿色仓储的作用

①减少运输费用

采用大批量、整车运输等方式，能够节约运输费用，有利于实现运输经济性。在进货物流阶段，大部分企业选择向供应商大批量采购生产原料，然后进入仓库暂时存储，最后通过合装整车运输进入生产工厂。当处于货物销售阶段，企业利用合装整车等运输方式，把货物从工厂送至消费点仓库，按照消费者需要，提供小批量送货上门服务等。因为整车运输较之零担运输运费花费更少，此举有利于减少运输费用，同时缩短运输时间，实现效率最大化。

②进行产品整合

为了满足不同客户的个性化需求，大多数企业组织的产品生产线上都存在着数量众多的不同性质的产品，同时大部分时候这些产品会因为产销需要被安排在分散的工厂生产加工。企业可以利用仓储，对不同性质的产品进行协调整合，从而满足客户需求。同时，有利于零配件需求巨大的企业减少运输成本。在仓库中完成零配件的整合协调，有利于进一步完成整车运输，最终提高运输效率，节省相关费用。

③辅助企业的市场营销活动

在综合分析考察市场需求后，为快速及时地满足客户需求，仓库一般建立在消费地周边不远处，这样有利于体现高效服务理念，提升客户忠诚度，最终抢占更多市场份额，特别是针对放置产成品的仓库。

④缓解供需矛盾

仓储可以储存保护一定量的商品以应对未来不确定的需求，有利于妥善处理供需在时间与地域上的矛盾。

⑤有效维持货物进入下一环节前的质量

在供应链的流通过程中，需要在货物进入仓库前仔细地检查货物，以避免质量不合格的产品流入下一环节或进入市场流通。所以，一定要发挥仓储的这一重要功能，利用进库与存储这两个时间段，把握货物的质量，确保货物的价值。尽管仓储在企业物流系统中有很多积极作用，但是也存在需要改进的地方：一是固定费用和可变费用支出；二是机会成本；三是损失折旧。因此，迫切需要对仓储进行严格的科学管理，以实现物料价值的原质性，避免资金流转困难。

（3）绿色仓储的基本原则

①经济效益原则

仓储业作为参与市场竞争的活动主体之一，其生产经营活动应以经济效益最大化为目标而展开，但同时也应兼顾其应承担的社会责任，履行环保等社会义务，实现生产经营的社会效益。

②效率原则

仓储效率表现在仓容利用率、货物周转率、货物进出库时间、货物装卸时间等指标上。仓储的效率原则是指以最少的劳动量投入，获得最大的产出。劳动量包括仓储设施、劳动力等方面。高效率要通过准确的核算、科学的组织、合理的场所、空间的优化、机械设备的合理使用及各部门人员的合作来实现。仓储作业现场的组织、规章制度的制定与执行、完善的约束机制是实现高效率的保证。

③服务原则

仓储向其客户提供服务，因此仓储管理需要围绕服务定位，其具体工作应围绕如何提供服务、改善服务、提高服务质量展开。仓储的服务水平与仓储经营成本存在一定程度的对立，服务好，成本往往高，收费也随之增高。仓储管理就是在降低成本和提高服务水平两者之间保持平衡。

（4）绿色仓储的核心技术特点

绿色仓储涉及一系列技术特点，旨在提高仓库建筑的能效、优化资源使用，同时减少对环境的影响。总结来说，绿色仓储的核心技术特点如下。

①建筑节能技术

在仓库的规划、设计与运维中严格执行节能标准，采取高保温、高隔热的材料与产品，以及高效的采暖供热、空调制冷制热系统，以实现整个建筑物用能系统的能效最大化。同时，注重建筑施工和使用的节能管理，并在可能的情况下利用可再生能源，旨在满足需求的同时显著降低能源消耗。

②光伏发电技术

仓储建筑特别适宜安装光伏发电系统，这些系统利用太阳能转换为电能，为仓库提供清洁的能源，减少能源成本的同时降低温室气体排放，从而增强企业的绿色形象。

③仓储中心规划

绿色仓储在仓储中心的整体规划设计中体现出来，包括合理的选址、内部工艺流程的优化、动线设计，以及技术装备的应用，这些都是为了减少货物的行走距离，避免不必要的搬运和操作，以此提升仓储中心的环保性能及效率。

④设备选择

在绿色仓储中，设备的选择关键在于使用能效高、排放低的机械设备和运输工具，减少能源消耗和污染。

⑤信息技术应用

绿色仓储高度依赖先进的信息技术来提高能源效率和物流活动的效率。自动化技术、数据分析、云计算和物联网技术等相结合的解决方案，有助于实时监控与管理库存，优化布置和运作流程，减少资源浪费和对环境的影响。

4.2.2.2　入库作业

（1）入库准备

仓库应根据仓储合同、商品入库凭证等文件及时进行库场准备。做好入库前的准备工作，可以保证货物准确、迅速、安全入库。货物入库前的准备工作需要由仓库的管理、业务、设备作业等部门分工合作共同完成。商品入库准备主要包括以下几方面的工作[5]。

①编制仓储计划

首先，仓库的业务人员应通过查阅货物资料、询问存货人等途径了解入库商品的具体状况，如品种、规格、数量、包装、单件体积、重量、确切的入库时间、商品存期、商品的物理化学特征、保管要求；其次，仓库管理人员动态地掌握仓库货位的使用情况、机械设备条件、劳动力情况等；最后，仓库业务部门根据掌握的详细信息，制定仓储计划，并将各项具体任务下达到各个相应的作业单位。

②货位准备

仓库管理人员根据入库商品的类别、性能、数量、包装、存放时间等情况，结合仓库分区、分类、定位保管的要求，核算占用货位大小，根据货位使用原则，妥善安排货位。仓库员负责具体的货位准备工作，比如腾仓、清洁货位、清理排水系统、消毒除虫等。

③苫垫材料准备

根据入库货物的性能、保管要求、数量及库场的具体条件确定堆垛方法，制定苫垫方案，准备好苫垫物料，以确保入库货物的安全。

④设备器具准备

大批量或大型货物入库，必须有装卸搬运机械的配合。仓库业务人员应事前设计好装卸搬运工艺，做好设备的申请调用工作，准备好验收用的检验工具，如衡具、量具等，并准确检测。

⑤资料准备

仓库员对货物入库所需的各种报表、单证、记录簿（如入库记录、理货检验记录、料卡、残损单等）按要求准备妥当，以备使用。

（2）货位安排

①货位规划

货位是指货物在仓库中存放的具体位置。货位规划要充分满足货物的保管要求和作业的方便。货位安排应该注意以下几项规则。

a.根据货物的货量、尺度、特性、保管要求选择货位

应根据商品存量的多少来准确确定该种商品所需的货位大小及数量。若储存货位超过实际需要，则不利于仓容的充分利用：货位尺度与货物尺度要匹配，特别是大件、长件、不规则货物要能存入特定货位；为了避免商品在储存过程中相互影响，性质相同或者保管条件相近的商品可以集中存放；货位的通风、光照、温湿度、排水、防风、防雨等条件应该满足货物保管的需要。

b.根据商品周转情况安排货位

仓储保管的一个重要原则便是“先进先出”。在安排货位时，要尽量避免后进货位围堵先进货位；存期长的货位不能围堵存期短的货位；出入库频繁的商品应尽可能地安排在靠近入口或专用线的位置，以加快作业速度和缩短搬运距离。

c.根据储存商品的作业要求合理选择货位

大批量或大型商品入库，应考虑装卸机械的作业是否方便。使用货架时，重货放在货架下层；需要人力搬运的重货，存放在腰部高度的货位。总之，安排的货位应该尽可能地保证搬运和上架的方便。要有足够的作业场地，能使用机械进行直达作业。

d.作业分布均匀

所安排的货位应尽可能避免仓库内或同一作业线路上多项作业同时进行，以免互相妨碍。

e.建立储备货位

在规划货位时要注意物品进出仓库的不均衡性，因此要保留一定的储备货位，以便当物品大量入库时可以有货位进行调剂，合理使用货位，避免发生“爆库”现象。

②货位布置方式

露天货物的货位布置，一般采用货与主要作业通道成垂直方向的方式。

库房货位布置的方式主要有以下三种：

横列式：货垛（货架）与库房的宽向平行排列。

纵列式：货垛（货架）与库房的宽向垂直排列。

混合式：同一个库房里横列式排列货垛和纵列式排列货垛同时存在。

③货位使用方式

在实际操作中，仓库货位的使用主要有以下五种方式。

a.定位存储

定位存储即为每项货品分配固定的储放位置。储位可按周转率大小安排，周转率越高的货品应越靠近出货区，以缩短出入库的搬运距离。这种方法的优点在于位置是固定的，所以有利于拣货人员熟悉货品储位，提高劳动效率。缺点是储位必须按各项货品的最大在库量设计，因此存储空间的使用效率较低。这种存储方式适用于厂房空间大、多品种小批量商品的储放。

b.随机存储

随机存储即不为每项货品分配固定的储位，在货品入库时，根据储存空间的情况随机分配储放位置，因此储位是共享的。这种方法的优点是只要按所有库存货品的最大库存量设计即可，存储空间使用效率较高。缺点是货品的出入库管理及盘点工作困难，周转率高的货品也可能被储放到离出入口较远的位置。这种存储方式适用于厂房空间有限、存储品为大型货品以及存储品种类少的情形。

c.分类存储

分类存储即所有货品按照一定特性加以分类且每一项货品有固定储放位置，各分类的储存区域可以根据货品特性再做具体分类。这种方法具有定位储放的各项优点，但储位必须按照各项货品最大在库量设计，储区空间平均利用率低。这种存储方式适用于产品相关性大、通常被同时订购、周转率差别大、产品尺寸相差大的货品。

d.分类随机存储

分类随机存储即每一项货品有固定存放的储区，但在各类储区内每个储位的指派是随机的。此种方式有节省储位数量，提高储区利用率的优点，但是货品出入库管理及盘点工作较难进行。

e.共同存储

共同存储即综合应用以上各种储存方法来储放货品。

④货位编号

货位编号就是将物品存放场所按照位置的排列，采用规定的货位编号方法，对每一个货位进行编号，以便提高存取货物的速度。

货位编号通常采用四号（位）定位法。例如，在仓库四号定位法中，四组数字依次代表仓库编号、库门编号、库内柱子编号、库内货位编号。

根据货位编号可以迅速确定某种物品具体存放的位置。实行货位编号有利于提高作业效率，减少差错，也有利于对仓储物品进行检查和监督。

（3）仓储能力的确定

在确定单位货位具体能够储存多少物品时，要以该物品所占用的单位仓容定额作为统计基础。单位仓容定额是指在一定的条件下，单位面积允许合理储存的货物的最高数量。在这里“一定的条件”主要是指仓储管理水平，作业的机械化程度，仓库地坪的负荷量，存储货物本身的性质、特点及形状、重量等。在实践中，单位仓容定额通常是由库场单位面积技术定额和货物单位面积堆存定额两项指标取最小值来确定的。单位面积技术定额是指库场地面设计和建造所达到的强度。货物单位面积堆存定额一般是由货物本身的性质及其包装强度决定的。

（4）物品验收入库

物品验收入库是指按照验收业务流程，通过核对凭证等规定的程序和手续，对入库物品进行数量和质量检验的经济技术作业的总称。所有入库物品，在入库前必须进行检验，验收合格后填写入库验收单，方可正式入库。

①物品查验方式

物品查验方式分为全验和抽验两种。

a. 全验

全验指对所有入库物品进行检验，人力、物力和时间成本高，但可以保证验收质量。在物品批量小、规格复杂、包装不整齐的情况下，可采用此法。数量和外观质量检验一般要求全验。

b. 抽验

物品质量和储运管理水平的提高以及数理统计的发展，为抽验方式提供了物质条件和理论依据。对于大批量、相同包装、相同规格、信誉较高的存货单位的物品可采用抽验的方式检验。但在抽验中发现问题较多时，应扩大抽验范围，甚至采用全验。

②物品检验

物品检验一般包括数量检验和质量检验。

a. 数量检验

数量检验一般包括称重、计件、检尺求积等过程。

称重：即对以重量为计量单位的物品进行称重检验，所有经称重检验的物品都应填写重量检验单。

计件：即对以件数为单位的物品进行件数的清算。一般情况下，固定包装的小件物品，如果外包装完好则无需开包验数；进口物品按合同或惯例办事。

检尺求积：即对以体积为计量单位的物品所做的检尺、求积的数量检验，如木材、轻泡货物等。检尺求积的货物应根据实际检验结果填写数量检验单。

b. 质量检验

质量检验包括外观质量检验和内在质量检验。

外观质量检验包括如下项目。

· 包装检验：通过人的感觉器官，检查物品的外包装或装饰有无被撬、开缝、污染、破损、水渍等不良情况，检查外包装的牢固程度。

· 物品外观检验：对无包装的物品，直接查看其表面，检查是否有撞击、变形、生锈、破碎等损害。

· 物品重量检验：对入库物品的单件重量、货物尺度进行衡量和测量，确定货物的重量。

· 标签、标志检验：检查物品是否有标签、标志，标签、标志是否完整、清晰，标签、标志与物品内容是否一致。

· 气味、颜色、手感检验：对特定的物品必须通过物品的气味、颜色、手感来判定其是否新鲜，有无变质，是否有干溯、结块、融化等现象。

· 开包检验：物品外观或包装损坏，有时可能影响其质量，当检验人员判定包装内物品有受损可能时，应该开包检验。开包检验必须有两人以上在场。检验后，根据实际情况及时封存或更换新包装，并印贴已验收的标志。

凡经过外观质量检验的物品都应填写“检验记录单”。

内在质量检验是对物品内在质量和物理化学性质所进行的检验。对物品内在质量的检验需要一定的技术支持和检验手段。由于目前大多数仓库并不具备这些条件，所以一般内在质量检验均由专业技术检验单位进行，经检验后出具检验报告。

③验收中发现和处理问题

如果在物品检验过程中发现了问题，仓库管理部门应视不同情况及时进行处理。同时，对验收中存在问题并等待处理的物品应该归类存放，妥善保管，避免混杂、丢失以及进一步损坏。验收中常见的问题主要有以下几个方面。

a.数量问题

· 数量发生短缺，但短缺的量在规定范围内，这种情况下仓库可按原数入账。

· 数量发生短缺，且短缺的量超过规定范围，这种情况下仓库应做好验收记录，填写验收单，交仓库主管部门会同货主与供货商进行交涉。

· 货物的实际数量大于原定发货量，此现象被称为“溢出”，这种情况下可由仓库主管部门向供货商退回多发数或补发货款。

b.质量问题

如果物品达不到规定的质量标准，仓库主管部门应及时与供货商沟通，办理退货、换货。

当物品规格与标准不符或物品规格错发时，仓库验收部门应将验收情况制成验收记录单交仓库主管部门办理换货。

c.物品资料问题

入库物品必须具备规定的入库单证，如入库通知单、订货合同副本、供货单位提供的材质证明书、装箱单、检验单、发货明细表以及承运单位的运单等资料。对那些入库物品资料未到或资料不齐的，应及时向供货商索取。没有入库单证的物品应作为待检物品堆放在待检区，直到这些物品的相关资料到齐后再进行验收。

（5）物品入库的交接手续

入库物品在检验合格后由仓库管理部门签收方可入库，并留存相应单证。同时，仓库应在入库单证上生成该批货物的货位编号，以便仓库管理。对验收过程中发现差错、破损等不良情况的物品，仓库必须在单证上详细注明情况，并由双方当事人签字，以便与供货方、承运方分清责任。物品入库交接包括如下手续。

①登账

登账，即建立入库货物明细账。该明细账可以动态地反映货物入库、出库、结存等详细情况。该明细账的主要内容有：货物名称、数量、规格、累计数或结存数、存货人或提货人、批次、单价、金额、货物的具体存放位置等。仓库物资保管部门负责该明细账的登记和管理，并凭此进行货物的进出业务活动。

②立卡

物品入库后，仓库保管员要根据商品的名称、数量、规格、质量状况等详细信息编制一张货卡，即物资的保管卡片，并将卡片插放在存放相应货物的货架上或货垛的显著位置。这个过程即立卡。

③建档

建档是将货物入库作业全过程的相关资料进行整理、核对、建档，为物资的保管及出库业务创造良好条件。

4.2.2.3　出库作业

（1）催提

催提是指仓库通过传真、电话、信件、EDI 等方式向提货人或存货人发出提货通知的行为。

催提工作应该在存货到期日前的一段时间进行。如果仓储合同中约定了催提时限，则应根据合同约定的期限催提，如果合同没有约定，仓库应该在合理的时间内催提，保证提货人有足够的准备时间。

（2）核单备货

货物出库必须根据货主出具的提货单或物品调拨单等正式出库凭证进行，严禁无单或白条发料。仓库接到出库凭证后，应交由业务部门进行仔细审核。

核对的主要内容包括：出库凭证上的印鉴是否齐全、相符，有无涂改，以判断其真实性、合法性；出库物品的品名、规格、型号、数量、收货单位、银行账号等具体项目；出库凭证的有效期。审核无误后，业务部门将出库凭证移交给仓库保管员，保管员复核无误后，应该根据出库凭证备货。备货应该遵循“先进先出、易霉易坏先出、不利保管先出、零数先出”的原则。

备货的主要任务包括：

· 根据出库凭证所列的货物的品名、规格、数量等要求备货。同时，要准备好随货出库的货物技术资料、合格证、质量检验书等资料。

· 检查和整理出库物品的包装及标志。出库物品的包装应符合运输方式的要求。发现残损、潮湿、松散的不良包装时，应该进行更换和加固处理。标志模糊或脱落的，要进行补刷或补贴。

· 有装箱、拼箱、改装等业务的仓库，在发货前应根据货物的性质和运输部门的要求进行组合配装，准备各种包装材料、衬垫物以及刷写包装标志的各种用具和材料。

· 复核出库凭证所列物品的名称、规格、数量、包装、重量等与实物是否相符。

· 将出库物品搬运到备货区，以便及时装运。

（3）物品出库的形式

①自提出库

由收货人或其委托人持提货单或物品调拨通知单直接到仓库提货即为自提。

②送货出库

送货即为仓库保管部门根据货主提交的提货单或物品调拨通知单备货，然后把应发物品送交运输部门，送达收货单位。

③移库出库

移库即货主单位由于业务上的需要或保管条件的要求，将某批物品从A仓库转移到B仓库的一种发货形式。对于A库来说此行为是出库。仓库必须根据货主单位开出的正式移库单，给予办理移库手续。

④过户出库

过户即仓库储存物品所有权转移，物品不出库。仓库必须根据原存储户开出的正式过户凭证予以办理过户手续。

⑤取样

取样是指提货单位出于了解物品质量以及其他业务的需要，到仓库提取货样。仓库同样必须根据货主的取样凭证发出样品，并做好相应的账务处理。

（4）出库交接

无论是哪一种出库行式，仓库都应该仔细核对提货凭证，认真核实提货人身份，避免出现多发货、错发货等情况。经全面复核无误后，即可办理清点交接手续。

仓库与运输部门或提货人应在仓库现场办理出库交接手续，以此划清责任。运输部门则需根据货主指定的地点，送货并办理交接手续，明确责任。在自提形式下，仓库发货人与提货人在仓库现场当场交接清楚，并办理签收手续。

（5）货损货差

在仓库保管货物过程中发生的损耗数量，应该控制在仓储合同规定的合理范围之内。一般情况下，合理损耗应由货主单位承担，超过合理范围的损耗则应由仓储部门承担，并追究相关人员的责任。如果是在运输过程中发生的货损货差，则应由承运人负责赔偿。

4.2.2.4　储存管理

企业为满足顾客的要求，必须在其规定的时间、地点将商品交付给顾客。为了实现这个目的，除了需要快速的运输以外，还需要企业能够拥有一定的商品库存，以应付顾客的紧急需要，而且仓库离顾客越近越好，这样才能快速地满足顾客的需要，创造最佳的企业形象。因此储存系统是企业物流系统中一个不可缺少的组成部分，它处在整个物流过程的节点上。只有经过这个节点，整个物流过程才能够实现[6]。

（1）储存的基本功能

传统商业一直非常忽视对商品的储存，因为它只会增加商品的成本，而不能产生利润。但是，随着现代物流学的发展，储存作为物流系统的重要组成部分越来越被众多的学者与物流业者所重视，它在物流的整个过程中发挥着越来越重要的作用。

①通过储存可以调节商品的时间需求，进而消除商品的价格波动

一般来说，商品的生产和消费无法完全同步，为了弥补这种不同步所带来的损失，就需要储存商品来消除这种时间性的需求波动。例如，人们

在日常生活中对于大米、粮油的需求是持续的，但是它们的生产并不是随时都能进行的，即其供给具有集中生产的特性。所以，粮油生产企业必须储存一些大米、粮油原材料，以便在生产不足的季节持续供给消费者。而且，通过这种有目的性的储存，可以防止商品供给和需求之间剧烈矛盾的产生，稳定商品价格。

②通过储存可以降低运输成本，提高运输效率

由于商品的运输存在规模经济性，而对于企业来说，顾客的需求一般都是小批量的，如果为每一位顾客单独运送货物那么将无法实现运输的规模效应，物流成本也将极大。所以，为了降低运输成本，可以通过商品的存储，将运往同一地点的小批量的商品聚集为较大的批量，然后再进行运输，到达目的地后再分成小批量送到客户手中。这样虽然产生了储存的成本，但是可以更大限度地降低运输成本，提高运输效率。

③通过商品在消费地的存储，可以达到更好的客户满意度

为了使消费者在对商品产生需求的时候就能尽快地得到这种商品，提高消费者对企业的满意度，创造出更佳的企业形象，企业要在商品生产出来之后尽快地把商品运送到目标消费区域的仓库中去。

④通过储存可以更好地满足消费者个性化的消费需求

随着时代的发展，消费者的消费行为越来越向个性化的方向发展，为了更好地满足消费者的这种个性化的消费要求，我们需要利用商品的存储对商品进行二次加工，满足消费者的需求。比如，在商品的储存过程中可以对商品进行二次包装，或者进行不同商品的整合，这样就能根据顾客的需求生产出顾客满意的产品。

（2）物品保管场所的分配

物品保管场所（包括库房、露天场所、简易棚区等）的分配，是指在这些场所内为每一种库存物品分配适当的储存保管地点。物品保管场所的分配一般应包括物品保管区的划分，库房、料棚、料场的分配，楼库各层的使用分配，确定存入同一库房的物品品种等。合理分配保管场所的目的在于做到物得其所，库尽其用，地尽其利。

（3）物品保管场所的布置

物品保管场所的布置，是合理地布置库房、料棚或料场的平面和空间。

物品保管场所的布置，应满足以下要求：最大限度地提高保管场所

的平面和空间利用率，有利于提高物品保管质量，符合技术作业过程的要求，便于日常查点和收发，便于机械化作业等。

（4）物品堆垛设计

为达到绿色仓储的使用要求，需要对物品堆垛进行总体设计。设计的内容应包括垛基、垛型、料垛参数、堆码方式、料垛苫盖、料垛加固等。

①垛基

垛基是料垛的基础，其主要作用是：承受整个料垛的重量，将物品的垂直压力传递给地基；将物品与地面隔离，起防水、防潮和通风作用；垛基空间为搬运作业提供方便条件。

垛基分为固定式和移动式两种。移动式又可分为整体式和组合式。组合式垛基机动灵活，可根据需要进行拼装。

②垛型

垛型是指料垛的外部形状。按垛底的平面形状，垛型可分为矩形、方形、三角形、圆形、环形等；按料垛立面的形状，垛型可分为矩形、方形、三角形、梯形、半圆形。另外，还可组成矩形－三角形、矩形－梯形等复合形状。

③料垛参数

料垛参数是指料垛的长、宽、高，即料垛的外廓尺寸。一般应首先确定料垛的长度。将各种钢材的定尺长度作为料垛的长度，包装成件物品的垛长应为包装长度或宽度的整数倍。具体长度还应根据仓库的平面布置和物品的多少而定。料垛的宽度，应根据物品的性质、要求的保管条件、搬运方式、数量多少及收发制度等确定，一般多以2个或5个单位包装为料垛宽度。料垛高度，应根据库房高度、地坪或楼层承载能力、物品本身及包装的耐压能力、装卸搬运设备的类型及技术性能、物品的理化性质等来确定。在条件允许的情况下，应尽量增加料垛的高度，以提高仓库的空间利用率。料垛的长、宽、高互相联系，互相制约，三者必须加以综合考虑，三个参数决定了料垛的大小。每个料垛不宜过大，以利于先进先出，加速料位的周转。

④堆码方式

物品的堆码方式主要取决于物品本身的性质、形状、体积、包装等，一般情况下，多采取平放，使重心最低，最大接触面向下，易于堆码，稳定牢固。但有些物品不宜平放堆码，必须竖直立放。

⑤料垛苫盖

料垛苫盖主要用于露天堆垛的物品，为了防雨雪、防风、防日晒、防尘、防散失等，使用苫盖物进行苫盖。一般多使用篷布、油毡、苇席、塑料薄膜或铁皮制活动苫棚。苫盖过程中应注意排水，苫盖物要与被苫盖物隔离，以免渗水浸湿物品。近几年来，活动料棚被普遍采用，这是一种代替苫盖的有效措施，应大力提倡。

⑥料垛加固

为了防止坍塌，料垛特别是稳定性较差的料垛，应进行必要的加固。加固是为了增加料垛的整体性，常用的方法有：两侧立挡柱、层间加垫板、使用U形架、两侧加楔形木、使用钢丝拉链等。同时可通过静力学的计算确定加固材料的规格、尺寸和数量。

（5）物品保养技术

①温湿度控制

温度和湿度是影响物品质量变化的主要外界因素，库存物品发生变化，大部分都与库房内的温度和湿度有关。不同的物品要求不同的温度和湿度，为了满足各种物品所要求的温湿度，必须对库内温湿度进行有效的控制。而库内温湿度的变化直接受库外气候条件的影响。因此，应了解各种物品最适宜的温湿度范围，掌握库内外温湿度变化的客观规律，以便采取相应的措施把库内温湿度控制在一定的范围内。

②金属的锈蚀与防护

金属由于周围介质的化学作用或电化学作用而发生的损坏叫作金属的腐蚀，人们习惯上称金属在大气中的腐蚀为锈蚀或生锈。金属防锈就是根据金属锈蚀的原因，积极采取相应的有效措施，防止或减缓金属的锈蚀。金属锈蚀主要是由于电化学腐蚀而引起的，所以金属防锈主要是破坏形成电化学腐蚀的条件，抑制电化学腐蚀的发生。由于人们对影响金属锈蚀的内在因素无法改变和控制，所以只能对影响金属锈蚀的外在因素采取相应的措施。

③霉变防治

某些库存物品如纤维制品、竹木制品、橡胶塑料制品、皮革制品等，在夏季常会发生霉变，俗称发霉。物品的霉变是由霉菌引起的，所以为了防止物品发霉，必须了解霉菌生长繁殖的条件及规律，以便采取相应的措施，有效地抑制霉菌的生长和繁殖，从而达到防物品霉变的目的。物品防霉变主要是设法抑制霉菌的生长和繁殖，因此可采取措施恶化或破坏霉菌生长繁殖的条件，或使用防霉药剂。

④物品霉变后的救治

对库存物品的霉变应以预防为主，但一旦发现某种物品已发霉，就应及时采取救治措施以防霉变进一步发展蔓延，造成更大的损失。通常多采用下列救治方法。

a.晾晒

对于不怕阳光暴晒的发霉物品，可直接放在太阳下暴晒，一方面可提高温度，另一方面可使物品中的水分散发，在高温干燥的环境下使霉菌死亡。对于不适宜暴晒的物品，不要用阳光直接照射，可在通风的条件下，拆垛摊晾，让水分蒸发，慢慢干燥，使霉菌在缺水的情况下死亡。通过晾晒的物品，应将霉菌残体刷除干净，并待其温度降至室温后方可包装归垛。

b.烘烤

烘烤一般是在密闭的烘箱或烘烤房内进行，热源可以是电阻丝加热或红外线照射。烘烤时要用温火，接近烘烤物的温度不宜超过45摄氏度，并应经常翻动。烘烤能使物品干燥，使霉菌因缺水而死亡。

c.熏蒸

在密封的条件下，利用熏蒸药剂进行熏蒸。常用的熏蒸药剂主要有溴甲烷、环氧丙烷等。霉菌在不同发育阶段对熏蒸气体的抵抗力不同，孢子刚萌发的菌丝抗药力最弱，这是熏蒸的最佳时机。

d.照射

照射是利用紫外线直接照射发霉的物品，因为紫外线具有很强的杀菌能力，杀菌效力最高。通常是在库内、货架内或料垛周围安装紫外线光灯，进行定期照射，每次照射时间一般为20~50分钟。

（6）库存分类管理

库存分类管理用于管理库存的结构，实现库存结构合理化。常用的库存分类方法有ABC分类法和CVA分析法。

①库存ABC分类法

ABC分类法（activity based classification，ABC），又称帕累托分析法，

也叫库存重点管理法，就是将库存物品按品种和占用资金的多少，按一定的标准分为特别重要的库存（A类）、一般重要的库存（B类）和不重要的库存（C类）三个等级，然后针对不同等级分别进行管理和控制的管理方法。ABC分类法基于20/80定律，即20%左右的因素占有（带来）80%左右的成果。库存ABC分类法是目前库存控制中应用最多的一种库存分类方法，就是在20/80定律的指导下，分析企业的库存，以找出占有大量资金的少数物资，并加强对它们的控制。ABC分类控制法集中了企业资源，有效地开展科学管理，对企业提高效率节约成本具有重要意义。ABC分类法的主要步骤如下。

a.对库存货物进行排队

对要分析的库存货物通常按照品种项目和资金比例这两个指标来进行分类。具体来说，就是编制库存货物的品种和资金序列表，并计算品种累计与全部品种比例以及货物占用资金累计与全部资金比例。

b.对库存货物进行分类

根据对库存货物的排队情况，编制库存货物的ABC分类表。ABC分类的基本方法是：A类库存品种少但资金占用大，即A类库存品种占库存品种总数的5%~10%，其资金金额占库存总金额的70%~75%；B类库存品种占库存品种总数的10%~15%，其资金金额占库存总金额的15%~25%；C类库存品种占库存品种总数的70%~75%，其资金金额占库存总金额的5%~10%。

c.对库存货物进行ABC分类之后，对不同级别的货物进行不同的管理与控制

A类库存货物数量虽少但对企业最为重要，是必须严格管理和控制的货物。企业必须对此类货物定时进行盘点，详细记录及经常检查分析货物库存量增减，严格控制其库存数量、订货数量、订货时间。在满足企业内部需要和顾客需要的前提下尽可能减少库存，加快库存周转，节约流动资金。B类库存货物属于一般重要的库存货物。对于这类货物的库存管理介于A类和C类货物之间，一般进行正常的例行管理和控制。C类库存货物数量最大但对企业的重要性最低，一般进行简单的管理和控制。可以适当增加每次订货的数量，加大两次订货的时间间隔，减少全年的订货次数。在不影响整体效果的同时，减少库存管理的工作量。

②CVA分析法

CVA分析法（critical value analysis，CVA），又称关键因素分析法。它是将货物分为最高优先级、较高优先级、中等优先级、较低优先级四个等级，对不同等级的货物，采取不同的配送和储存策略的方法。CVA分析法库存管理种类及其策略如表4–5所示。

表 4–5　CVA 分析法库存管理种类及其管理策略

库存级别	管理内容	管理措施
最高优先级	经营活动中的关键性物资，或A类重点客户的存货	不允许缺货
较高优先级	经营活动中的基础物资，或B类客户的存货	允许偶尔缺货
中等优先级	经营活动中比较重要的物资，或C类客户的存货	允许合理范围内缺货
较低优先级	经营活动中需要，但可替代的物资	允许缺货

CVA分析法是对ABC分类法的有益补充，在应对突发事件时能够起到一定的积极作用。这主要是因为ABC分类法虽然简单易行，但ABC分类法的不足之处在于某些C类物资往往得不到足够的重视，而这类非关键物资也会导致生产线的停工待料。例如，经销鞋的企业会把鞋带列入C类物资，但是如果鞋带短缺将会严重影响到鞋的销售；一家汽车制造厂商会把螺栓列入C类物资，但缺少一个螺栓往往会导致整个生产链的停工。

CVA管理法比起ABC分类法有更强的目的性。在库存管理中，CVA分析法和ABC分类法结合使用，可以使库存保持合理的结构，达到分清主次、抓住关键环节的目的。

（7）库存订货技术

库存数量和时间的合理化需要通过采用恰当的库存订货策略来实现。但对于不同的需求，需要采取不同的订货策略[7]。

需求按照重复性划分，可以分为单周期需求和多周期需求。单周期需求也叫一次性订货，这种需求的特征是偶发性和物品生命周期短，一般很少重复订货，如粽子、月饼等。多周期需求是指长时间内对某种物品的重复性和连续性的需求，如企业生产产品的零部件、居民家庭生活的日用消费品等。一般情况下，单周期需求采用一次性订货策略；多周期需求在长时间内反复发生，采用重复性订货策略。

多周期需求又可分为独立需求和相关需求。独立需求是指外界或消费者对制成品或最终产品的市场需求，即企业所承接的订单需求。因为它的需求量由市场决定，企业本身只可根据以往的经验进行预测，而无法加以控制或决定，所以被称为独立需求。例如，企业的最终产品（包括外销零部件的需求）、维修用的零部件、办公用品等都是独立需求。相关需求又称非独立需求或从属需求，是指直接与其他项目或者最终产品的物料清单结构有关的需求。由于各种物料在消耗使用上彼此之间存在先后主从的依存关系，后续工序的用料及其用量和用时由前道工序的主项目决定，所以其需求类型具有非独立性质。

对于独立需求和相关需求两种不同的需求，要求不同的库存控制策略。独立需求采用传统的订货点系统，以及由此衍生的双箱（堆）/三箱（堆）订货法。订货点系统是以经常性地维持一定的库存水平并不断补充为特征的，连续检查和定期检查是这种系统的两种基本控制策略。连续检查是基于物资数量的订货策略，又被称为定量订货法；而定期检查是基于时间的订货策略，又被称为定期订货法。适用于相关需求的库存控制策略有推式的MRP计划系统和拉式的JIT准时制系统。

需求类型与订货策略的选取如表4-6所示。

表4-6　需求类型与订货策略的选取

需求类型			订货策略
单周期需求			一次性订货
多周期需求	独立需求	A类库存	定期订货法
		B类库存	定量订货法
		C类库存	双箱（堆）/三箱（堆）订货法
	相关需求	推式	MRP计划系统
		拉式	JIT准时制系统

①定期订货法

定期订货法（fixed interval system，FIS）是指按预先确定的相对不变的订货间隔期进行补充订货的一种库存管理方法。其原理是：以固定的订货间隔时间和最高库存量为基础，当库存货物消耗至某一预先指定的订货时间，如星期六（不发生任何缺货损失，保证生产或经营的连续性），便开始订货并发出订货单，以每次实际盘存的库存量与预定的最高库存量之差为订货量。待到下一期订货时间再继续订货，循环往复。定期订货一般都是事先依据对商品需求量的预测，确定一个比较恰当的最高库存量，在每个周期将要结束时，对库存进行盘点，决定订购量，其模型如图 4-2 所示。其特点是订货间隔期不变，而每次订货数量不定。

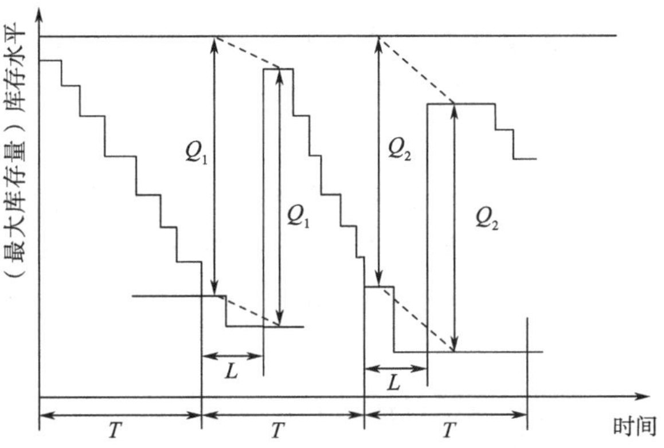

图 4-2　定期订货法

定期订货法的原则与定量订货控制原则相同，即订货费用和采购费用总量最低。用定期订货法订货，关键是需要确定订货间隔期、最高库存量和每次订货量。

最优订货间隔期的计算公式为：

$$T=\frac{EOQ}{D} \tag{4.1}$$

式中，T 是订货间隔期，EOQ 是该商品的经济订货批量，D 是该商品的年需求量。

最高库存量的计算公式为：

$$Q=\frac{D}{365}\times(L+T)+SQ \tag{4.2}$$

式中，Q 是最大库存量；$\frac{D}{365}$ 是平均每天耗用量；L 是供货周期，指从采购订单下达给供应商，到供应商将商品交付到采购方手中的时间；T 是订购间隔期，指两次订货的时间间隔；SQ 是安全库存，指为防止未来物资供应或需求的不确定性因素（如大量突发性订货、交货意外中断或突然延期等）而准备的缓冲库存。

订货量的计算公式为：

订货量 = 最高库存量 − 现有库存量 − 订货未到量 + 顾客延迟购买量 （4.3）

定期订货法订货量计算

某种物料的订购周期为10天，每日需要量为20吨，保险储备定额为200吨。如果企业采取定期订货法采购，每30天订购一次，订购当日的现有库存量为450吨，已经订购但尚未到货的数量为45吨，求订购量。

解：

订货批量＝日需求率 ×（供货周期＋订购间隔时间）＋安全库存−现有库存量−订货未到量＋顾客延迟购买量

=20 ×（10+30）+200−450−45=505（吨）

定期订货法的适用范围包括以下五种情况。

· 消费金额高，需要实施严密管理的重要物品，如A类物品；
· 需求量变动幅度大，变动量有周期性，可以正确判断的物品；
· 共用性差，专用性强，且不易保管的物品；
· 订货提前期长的物品；
· 已预测需求量的物品。

②定量订货法

定量订货法（fixed quantity system，FQS），也叫订购点控制法，是指当库存量下降到预定的最低库存数量（即订货点）时，按规定数量（以经济订货批量计算）进行订货补充的一种库存控制方法。它主要靠控制订货点和订货批量两个参数来控制订货，达到既满足库存需求，又能使总费用最低的目的，其模型如图4−3所示。定量订货法的特点是每次订货时订货点不变，订购批量不变，而订货间隔期不定。

对某种商品来说，当订购点和订购量确定后，就可以利用永续盘点法来实现库存的自动控制。

a.经济订货批量（economic order quantity，EOQ）的计算

企业每次订货量的多少直接关系到库存水平和库存总成本。因此，企业希望找到一个合适的订货数量使它的库存总成本最小。通过经济订货

批量可以做到这一点。经济订货批量EOQ是指库存总成本最小时的订货量。理想的经济订货批量模型假设条件如下：

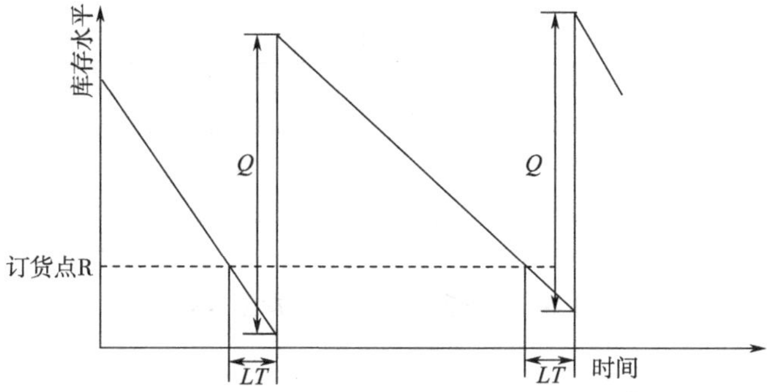

图 4-3　定量订货法

注：Q是固定的订货量；LT是供货周期，指从采购订单下达给供应商，到供应商将商品交付到采购商手中的时间。

· 年需求量确定并且已知，整个周期内的需求是均衡的；
· 订货提前期已知，且为常量；
· 采购价格和运输费率是固定的，与订购数量、时间无关；
· 订货费与订货批量无关，与订货次数有关；
· 维持库存费是库存量的线性函数；
· 集中到货，而不是陆续入库；
· 没有在途库存；
·. 不允许缺货；
· 采用固定量系统。

在此假设下，理想的经济订货批量模型如图4-4所示

从图4-4可以看出，理想的经济订货批量模型下的最大库存量为Q，最小库存量为0，不存在缺货，库存按固定需求率匀速减少。当库存量降低到订货点R时，就按固定订货量Q发出订货。经过固定的订货提前期L，新的一批订货Q到达（订货刚好在库存变为0时到达），库存量立刻达到Q。显然，平均库存量为$Q/2$。

在这种理想的经济订货批量模型下，订货点的确定主要取决于需求量和订货提前期这两个因素。当需求是固定均匀、订货提前期不变的情况下，不需要设定安全库存，这时订货点为：

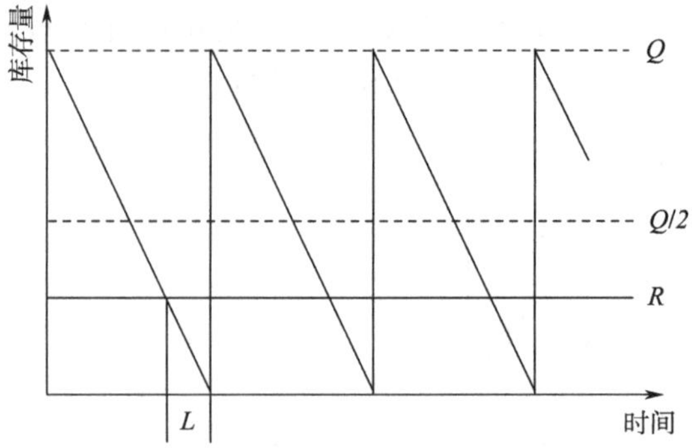

图 4–4　理想的经济订货批量模型

$$R = L \times (D / 年工作日) \quad (4.4)$$

式中，R是订货点时的库存量；L是订货提前期，即从发出订单到该批货物入库的间隔时间；D是该商品的年需求量。

订货批量Q依据经济订货批量EOQ的方法来确定，即为总库存成本最小时的每次订货数量。通常，年总库存成本的计算公式为：

年总库存成本 = 年购置成本 + 年订货成本 + 年保管成本 + 缺货成本　（4.5）

在假设不允许缺货的条件下，年总库存成本 = 年购置成本 + 年订货成本 + 年保管成本，即：

$$TC = D \times P + D \times C / Q + Q \times H / 2 \quad (4.6)$$

式中，TC是年总库存成本；D是年需求总量；P是单位商品的购置价格；C是每次订货成本；H是单位商品年保管成本（$H=P \times F$，F为年仓储保管费用率）；Q是订货批量。经济订货批量就是使库存总成本达到最低的订货数量，其计算公式为：

$$Q = EOQ = \sqrt{\frac{2C \times D}{H}} \text{或} \sqrt{\frac{2C \times D}{P \times F}} \quad (4.7)$$

此时的最低年总库存成本的计算公式为：

$$TC = D \times P + H \times Q = D \times P + \sqrt{2C \times D \times H} \quad (4.8)$$

经济订货批量计算

某物品以每件25元购入，外购的订购成本为每次5元，该物品的年需求量为2 500件，储存成本为价格的10%，订货周期为3天，求该物品的订购批量和订货点（全年工作日按250天计算）。

解：

经济订货批量：

$$Q=\sqrt{\frac{2C\times D}{H}}=\sqrt{\frac{2\times5\times2\,500}{0.1\times25}}=100\text{（件）}$$

订货点：

$$R=L\times(D/\text{年工作日})=3\times\left(2\,500/250\right)=30\text{（件）}$$

b.定量订货法的适用范围

因为定量订货法订货数量固定，所以在具有管理方便、便于采用经济订货批量进行订货等优点的同时也具有不便于严格管理、事前计划比较复杂等一些缺点，所以有一定的适用范围，通常在以下五种情况下采用定量订货法比较适合：

· 单价比较便宜，不便于少量订购的物品，如螺栓、螺母等C类物资；

· 需求预测比较困难的物品；

· 品种数量繁多、库存管理事务量大的物品；

· 消费量计算复杂的产品；

· 通用性强、需求总量比较稳定的产品等。

③双箱（堆）/三箱（堆）订货法

双箱（堆）订货法，就是将某种库存物料存放于两个货架或容器（箱子）内。第一个货架的库存量是达到订货点的耗用量，当第一货架的货用完时，就意味着必须马上提出订货申请，以补充生产中已经领用和即将领用的部分，同时转而使用另一个货架的货。此时即刻补货，补的货放置在前一个货架上。两个货架不断循环使用，即为双箱（堆）法。这个方法可以一眼看出何时达到订货点，所以不必借助仓库记账。此外，由于这个方法是轮流使用两个货架，所以有促进库存货物新陈代谢的优点。

三箱（堆）法是在双箱（堆）法的基础上，将安全库存再从订购点一箱（堆）中分出，将双箱（堆）变成了三箱（堆）。它是将同一物品，放置于三层货架或三个容器（箱子）内，先使用上层的货，用完后订货，然后使用中层的货。当中层的货用完，正常情况下，所订的货应到库并放入上层货架。若此时上层的货未到，就要催货。其中，最下层的货架存放安全库存量，很少变动，但要注意保存期限及变损程度，予以滚动使用；

中层存放的数量为订货点库存量减去安全存量的余数；上层存放的数量为最高存量扣除订货点库存量的余数。双箱（堆）/三箱（堆）订货法主要适用于库存价值低的C类物品。

（8）供应链库存管理

供应链库存管理是指将库存管理置于供应链网络之中，通过供应链上合作伙伴之间的信息共享和分工合作，以降低库存成本和提高企业市场反应速度为目的，从点到链、从链到面的库存管理方法。供应链库存管理可以在提高顾客反应速度的基础上，降低库存成本，是实现库存网络合理化的有效措施。

常用的供应链库存管理方法有供应商管理库存、客户管理库存、联合管理库存。

①供应商管理库存

供应商管理库存（vendor managed inventory，VMI）是一种以用户和供应商双方都获得最低成本为目的，在一个共同的协议下由供应商管理库存，并不断监督协议执行情况和修正协议内容，使库存管理得到持续地改进的供应链合作性策略。VMI打破了传统的库存管理各自为政的模式，体现了供应链的集成化管理思想，是一种适应市场变化要求的有代表性的库存管理思想。近几年VMI在分销系统中的应用十分广泛。

②客户管理库存

客户管理库存（custom managed inventory，CMI）是指通过供应链企业合作，由在配送系统中最接近消费者的零售商管理库存的模式。很多人认为，配送系统中离消费市场越远的成员越不能准确地预测消费者需求的变化。按照和消费市场的接近程度，零售商是最核心的一环，库存自然应归其管理。

③联合管理库存

联合管理库存（joint managed inventory，JMI）是介于供应商管理库存和客户管理库存之间的一种库存管理模式，是指由供应链中各个节点企业同时参与，从相互之间的协调性考虑，共同制订库存计划。JMI结合了对产品的制造更为熟悉的生产或供应商以及掌握消费市场信息的零售商的优势，能更准确地对供应和销售做出判断，可以更加准确地控制资金的投入和库存水平，从而减少了需求的不确定性和应对突发事件所产生的高成本。

4.2.2.5　仓库建筑节能技术

建筑节能，指在建筑物的规划、设计、新建、改造和使用过程中，执行节能标准，采用节能型的技术、工艺、设备、材料和产品，提高保温隔热性能和采暖供热、空调制冷制热系统的效率，加强建筑物用能系统的运行管理，利用可再生能源在建筑施工及使用过程中满足同等需要或达到相同目的的条件下，尽可能降低能耗。

仓库建筑物的主要节能技术如下。

（1）仓库外墙节能技术

目前复合墙体越来越成为墙体的主流。墙体的复合技术有内附保温层、外附保温层和夹心保温层三种。我国多采用夹心保温法，并要求使用环保材料。

（2）门窗节能技术

门窗节能技术主要是改善门窗保温隔热性能和提高门窗的密闭性能。仓库设计中，由于仓库建筑的特殊性，为了达到节能效果，往往需要利用自然采光。由于物流装卸作业要求频繁，仓库门的设计具有专业性的要求，并要求与卡车车厢相衔接。

（3）屋顶节能技术

屋顶的保温、隔热是围护结构节能的重点之一。仓库屋顶设计没有一般建筑的要求那么高，但对保温与隔热的要求也不能降低，因为仓库作业需要在春夏秋冬全年进行，夏天天气炎热，冬天天气寒冷，屋顶如果不隔热，会让物流作业人员工作环境十分恶劣，需要长期开空调调节室温，带来大量能源浪费。

（4）降低建筑设施运行能耗的技术

采暖、制冷和照明是建筑能耗的主要部分，降低这部分能耗将对节能起到重要作用。在照明技术方面，如节能的LED照明系统可以大大降低照明的能耗。

外运华北基于 AGV 在快消品仓库的应用
构建“黑灯仓库”“低碳仓库”

外运华北采纳了图像识别技术作为其中心研发与应用机制，并以自动导向车辆（automated guided vehicle，AGV）作为其主导的移动传输工具，进一步结合了无人驾驶叉车和天眼监控系统，使得在复杂的仓库环境中能够准确地自动识别和分类各种货物及其相关设施。这种操作模式全年可节约105万度电以及减少约600吨二氧化碳排放。在大幅度减少照明、电力等设备能源消耗的同时，为构建“低碳仓库”和“黑灯仓库”的理念提供了有力支撑。

4.2.2.6 光伏发电技术

仓库光伏发电技术是一种利用太阳能将光能转换为电能的技术，特别适用于大面积屋顶建筑如仓库和物流中心。这项技术可以帮助企业减少能源成本和温室气体排放，同时提升其绿色环保形象。以下是对仓库光伏发电技术的基本概述。

（1）设计和安装

屋顶分析：在安装光伏系统前，通常会对仓库屋顶的结构进行评估，包括屋顶的承载能力、阴影情况、方位和倾角等，以确定最佳的安装方案。

光伏面板选择：根据仓库的特定需求和预算，选择适合的光伏面板类型。常见的类型有单晶硅、多晶硅和薄膜光伏面板，它们在效率、成本和耐候性方面有各自的特点。

光伏逆变器：光伏逆变器是系统的关键组件，将光伏面板产生的直流电转换为可以被仓库使用或馈入电网的交流电。

（2）运营和维护

监控系统：安装光伏监控系统可以实时跟踪发电量、系统性能和可能出现的问题，从而优化运营并保障电力供应的可靠性。

维护：光伏系统通常需要较少的维护，定期清洁光伏面板和检查系统组件可以确保光伏系统的运行效率。

（3）经济性和环境影响

成本节约：虽然光伏系统的初期投资较高，但长远来看，系统能够减少电力成本，且可享有政府补贴或税收优惠。

碳足迹减少：仓库光伏发电能显著减少碳排放，助力企业实现可持续发展目标。

菜鸟物流园区光伏发电

菜鸟国内安装了光伏发电设备的物流园区有6个，覆盖30万平方米园区屋顶，2021年全年发电量2 573万kW·h，节省燃煤量9 263吨，减少碳排放16 437吨，相当于植树造林45公顷。发电量远超园区用电需求，所产绿色电能的35%自用，65%的多余电量输送到了国家电网，余电可满足2万人的居民用电。

（资料来源：https：//www.dsb.cn/183720.html。）

4.2.2.7　仓储中心规划

仓储中心的低碳环保主要体现在规划设计、库房建设、运营管理、节能设备的使用等几个方面。一是仓储中心的选址最为关键；二是必须做好仓储中心内部的流程优化和动线设计，尽量减少货物在入库、上架、拣选、出库过程中的行走距离，避免无谓的操作；三是绿色仓储技术装备应用；四是仓储作业规范和标准完善科学。

日日顺在全国布局上百个智慧仓

青岛日日顺物流有限公司，先后历经了企业物流→物流企业→生态企业三个阶段，依托先进的管理理念和物流技术，整合全球一流网络资源，搭建起开放的科技化、数字化、场景化物联网场景物流生态平台。目前日日顺物流通过“科技化”基础物流能力、“数字化”SCM（供应链管理）定制方案、“场景化”社群服务平台三大差异化竞争力，成为居家大件物流领域的引领者。顺利实现数据智能化，1秒完成自动识别货物尺寸和重量并匹配货物条码信息，货物信息采集匹配准确率100%。关节机器人替代人工，提升入库码垛效率4倍，自动码垛，垛形可控，误差为零。同时，机械手可以长时间作业，效率稳定，单台机器人最大可以处理450千克的货物。龙门拣选机械手的应用使货损率降为零，拣货效率提升率100%、拣货准确100%。即墨智能无人仓运用自动立体库堆垛机，通过激光导航和条形码导航完成托盘自动上下架。同时，通过大数据分析对订单和库存进行预测，倒逼营销及时调整，并根据预测结果对库区进行冷热区调整。此外，该设备在实现无人化、节省人力、上下架速度较机械作业提升4~5倍的同时，可操作20~30米立库，存储利用率可提升4~5倍，订单预测驱动冷热区管理，可以使库内作业效率因冷热区库存调整提升50%，该智能无人仓能够在黑灯环境下实现24小时不间断作业。

（资料来源：http：//www.chinawuliu.com.cn/xsyj/202104/14/546225.shtml。）

4.2.2.8　绿色仓储设备的选择

为实现绿色仓储，挑选高能效、低排放量的物流设备和运载工具至关重要，这有助于降低整体能源消耗水平并减小环境污染。

（1）环保型叉车

叉车按其动力方式，可分为内燃叉车和电动叉车。内燃叉车是目前国内应用最广泛的叉车，但存在排气和噪声污染。电动叉车是以直流电源（蓄电池）为动力的装卸及搬运车辆。它操作容易，无废气污染，适合在室内作业。

（2）智能穿梭车与密集型货架

穿梭车能与固定于货架端部的垂直提升机自由组合、配合使用，替代堆垛机，完成托盘或物流箱的快速存取作业。同时，由于作业有效载荷与设备自重比值较小，大大降低了每个仓储单元存取作业的能耗，具有绿色节能概念，符合目前世界发展的潮流。该穿梭车技术推出后可以改变传统立体库的设计理念，提升空间利用率和存取作业效率，尤其是系统拓展非常方便，是市场应用极广的新产品，对于空间利用率要求高的冷库以及旧仓库升级改造更加适用。

（3）交叉带式分拣机

交叉带式分拣机是一种更加绿色环保的物料搬运设备，这是因为在输送产品时所涉及的摩擦作用少于其他类型的分拣设备。如果用户要处理大批量的货物，那么交叉带式分拣机从每件货品所耗费能源的角度上考虑，其能效更高。一套设计优良并制造优秀的分拣系统应当拥有较长的使用寿命，分拣机也可以通过重建和现代化改造来延长其使用寿命。作为现代化改造的一部分，也可以更换板条、轮子、滑块、组件和控制装置。在分拣机重建之后，最终用户可以获得货箱流实现改进、更高的吞吐率、可用运行时间延长以及能源消耗减少的益处。

中力推广电叉车的使用

中力“油改电”叉车采用“箱式抗扭结构+高底盘+短车身+锂电池”，2.5~18吨油改电系列锂电叉车充分结合了内燃车和锂电叉车的优势，满足用户多场景、多工况的室内外搬运需求。

4.2.2.9　绿色仓储中信息技术的应用

绿色仓储的信息技术，是指在仓储和物流管理领域内，旨在提高能源效率、减少资源浪费以及降低对环境的影响，同时提升物流活动效率的一系列信息技术解决方案。这些技术通常与自动化、数据分析、云计算和物联网技术相结合，以实现绿色、高效的仓库管理。主要的绿色仓储信息技术如下。

（1）智能温控（ITC）

透过智慧建筑技术与信息技术的结合对仓库内的温度和湿度进行智能控制，确保能源的高效使用，同时为存储的商品提供适宜的环境。

（2）能源管理系统（EMS）

监控和管理仓库中的能源使用情况，如电力、水和气体，以优化能源利用和减少浪费。

（3）仓储管理系统（WMS）

通过高级计划和执行算法优化库存管理，确保货物有效流转，减少过剩库存和降低资源浪费。

（4）物联网（IoT）

使用传感器和网络技术收集和分析数据，监控货物状态和环境条件，实现实时跟踪和管理。

（5）云计算平台（CC）

利用云服务，可以实现数据的集中管理和共享，方便多地点协同作业，减少硬件投资和维护成本。

西青物流园推动能耗监测系统项目

西青物流园通过电力仪表采集现场的用能数据，系统采用现场就地组网的方式，组网后通过光纤通信并远传至后台，通过Acrel 5000型能耗监测系统实现各配电回路用电监测与管理。能耗管理的范围有电表、水表、气表等智能终端设备监测，实现整个建筑的能源管理平台。

4.2.3 绿色配送

4.2.3.1 传统配送

关于传统配送的概念，有许多种表述。

日本《物流手册》（日通综合研究所，1991年版）对“配送”的概念规定如下：生产厂到配送中心之间的物品空间移动即运输，从配送中心到顾客之间的物品空间移动即配送。

美国《物流管理供应链过程的一体化》（机械工业出版社，1999年版）对“配送”界定如下：实物配送这一领域涉及将制成品交给顾客的运输。

我国国家标准《物流术语》（GB/T 18354—2021）[8]对“配送”界定如下：根据客户要求，对物品进行分类、拣选、集货、包装、组配等作业，并按时送达指定地点的物流活动。

4.2.3.2 绿色配送

根据《中国绿色物流发展报告2023》，绿色配送是指在物流过程中，采用可持续和环保的方式和技术手段，减少对环境造成的不良影响，通过选择合理的运输路线，有效利用车辆进行科学配装，提高运输效率，降低物流成本和资源消耗，实现对配送环境的净化，使配送资源得到最充分利用。

绿色配送是绿色物流中一种特殊的、综合的活动形式，是商流与物流的紧密结合，包含了商流活动和物流活动，也包含了物流中的若干功能要素。从绿色物流角度讲，绿色配送几乎包括了所有的物流功能要素，是绿色物流的一个缩影或在某小范围中物流全部活动的体现。一般的绿色配送集装卸、包装、保管、运输于一身，通过这一系列活动，采用可持续和环保的方式和技术手段，完成将货物送达的目的。特殊的绿色配送则还要以加工活动为支撑，所以包括的方面更广。但是，绿色配送的主体活动与一般绿色物流不同，一般绿色物流是运输及保管，而绿色配送则是运输及分拣配货。分拣配货是绿色配送的独特要求，也是绿色配送中有特点的活动，以送货为目的的运输则是最后实现绿色配送的主要手段，从这一主要手段出发，常常将绿色配送简化地看成绿色运输中的一种。

绿色配送的主要功能如下：

一是分销领域采用绿色配送体制，可以减少运输过程中的碳排放，降低对大气的污染，可以降低物流成本，提高服务水平，从而可以扩大销售、扩大市场，增强企业竞争能力。

二是产品实行绿色配送体制，需要配送多少，就生产多少，可以实现产品零库存，可以实现最大的节约和最大的效益。通过优化路线、提高运输效率和使用节能车辆等方式，绿色配送可以节约能源消耗，降低对自然资源的压力。

三是采购领域实行绿色配送体制，可以实现企业需要多少，供应商就配送多少；什么时候需要，供应商就什么时候送货。因此，企业不需要设置原材料库存，流通企业也不需要设置流通库存，都可以做到零库存经营，大大降低经营成本，同时减少对自然环境的破坏，保护生态系统的完整性。

四是企业零库存经营节省下来的大量储备资金，可以改善企业的财务状况，增强企业的经济实力，促进企业发展。

五是企业实行绿色配送体制，导致生产体制、分销体制以及采购体制相应地发生革命性的变化，促进了企业经营管理水平的提高。通过实施绿色配送，企业可以展示对环境保护的承诺，提升企业的社会责任形象，获得消费者和社会的认可。

总之，绿色配送的功能与作用在于减少对环境的负面影响，促进可持续发展，提高企业的社会责任感和竞争力。

4.2.3.3　绿色配送作业流程及实施路径

绿色配送作业流程及实施路径主要包括以下几个方面。

（1）环保物流规划

进行环保物流规划，首先需要确定配送范围、配送路线、配送时间等。在规划过程中，需要考虑最佳的配送路线，以及如何最大程度地减少碳排放和能源消耗。

（2）采用清洁能源车辆

选择清洁能源车辆进行配送，如电动车、混合动力车、天然气车等。这需要企业与相关的车辆供应商合作，确保有足够的环保车辆用于配送作业。

（3）包装减量化

采用轻量化、可回收、可降解的包装材料，减少包装的使用量，降低运输成本和能源消耗。

（4）路线优化和智能物流系统

利用智能物流系统和路线规划技术，优化配送路线，减少行驶里程和时间，降低能源消耗。这需要使用先进的物流管理软件和技术，以确保最佳的配送效率和环保效益。

（5）多式联运

采用多种运输方式的联合运输，如铁路、水路、公路等多式联运，以降低碳排放和能源消耗。这需要与不同的运输服务提供商进行合作，确保物流运输的多样化和高效性。

（6）最后一公里配送

对于城市最后一公里配送，可以采用自行车、电动三轮车等环保方式进行配送，减少对城市交通的影响。

（7）可持续包装

采用可回收、可降解的包装材料，减少包装对环境的负面影响。企业需要与包装供应商合作，确保使用环保的包装材料。

（8）监控和评估

在实施绿色配送作业流程后，需要进行监控和评估，以确保环保目标的实现。这需要建立相应的监控体系，对配送过程中的环保指标进行监测和评估，及时调整和优化作业流程。

通过以上的绿色配送作业流程及途径，企业可以实现更加环保、高效的物流配送，降低对环境的负面影响，提升品牌形象，同时也为消费者提供更加环保的配送服务。

4.2.3.4 绿色配送分类

绿色配送有多种分类方法，可按照以下不同的标准分类。

（1）按照配送需求分类

B2B（business to business）绿色配送：主要是企业之间的商品配送，如大型供应商向零售商或生产商的配送。

B2C（business to consumer）绿色配送：直接面向消费者的配送，如网购商品配送。

O2O（online to offline）绿色配送：线上服务与线下消费结合的配送，如外卖配送。

（2）按照配送工具分类

陆路绿色配送：使用汽车、摩托车等陆地交通工具进行配送。

水路绿色配送：使用船舶在水域进行配送。

空路绿色配送：使用飞机进行长距离、快速配送。

铁路绿色配送：使用铁路列车进行大宗、长距离的货物运输。

（3）按照配送的商品性质分类

生鲜食品绿色配送：主要涉及需要冷藏或保鲜的食品，如蔬菜、水果、肉类等。

电子产品绿色配送：针对高科技、易损坏产品的专门配送服务。

危险品绿色配送：针对有潜在危险的商品，如化学品、医疗用品等的专门配送服务。

（4）按照可持续性分类

完全可持续绿色配送：使用全环保可回收的包装材料和环保运输方式。

部分可持续绿色配送：在某些环节采取了环保措施，但并非全程都达到环保标准。

（5）按照配送模式分类

集中式绿色配送：将货物集中到一个中心点，然后由这个中心点向各个目的地分发。

分布式绿色配送：直接从生产地或存储地直接向目的地分发，不经过中心点。

（6）按照智能化程度分类

传统绿色配送：主要依赖人力和传统的运输工具。

智能绿色配送：利用AI、大数据、物联网等技术进行智能化的路线规划、货物跟踪等。

以上是关于绿色配送的一些常见分类，随着技术的发展和人们环保意识的提高，未来还可能出现更多新的分类方式。

4.2.3.5　配送成本概述

配送是物流企业重要的作业环节，是指在经济合理区域范围内，根据客户要求，对物品进行拣选、加工、包装、分割、组配等作业，并按时送达指定地点的物流活动。通过配送，物流活动才得以最终实现，但完成配送活动是需要付出代价的，即配送成本。

（1）配送成本

配送成本泛指在配送过程中所发生的全部费用的总和，它主要由配送运输成本、配送分拣成本、配送配装成本、流通加工成本以及信息流通成本构成。

①配送运输成本

车辆费用：从事配送运输生产而发生的各项费用，具体包括驾驶员及助手等的工资和福利费、燃料、轮胎、修理费、折旧费、养路费、车船使用税等项目。

营运间接费用：营运过程中发生的不能直接计入各成本计算对象的站、队经费，包括站、队人员的工资及福利费、办公费、水电费、折旧费等内容，但不包括管理费用。

②配送分拣费用

分拣人工费用：从事分拣工作的作业人员及有关人员的工资、奖金、补贴等费用的总和。

分拣设备费用：分拣机械设备的折旧费用及修理费用。

③配送配装费用

配装材料费用：常见的配装材料，包括木材、纸、自然纤维和合成纤维、塑料等的费用。这些材料的功能不同，成本相差很大。

配装辅助费用：除配装材料费用外，还有一些辅助性费用，如包装标记、标志的印刷拴挂物费用等的支出。

配装人工费用：从事配装工作的工人及有关人员的工资、奖金、补贴等费用的总和。

配装设备费用：包括配装机械设备折旧费、维修费、动力费及物料消耗费。

④流通加工费用

流通加工设备费用：流通加工设备因流通加工形式的不同而不同。购置这些设备所支出的费用，以流通加工费用的形式转移到被加工产品中去。

流通加工材料费用：在流通加工过程中，投入加工过程中的一些材料消耗所需要的费用。

流通加工人工费：在流通加工过程中从事加工活动的管理人员、工人及有关人员的工资、奖金、补贴等费用的总和。

⑤信息流通费用

信息处理人工费用：从事物流配送信息活动的管理人员、技术人员等工资、奖金等费用的总和。

信息处理设备费用：信息处理设备运行、维护等的费用。实际应用中，应该根据配送的具体流程归集成本，不同的配送模式，其成本构成差异较大；相同的配送模式下，由于配送物品的性质不同，其成本构成差异也很大。

（2）影响配送成本的因素

配送成本是各种作业活动的费用，其多少与配送管理、配送货物和市场等因素密切相关。

①配送管理因素

a.配送满足率

配送满足率是指配送中心的取货量占顾客所需要的货物数量的比率。如果配送满足率高，则可以一次性、大批量地进行配送；而如果配送满足率较低，配送中心则需要分次进行配送，还需要另外花费时间和安排车辆进行配送，这些额外的工作同样也会增加配送成本，有时还可能因缺货而导致客户流失。

b.配送周期

配送持续时间的长短直接影响着配送成本的高低，如果配送效率低下，占用配送中心的时间过长，容易耗用更多的仓储固定成本。而这种成本往往表现为机会成本，使得配送中心不能提供其他配送服务获得收入，或者在其他配送服务上需要另外增加成本。

c.配送工具

不同的配送工具，其成本高低不同，运输能力大小也不同。运输工具的选择，一方面取决于所运货物的体积、重量及价值大小，另一方面取决于企业对所运货物的需求程度及工艺要求。因此，选择运输工具既要保证客户的需求，又要力求配送成本最低。

d.配送货流的不均衡性

货流的不均衡性直接影响着配送成本。当发生空车返回时，劳动、燃料和维修保养等费用将等同于原先的全程费用。不同地区的货物配送数量和时间需求的不均衡性，会导致配送成本随之发生变化。

②与配送货物相关的因素

a.配送货物的价值

产品价值的高低会直接影响配送服务成本的大小。随着产品价值的增加，每一项配送活动的成本都会增加，运费在一定程度上反映了货物移动的风险。一般情况下，产品的价值越大，对其所使用的运输工具要求越高，运输和包装成本也随着产品价值的增加而增加。

b.配送货物的数量和重量

数量和重量增加虽然会使配送作业量增大，但大批量的作业往往会提高配送效率。配送的数量和重量是配送企业获得规模效应的基础条件。而单件、小批量的配送不仅不能体现配送的优势，而且由于单位固定成本较高，其配送成本相对也会较高。

c.配送货物的密度

配送货物的密度越大，相同运输单位所装的货物越多，运输成本就越低。同样，配送中心内一定空间领域存放的货物越多，库存成本也就越低。因此，产品不同，其单位配送成本也会不同。

d.特殊要求的货物

有些货物在配送过程中有特殊要求，如对长、大物品的搬运，需要特殊的装载工具；有些物品在搬运过程中需要加热或制冷等，这些都会增加配送成本。

③与市场相关的因素

a.配送距离

运输成本是构成配送成本的主要内容，而距离则是影响运输成本的主要因素。距离越远，也就意味着运输成本越高，对运输设备和送货员工的需要同时增加。

b.外部成本

配送经营有时候还需要使用配送企业以外的资源，而外部资源的使用成本是企业无法控制的，特别是一些垄断性的外部资源，配送企业在使用的过程中会增加额外的成本开支。

c.同行业的竞争因素

随着经济全球化的进行，企业所处的市场环境充满了竞争，企业之间的竞争表现在产品或服务的价格、质量以及客户满意度等方面，优质的客户服务质量是企业赖以生存的基础。提高配送服务的可靠性是稳定和发展客户的有效方式，而可靠性又直接表现在配送服务成本上。因此，配送服务成本在很大程度上是随着日益激烈的竞争而不断发生变化的，企业必须对来自同行业的竞争做出快速有效的反应。现代竞争市场由以往单纯的竞争转变为竞争与合作并存，企业可以将自己不擅长的且不是很重要的业务外包给同行业其他企业，将资金和精力投放在本企业的核心竞争力领域，这样不仅不会导致企业客户的流失，还会吸引新的客户并塑造自己的品牌。

4.2.3.6　配送成本核算方法——作业成本法

在实际操作中应注意避免各流程成本费用计算的重复和交叉，如实地反映配送成本，为配送成本的管理和控制提供真实的数据材料。正确计算配送成本是配送管理的基础，配送成本计算的方法之一是作业成本法（ABC分析法）。通过一些研究机构和学者进行的调查，作业成本法在配送成本管理运用中的实际效果被证明是促进企业配送管理合理化的有效方法。作业成本法是一种以“作业”为基础，以“成本驱动因素”理论为依据，通过分析成本发生的动因，对构成产品成本的各种间接费用采用不同间接费用率进行不同成本分配，最终确定产品成本的一种成本计算方法。作业成本法在分配成本的过程中，涉及的概念有资源、作业、作业成本库、资源动因和作业动因等。

作业成本法的计算步骤：

——直接成本费用的归集。包括直接材料、直接人工和其他直接费用。

——作业的确定。在企业采用作业成本法核算系统之前，首先应分析确定构成企业作业链的具体作业，这些作业受业务量而不是受产出量的影响。

——成本库费用的归集。在确定了企业的作业划分之后，就需要以作业为对象，根据作业消耗资源的情况，归集各作业发生的各种费用，并把每个作业发生的费用集合分别列作一个成本库。

——成本动因的确定。成本动因即引起成本发生的因素，为各成本确定合适的成本动因，是作业成本法成本库费用分配的关键。

——成本动因费率计算。成本动因费率是指单位成本动因所引起的制造费用的数量。成本动因费率的计算用公式表示为：

$$R = C / D \tag{4.9}$$

式中：R——成本库的成本动因费率；

C——成本库的费用；

D——成本库的成本动因总量。

——成本库费用的分配。计算出成本动因费率后，根据各产品消耗、各成本库的成本动因数量进行成本库费用的分配，每种产品从各成本库中分配所得的费用之和，即为每种产品的费用分配额。

——作业成本的计算。作业的总成本是作业过程中所发生的直接成本与其他费用之和，即：

$$\text{总成本} = \text{直接材料} + \text{直接人工} + \text{其他费用} \tag{4.10}$$

4.2.4　绿色装卸搬运

根据国家标准《物流术语》[8]，装卸是指物品在指定地点以人力或机械装入运输设备或从运输设备卸下的活动；搬运是指在同一场所内将物品进行以水平移动为主的物流作业。仓库的装卸搬运活动通常是指物品在仓库内部移动，以及在仓库与运输车辆之间的移动，是仓库内部不可缺少的物流环节。装卸搬运活动是否合理不仅影响运输和仓库系统的运作效率，而且会影响企业整个系统的运作效率。

绿色装卸搬运是指在搬运货物的过程中采取环保、节能、低碳的方式，以减少对环境的影响。包括使用电动或混合动力车辆进行运输，避免使用高污染的柴油车辆；采用可再生能源或节能设备进行装卸作业；减少包装材料的使用，提倡可回收再利用的包装材料等。通过这些举措，可以降低对环境的污染，保护自然资源，实现可持续发展。

4.2.4.1　绿色装卸搬运机械

绿色装卸搬运设施设备在绿色装卸搬运中起着非常重要的作用。这些设施设备不仅有助于降低能源消耗，减少环境污染，还能提高装卸搬运效率，降低物流成本。绿色装卸搬运设施设备包含以下几种。

（1）电动化设备

电动化设备是绿色装卸搬运中的重要组成部分。这类设备以电力为动力，具有低能耗、低噪音、低排放的特点。例如，电动叉车、电动搬运车等，它们的广泛应用有助于减少对化石燃料的依赖，降低碳排放。

（2）节能型设备

节能型设备是指在运行过程中能更高效地利用能源的设备。这类设备一般采用先进的技术和设计，以提高能源利用效率，减少能源浪费。例如，节能型装卸吊车、节能型货架等，它们能有效降低能源消耗，节约运营成本。

（3）轻量化设备

轻量化设备是指重量较轻的设备，这类设备在装卸搬运过程中能减少对基础设施的负荷，降低运输成本。同时，轻量化设备一般采用高强度材料和优化设计，具有较高的耐用性和稳定性。例如，铝合金货架、碳纤维叉车等。

（4）自动化设备

自动化设备是指能自动完成装卸搬运任务的设备。这类设备能大幅提高装卸搬运效率，减少人力成本。同时，自动化设备还能减少人为失误，提高作业精度。例如，自动化分拣系统、自动堆垛机等。

（5）智能化设备

智能化设备是指具有人工智能和物联网技术的设备。这类设备能实时收集、分析数据，自动调整运行状态，提高作业效率和准确性。例如，智能叉车、智能搬运机器人等。

（6）清洁能源设施

清洁能源设施是指使用清洁能源的设施，如使用太阳能、风能等的设施。这些设施能有效减少碳排放，降低对化石燃料的依赖。例如，太阳能照明系统、风力发电系统等。

（7）环保处理设施

环保处理设施是指在装卸搬运过程中产生的废弃物和污染物的处理设施。这类设施能有效减少对环境的污染，保证作业的可持续性。例如，废气处理装置、污水处理设施等。

4.2.4.2　绿色装卸搬运的合理化原则

绿色装卸搬运合理可以减少环境污染、节约能源资源、提高作业效率和降低成本。通过合理的绿色装卸搬运方式，可以降低对大气、水体和土壤的污染，减少噪声和振动对周围环境的影响，保护生态环境。同时，合理化的装卸搬运可以提高作业效率，减少能源的浪费，降低企业的运营成本，提升企业的竞争力。

绿色装卸搬运的合理化原则包括以下几点：

节能减排，即采用节能设备和工艺，减少能源消耗和排放，如使用电动或混合动力车辆进行搬运，以及采用节能设备进行装卸作业。

使用环保材料，即选择环保的包装材料，减少一次性包装的使用，提倡可回收再利用的包装材料，减少对环境的负面影响。

循环利用，即鼓励循环利用和再利用货物及包装材料，减少资源的浪费，降低对环境的压力。

精细管理，即通过科学的物流规划和精细的搬运操作，减少不必要的能源消耗和物料浪费，提高搬运效率。

作业安全环保，即确保搬运作业过程符合安全环保标准，防止污染和事故发生，保护员工和环境的安全。

这些原则可以帮助企业在搬运过程中实现绿色环保的目标，减少对环境的负面影响，促进可持续发展。

4.2.5　绿色流通加工

4.2.5.1　传统流通加工与绿色流通

流通加工指的是根据顾客的需要，在流通过程中对产品实施的简单加工作业活动的总称[8]。根据上述定义，流通加工可以理解为将某些原料或产成品在从供应领域向生产领域，或从生产领域向消费领域流动的过程中，为了有效利用资源、方便客户、提高物流效率和促进销售，在流通领域对产品进行初级或简单再加工。其目的是合理利用资源，提高顾客满意度，提高物流效率和促进销售。流通与加工是两个不同的领域。加工是对物质的形状或性质进行改变，而流通是改变物质的空间与时间状态。流通加工是填补生产过程中的加工缺陷，从而更好地满足企业销售和消费者的需求。因为上述加工活动是流通领域中生产和加工的拓展，可以在物流过程中完成，所以流通加工也是物流的一部分。

在此基础上，绿色流通加工是指在产品的加工、包装、流通及相关过程中采取环保措施，以减少对环境的负面影响，实现经济与生态的和谐发展。它不仅包括对物料的处理，还包括在整个供应链中实施绿色策略以提高能源效率，减少废弃物产生和降低温室气体排放。

物流过程中流通加工和流通总体发挥着“桥梁和纽带”的功能。只有改变或完善流通对象的原有形态，才能实现“桥梁和纽带”的功能。流通加工是物品从生产领域向消费领域流动的过程中为了促进销售、维护产品质量和提高物流效率，对物品进行部分加工，使物品发生物理或化学的变化。由于社会生产力的快速发展，消费者的需求也呈现出多样化，这些都促进了流通领域中流通加工的发展。

流通加工可以弥补生产加工中的缺陷，增加商品的附加值，提高商品的储存性能和物流企业的服务水平[9]。此外，随着经济的发展，消费领域出现了多样化、差异化的趋向，流通加工是生产加工在流通领域中的延伸，有助于为消费者提供差异化的商品，满足消费者的个性化需要。流通加工一般不能用生产加工来替代，这主要是出于降低运输成本和满足消费者的差异化需要方面的考虑。将流通加工视为物流系统（而不是生产系统）的有机组成部分，主要原因在于其发生于流通阶段，且加工目的是提高物流活动的效率及增加商品的附加值，以满足消费者的需求。

总之，在物流领域中，流通加工是一种高附加值的活动。这种高附加值是基于满足用户的需要、提高服务功能形成的。它是物流战略的体现，是低投入、高产出的加工方式。基于流通加工的应用环境，可以将绿色流通加工划分为以下几种[10]。

（1）为弥补生产中的加工缺陷进行的加工

很多产品因为在生产领域受到很多因素限制，只能进行一定程度上的生产加工，不能完全实现最终加工。例如，进行大规模生产的钢铁厂，只能根据标准规格生产，从而使产品更具有通用性，使生产能有较高的效率和效益。流通加工是对生产的传承，也是进一步的生产加工，对弥补生产中的加工缺陷具有重要意义。

（2）为实现需求多样化进行的加工

为了达到高效率和大批量生产的目的，产品通常是无法实现客户的个性化需求的。因此，要想满足客户对产品多样化的需求，同时确保社会生产的高效率，就需要对单调产品的生产进行多样化的改制加工，如对钢材卷板的舒展和剪切等的加工。

（3）为保护产品进行的加工

为保护产品进行的加工，即在物流过程中，为了保护产品的使用价值，需要对产品进行保护，避免产品在运输、装卸搬运中遭到破坏。与前两种流通加工方式不同的是，为保护产品进行的加工不会改变物品的外观及性质。改装和冷冻等都是出于保护产品的目的进行的加工。

（4）为使物流效率得到提高进行的加工

有些产品本身难以进行物流运作，如大型难以装卸的设备等，因此需要适当的流通加工，简化物流过程中的操作。这种加工经常改变货物的物理状态，但不影响其化学特性，最后还可以恢复到原本的物理状态。

此外，在干线及支线的运输节点建立流通加工环节，有助于解决集合困难的问题，即大批量、低费用的长途干线运输和以多品种、小运量、多批量为特点的终端运输和集货运输等问题。企业可以在流通加工点与大生产企业间形成大批量、定点运输的渠道，同时以流通加工中心为核心，组织多用户配送。也可以将运输的产品转换为销售包装，以提高物流效率。

（5）为促进销售进行的加工

流通加工从多角度对销售发挥着促进作用。例如，从前主要用于保护产品的运输包装，现将其改良为促进销售的装饰包装，有利于吸引消费者的注意力和引导消费等。这种流通加工不会改变货物本身的形态，只需简简单单地修改加工，便能达到促进销售的目的。

（6）为提高加工效率进行的加工

许多生产企业的初级加工由于数量有限、加工效率不高，难以投入先进的科学技术。通过集中加工，能够解决单个企业加工效率低的问题，用一个流通加工企业完成很多个生产企业的初级加工，从而促进生产水平的发展。

（7）为提高原材料利用率进行的加工

流通加工利用其综合性、用户多的特点，可以实行合理规划、合理套裁、集中下料，这样能有效提高原材料利用率和减少损失浪费。

（8）为提高企业经济效益进行的加工

流通加工有众多优势，可以形成“以利润为中心”的经营方式。这种流通加工属于经营管理中的一部分。它基于满足生产和消费要求而获利，在市场和利润的引导下，在各个领域有效地开展流通加工。

（9）为实现生产流通一体化进行的加工

所谓的生产流通一体化就是通过生产企业与流通企业结合，生产企业参与流通或是流通企业参与生产，在进行合理分工和安排的同时，组织协调生产和流通加工计划。这种形式能够调整产品和产业结构，有效发挥企业在经济技术方面的优点。这是一种流通加工领域的新形式。

4.2.5.2　绿色流通加工的方法

绿色流通加工的常见形式不仅有剪板加工和集中开木下料，还有配煤加工和生鲜食品的流通加工，同时也存在组装加工和加工定制等形式。

（1）剪板加工

热轧钢板等板材的长度通常为7~12米。对于使用钢板的用户来说，大、中型企业由于消耗量大，可设专门的剪板及下料加工设备，按生产需要进行剪板、下料加工操作。然而用量不大的中小型企业，购买剪板和下料的设备存在闲置时间长、人力浪费严重等问题，流通剪板加工可以通过对钢板的剪板及下料进行加工满足中小型客户的需求。企业常用的液压式剪板机如图4–5所示。

图 4–5　液压式剪板机

剪板加工是在固定地点设置剪板机进行下料加工或设置各种切制设备将大规格钢板裁小，或切裁成毛坯，以此降低销售起点，便利用户。目前，流通部门很少设置集中下料加工，通常是大型企业和公司安装设备集中进行这项工作。

流通加工的钢板剪板及下料具有以下优势：

· 因为能够选择加工方式，钢板的品相结构在加工后变化较少，从而确保了原始的交货状态，有利于进行高质量的加工。

· 加工精确度高，能够减少废料和边角料，同时降低切削量。不仅能够使再加工的效率得到提高，而且有助于降低耗用。

· 集中加工能够确保批量生产的连贯性，通过先进的设备可以提高加工效率和减少费用。

· 用户可以简化生产环节，同时提高生产水平。

（2）集中开木下料

集中开木下料即在流通加工点对原木进行切割，同时集中加工破碎木材和碎屑，使之变成各种尺寸的板材，同时能够进行诸如打眼、凿孔等初级加工。

（3）配煤加工

配煤加工，即在使用地区设置集中加工点，将各种煤及一些其他发热物质，按不同配方进行掺配，生产出各种不同发热量的燃料。这种加工方法根据需要的发热量进行生产和提供燃料，不仅避免了热能浪费，同时也避免了发热量过小、无法满足使用要求等状况的出现。通过配煤加工，更加便于工业用煤计量控制和稳定生产过程，在经济技术方面也具有一定的价值。

（4）生鲜食品的流通加工

生鲜食品的流通加工主要包括以下几种。

低温冷冻加工。如果想解决流通中的鲜肉、鲜鱼保存和搬运装卸等问题，可以使用低温冻结法。该方法也适用于一些流体商品、药品等。

分选加工。农副产品规格和质量分布广泛，为了获得某些规格的产品，可以使用手工或机械分选的方法对产品进行加工。该方法适用于果瓜类、谷物等。

精制加工。农、牧、渔等产品通常是在原产地或销售点建立加工点进行精制加工，不仅可以去除没有用处的那部分，同时能进行切分、洗净、分装等加工。这种加工不但在很大程度上方便了购买者，同时使加工的废弃物得到综合利用，如蔬菜的加工残留物能够用来制作饲料和肥料等。

分装加工。将货物的大包装换为小包装，以便满足消费者的不同产品规格需求。

（5）组装加工

自行车及机电一体化装卸搬运的难题主要是由包装不方便造成的。然而，这些产品具有共同的特点，即装配简单，装配工艺不复杂，在生产中已经形成主要的功能，装配后不用复杂检测及调试。因此，选择半成品、高容量包装出厂或者在消费地拆箱组装的方式，可以解决储运问题，降低储运费用。可以在流通部门的加工点进行组装，组装后再销售。近年来，这种流通加工方法在中国得到了大量的应用。

（6）加工定制

加工定制是一种弥补企业加工能力缺陷的措施，如非标准设备、工具等，企业可以将其划分为带料加工和不带料加工。前者是使用单位提供的材料在工厂进行加工，而后者则是由工厂提供材料。

4.2.5.3　绿色流通加工的实施路径

为了避免各种不合理情况，建立流通加工环节时，应该设置在什么样的位置、采取什么样的加工、采用什么样的技术设备等方面，做出正确的选择。现阶段，国内积累了一定的对流通加工环节合理化设置的经验，并且取得了一定的成效。

实现绿色流通加工的方法路径主要包括以下几个方面。

（1）将加工与配送结合

在配送点上建立流通加工，从一个角度看是根据配送的要求进行加工；从另一个角度看，加工属于配送业务流程的一部分，分为货物的分拣和配货。加工过的产品直接投入运输环节，将流通加工与转运相结合。此外，配送前的加工在很大程度上提高了配送服务的水平，如流通加工在煤炭、水泥等产品的配送中表现出较大的优势。

（2）将加工与配套结合

在对配套要求较高的流通中，配套的主体来自各个生产单位，然而，现有的所有生产单元实现全匹配尚有一定的难度。合理的流通加工能够有效地促进配套，在很大程度上提升了流通加工作为“桥梁与纽带”的能力。

（3）将加工与合理的运输结合

流通加工处理可以有效地连接干线运输和支线运输，促进两种运输方式的合理化。但它不能随意进行支路或干路转变，应通过合理的运输线路要求进行适当的调整，进而实现运输及运输转载水平的双重提高。

（4）将加工与合理的商流结合

流通加工合理化的方向之一是经过加工可以有效促进销售，使商流合理化。同时，包装加工的简单化可以降低了用户使用前组装调试的难度，从而提高了用户购买量，可以有效地促进企业的发展。

（5）将加工与节约结合

节约能源、节约设施、节约人工、节约费用，是促进流通加工合理化的重要因素，也是促使我国建立流通加工并考虑流通加工合理化的重要影响因素。流通加工合理化的最终判断是其能否实现企业和社会的双重效益。流通加工企业需要以社会效益为第一理念，在流通加工过程中不断完善自己，才能具有生存价值。一味追求企业的微观利益，或者与生产企业进行竞争，都不是流通加工建立的初衷。

4.2.6 传统包装与绿色包装

4.2.6.1 传统包装的含义

包装既是产品生产的终点，又是物流过程的起点，具有保持商品品质、提高物流效率、促进销售等功能。无论是商业包装还是物流包装，都要消耗大量资源并产生大量废弃物，因此，包装对环境的影响是非常大的。

从商业包装看，为了达到促进销售的目的，目前市场上的商品包装越来越追求便利性和豪华性。例如，大量的精美纸制品包装，会消耗掉大量的木材，造成森林资源减少、热带雨林被毁坏、地表绿色面积减少、生态平衡破坏等后果。从物流包装看，随着社会物流量的增加，物流包装（如托盘、储存罐等）在包装中所占的比重越来越大。

4.2.6.2 绿色包装的含义

绿色包装发源于1987年联合国世界环境与发展委员会发表的《我们共同的未来》。1992年6月联合国环境与发展大会通过了《关于环境与发展的里约热内卢宣言》和《21世纪议程》，随即在世界范围内掀起了一个以保护生态环境为核心的绿色浪潮。绿色包装又被称为“环境之友”包装或“生态包装”。它包括了节约资源和能源、减少或避免废弃物产生、易回收复用、再循环利用、可焚烧或降解等生态环境保护要求的内容。绿色包装的内容随着科技的进步还将有新的内涵。包装在保护产品、提高物流效率、促进销售等方面起着十分重要的作用，是商品流通不可缺少的重要部分。

对于绿色包装，学术上没有统一的定义。国家标准GB/T 37422—2019[11]对绿色包装的定义为：在包装产品全生命周期中，在满足包装功能要求的前提下，对人体健康和生态环境危害小、资源能源消耗少的包装。绿色物流包装的主要目标是以资源最优配置理论和可持续发展战略为基础，不仅要实现企业效益最大化，还要实现社会效益最大化。

丰·BOX共享循环箱

传统的快递物流包装箱大多属于一次性的，故会产生大量的资源消耗和废弃物。因此，顺丰SPS中心发挥其技术研发优势，从2016年开始就致力于“可循环”包装材料的研究，于2018年推出了丰·BOX共享循环箱。与一次性包装相比，丰·BOX有效解决了成本高、破损多、操作效率低、资源浪费等问题，在包装结构、使用模式上具有明显的创新。

1.包装产品结构的创新

首先，丰·BOX用拉链代替传统包装箱的封箱胶纸，具有易拆封、可折叠的优势；其次，采取内绑定方式，无需额外的内填充物，节约了资源；最后，还增加了防水阻燃、隔热保温等特殊性能，保证了商品运输过程中的安全性。

2.超强的替代性

与一次性包装相比，丰·BOX有效解决了成本高、破损多、操作效率低、资源浪费等问题。据相关数据分析预测，1千万个丰·BOX将可替代5亿个纸箱、14亿米胶带以及225万立方米内填充的投入使用。

总之，丰·BOX实现了包装箱的多次循环使用，大大节约了包装材料，减少了内填充材料和胶纸的消耗，实践了绿色包装的可循环理念。

（资料来源：https：//www.toutiao.com/article/ 6573078949776065027/。）

4.2.6.3　绿色包装的4R1D原则

绿色包装不仅仅具有包装的一般性能，还具有保护环境和资源再生的两个主要功能。这两个功能主要靠4R1D的原则来实现，即包装减量化（reduce）、包装重复使用（reuse）、可回收再利用（recover）、可循环使用（recycle）和可降解性（degradable）。

包装减量化。包装在满足保护产品、方便物流、促进销售等功能的前提下，用材尽可能最少。欧美等国家将包装减量化列为发展无害包装的首选措施。为实施用量最少的适度包装，设计时要尽量使包装薄壁化、轻量化，在不需要包装时决不采用包装。

包装重复使用。包装容器经过简单处理，就可以重复使用。包装容器的重复利用，可大量减少废弃物数量。尽可能多地采用可重复使用的包装容器，以提高包装废弃物的回收复用率。例如，瑞典规定饮料瓶可使用20次，每使用一次用激光打上记号，直到20次后才能废弃。

可回收再利用。指利用包装废弃物的燃烧获取新能源，却不产生二次污染。通过回收包装废弃物，生产再生制品，如焚烧利用热能、堆肥改善土地等措施，达到再利用的目的。

可循环使用。尽可能选用低能耗、低成本、低污染的原材料作为包装材料，尤其应扩大再生材料的选用，这样不仅能减少环境污染，也能节约原材料，有利于资源的循环利用，如生产再生纸板、再生塑料。

可降解性。是指最终无法被再利用的包装废弃物，应该可以降解、腐化，不形成永久垃圾。例如，尽量选择可降解的纸包装材料，“以纸代塑”。当前世界各工业国家均十分重视发展利用生物或光降解的包装材料。例如，采用光控复合添加剂的新型塑料薄膜，在使用一定时间后，可自行降解成碎片，溶解在土壤中被微生物所“消化”，净化环境，消除“白色污染”。

4.2.6.4　绿色包装的意义

绿色包装具有重要的意义，主要体现在以下几个方面。

环保意义。绿色包装采用可降解、可回收和再生材料，减少对环境的污染和破坏。相比传统的塑料包装，绿色包装能够降低对生态系统的负面影响，有利于保护自然环境和生物多样性。

资源节约。绿色包装注重资源的可持续利用，减少了对原始资源的消耗。采用再生材料和可回收材料制作包装，有助于减少资源的浪费和能源消耗。

社会责任。企业选择绿色包装意味着对环境和社会负责，体现了企业的社会责任感。这有助于提升企业形象，获得消费者和社会的认可和支持。

健康安全。一些传统的包装材料可能含有有害物质，而绿色包装通常采用天然材料或少量添加剂，从而减少了对人体健康的潜在影响。

满足消费者的绿色需求。随着消费者环保意识的提升，越来越多的消费者开始关注产品的包装，他们更愿意选择环保、绿色的产品和包装，因此绿色包装有助于满足消费者的需求。

降低成本。绿色包装使用的是可回收、可循环利用的材料，长此以往，可以降低企业的成本。

4.2.6.5　绿色包装材料

一方面，随着绿色材料判断标准的变动，原来属于绿色材料的产品可能在新的标准下不再属于绿色材料；另一方面，随着材料科学技术的发展，传统的非绿色包装材料，也可能变成性能优异的环保型材料。这两方面的变化说明，绿色包装材料是不断发展变化的。

现代包装的四大支柱性材料是纸、塑料、金属和玻璃。其中，金属、玻璃和纸包装材料的回收再循环比较简单，对环境的污染程度较小；而一般塑料包装材料对环境的污染大、综合利用较复杂。但是，塑料由于其质轻、加工容易、节能等特点，已成为包装材料的首选材料，尤其是随着材料科学与技术的发展，新的可降解塑料不断被研发出来，极大改善了塑料包装材料的回收再循环问题，塑料在包装材料中的应用也更加重要。下面具体介绍几种绿色包装材料。

（1）可降解塑料包装材料

可降解塑料被列为继金属材料、无机材料和高分子材料之后的“第四种新材料”，是一种包装性能和环境性能俱佳的包装材料，现已广泛应用于食品包装、周转箱、杂货箱、工具包装及部分机电产品的外包装箱。可降解塑料包装材料既具有传统塑料的功能和特性，又可通过微生物、大型生物或阳光中紫外线的作用，在自然界中被分解和还原，最终以无毒形式重新进入生态环境中。

根据降解方式的不同，可降解塑料可分为如图4–6所示的几种类型：

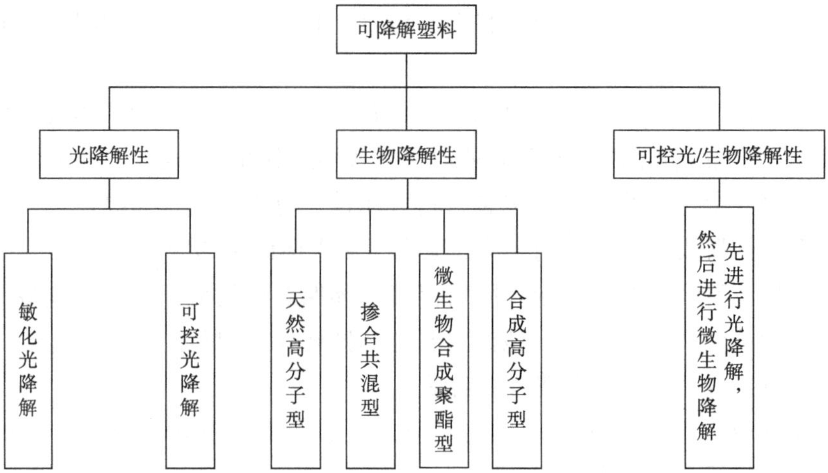

图 4–6　可降解塑料分类

使用可降解塑料是解决包装污染问题的有效途径，但该材料也存在一些问题。例如，可降解塑料的价格较高，是普通塑料价格的3~10倍，在包装性能上不能完全满足太高的包装要求；有时降解的速度太快或太慢，不易控制。

许多国家通过一些强制性的法规或手段限制普通塑料的使用，推广可降解塑料的使用。例如，美国的许多州规定，饮料容器、食品包装材料、一次性餐具、购物袋等塑料制品必须使用可降解塑料；意大利采取对非降解塑料加重税收的方法来限制其使用。

（2）纸包装材料

从回收、再循环的角度看，纸包装材料是一种很好的绿色材料。但是，一般的造纸过程产生的环境污染大，且普通的纸包装在耐火、防湿、防潮方面性能较差。随着材料科学的发展，出现了一些新的功能性纸包装材料。主要包括如下几种类型：

防腐纸。掺入方晶石和活性炭制造的纸张，可以用于制造运输鲜花的瓦楞纸箱，它能吸收导致鲜花腐败的硫化氢。

防菌纸。在制造天然纸浆时注入无菌气体，能防止细菌的侵入，可用于医疗。

防氧化纸。采用弱碱打浆制造的纸张，能保护字画和书籍在酸性环境中不受损害，无须借助其他器具进行包装。

防湿纸。浸涂过蜡的纸张，可以提高防湿性能，可以用于制作防雨袋。

耐热纸。纸浆经过特殊处理，具有耐热性和吸收水蒸气性能，可用作微波食品的包装盒。

耐火纸。由氢氧化铝和天然纸浆混合，或用磷酸化纸浆和玻璃纤维混合制成，耐燃性好。

耐酸纸。采用特殊纸浆与添加剂混合制成，具有优秀的遮光性和耐酸性。

耐油纸。纸板里层经过耐油脂性处理以后可防止油的浸透，纸板表面经过涂料处理可以印刷图案，主要用于油脂性食品的包装。

耐水纸。在 100% 的天然纸浆中渗入乳胶树脂制成，具有耐水、耐折、耐摩擦特性。

保鲜纸。天然纸浆经过处理后与具有吸收性的树脂混合制成，适用于保鲜包装。

纸包装的主要问题是造纸阶段环境污染比较严重，且造纸要消耗大量资源，尤其是森林资源。因此，应该大力提倡采用芦苇、竹子、甘蔗、棉秆、麦秸等替代木材造纸，以及使用再生纸制品。

（3）可食性包装材料

可食性包装材料主要有淀粉、蛋白质、植物纤维和其他天然物质。这种包装材料可以食用，对人体无害，适用于食品、药品等物品的包装。例如，美国农业研究局的科研人员研制出利用大豆蛋白质、添加酶和其他处理剂压制而成的半透明可食性薄膜，用于包装煮熟的食品。

（4）利用自然资源开发的天然生物包装材料

天然生物包装材料主要有纸、木材、竹编材料、木屑、麻类棉织品、柳条、芦苇以及农作物茎秆、稻草、麦秸秆等，它们在自然环境中很容易分解、不会污染生态环境；而且都属于可再生资源，成本较低。例如，我国竹资源丰富，以竹代木作为包装材料，也是绿色包装材料的一个发展方向。

4.2.6.6　物流绿色包装

物流绿色包装是指在物流过程中，对物流产品、物品及零散货物进行包装和封装处理时，尽量采用环境友好、低污染、可重复利用的包装材料和技术，以减少或消除包装对环境的负面影响，保障物品安全质量的同时，实现物流活动的经济、环保和社会效益的协同。

与商业包装相比，物流包装不仅消耗大量的资源，而且废弃后的处理更困难。物流包装容器（如托盘、储存罐等）的包装材料使用量在每年全球所用的包装材料总量中占了很大的比重。目前，木材仍然是最常用的托盘材料，因此，大量的托盘必然要消耗大量的木材资源。鉴于物流包装容器废弃处理的难度，以及包装消耗了大量不可再生资源，许多国家通过法律和经济手段联合起来解决物流包装废弃物问题。例如，德国包装法规的一个主要目的就是解决物流包装的回收问题，该法令规定，包装容器生产商必须回收所有与产品相关的物流包装，必须对物流包装进行重复使用或循环再利用，所有的物流包装都应该进行编号并回收。物流包装容器购买费用的上升和处理费用的愈加昂贵，也促使越来越多的企业主动考虑采用可重复使用的物流包装。

（1）绿色包装方式

常见的物流包装方式主要有如下四种。

①包装袋

包装袋是一种重要的柔性包装方式，由具有较高韧性、抗拉强度和耐磨性的挠性材料制成，广泛用于运输包装、商业包装等场合。根据装载量的不同，又可分为集装袋和一般运输包装袋。其中，集装袋的盛装重量在1吨以上，顶部一般装有金属吊架或吊环等，袋底有卸货孔，装卸搬运方便，作业效率较高，适于装运颗粒状、粉状的货物。

②包装箱

包装箱是一种重要的刚性包装方式，材料为刚性或半刚性材料，有较高强度，不易变形。包装箱整体强度较高，抗变形能力强，包装量较大，适合作为运输包装、外包装。根据材质的不同，包装箱可细分为以下几种类型：

瓦楞纸箱。用瓦楞纸板制成，其外形结构可分为折叠式、固定式和异形瓦楞纸箱三种；按构成材料来分，又可分为瓦楞纸箱和钙塑瓦楞箱。

木箱。木箱是用途广泛的物流包装容器，主要有木板箱、框板箱、框架箱三种。

塑料箱。一般用作小型运输包装容器，塑料箱自重轻、耐蚀性好，可装载多种商品，能反复使用，还可制成多种色彩以便对装载物进行分类，手握搬运方便。

集装箱。由钢材或铝材制成的大容积物流装运设备，属于一种大型运输包装箱，也是一种大型的可反复使用的周转型包装。

③包装瓶

包装瓶是一种瓶颈尺寸有较大差别的小型刚性包装，具有较高的抗变形能力，刚性、韧性也较高。包装量一般不大，主要做商业包装、内包装使用，主要包装液体、粉状货物。

④包装罐

包装罐是一种强度较高的刚性包装，罐身各处横截面形状大致相同。包装操作过程是先装填，然后将罐口封闭。包装罐可作为运输包装、外包装，也可做商业包装、内包装用。根据包装罐的容积大小，可分为小型、中型包装罐和集装罐，其中小型包装罐用于销售包装，中型包装罐和集装罐用于运输包装，适合包装液状、粉状及颗粒状货物。

（2）绿色包装的优点

绿色物流包装的基础点在于材料，其材料与一般包装材料的不同点就是它具有良好的环境性能，对人体和环境不造成危害或者能减少危害，通常指能降解、回收、能进行资源有效循环利用的材料。绿色包装材料是发展绿色包装的关键，研究开放无公害的绿色包装材料是当前世界各国关注的热点。对物流包装来说，一个重要的问题就是开发高强度、大板面、环境性能好、无公害、可回收再利用、轻量化的绿色运输包装材料。它已经成为决定绿色运输包装顺利发展技术的关键，并且越来越受到各方面的重视。一般来说，物流绿色包装的优点如下。

①减少包装废弃物的产生

传统的包装材料在使用后很难被回收利用，造成大量的包装废弃物的产生，对环境造成了不小的影响。而绿色包装材料采用的是可回收、可降解的材料，可以有效地减少包装废弃物的产生。

②保障物品的安全和质量

绿色包装材料不仅环保，还具有很高的保护性和防护性，可以有效地保障物品在运输和仓储过程中的安全和质量。

③降低物流成本

传统的包装材料价格较高，且只能使用一次，不利于物流成本的控制。而绿色包装材料采用的是可重复利用的材料，可以有效地降低物流成本，提高物流效率。

④提高企业形象

采用绿色包装可以彰显企业的环保形象，提高企业的社会责任感，提升企业在消费者心中的形象，有利于企业的可持续发展。

⑤促进循环经济发展

绿色包装材料采用的是可回收、可降解的材料，在使用后可以被再利用或重新加工，实现资源的循环利用，促进循环经济的发展。

索尼公司电子产品的新包装

索尼公司以四原则来推进该公司的产品包装。他们不但遵循循环经济的3R原则（减量化、再使用、再循环），而且还在替代使用上想办法，对产品包装进行改进。我们来看几个实例：1098年该公司对大型号电视机的泡沫塑料缓冲包装材料进行改进，采用八块小的EPS材料分割式包装来缓冲防震，减少了40%的EPS用量；有的产品前面使用EPS材料，后面使用瓦楞纸板材料，并在外包装采用特殊形状的瓦楞纸板箱，以节约资源；另外对小型号的电视机采用纸浆模塑材料替代原来的EPS材料。

（资料来源：https：//www.sohu.com/a/244510813_ 650187。）

4.2.6.7 物流包装方式的绿色化途径

绿色包装方式是指在产品包装过程中采用环保材料和可持续设计的方式，以减少对环境的负面影响。使用再生材料制作包装，如再生纸、再生塑料等，可以减少对原始资源的消耗。

绿色包装的主要目的是提高包装材料的重复利用率，降低资源消耗。因此，除了研制可回收、可降解的绿色包装材料外，设计可直接重复使用的包装方式对于降低资源消耗、降低回收处理成本具有更大的价值。这就是绿色物流包装方式。

绿色物流包装方式必须满足三个方面的原则要求：一是包装材料的绿色性；二是包装产品生产环节的绿色性；三是包装材料消耗的最少量化。

要减少物流包装材料的消耗，可以采用下面两条途径：一是可重复使用的包装方式；二是集合包装方式。下面分别进行介绍。

（1）可重复使用的包装方式

影响物流包装容器重复使用的关键问题在于：包装容器结构和形状可能导致收集储存和运输费用过高，增加了重复使用的成本。一般的物流包装容器具有较大的外形，占用空间大，不易保存和运输。因此，要使包装容器重复使用方便、成本低，就必须解决包装容器的存储和运输问题。

可重复使用的物流包装容器可以有各种不同的形式、不同的尺寸规格，可以用不同的材料制成，但主要是塑料、木材或金属替代品。其中，塑料质量最轻、价格最低，可以制作成刚性的或活动式的包装箱；木制包装容器耐用性好、承载大，但是调运不方便、价格高、运输成本高；金属材料一般用来制作带轮子的网状的箱子。另外，物流包装容器必须具有一定的承载能力，因此，包装方式的可折叠性不能影响到包装容器的承载能力。使包装容器可折叠、可拆卸的方法是在适当的地方采用活动的联结方式。下面介绍两种便于重复使用的物流包装容器结构。

①塑料制的物流包装容器

塑料是广泛使用的物流包装材料。可重复使用的塑料包装容器有刚性和活动式两种类型。通过将四个侧面设计成具有一定角度的形式，使包装容器能套放在一起，以节约储存空间和运输空间，降低重复利用的成本。刚性塑料容器又分为带盖与无盖两种。

②铰链联结的木制散货包装容器

这种包装箱的底部是按照托盘的尺寸规格和要求而设计的，便于叉车直接操作，不需要额外的托盘。该结构的最大特点是它的四个侧面是可以拆卸的，与顶部和底部分离，箱子的四边通过铰链联结起来，以保证合乎承载能力的要求。

（2）集合包装方式

集合包装是将一定数量的包装件或产品，装入具有一定规格、强度和能长期周转使用的更大包装容器内，形成一个合适的搬运单元的包装。集合包装不仅有利于产品装卸作业和运输作业的机械化，提高物流效率和物流过程中的安全性，更重要的是，集合包装容器可以反复周转使用，可以降低原产品内包装的用料标准，简化包装操作。因此，集合包装能节约包装材料，降低包装成本。另外，集合包装还能促进物流包装的标准化和规格化。

集合包装的方式较多，如集装箱、集装袋、托盘集装、无托盘集装、框架集装等。现代集装箱主要是用钢板、铝合金、玻璃钢制成的大型长方体容器，具有载量大的特点。它也是一种安全的运输设备，尤其适用于多式联运。集装箱运输需要专门的码头设施和装运工具，所以，虽然集装箱可以重复使用，但所需要的投资很大。

托盘包装也是一种常用的集合包装，即将包装件或货物堆码在托盘上，再通过捆扎、胶粘等方法加以固定，形成一个搬运单位，以便机械化作业。托盘既起到搬运工具的作用，又起到集合包装容器之功能，是国内外运输包装普遍采用的一种工具。托盘按材质划分，有木制托盘、金属托盘、塑料托盘。塑料托盘与木托盘相比，具有寿命长、可靠性高、卫生等优点，而且可以全部回收并重新利用，既减少了垃圾处理量和处理费用，还防止了每年成千上万亩森林的砍伐，是一种首选的绿色包装方式。欧美等国已通过相关法令，以推动塑料托盘在更多行业的广泛使用。

集装袋集合包装是一种新型的包装方式。集装袋是一种柔软、可折曲、可周转的大型包装运输容器，由可折叠的涂胶布、树脂加工布、塑料或化纤材料制成，具有结构简单、成本低、便于周转和回收复用等特点，适合于粉、粒状货物的包装。例如，英国的杂货搬运集装袋，是由尼龙纤维编织再加上塑料涂层制成，具有防雨、防水、拉力强、柔软可折叠的特点，其容量可装载1~2吨、粉粒状货物。集装袋空袋回收体积小，可以洗涤，周转和回收复用的次数最高可达数十次。

4.2.7 逆向物流

4.2.7.1 逆向物流概述

美国物流管理协会（CLM）在1992年的一份研究报告中指出，逆向物流是一种包含了产品返回、物流替代、物品再利用、废弃物处理和再处理、维修与再制造等流程的物流活动。CLM将逆向物流定义为：计划、实施和控制原材料、半成品库存、制成品和相关信息，高效且低成本地从消费终点（包括终端用户和供应链上的所有客户）到起点的过程。

传统物流实质上是指正向物流（或称顺向物流、常规物流），它以满足顾客需求为目的。包括从制订生产计划到购买原料，再到半成品库存、制成品等的整个从原始产出点到消费点的流动过程。逆向物流是对原料、在制品、成品和相关信息，从消费点到原始产出点的流动和储存进行规划、执行与管制的过程，离不开正向物流活动，包括运输、保管、配送包装、装卸、流通加工及物流信息处理等。在正向物流中损坏或已消费的物品，会进入逆向物流的渠道进行处理。逆向物流中的物品经过拆解再制造等加工过程，会再次进入正向物流渠道配送。因此，正向物流和逆向物流是一个相互联系的整体，两者既有相同之处又有不同之处。

逆向物流与正向物流的共同点如下。

（1）两者属于物流服务范畴

逆向物流与正向物流都属于物流范畴，它们皆是产品的转移活动。在货物流通中，涉及运输、仓储、配送、包装、装卸、流通加工和物流信息处理等方面。

（2）两者有相同的基本目标

正向物流的主要目标是通过对生产过程进行有效的库存管理和控制，选择合适的运输方式和路线，节约成本，创造新的收入来源和加强服务水平。同样，逆向物流的目标也是为了对产品进行回收再利用，降低产品成本和资源损失。

（3）两者共享配送渠道

提供逆向物流配送服务的逆向物流配送中心也可以作为正向物流的配送中心。在对产品进行配送的同时，可以采用统一渠道对退货产品进行回收。

4.2.7.2　逆向物流的特点

（1）从下游到上游流动

逆向物流中的退货和报废产品回收等，一般是沿着消费者—中间商—生产厂商—原材料或者零部件供应商的方向流动的。因此，逆向物流与正向物流的商品流动方向正好相反。逆向物流更趋向于反应性的行为，其中的实物流动和信息流动基本上是由供应链下端的成员或者最终消费者引起的。从流动对象上来说，正向物流为逆向物流提供了必要的条件。

（2）逆向物流的不确定性

逆向物流的不确定性主要表现为其源头的分散和不确定。首先，当物品因老化被废弃，它会分布得特别分散，可以设想出物品是来自社会的各个位置的，来源充满着不确定性。其次，逆向物流发生的时间和数量不确定，这就使准确预测逆向物流变得非常困难。因为难以预测，所以制订计划时无法考虑得具体和有确定性。上述的这些不确定因素，进一步使物流的各种输送途径充斥各种可能。

（3）逆向物流的烦琐性

逆向物流的烦琐性表现为以下三个方面：首先，逆向物流的物品批量小、品种多，只有不断地汇集才能形成较大的回流量；其次，通过收集、整理、检验、回收再利用过程产生新的价值是一个烦琐的过程；最后，垃圾回收不能立即产生应用价值，必须经过分类、检查、加工和重组、链接，这一系列回收过程所需的时间较长，其经济价值不能立即实现，有些甚至只能作为原材料回收进入生产再循环使用。

（4）逆向物流价值的增减变化比较复杂

在逆向物流的各个层次，其价值增减呈现出非单调性。退货或者召回产品，伴随着多次运输、仓储和各种其他作业。它的程序越多，所花费的处理成本越高，这些成本与回收价值相互清除，从而价值也慢慢地开始递减。物品通过翻新、改造、再生循环等逆向物流活动后重获价值，甚至价值开始递增。

4.2.7.3　逆向物流的分类

根据目前企业经营实践中的逆向物流情形，从整个物流系统及从逆向物流的形成原因来分析，逆向物流主要分为以下七类。

（1）投诉退回

此类逆向物流的形成原因一般是产品在运输、装卸、搬运或者仓储过程中发生损坏或者在生产过程中出现质量问题等，是在产品出售短期内发生的。例如，产品质量与承诺不符、不符合顾客的要求、在质量保证期内的换货等。在大多数情况下，公司非常重视客户服务，会对客户返回的产品验收并确认最终处理，处理方法包括退货、置换等。

（2）终端返回

终端返回是指被长期使用的产品在使用完毕后，消费者将这些物品以一定的残余价值出售，从而形成终端返回物流。通过收集、再利用、掩埋或焚烧等步骤处理这些废物产品。终端返回主要受经济原因的限制，并考虑到法律的规定。从经济效益的角度来看，这些回收再利用有一定的价值，通过适当的处理，能使回收价值最大化，如轮胎、地毯等的修复。从法律的角度看，国家重大法规的出台，规定了企业对零部件、电器的回收责任和义务。

（3）商业退回

商业退回是指供应链中的下游成员，如批发商、零售商和终端客户等由于库存、产品过期（含季节性产品过季）的缘故，将未使用过的商品退回上一节点而产生的逆向物流，包括时装、化妆品、食品或其他生产生活资料。这些商品通过快速地回收和正确地处理，可以直接再销售、再使用或进入再生产过程，从而完成商品价值的回收利用。

（4）维修退货

有缺陷的产品或在销售出去后损坏的产品，在售后服务承诺的条件下，返还厂家，如有缺陷的家电、零部件和手机。通常是在产品生命周期中期，由制造商进行维修处理，然后通过原来的销售渠道返回给用户。

（5）生产报废物及副产物的回收利用

由于经济原因和环保法规的限制，企业生产过程中出现的废品一般应该在生产企业内部进行逆向物流。通过再循环、再生产，使生产过程中出现的废次品和副产品重新进入生产制造环节，循环再利用。药品行业、钢铁业、汽车制造业中在生产过程中产生的废弃物，通过企业内部的逆向物流，可以节约原料，降低生产成本，减少环境污染。

（6）包装物回收

20世纪80年代，许多国家制定了回收包装材料生产商和使用者的法律责任。例如，对托盘、箱包、容器等进行回收，经过检查、清洗、修理等再次使用，可以降低制造成本。

（7）产品召回

产品召回是企业主动或者由政府监督部门通知企业将自己的产品回收。其原因有企业自身的行为导致的召回，如产品设计、生产、包装、销售、储运过程中造成了产品质量缺陷。一般还伴随着该企业对消费者的补偿行为。当这类产品的数量较多、造成的损害较大时，公司在市场监督部门的监督下，需要集中回收缺陷产品。

4.2.7.4　逆向物流的管理策略

（1）逆向物流的活动组成

综合各种逆向物流处理方式，主要可以概括为以下处理活动[12]。

①产品返回

产品返回就是根据生产商自己的决定或者应顾客的要求，顾客将所持有的产品或者包装物，通过有偿或者无偿的方式返回给销售商、制造商或者其他第三方机构。这类活动包括各种退货、召回产品、回收包装物、企业依照法律规定而回收报废品等。

②检验或者处理决策

通过对产品回收的功能进行测量和分析，并根据产品的结构和性能特点，确定可行的处理决策，然后进行成本效益分析，制订一项符合法律和经济技术要求的方案。

③直接再销售

有些产品可能是没有售出的，或者是一些顾客在购买后没有使用而直接退回的，可直接再次进行销售。

④重新整修和再制造

对产品进行重新整修翻新和再制造越来越引人重视。对于缺乏新功能，但仍可用并且可以实现功能恢复的设备，可以重新制造并再次使用。一般而言，设备功能再生的制造成本低于制造新品的成本。企业通过对设备进行返修，可以在最大程度上降低设备成本。航空、铁路等资产密集型的行业正在广泛地使用这种方法。

⑤维修

产品不能按照设计要求工作，企业需要回收和维护；如果设备不能按照规定的流程工作，企业就需要对其回收并进行维修。返回维修的物品有两种类型，保修物品和非保修物品。非保修物品需要客户自行支付维修费用，所以，对企业来说，真正的问题在于保修物品的回收。

⑥分拆后零部件或者原材料的再利用、再加工

据产品的结构特点和性能，可以将产品分为多个部分，以供生产使用，或者为了更好地进行报废处理。为了保证拆卸和使用的价值，必须采用可拆卸但不损坏的方式。因此，在产品设计阶段，有必要考虑废品回收、拆卸方便、产品设计和回收等方面的问题。再利用的目的是对达到使用寿命的设备进行分解，得到最终的零件。其中一些零件处于良好的状态而不需要再制造，可以将这些部件全部放回仓库，然后对其余部分进行维修。

⑦报废处理

对于那些没有使用价值的材料，出于保护环境的原因，需要对其进行焚烧或地下掩埋处理。

⑧捐赠

一些美国企业有针对“无缺陷产品”的退货，以及一些具有瑕疵的产品的退货，这为了保持产品的品牌形象，不愿意这类产品出现在二手市场，同时也是为了树立良好的企业社会形象，有时会将这些产品捐赠给慈善机构。

（2）逆向物流的管理

①分层次实施逆向物流目标

企业实施逆向物流活动计划，首先应该注重产品生命周期的资源缩减计划，即设计环境友好型产品，尽量减少原材料的消耗和废物的排放；其次是重复使用，尽可能多地使产品重复使用同一部件。

②压缩逆向物流的处置时间

大多数回收的产品并没有完全老化，仅需要尽快处理。因此，必须经过快速分类，选择正确的处理方式并尽快行动。回收的零部件处理速度越快，给企业带来的利益就越多。在确定产品处置时，要谨慎地确定决策机制，减少各个环节的处理时间。大多数企业的重心放在如何管理好正向物流上，用于逆向物流的资源有限，企业可以建立逆向物流信息系统、集中式回收中心等来缩短逆向物流处置周期。

③从供应链的范围构建企业的逆向物流系统

逆向物流不等于回收废弃物，它涉及原材料供应、生产、销售、售后服务的每一个环节，并非一个孤立的过程。企业要实施逆向物流，还必须与供应链中的其他企业合作。另外，企业采取宽松的退货策略，将会承担下游客户的风险。为了实现风险共担、利益共享，企业必须与供应链中的企业共享信息，建立战略合作伙伴关系。通过对退货物品的跟踪，与上下游企业更好地合作。也就是说，必须从供应链的范围构建企业的逆向物流系统。

④利用第三方逆向物流企业

逆向物流也需要经过运输、加工、库存、配送等环节，这可能会与企业的正向物流环节相冲突。大多数企业重视的是正向物流部分，对逆向物流的投入很少，当两者产生矛盾时企业常常会放弃逆向物流。其实，企业在缺乏从事逆向物流的专业知识、技术或经验时，可以将逆向物流外包给从事逆向物流的第三方物流供应商。这些第三方物流供应商是管理逆向物流和开展关键增值服务方面的专家，如翻新、改制、整修等。此外，这些企业还能提供针对退货物流的储存服务，根据客户的需要对退货产品进行修整、处置或退回制造商。

4.2.7.5　逆向物流技术

实施逆向物流战略的关键在于减少逆向物流系统所要处理的信息量，即阻止不属于该物流的产品进入该系统，对属于该系统的产品信息则要尽快处理。以下是成功实施逆向物流战略的三个关键技术点。

（1）控制逆向物流渠道的开启点

为了吸引客户，增加企业市场份额，往往需要出台更宽松的消费政策，而消费者则会利用这一政策，将不符合退货条件的产品退回。因此，企业必须加强对逆向物流的根源控制和管理，制订一个系统的工作流程和标准。

（2）建立逆向物流信息系统

利用信息技术及完善的信息系统，对逆向物流进行全过程信息跟踪和管理，能显著缩短逆向物流的处理时间。可以利用POS、EDI技术和RFID技术自动采集回流物品的信息，追溯其回流过程。通过对物品回流原因及最后处置情况进行编码，并统计回流品的回流率、再生利用率、库存周转率等，实现实时跟踪和回流产品评估。

（3）建立集中式的回收处理中心

集中式回收处理中心作为处理回流物品的第一个节点，具有强大的分类、处理、库存调节功能。按照供应商和制造商的要求，将回收物品分类，根据产品的不同性质确定不同的处置方案。将回收物品分为能再次出售的、能再加工后出售的、无法再利用的，并给出不同的处置方案。通过统一有效的处理过程，能加快处理速度，实现回流品的最大价值。此外，回收中心能够有效减少库存成本，对于多余的季节性库存，进行重新调配和销售，并与厂商的生产计划结合，有效地降低整个供应链的成本。

4.2.7.6　逆向物流的运作模式

（1）逆向物流的自营方式

逆向物流采取的自营方式是指企业独立建立和运作整个逆向物流体系[13]。一些公司拥有自己的直销网络，也拥有自己的逆向物流体系。公司不仅要了解自身产品的生产、销售和售后服务，同时也要掌握本企业的逆向物流情况。逆向物流的自营方式如图4-7所示。

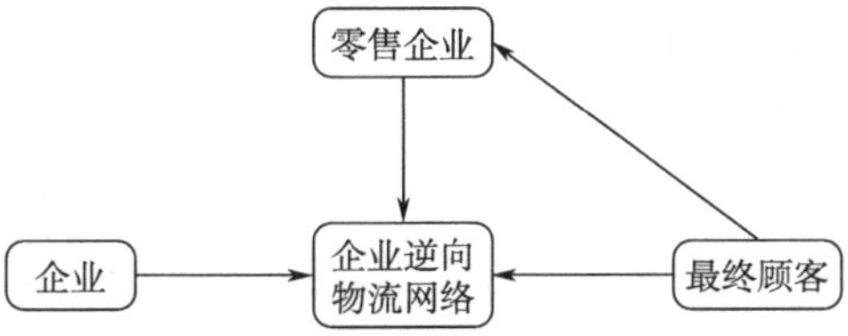

图 4–7　逆向物流的自营方式

企业采用自营方式进行逆向物流管理，有利于实现对正向物流和逆向物流的整合，从而充分发挥物流体系的整体性功能。对企业充分利用企业资源、提高系统效率和效益、打造企业竞争力、完善企业对顾客的服务能力等方面都有重要的意义。特别是那些拥有独立销售网络的企业，更有这方面的优势。

（2）逆向物流的联营方式

逆向物流的联营方式是指生产相同、相似或者相关产品的企业以合资、合作等形式建立共同的逆向物流体系（包括回收网络和处理企业），为各合作方甚至非合作企业提供逆向物流服务。逆向物流的联营方式如图4–8所示。

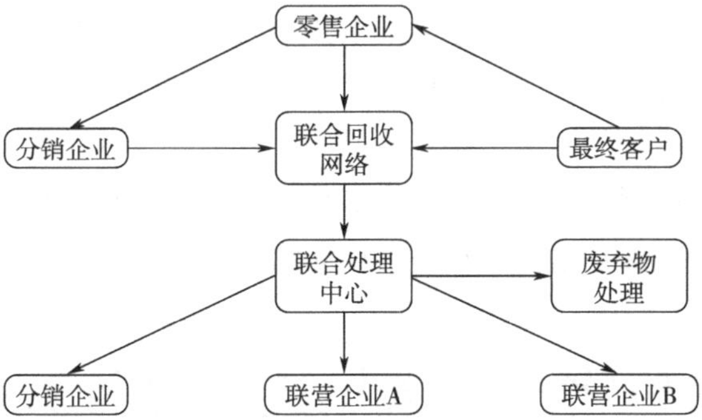

图 4–8　逆向物流的联营方式

适合这种方式的主要是生产或消费之后的废旧物品，如消费后的家用电器、电子产品、家具等，以及在生产过程中报废的设备、金属、塑料、橡胶、纸张和玻璃制品等。对零件进行再利用，其中一些去除后可作为工业原料，经过加工，进入流水线生产。因此，公司生产的废弃物可以被认为是零部件和重要原材料的来源。

（3）逆向物流的外包方式

逆向物流的外包方式是企业通过协议形式将其回流产品的回收及处理的部分或者全部业务，交由专门从事逆向物流服务的企业负责实施的方式。通过外包的方式可以减少人力资源和物流设施的投资，降低物流管理的成本，并使公司更加专注于其核心业务。逆向物流的外包方式如图4–9所示。

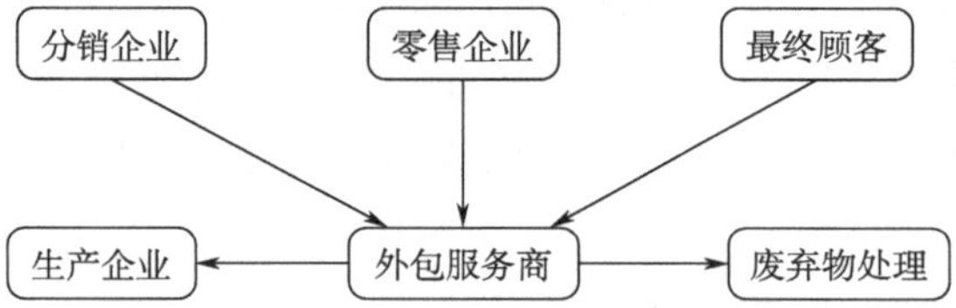

图4–9　逆向物流的外包方式

通常大部分企业会选择逆向物流外包方式，无论是产品退货、维修，还是报废之后废旧物品的回收，都可以采用部分或全部外包的方式。那些经济实力比较弱的中小企业可能更趋向于通过将逆向物流业务外包，来降低企业经营成本；而实力较强的大企业，通过将逆向物流外包，更专注于自身核心业务，是增强核心竞争力的重要手段。例如，在回收物流领域，芬兰库萨科斯基公司专门为大量使用电子设备的客户提供全套产品逆向物流服务，它根据不同客户的需求，制订产品回收计划并签订回收协议，定期到这些公司、机构及政府有关部门回收废旧物品。近些年来，在企业核心竞争战略的实施和政府环保立法的推动下，逆向物流的外包成为一种趋势。

4.3　绿色物流的碳足迹核算及减排实践

4.3.1　碳足迹核算

4.3.1.1　我国物流行业碳排放核算方法

2013—2015年，国家发展和改革委员会先后公布了24个行业企业（包括陆上交通、造纸、石油化工、发电、电网、钢铁等）的温室气体排放核算方法与报告指南，截至目前，已全部转化成国家标准或国家标准计划。除此之外，又增加了水运、纺织服装、畜禽养殖、种植业四个行业企业的温室气体排放核算方法国家标准。其中，与物流行业关系最紧密的是陆上交通运输、水运、民用航空企业温室气体排放核算方法与报告指南。另外，我国出台的《绿色物流指标构成与核算方法》（GB/T 37099—2018）、《快递业温室气体排放测量方法》（YZ/T 0135—2014）两项标准，以及当前正在制定的《物流企业温室气体排放核算方法》行业标准，为物流企业核算自身碳排放提供了参考和依据，详见表4–7。

表 4–7　我国物流行业相关碳排放核算方法

标准标号	标准名称	发布日期	规定范围
GB/T 37099—2018	《绿色物流指标构成与核算方法》	2018–12–28	规定了企业的绿色物流指标体系与指标核算方法，适用于从事物流活动的企业
WB/T	《物流企业温室气体排放核算方法》	准备报批	按照物流业务环节，详细给出了温室气体排放核算的边界、步骤、核算方法、活动数据收集以及相关排放因子等
GB/T 32151.6—2015	《温室气体排放核算与报告要求：民用航空企业》	2016–06–01	规定了民航企业温室气体排放的核算边界、核算步骤和方法、数据质量管理、报告内容和格式等内容
20192397–T–303	《温室气体排放核算与报告要求：水运企业》	国标计划	规定了水运企业温室气体排放的核算边界、计量要求、核算步骤和方法、数据质量管理、报告内容和格式等内容
20173620–T–303	《温室气体排放核算与报告要求：陆上交通运输企业》	国标计划	规定了陆上交通运输企业温室气体排放量的核算边界、核算步骤与核算方法、数据质量管理、报告内容和格式等
YZ/T 0135—2014	《快递业温室气体排放测量方法》	2014–10–01	规定了快递业温室气体排放的测量原则、测量范围、测量方法、排放指标等要求

对比分析几项物流行业相关标准的差异，陆上交通运输、水运、民用航空企业温室气体排放核算方法与报告指南，聚焦物流行业中不同的运输方式，有针对性地给出了核算边界、计量要求、核算步骤和方法、数据质量管理、报告内容和格式等。《快递业温室气体排放测量方法》（YZ/T 0135—2014）关注快递这种物流业务类型，规定了快递业温室气体排放的测量原则、测量范围、测量方法、排放指标等要求。《绿色物流指标构成与核算方法》（GB/T 37099—2018）与《物流企业温室气体排放核算方法》（WB/T）都是面向物流活动的各个环节，但是《绿色物流指标构成与核算》（GB/T 37099—2018）只涉及了部分物流活动温室气体排放的核算。《物流企业温室气体排放核算方法》（WB/T）全面梳理了物流业务全流程的碳排放核算方法，包括运输及配送环节（道路、航空、铁路、水路、管道五种运输方式），装卸、搬运及仓储环节（固定设施、移动设施、净购入电力和热力以及制冷剂泄漏），包装环节及辅助物流环节等。核算范围包括范围一（化石燃料消耗、制冷剂泄漏产生的直接排放）、范围二（净购入电力和热力产生的间接排放）和范围三（包装材料和运输外包产生的排放），涉及的温室气体包括二氧化碳（CO_2）、甲烷（CH_4）、一氧化二氮（N_2O）和R404A制冷剂等。

4.3.1.2　国外物流行业碳排放核算方法

国际上关于物流行业的碳排放核算方法起步较早，已经有一系列碳排放核算方法学，包括欧盟、美国和很多国际机构，主要围绕道路运输、铁路运输、内河水运、海运、航空运输和物流节点，推出了很多综合或单一类型的核算方法。例如，欧洲标准化技术委员会EN 16258、美国环保署SmartWay工具，以及智慧货运中心推出的全球物流业排放委员会框架（Global Logistics Emissions Council Framework，GLEC），都是包含各种运输方式的综合类核算方法。此外，还有不同专业组织推出的核算方法，如国际航空运输协会推出的民航温室气体排放核算方法（International Air Transport Association Recommended Practice 1678）、国际海事组织船舶能效营运指数（EEOI）自愿使用指南（Guidelines for Voluntary Use of the Ship Energy Efficiency Operation Indicator），以及欧盟资助的Fraunhofer温室气体排放指南（物流节点）等，详细信息见表4-8。

表 4–8　国外物流行业相关碳排放核算方法

核算对象	方法学名称
道路运输	1. 欧洲标准化技术委员会EN 16258 2. SmartWay 公路运输工具 3. 全球物流业排放委员会框架（GLEC）
铁路运输	1. 欧洲标准化技术委员会EN 16258 2. EcoTransIT方法学和数据更新2020 3. SmartWay 铁路运输工具 4. 全球物流业排放委员会框架（GLEC）
内河水运	1. 欧洲标准化技术委员会EN 16258 2. SmartWay 船舶运输工具 3. 全球物流业排放委员会框架（GLEC） 4. 国际海事组织船舶能效营运指数（EEOI）自愿使用指南 5. STREAM International Freight 2020基于STREAM数据库的欧盟范围内各种运输模式比较
海运	1. 欧洲标准化技术委员会EN 16258 2. 全球物流业排放委员会框架（GLEC） 3. 国际海事组织船舶能效营运指数（EEOI）自愿使用指南 4. Clean Cargo 清洁货物工作组碳排放核算方法
航空运输	1. 欧洲标准化技术委员会EN 16258 2. SmartWay 航空运输工具 3. 全球物流业排放委员会框架（GLEC） 4. IATA国际航空运输协会推荐实践案例1678
物流节点	1. Fraunhofer 温室气体排放指南（物流节点） 2. FEPORT集装箱码头的温室气体排放足迹指南2017 3. Green Efforts（码头的推荐方法） 4. 多式联运码头生态效率计算工具（ITEC） 5. 全球物流业排放委员会框架（GLEC）

4.3.1.3　我国物流行业碳排放核算方法框架

结合我国物流行业的特点和发展现状，从碳排放核算方法、碳减排核算方法和碳足迹核算方法三个方面来考虑，细化到具体的环节、业务类型、设施设备和产品，提出我国物流行业碳排放核算方法框架设想，如图4–10所示。

4.3.1.4　核算步骤

对物流企业和企业物流活动涉及温室气体排放的核算按以下步骤进行。

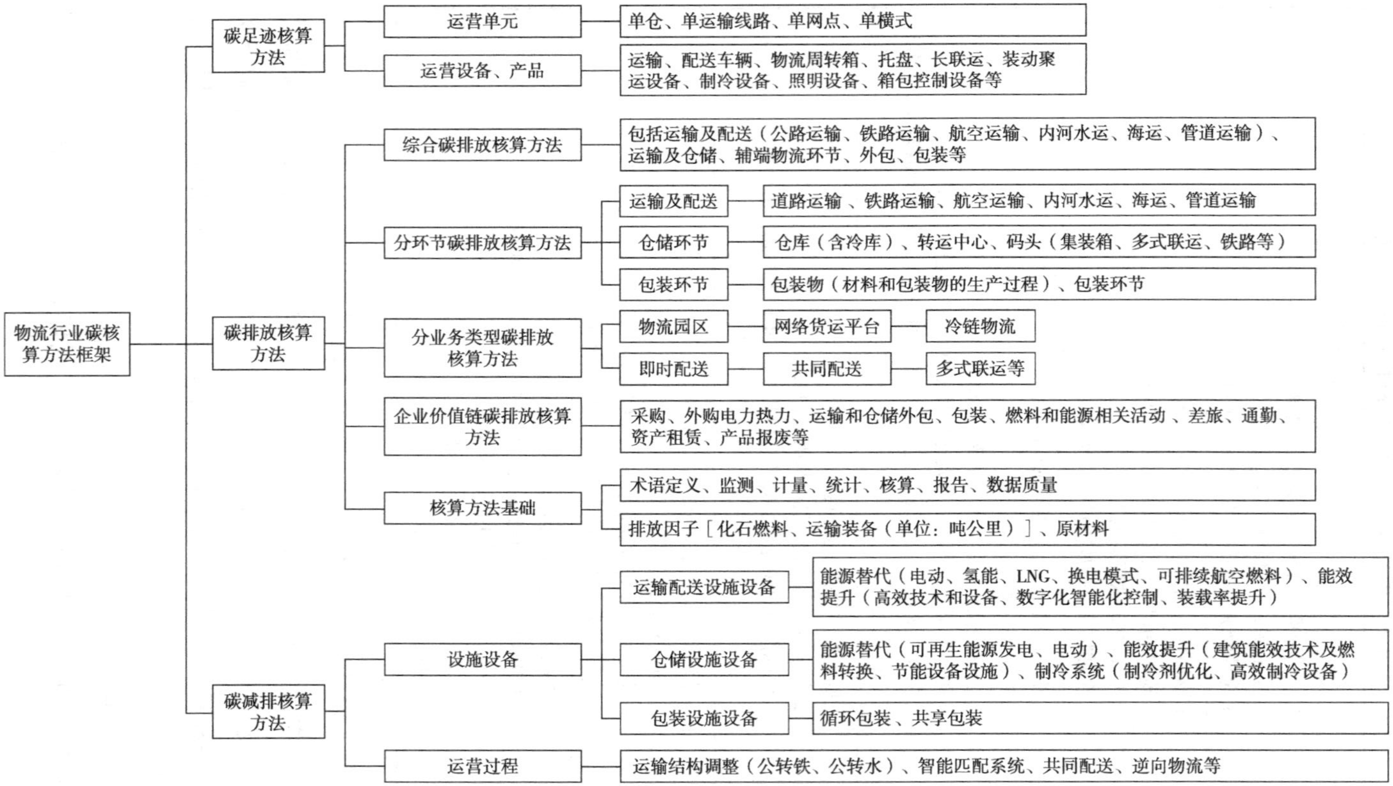

图 4–10　物流行业碳核算方法框架

第一步，确定核算边界，识别温室气体排放源与温室气体种类。

第二步，选择核算方法。

第三步，进行温室气体排放量核算，包括：

——制订监测计划、选择与收集温室气体活动水平数据；

——选择或获取排放因子数据；

——分环节分别核算燃料燃烧排放、尾气净化过程排放、净购入电力热力和原材料使用产生的排放；

——核算外包环节和包装环节的其他间接排放；

——计算与汇总温室气体排放量。

4.3.1.5　核算边界

核算主体应以企业法人或视同法人的独立核算单元为边界，核算物流活动产生的温室气体排放。

物流活动产生的温室气体排放分为范围一、范围二和范围三。范围一包括物流活动的直接温室气体排放，范围二包括电力、热力产生的间接温室气体排放。范围一、范围二中排放源及温室气体种类如表4–9所示。

表 4–9　范围一、范围二中排放源及温室气体种类

类别	排放源	温室气体种类		
		燃料燃烧排放	尾气净化尿素消耗排放	净购入电力、热力的排放
范围一（直接排放）	运输及配送环节（自营部分）的化石燃料消耗	CO_2 CH_4 N_2O	CO_2	—
	装卸、搬运及仓储环节的化石燃料消耗	CO_2	—	—
	辅助物流环节（信息处理、流通加工、管理办公及辅助办公等）的化石燃料消耗	CO_2	—	—
范围二（间接排放）	物流企业活动（除去外包部分）的电力及热力消耗	—	—	CO_2

范围三包括其他间接温室气体排放，本书中范围三仅核算企业运输及配送活动过程中外包部分温室气体排放与包装材料产生的温室气体排放，范围三中排放源及温室气体种类如表4–10所示。

表 4–10　范围三中排放源及温室气体种类

类别	排放源	温室气体种类
范围三 （其他间接排放）	包装环节包装材料及包装用品的使用	CO_2
	运输及配送环节（外包部分）	CO_2、CH_4、N_2O

6. *物流行业碳排放核算方法*

从整体上看，物流行业碳排放量主要由直接排放量与间接排放量两部分组成，即

$$CO_{2总}=CO_{2直接}+CO_{2间接} \tag{4.11}$$

式中，直接碳排放量可通过以下公式计算：

$$CO_{2直接}=\sum A_i \times EF_i \tag{4.12}$$

式中，A_i表示不同种类化石能源（包括煤炭、汽油、柴油、燃料油、天然气等）的消耗量，可从国家统计局物流行业能源消耗量中得到，EF_i表示不同种类化石能源的二氧化碳排放因子。

间接碳排放量可通过以下公式计算：

$$CO_{2间接}=A_e \times EF_e + A_f \times EF_f \tag{4.13}$$

式中，A_e表示物流行业电力净购入量；EF_e表示物流行业辅助物流活动所需公共建筑面积，物流行业电力净购入量可从国家统计局分行业电力消耗量中得到，物流行业辅助物流活动所需公共建筑面积可从物流从业人员数量及单位从业人员所需办公建筑面积进行推测；A_f表示全国电网二氧化碳排放因子；EF_f表示单位办公面积建筑取暖碳排放量。

4.3.2　物流碳减排策略

在全球气候变化的背景下，碳减排已经成为各国共同的目标。物流行业作为全球碳排放的主要来源之一，实施绿色物流碳减排策略至关重要。

（1）优化运输方式

运输是物流的核心环节，也是碳排放的主要来源。优化运输方式是实现碳减排的关键。通过合理规划运输路线、提高运输效率、采用多式联运等方式，可以减少不必要的运输和空驶，降低运输过程中的碳排放。

（2）推广绿色包装

包装材料在生产和处置过程中产生的碳排放不容忽视。推广使用可回收、可降解、低碳环保的包装材料，减少包装废弃物的产生，是绿色物流的重要环节。

（3）减少能源消耗

通过采用节能技术和设备，减少物流过程中的能源消耗，如使用节能灯具、节能型仓储设施等，可以在降低碳排放的同时降低运营成本。

（4）低碳交通管理

通过智能交通管理系统，优化交通流量，减少拥堵和延误，降低无效行驶里程，从而减少碳排放。同时，鼓励使用低碳排放的交通工具，如电动车、氢能源车等。

（5）碳汇建设

通过植树造林、恢复湿地等措施，增加碳汇容量，吸收和固定二氧化碳，达到碳中和的效果。

（6）低碳物流设施

物流设施如仓库、配送中心等在建设和运营过程中应遵循低碳原则，采用节能环保的设计和建筑材料，减少碳排放。

（7）低碳物流技术推广

应用低碳物流技术，如使用清洁能源的物流设备、智能化的物流管理系统等，可以提高物流运作效率，降低碳排放。

（8）碳交易与政策激励

建立碳交易市场，通过市场机制激励企业参与碳减排。政府可以出台相关政策，如提供税收优惠、补贴等，鼓励企业采取绿色物流措施

（9）绿色供应链管理

推动绿色供应链管理，要求上游供应商和下游客户共同参与碳减排。通过与供应商和客户建立合作关系，实现整个供应链的绿色化。

（10）低碳物流教育与宣传

加强低碳物流教育和宣传，提高企业和公众对绿色物流的认识和重视程度。通过举办培训课程、开展宣传活动等方式，培养企业和公众的低碳环保意识。

本章小结

本章主要介绍了绿色物流的概念和重要性，指出了绿色物流在减少环境污染、节约能源和资源、提高企业竞争力等方面的作用。详细描述了绿色物流的流程：绿色运输→绿色仓储→绿色配送→绿色装卸搬运→绿色流通加工→绿色包装→逆向物流。通过采取节能减排、循环利用、绿色包装等措施，可以实现物流流程的可持续发展。同时，介绍了绿色物流流程中的碳足迹核算方法以及应实施的碳减排策略。

案例分析

京东的绿色物流发展之路

京东绿色物流通过京东物流与供应链上下游合作，探索在包装、仓储、运输等多个环节实现低碳环保、节能降耗。其中主要通过充分利用物流资源，采用先进的物流技术，合理规划和实施运输、储存、装卸、搬运、包装、流通加工、配送、信息处理等物流活动，降低物流对环境影响的过程。从聚焦绿色物流领域，升级为整个京东集团可持续发展战略，从关注生态环境扩展到人类可持续发展相关的“环境”、“人文社会”和“经济”全方位内容，倡议生态链上下游合作伙伴联动，以共创美好生活空间、共倡包容人文环境、共促经济科学发展为三大目标，共同建立全球商业社会可持续发展的共生生态。

京东作为国内首个全面推行绿色包装的物流企业，在包装设计和使用上始终以绿色可持续发展为宗旨，不断推进绿色包装项目落地，引领行业可持续发展。京东在绿色物流方面有众多优势。

在车辆运输方面，京东物流已经在北京、上海、成都等多个城市建成规模化的新能源车队，未来，京东还将通过补贴等激励措施，把所有合作伙伴的车辆也逐步替换成新能源车。京东物流在全国七个大区、50多个城市，总计投放新能源车近12 000辆，规模化新能源车队覆盖多种业务场景，其中北京市自营城配车辆全部更换为新能源车辆。此外，京东“云箱”在“双11”期间实现了50 000板托盘资源的共享共用，相当于减少砍伐12 500棵树木，通过在托盘载货运输中搭配智能装卸设备，累计节省近8 000工时。京东物流在全国七个大区、50多个城市投放新能源车，这一行动每年将能够减少约12万吨的二氧化碳排放。此外，京东在全国建设及引入充电终端数量1 600多个，更有效地支持新能源物流车辆的充电服务。

在仓储建设方面，京东物流在上海亚洲一号实现了仓储屋顶分布式光伏发电系统的应用，到2030年，将搭建全球屋顶光伏发电产能最大的生态体系，联合合作伙伴建设光伏发电面积达2亿平方米；通过仓储屋顶分布式光伏发电系统，京东物流仅上海亚一9天时间就可光伏发电近3万度，相当于一台1.5P的空调不关吹三年。京东物流为国内首家建设分布式光伏能源体系的企业，预计到2030年，全国京东智能产业园光伏电站装机总量将达到200兆瓦以上，建成后实现年发电量1.6亿度以上。

在包装方面，目前京东已经大规模使用可降解包装袋，每年淘汰近百亿个传统塑料袋，同时已投放10万青流循环箱。通过仓内作业、循环包装、瘦身胶带、电子运单、绿色回收、绿色运配的应用，共减少超4万吨快递垃圾，其中封箱胶带瘦身超过1 860万米，生鲜循环保温箱使用140万次。京东物流启动纸箱回收活动；品牌商企业商品进入京东物流仓库后，拆箱后的纸箱可二次打包使用；联合可口可乐、宝洁等公司利用各自领域内的全球优势资源，探索循环经济新模式。至2021年6月，常温青流箱、循环生鲜保温箱等累计循环使用约2亿次。通过联动品牌商直发包装及纸箱循环利用，节省约100亿个快递纸箱，超过20万商家、亿万消费者参与其中；通过使用循环中转袋替换一次性编织袋，用循环缠绕网/扎带替代缠绕膜来减少塑料制品的使用；通过仓内无纸化作业以及电子运单，最大化地节约了纸张使用，仅2020年全年减少纸张消耗1.3万吨。

以多维角度去思考，从横向的角度去理解，建设可持续绿色供应链，需要加强与各企业的战略合作。京东物流近年来推出与行业伙伴的共生场景，携手航空、铁路、海运、仓储、配送等各界合作伙伴一同推进全球智能供应链基础网络的建设，打破企业边界，实现业务、组织和信息层面的优化与协调，以提升可持续供应链的整体绩效。从自身的角度出发，建设绿色供应链，企业要根据自身的特点以及实际经营情况制定合理的绿色发展规划，创新多式联运的同时，协调运输方式，合理规划利用企业资源。从外界的角度出发，绿色供应链不应该是“静态的”，而应是“动态的”过程，是不断变化、调整的过程。企业要根据市场需求、政府政策，随时调整自身发展的方向。建设可持续的绿色供应链需要创新理念和科技手段，企业通过有效融合智能科技采购系统、高效营销模式和数字化物流供应链，将助力企业数字化升级，不仅能到达到降本增效的效果，还能打造绿色供应链。

（资料来源：https://eduai.baidu.com/view/ccef104f51d380eb6294dd88d0d233d4b14e3fb3。）

问题讨论：

京东是如何实现绿色物流的？有什么管理启发？

思考题

1. 为什么要实施绿色物流？
2. 简述绿色物流的概念及最终目标，绿色物流的特征有哪些。
3. 请就运输对环境的影响进行简要分析，简述绿色包装管理的要点。
4. 企业绿色运输的措施有哪些？
5. 什么是逆向物流？
6. 按照退货来源，逆向物流可以分为哪些类别？
7. 简述装卸搬运对环境的影响。
8. 绿色包装的类别有哪些？
9. 简述绿色仓储和绿色配送的意义。
10. 碳减排策略有哪些？简述相关策略内容。

参考文献

[1] 周启蕾. 物流学概论 [M]. 北京：清华大学出版社，2013.

[2] 徐晓静. 基于绿色物流的绿色包装研究 [D]. 北京：北京交通大学，2007.DOI：CNKI：CDMD：2.2007.084816.

[3] 人力资源社会保障部人事考试中心. 运输经济（公路）专业知识与实务 [M]. 北京：中国劳动社会保障出版社，中国人事出版社，2013.

[4] 朱仕兄. 物流运输管理实务 [M]. 北京：北京交通大学出版社，2012.

[5] 周兴建，等. 现代物流管理概论 [M]. 北京：中国纺织出版社，2016.

[6] 程艳霞. 现代物流管理概论 [M]. 武汉：华中科技大学出版社，2009.

[7] 姜波. 现代物流管理 [M]. 北京：北京理工大学出版社，2021.

[8] 国家市场监督管理总局. 物流术语. GB/T 18354—2021 [S]. 北京：中国标准出版社，2021.

[9] 徐旭. 物流学概论 [M]. 南京：南京大学出版社，2017.

[10] 倪志伟. 现代物流技术 [M]. 北京：中国物资出版社，2006.

[11] 国家市场监督管理总局. 绿色包装评价方法与准则. GB/T 37422—2019 [S]. 北京：中国标准出版社，2019.

[12] 黄祖庆. 逆向物流管理 [M]. 杭州：浙江大学出版社，2010.

[13] 赵忠. 逆向物流运作模式研究 [M]. 上海：上海交通大学出版社，2013.

第5章 绿色营销

【学习目标】

1. 精通绿色营销的策略及管理。
2. 掌握绿色营销的界定、观念。
3. 理解绿色营销和传统营销的区别。
4. 熟悉绿色营销的评价体系。

现代社会在享有物质空前繁盛、经济飞速发展成果的同时，也造成了诸如资源匮乏、污染严重、水土流失、温室效应等环境问题。生存环境的危机引发了人类对自身行为的反思。渐入人心的绿色观念使得消费者要求企业生产、销售对环境负面影响最小的绿色产品，以减少对人类生存环境的危害。在此背景下，绿色营销应运而生。绿色营销是指企业从保护环境、反对污染、充分利用资源的角度出发，通过研制产品、利用自然、变废为宝等措施，来满足消费者的绿色需求，同时实现企业营销目标的一种营销方式。

绿色营销是着眼于保护环境、促进可持续发展的一种新型市场营销观念，它颠覆了传统的营销观念。绿色营销要求企业不仅考虑自身的经济利益，更要把社会的长远利益纳入到营销体系当中。

5.1 传统营销与绿色营销

英国威尔斯大学的肯·皮提（Ken Peattie）教授在其所著的《绿色营销》[1]一书中指出："绿色营销是一种能辨识、预期及符合消费的社会需求，并且可带来利润及永续经营的管理过程。"绿色营销观念认为，企业在营销活动中，要顺应时代可持续发展战略的要求，注重地球生态环境保护，促进经济与生态环境协调发展，以实现企业利益、消费者利益、社会利益及生态环境利益的协调统一。可见，绿色营销是以满足社会和企业的共同利益为目的的社会绿色需求管理，以保护生态环境为宗旨的绿色市场营销模式。

本书认为，绿色营销是指以促进可持续发展为目标，为实现经济利益、消费者需求和环境利益的统一，市场主体根据科学性和规范性的原则，通过有目的、有计划地开发及同其他市场主体交换产品价值来满足市场需求的一种管理过程。

绿色营销的最终目标是可持续性发展，而实现该目标的准则是注重经济利益、消费者需求和环境利益的统一。因此，企业无论在战略管理还是战术管理中，都必须从促进经济可持续发展这个基本原则出发，在创造及交换产品和价值以满足消费者需要的时候，注重按生态环境的要求，保持自然生态平衡和保护自然资源，使子孙后代能够真正地、充分地享有生存和发展的权利。实际上，绿色营销是人类环境保护意识与市场营销观念相结合的一种现代市场营销观念，也是实现经济持续发展的重要战略措施，它要求企业在营销活动中，要注重地球生态环境的保护，促进经济与生态的协同发展，以确保企业的永续性经营。

对于绿色营销，很多学者还从不同的角度进行了界定，具有代表性的观点可以概括归纳为以下四种[2]。

（1）产品中心论

产品中心论认为，“绿色营销是指以产品对环境的影响作为中心点的市场营销手段”[3]。它强调以环境保护为宗旨，从本质上改革产品的构成以及与之联系在一起的产品的生产过程和消费后废弃物的处理方式。它主要从以下四个方面考虑。

①产品本身

为保护环境，企业要设计生产绿色产品，即企业生产的产品无论从生产过程到消费过程，还是从外包装到废旧后的回收都要有利于人体的健康，有利于环境的保护和改善，能够在创造企业内部经济效益的同时带来社会层面的经济价值。

②产品包装

产品的包装设计，必须考虑对环境的影响。企业应选用对环境污染轻甚至无污染的材料来制作包装物，并应考虑包装废弃物处理等问题。

③产品加工过程

为了减轻对环境的污染，产品的加工过程应该符合“清洁生产”的标准，即尽量避免使用有毒有害的原料及中间产品，减少生产过程的各种危险性因素；采用少废、无废的工艺和高效的设备，使用物料实现再循环（厂内、厂外），采用简便的操作和控制等。

④倡导赞助环保的组织和事业

为更好地推进绿色产品的生产，实施绿色营销，必须呼吁社会尽快成立具有权威性的与“国际绿十字会”接轨的绿色组织，承担起对“绿色知识”的相关教育培训、宣传推广、监督控制等任务，针对不同对象、采取不同方式进行教育培训，提高全社会的绿色意识，利用各种宣传工具和宣传形式，开展各种保护生态环境的活动，发动全社会的力量来促进企业增强环保意识，监督企业实施“绿色营销”。

（2）环境中心论

环境中心论认为，“绿色营销是指企业在市场营销中要保护地球生态环境，反污染以保持生态，充分利用资源以造福后代”[4]，“绿色营销是以环境问题作为推进点而展开的营销实践”[5]。这种观点的着眼点是利用绿色问题来推销产品，而并不是真正意义上帮助解决环境问题。例如，1990年“地球日”给了那些与环境问题有关的公司发起绿色宣传运动的机会，这些公司并没有真正开发出对改善环境有益的货真价实的产品，而是以功利主义为目的纷纷为自己的产品加上顺应环境保护的标签，以推销产品。

（3）利益中心论

利益中心论观点认为，“绿色营销是实现企业自身利益、消费者需求和环境利益的统一，而对产品和服务的观念、定价、促销和分销的策划和实施过程”[6]。它强调企业在实施绿色营销时，不仅要满足消费者的需求并由此获得利润，而且要符合环境保护的长远利益，正确处理消费者需求、企业利益和环境保护之间的矛盾，把三者利益协调起来，统筹兼顾。

（4）发展中心论

发展中心论将绿色营销与企业的永续性经营和人类社会的可持续发展联系起来，认为“绿色营销是一种能辨识、预期及符合消费者与社会需求，并可带来利润及永续性经营的管理过程”[7]。

目前，发达国家对于绿色产品的需求非常广泛，而发展中国家由于资金、消费导向和消费质量等原因，还无法真正实现对所有消费需求的绿化。以我国为例，目前只能对部分食品、家电产品、通信产品等进行部分绿化；而发达国家已经通过各种途径和手段，包括立法等，来推行和实现全部产品的绿色消费。从而培养了极为广泛的市场需求基础，为绿色营销活动的开展打下了坚实的根基。

绿色营销是一种新型营销理念，就是说，绿色营销还不可能脱离原有的营销理论基础。因此，绿色营销模式的制定和方案的选择及相关资源的整合还无法脱离原有的营销理论基础，可以说，绿色营销是在人们追求健康、安全、环保的意识形态下发展起来的新的营销方式和方法。

5.1.1 绿色营销和传统营销的区别

经过近一个世纪的探索和发展，企业的营销观念已经从以产品为导向发展到以人类社会的可持续发展为导向，并在此基础上发展为绿色营销观念。与传统的营销观念相比较，绿色营销观念是企业营销观念继20世纪50年代由产品导向转向顾客导向这一具有根本性变革之后的又一次升华。绿色营销观念与传统营销观念的差异主要表现在以下几个方面（如图5-1所示）。

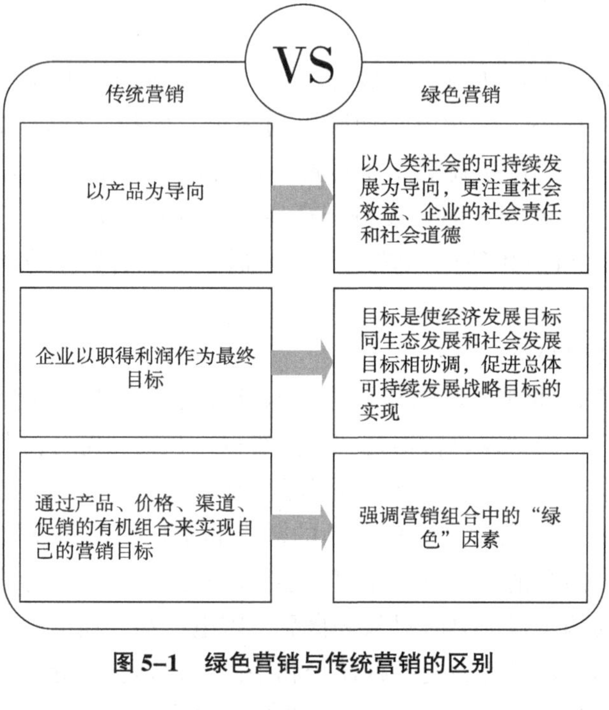

图5-1 绿色营销与传统营销的区别

5.1.1.1 经营导向的差异

（1）绿色营销观念是以人类社会的可持续发展为导向的营销观

20世纪90年代以后，由于生态环境的变化，自然资源的短缺严重影响人类的生存与发展，世界各国开始重视生态环境的保护，企业界则以保护地球生态环境、保证人类社会的可持续发展为宗旨提出了绿色营销。

绿色营销观念认为，企业在营销活动中，要顺应可持续发展战略的要求，注重地球生态环境保护，促进经济与生态协调发展，以实现企业利益、消费者利益、社会利益及生态环境利益的统一。首先，企业在营销中，要以可持续发展为目标，注重经济与生态的协同发展；其次，绿色营销强调消费者利益、企业利益、社会利益和生态环境利益四者的统一，进一步强调生态环境利益，将生态环境利益的保证看作是前三者利益持久得以保证的关键所在。

（2）绿色营销观更注重社会效益

企业作为社会的一个组成部分，不仅要注重企业自身的经济效益，而且要注重整个社会的经济效益和社会效益。

绿色营销观要求企业以社会效益为中心，以全社会的长远利益为重点，要求企业在营销中不仅要考虑消费者欲望和需求的满足，而且要符合消费者和全社会的最长远利益，变“以消费者为中心”为“以社会为中心”。企业一方面要搞好市场研究，不仅要调查了解市场的现实需求和潜在需求，而且要了解市场需求的满足情况，以避免重复引进、重复生产带来的社会资源的浪费；另一方面，企业要注重与竞争对手的优劣势分析，以扬长避短、发挥自身的优势来提高营销的效果，增加全社会的积累。同时，企业要注重选择和发展有益于社会和人的身心健康的业务，放弃那些高能耗、高污染、有损人的身心健康的业务，为促进社会的发展做出贡献。

（3）绿色营销观更注重企业的社会责任和社会道德

绿色营销观要求企业在营销中不仅要考虑消费者利益和企业自身的利益，而且要考虑社会利益和环境利益，将四者结合起来，遵循社会的道德规范，实现企业的社会责任。

5.1.1.2 经营目标的差异

在传统营销方式下，无论是以产品为导向还是以顾客为导向，企业经营都是以取得利润作为最终目标。传统营销主要考虑的是企业利益，往往忽视了全社会的整体利益和长远利益。其研究焦点是由企业、顾客与竞争者构成的“魔术三角”，通过协调三者间的关系来获取利润。在营销中不注意资源的有价性，将生态需要置于人类需求体系之外，往往不惜以破坏生态环境利益来获得企业的最大利润。

绿色营销的目标是使经济发展目标同生态发展和社会发展的目标相协调，促进总体可持续发展战略目标的实现。绿色营销不仅考虑企业自身利益，还应考虑全社会的利益，维护全社会的整体利益和长远利益。

5.1.1.3　经营手段的差异

传统营销通过产品、价格、渠道、促销的有机组合来实现自己的营销目标。绿色营销强调营销组合中的“绿色”因素，注重绿色消费需求的调查与引导，注重在生产、消费及废弃物的回收过程中降低公害，开发和经营符合绿色标志的绿色产品，并在定价、渠道选择、促销、服务、企业形象树立等营销全过程中考虑以保护生态环境为主要内容的绿色因素。

5.1.2　绿色营销的观念

绿色营销观念见表5–1，具体详述如下。

表 5–1　绿色营销观念

需求观	资源观	环境观	效益观
企业经营活动必须关注消费者需求的全面性，不仅要发现需求、满足需求，而且要引导需求	充分合理地利用和开发自然资源	企业要把环境保护作为营销活动的导向之一	企业在从事营销活动时要正确处理和协调经济效益、环境效益和社会效益三者之间的关系，使三者达到统一

5.1.2.1　绿色营销的需求观

为实现生态、经济和社会的可持续发展，企业的可持续经营，企业的营销活动需要树立绿色营销的需求观。绿色营销的需求观认为，市场营销活动要注重和强调需求的全面性。为实现人类生活质量的全面提高，企业经营活动必须关注消费者需求的全面性，包括对健康、安全、无害的产品需求，对美好生存环境的需求，对安全、无害的生产和消费方式的需求，对和谐的人与人关系的需求。绿色营销的需求观还认为，企业在从事营销活动时不仅要发现需求、满足需求，而且要引导需求。企业不应单纯地把消费者看成是实现利润的手段和工具，把自然看成征服的对象，消极地去发现需求、满足需求，从而实现利润，而应积极主动地引导消费者进行合理消费，树立新的伦理观、价值观，避免不合理需求引发的不合理的生产和消费方式，引起自然资源的浪费和损耗、生态环境的恶化以及人的异化，造成人与自然的对立、人与人的不和谐。

5.1.2.2　绿色营销的资源观

资源可分为自然资源和社会资源。社会资源包括劳动力资源、技术资源和信息资源。自然资源是人类生存和社会生产发展的物质基础，也是一个社会可持续发展运行的物质基础。根据自然资源更换的潜力（即再生性质），自然资源可划分为不可再生型资源、可再生（或可更新）型资源、用之不竭型资源。随着世界各国的经济发展和人口剧增，自然资源的供应能力与人类对它的需求之间的矛盾也日益尖锐起来。在这种情况下，充分合理地开发和利用自然资源，便成为社会经济发展的一项紧迫任务。因此，企业在进行营销活动时要树立绿色营销的资源观，它包括如下内容：协调需求和自然资源的供给关系，科学开发、合理利用和节约资源，高效率地利用资源。进行技术创新，开发新的资源，创造不可再生资源的替代资源，注重可持续发展。发展知识经济。知识经济是一种可持续发展的经济，它是指建立在知识和信息的生产、分配和使用基础上的经济。知识经济使人类从开发有限的、可耗尽的自然资源，转向开发人类自身可持续的智力资源。这种资源的积累具有累积效应，并可为经济的发展提供持续和永久的动力和源泉。

5.1.2.3　绿色营销的环境观

环境是指影响人类生存和发展的各种因素的总和。环境一方面是人类生存和发展的物质基础和空间条件，另一方面又承受着人类活动所产生的废弃物质和其他种种结果。环境问题是指人类生存的环境受到破坏和污染，引起环境质量下降，无法与人类的生存需要相适应，从而影响人体健康和人类社会发展的一种现象。环境问题可分为两类，一类是工业生产、交通运输和生活排放的有毒、有害物质，以及有毒化学品引起的环境污染；另一类是对自然资源不适当的开发引起的生态环境破坏，突出地表现在植被破坏、水土流失、土壤退化、沙漠化、气候异常等方面。绿色营销观念要求企业把环境保护作为营销活动的导向之一，树立正确的环境观。

作为经济活动的主体、市场活动的主体、环境问题的主要责任者，企业要正视环境问题，关注人类对环境质量的需求，把环境因素纳入供应链决策系统之中，从原料供应到产品的开发、制造、生产、运输、分销，整个物流过程均不对环境产生破坏性影响，或者把对环境所产生的破坏性影响控制到环境可以吸纳和自净的程度。此外，企业在进行环境因素的分析时，不能局限于产业内，还要考虑自身的经营活动对关联产业的影响，会不会诱发关联产业的环境问题。所有企业都是经济体系的命运共同体，更是整个生态系统的命运共同体。只有把短期利益和长远利益、局部利益和全局利益统一起来，企业才会实现永续经营，长盛不衰。

5.1.2.4 绿色营销的效益观

绿色营销的效益观，是指企业在从事营销活动时要正确处理和协调经济效益、环境效益和社会效益三者之间的关系，使三者达到统一。

绿色营销的效益观要求企业在从事经济活动时，把经济效益、环境效益和社会效益统一起来。经济效益、社会效益和环境效益三者之间的关系是对立统一的。首先，经济效益与环境效益是对立的，往往存在短期内经济效益与环境效益是对立的，局部的经济效益与整体的环境效益在一定时期内是对立的。总体来讲，企业的经济活动注重环境保护，其环境效益表现为总体和长远的利益。其次，经济效益与环境效益又是相互联系，相互统一的。社会再生产既从环境索取环境资源，又靠环境吸纳其排出的废弃物。经济系统依赖环境系统而存在，环境的破坏将动摇人类一切社会经济活动的基础。社会化大生产把整个经济体系连在一起，局部企业和个别部门对环境的破坏所引起的负生态环境效益可能导致整体经济效益的降低，甚至引起整个经济体系的全面崩溃。

由此可见，经济效益与环境效益是相互依赖、相互制约的。而强调经济效益和环境效益目的都是为了社会效益。为了使社会各方面得到发展和改善，提高社会的整体福利，必须把三者统一起来，这就是绿色营销的效益观。

5.2　绿色营销策略

5.2.1　宏观策略

从长远来看，绿色营销的实施无论是对企业的持续发展，还是对整个社会的发展都是十分有利的。然而，从短期来看，实施绿色营销可能会增加资金的投入，为企业带来诸多不便，使一些企业缺乏实施绿色营销的自觉性。因此，构建绿色营销的宏观战略，从宏观上加强政府对企业绿色营销活动的引导与管理，对于促进绿色营销的健康发展具有重要意义。

在发展我国绿色营销事业的过程中，我国政府应积极发挥其宏观调控管理及监督作用，制定宏观发展战略，进行宏观调控和政策引导。具体要做到以下几个方面。

5.2.1.1　树立绿色战略思想

编制绿色蓝图，不仅是在规划中确定一系列生态及环境质量指标和措施，更重要的还在于在规划中体现生态及环境保护的战略思想和政策。要树立环境保护是基本国策的战略思想，环境和自然资源是经济发展和人民生活的物质基础，是生存和发展之本；确立经济与生态协调发展的战略思想，通过发展循环经济，实现减量化、再使用、再循环的3R原则，从而做到对自然资源的节约和对生存环境的保护，促进经济与社会的可持续发展。

5.2.1.2　制定绿色政策体系

制定绿色政策体系主要包括制定绿色环境保护的政策、制定有利于绿色产业发展的产业政策以及制定国际经济合作中保障经济与生态协同发展的政策体系。

5.2.1.3　制定绿色产品发展战略

政府要把“发展中国绿色产品”这一工程纳入国民经济和社会中长期发展计划之中，并对工程的具体实施给予全面系统的战略指导。具体而言，要研究制订包括总体战略、地区战略、部门战略在内的适应现代国际竞争的绿色产品发展战略；建立和完善绿色产品发展的激励机制；还要结合实际情况，按照调整产业结构的要求，把重点行业的重点产品，有市场潜力的产品，特别是高技术含量、高市场容量、高附加值、高创收、高效益、低物耗的产品列入规划，帮助企业制定和落实发展绿色产品的措施，从而突出重点，发展绿色产品。

5.2.2 微观策略

5.2.2.1 绿色营销的计划策略

实施绿色营销战略是与企业的长期发展规划和战略分不开的。企业对于绿色营销的实施和开展必须要有充足的准备，以便为绿色营销提供必要的条件。这些都要求企业在深入进行目标市场调研的基础之上，将企业产品和品牌进行合理的市场定位，分析潜在的市场容量和潜在顾客的购买能力，对绿色营销资源有效整合，发挥绿色营销的独特作用，扬长避短，实现绿色营销综合效益最大化。

绿色营销要求企业有一个明确的绿色发展计划，作为绿色营销计划的实施基础。该计划应该详细表述产品绿色发展周期、绿色品牌实施计划、绿色产品研发计划、绿色营销推广计划、绿色营销服务通道计划、绿色商流物流价值流计划、绿色营销管理方案等绿色计划。

另外，企业在实施绿色营销前，要对绿色营销的过程管理、人力资源管理、资金流和价值流的管理进行系统计划，确保营销过程中各种资源适时地有效整合，推动整个绿色营销进程的实施，为最终实现各种利益体的共赢打下坚实基础。

5.2.2.2 绿色营销的产品和品牌策略

营销理论的发展已经给大家一个共识，即营销从采购开始。绿色营销的开端更是要从源头抓起。只有这样，才能保证绿色产品供应链的有效运转，最终实现绿色消费，达到对生态环境保护并减少污染的目的。

首先，绿色产品设计成为重中之重。要求采取绿色营销的企业从材料的选购、产品结构、功能性能、设计理念、制造过程开始层层把关，加强生态、环保、节能、资源利用等方面的控制与遴选，确保绿色消费的达成。除此之外，在产品的包装、运输、储存及使用、废弃物的处理等方面都要考虑各种有可能受到影响的绿色因素。

其次，绿色产品讲究综合成果。绿色产品要能够体现健康、安全、环保，体现对社会的责任意识，将原本属于社会职能的内容考虑进企业的经营管理当中，并认真负责地承担起解决这些社会问题的义务。

最后，企业只有对外树立起良好而健康的企业形象，才能够真正实现打造绿色品牌的任务。企业在进行品牌战略时，要切实抓紧绿色产品这一载体，赋予绿色品牌更多的内涵，体现绿色经营管理文化，灌输绿色经营管理观念，丰富品牌承载量，扩展品牌深度，从而实现品牌价值最优化、最大化。

绿色品牌策略包括如下内容：一是具有高度责任意识的绿色品牌定位；二是精细而健康的绿色品牌维护；三是科学系统的绿色品牌经营管理；四是长期不懈地进行绿色品牌修正。

5.2.2.3 绿色产品的价格策略

首先，绿色产品具有较高附加值，拥有优良的品质，从健康、安全、环保等诸多方面具有普通产品无法比拟的优势。因此，在其市场定位上应该着眼于较高的消费需求。企业可以根据市场环境因素，对不同市场进行不同的产品定位。研究表明，在欧美发达国家，即使普通的消费也都倾向于绿色消费，所以绿色产品在那里已经非常普通，其市场定位当然也较为普通；但在发展中国家，绿色产品的消耗量还很小，对于普通消费者来说绿色产品还是奢侈品，因此必须要在一个较高基点上对其进行市场定位。

其次，在价格策略上，由于绿色产品支付了相当昂贵的环保成本，在产品选材及设计上的独特性和高要求，使其具有普通产品无法比拟的高附加值，因此其价格比一般普通产品高，消费者也很愿意接受这样的一种价格。因此，企业在为绿色产品进行定价时，要充分地将环保成本、研发设计成本、绿色包装、绿色材料、绿色渠道、绿色服务等成本考虑在内，从而制定出对于企业和消费大众都是比较合理的市场价格。逐步在消费者心目中灌输一种“污染者付费”“环境有偿使用”的现代观念。

另外，企业在对绿色产品进行定价时，应该遵循一般产品定价策略。根据市场需求、竞争情况、市场潜力、生产能力和成本、仿制的难易程度等因素综合考虑。切不可盲目完全采取撇脂定价策略，亦不宜完全应用渗透定价策略。应注重市场信息收集和分析，分析消费者的绿色消费心理，制定合理可行的绿色价格方案。

美国电力公司的绿色定价策略

美国一些电力公司利用风能等可再生的清洁能源来发电，向居民供电。通过建立分支机构等方式，把“绿色电力”供应机构与“非绿色电力”供应机构区别开，以明确消费者支持绿色电力的奉献，从而让其获得满足。通过这些措施，建立消费者对绿色电力的认知，从而实施绿色定价。

5.2.2.4　绿色渠道策略

企业开展绿色营销，其绿色营销渠道的畅通是关键。企业只有充分保障绿色产品物流、商流、价值流、信息流在渠道中畅通无阻，才能最终实现绿色消费。在绿色渠道建设中，企业要结合产品特点，充分发挥产品的绿色特质，实现渠道绿化。

第一，建设属于绿色营销的专用渠道。通常一个企业的主导产品是非绿色产品，而绿色产品仅仅是企业的一部分。这种情况下，企业可能为了节省成本和渠道费用，将绿色产品放入普通渠道进行销售。这样做，表面上看可以节约许多成本费用，但从长远考虑，会使企业的绿色产品价值降低，消耗企业绿色品牌美誉度和品牌价值，部分绿色品牌或产品甚至因此而退出绿色营销领域。基于此，建议企业进行绿色营销要单独建设纯绿色渠道。

第二，绿色代表着健康向上，绿色中间商或经销商也要具有良好的绿色本质和气质。绿色经销商或中间商，一方面要具有良好的绿色信誉，能够并愿意为绿色事业做出贡献；另一方面，能够接受并秉承绿色营销理念，在日常的经营过程中已经注重绿色环保的重要性，并通过其绿色经营已从中获取相当可观的绿色收益。绿色经销商或中间商在日常经营过程中愿意接受相关的绿色指导，采取正当可行的绿色竞争手段，维护可持续发展的绿色健康竞争秩序。

第三，作为辅助，企业可以开设一些绿色专营店，确保专营店“纯绿色经营”，对于建立产品良好的绿色信誉，促进和巩固消费者对于绿色产品的认知，都将发挥作用。

5.2.2.5　绿色促销策略

绿色促销就是围绕绿色产品而开展的各项促销活动的总称。其核心是通过相关活动，达到树立企业绿色健康形象、丰富企业绿色营销内涵、促进绿色产品推广和消费的目的。这样，企业可以巩固其绿色产品市场地位，开拓绿色市场容量。

企业开展绿色促销要严格与传统促销活动区分开来。绿色促销要重点开展具体的营销和推广活动，将企业的绿色行动付诸实施。企业可以借助一些媒体宣传自己在绿色领域的所作所为，并积极参与各种公益及环保活动，大力提倡绿色环保产品的推广和使用，要带头推动一些有意义的环保事业。

另外，绿色营销本身就是一项具有高度责任感的事业。企业必须时刻以对自然、对他人、对未来、对竞争对手负责的态度，来奉献自己的绿色爱心，提高公众的绿色意识，引导绿色消费需求。

因此，制定绿色促销策略，不但要突出爱心、责任、奉献等人文因素，而且要具有长期的战略眼光，将企业的长期利益与企业的短期目标结合起来，要有重点、有秩序地层层推进，切不可虚张声势、不讲实际。

5.2.2.6　绿色服务策略

随着经济的不断发展，服务已经由原来的营销辅助功能转为创造营销价值的主要营销功能。而针对绿色营销开展的绿色服务更是必不可少，它将为绿色营销最终价值的实现发挥极其重要的作用。随着近些年企业服务意识的加强，普通产品营销企业在服务上已经开通了具有划时代意义的绿色服务通道，极大地方便了消费者与产品供应者之间的沟通，不但解决了顾客的后顾之忧，也为企业信息的收集和传输建立了渠道。而绿色营销更应该建立绿色服务通道，这一通道的建立将执行如下几项功能：一是传播绿色消费观念，减少绿色消费误区；二是真正从专业化的角度解决消费者在绿色消费中出现的问题，指导消费者进行纯绿色消费；三是实现绿色产品价值再造。通过绿色服务，减少资源浪费、节约物质消耗、降低环保成本、实施资源综合利用，实现绿色产品在绿色服务中的价值最大化。

5.2.2.7　绿色管理策略

企业在对外推行绿色观念的过程中，也要将绿色观念融入企业的生产经营管理活动中。目前，国际比较通行的做法是5R原则：研究（research），就是把环保纳入企业的管理决策中来，重视对于环保的研究及相关的环境对策；消减（reduce），通过采用新技术、新工艺、新材料，减少或消除有害废弃物的排放；再开发（rediscover），积极进行科研活动，变普通产品为绿色产品，积极创造绿色品牌；循环（recycle），对废旧产品进行回收处理，循环利用；保护（reserve），积极参与环境整治活动，培养员工环保意识，树立企业绿色形象。

企业通过绿色管理原则，建立绿色发展战略，实施绿色经营管理策略，制定绿色营销方案，才能加快企业绿色文化的形成，推动企业绿色技术、绿色生产，生产出满足公众绿色需求的产品，实现社会和企业经济的可持续发展。

绿色营销观念要求企业家要有全局、长远的发展意识。企业在制定企业发展规划和进行生产、营销的决策和管理时，必须时刻注意绿色意识的渗透，从“末端治理”这种被动的、高代价的对付环境问题的途径转向积极的、主动的、精细的环境治理。在可持续发展目标下，调整自身行为，从单纯追求短期最优化目标转向追求长期持续最优化目标，将可持续性目标作为企业的基本目标。

5.3 绿色营销管理

绿色营销管理包括以下五个方面的内容。

5.3.1 树立绿色营销观念

绿色营销观念是在绿色营销环境条件下企业生产经营的指导思想。传统营销观念认为，企业在市场经济条件下生产经营，应当时刻关注与研究的中心问题是消费者需求、企业自身条件和竞争者状况三个方面，并且认为满足消费需求、改善企业条件、创造比竞争者更有利的优势，便能取得市场营销的成效。而绿色营销观念却在传统营销观念的基础上增添了新的思想内容。

企业生产经营研究的首要问题不是在传统营销因素条件下，通过协调三方面关系使自身取得利益，而是协调与绿色营销环境的关系。企业营销决策的制定必须首先建立在有利于节约能源、资源和保护自然环境的基点上，促使企业市场营销的立足点发生新的转移。

对市场消费者需求的研究，是在传统需求理论基础上，着眼于绿色需求的研究，并且认为这种绿色需求不仅要考虑现实需求，更要放眼于潜在需求。企业与同行竞争的焦点，不在于传统营销要素的较量，争夺传统目标市场的份额，而在于保护生态环境的最佳营销措施，并且认为这些措施的不断建立和完善，是企业实现长远经营目标的需要，能够形成和创造新的目标市场，是竞争制胜的法宝。

与传统的社会营销观念相比，绿色营销观念注重的社会利益更明确定位于节能与环保，立足于可持续发展，放眼于社会经济的长远利益与全球利益。

5.3.2　设计绿色产品

产品策略是市场营销的首要策略，企业实施绿色营销必须以绿色产品为载体，为社会和消费者提供满足绿色需求的绿色产品。所谓绿色产品是指对社会、对环境改善有利的产品，或称无公害产品。这种绿色产品与传统同类产品相比，至少具有下列特征：

一是产品的核心功能既要能满足消费者的传统需要，符合相应的技术和质量标准，又能满足对社会、自然环境和人类身心健康有利的绿色需求，符合有关环保和安全卫生的标准。

二是产品的实体部分应减少资源的消耗，尽可能利用再生资源。产品实体中不应添加有害环境和人体健康的原料、辅料。在产品制造过程中应消除或减少“三废”对环境的污染。

三是产品的包装应减少对资源的消耗，包装和产品报废后的残物应尽可能成为新的资源。

四是产品生产和销售的着眼点，不在于引导消费者大量消费而大量生产，而是指导消费者正确消费而适量生产，建立全新的生产美学观念。

5.3.3　制定绿色产品的价格

价格是市场的敏感因素，定价是市场营销的重要策略，实施绿色营销不能不研究绿色产品价格的制定。一般来说，绿色产品在市场的投入期，生产成本会高于同类传统产品，因为绿色产品成本中应计入产品环保的成本，主要包括以下几方面：

一是在产品开发中，因增加或改善环保功能而支付的研制经费；

二是在产品制造中，因研制对环境和人体无污染、无伤害而增加的工艺成本；

三是使用新的绿色原料、辅料而可能增加的资源成本；

四是由于实施绿色营销而可能增加的管理成本、销售费用。

但是，产品价格的上升是暂时的，随着科学技术的发展和各种环保措施的完善，绿色产品的制造成本会逐步下降，趋向稳定。企业制定绿色产品价格，一方面当然应考虑上述因素，另一方面应注意到，随着人们环保意识的增强，消费者经济收入的增加，消费者对商品可接受的价格观念会逐步与消费观念协调。所以，企业营销绿色产品不仅能使企业盈利，更能在同行竞争中取得优势。

5.3.4 绿色营销的渠道策略

绿色营销渠道是绿色产品从生产者转移到消费者所经过的通道。企业实施绿色营销必须建立稳定的绿色营销渠道，策略上可从以下几方面努力：

一是启发和引导中间商的绿色意识，与中间商建立恰当的利益关系，不断发现和选择热心的营销伙伴，逐步建立稳定的营销网络。

二是注重营销渠道有关环节的工作。为了真正实施绿色营销，从绿色交通工具的选择，绿色仓库的建立，到绿色装卸、运输、贮存、管理办法的制定与实施，认真做好绿色营销渠道的一系列基础工作。

三是尽可能建立短渠道、宽渠道，减少渠道资源消耗，降低渠道费用。

5.3.5 绿色营销的促销活动

绿色促销是通过绿色促销媒体传递绿色信息、指导绿色消费、启发引导消费者的绿色需求，最终促成购买行为。绿色促销的主要手段有以下几方面：

一是绿色广告。通过广告对产品的绿色功能定位，引导消费者理解并接受广告诉求。在绿色产品的市场投入期和成长期，通过量大、面广的绿色广告，营造市场营销的绿色氛围，激发消费者的购买欲望。

二是绿色推广。通过绿色营销人员的绿色推销和营业推广，从销售现场到推销实地，直接向消费者宣传、推广产品的绿色信息，讲解、示范产品的绿色功能，回答消费者的绿色咨询，宣讲绿色营销的各种环境现状和发展趋势，激励消费者的消费欲望。同时，通过试用、馈赠、竞赛、优惠等策略，引导消费兴趣，促成购买行为。

三是绿色公关。通过企业的公关人员参与一系列公关活动，诸如发表文章、演讲、影视资料的播放、社交联谊、环保公益活动、赞助等，广泛与社会公众进行接触，增强公众的绿色意识，树立企业的绿色形象，为绿色营销建立广泛的社会基础，促进绿色营销的发展。

5.4　绿色营销的评价体系

5.4.1　ISO 14000 环境管理体系

1993年，国际标准化组织（ISO）成立了环境管理标准技术委员会（ISO/TC207），将环境管理工作纳入国际标准化的轨道，颁布了ISO 14000环境管理体系。ISO 14000环境管理体系的宗旨是通过建立、实施一系列环境管理体系，达到“全面管理，污染预防，持续改进”的目的。其中ISO 14000环境管理体系，则是通过环境标志对企业的环保行为加以确定，以推动有益于环境的产品的发展，达到企业自觉改善环境、保护环境的目的。我国是ISO/TC207的成员之一，1995年成立了全国环境管理标准化技术委员会和中国环境管理体系认证指导委员会，实施ISO 14000环境管理体系的认证工作。1996年12月我国将ISO 14000环境管理体系等转化为国家标准，通过认证的企业可获得“绿色”标志。

5.4.2　绿色产品的评价方法及模型

5.4.2.1　绿色产品的评价矩阵

由于绿色产品的评价指标众多，不同指标从不同侧面反映产品的不同属性，且评价指标体系通常表现出明显的层次性，因此可运用层次分析法进行综合评价，建立一种半定量化产品生命周期简式评价矩阵，用于评价绿色产品。此评价方法的特点是：对产品生命周期各个阶段及相关的主要因素进行综合评价，因而可得到比较准确满意的结果；对相似的产品可直接进行比较和判断；此法简单，不同评价人员均可较好地运用，而且可快速得出评价结果。此评价系统为 $5 \times n$ 的二维矩阵（见表5-2），其中一维代表产品生命周期的五个阶段：原料获取、产品生产、销售（包括包装、运输等）、产品使用、回收或处置；另一维代表环境要素。

表 5-2　产品生命周期评价矩阵

生命周期	评价指标要素			
	经济状况指标	资源利用指标	能源利用指标	环境状况指标
	质量……	材料利用率……	能源利用率……	水环境……
原料获取				
产品生产				
销售				
产品使用				
回收或处置				

5.4.2.2　绿色产品的评价方法

首先，进行目标界定，即将评价目标和范围界定在产品生命周期的范围内。其次，进行清单分析。清单分析是LCA的核心和关键。它通过追踪产品整个生命周期循环，详细列出各个阶段的各种输入输出清单，并进行量化和分析。典型的清单分析应对产品的设计制造、销售运输、使用和最终处理等阶段进行分析。再次，根据清单中的信息，对既定目标进行影响分析，完成清单中各种因素的分析、评估。这里假设根据前面的指标体系和收集的数据，已完成了某一产品的清单项目，下面以此评价矩阵进行LCA分析，以某一产品在“水环境指标”中加以分析说明（如图5-2所示）。

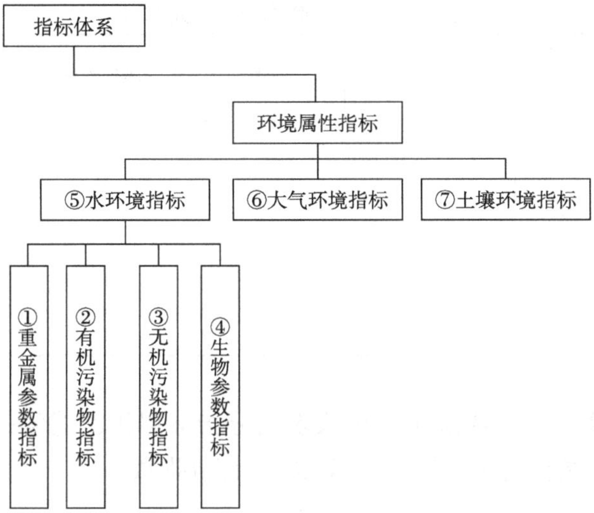

图 5–2　绿色产品评价指标体系（以水环境指标为例）

（1）分指标层指数的计算

首先将实践中调查获取的水环境原始数据与国家（或国际制定的相对应标准值）进行比较，得出其原始评价指数。数学表达式为：

$$a_{ij} = C_{ij} / S_{ij} \tag{5.1}$$

式中：a_{ij}——生命周期i，评价指标j；

C_{ij}——原始数据集；

S_{ij}——指标数据集

由所得的各a_{ij}，可组成各指标层的产品生命周期评价矩阵A，如表5–2所示。

（2）指标层、准则层指标指数的计算

为了方便运算，简化矩阵，可将整个生命周期中的列相加，使矩阵化为$1 \times n$矩阵。

$$A_j = \sum a_{ij} \tag{5.2}$$

表 5-3　产品生命周期评价矩阵 A

指标 / 生命周期	评价指标①	评价指标②	评价指标③	评价指标④
原料获取				
生产				
销售、包装		a_{ij}		
使用				
回收或处置				

然后由德尔菲法或层次分析法求出分指标层①②③④的权重行矩阵 W_1，可由此分指标得出水污染指标层⑤的评价指数：

$$A=\sum A_j \cdot W_1^T \tag{5.3}$$

同理，可分别求出指标层⑥⑦⑧……的评价指数 A_i，再重复以上步骤，算得准则层环境状况指标的评价指数：

$$B_j=\sum A_i \cdot W_2^T \tag{5.4}$$

式中：W_2——目标层权重行矩阵。

（3）目标层评价指数的计算

目标层的评价指数即GDI：

$$GDI=\sum B_j \cdot W_3^T \tag{5.5}$$

式中：W_3——准则层权重行矩阵。

最后根据由专家建立起的一个GDI指数分级表，对照计算出的GDI值即可判断出该产品是否属于绿色产品及其"绿化"的程度。

对于某一个是由若干个可分制的区别明显、差异显著的几大类组成部分组成的产品，如含氟冰箱，其既有机械物质，又含化学物质的，为了更准确评价，可由德尔菲法求出各部分的权重，用上述方法分别求出各部分的GDI值再得出GDI总值即可。

5.4.3　绿色产品的评价指标

严格地讲，完全符合环境要求、对环境绝对不造成不良影响的产品是很少见的。因此，所有实施绿色标志产品标准的国家都公认，一种具有绿色标志的产品只是相对于其他功能相当的同类产品对环境的影响或危害较少一些。而区别不同产品之间在环境影响方面的差异，需要对产品的整个生命周期即从原料、生产、销售（包括包装、运输）、使用到后其处置的全过程进行环境影响分析，以找出产品总的环境影响。国外已实施绿色标志产品标准的许多国家，为了选择环境标志产品种类和制定获得环境标志必须满足的标准通常采取如下步骤：

· 选择产品种类；
· 对初选产品种类进行产品整个生命周期的环境影响评价；
· 建立恰当的考核产品环境性能的标准值；
· 精选产品种类的范围。

其中对初选产品进行产品整个生命周期的环境影响评价是选择产品种类和制定绿色标志产品标准的依据，也是实施绿色标志产品标准的关键与核心。

5.4.3.1　建立绿色产品评价指标体系的基本原则

建立指标体系是一项较为复杂的工作，为了达到科学性、规范性和广泛性的目的，其建立必须遵循以下原则：

· 目的性原则；
· 系统全面性原则；
· 科学性原则；
· 动态与静态相结合原则；
· 定量与定性相结合原则；
· 简明性、可比性和可操作性原则；
· 独立性原则；
· 侧重性原则。

5.4.3.2　绿色产品的评价指标

指标体系的确定是绿色产品评价的首要问题。根据绿色产品的评价标准，绿色产品的指标体系应包括资源利用指标、能源利用指标、环境状况指标及经济状况指标四大体系，每一指标都由复杂的多元参量组成。

按照建立绿色产品评价指标体系的基本原则，结合绿色产品的特征要求，在ISO 14000环境管理体系及国家技术监督局颁发的环境标准体系的指导框架下，根据评价目的，对评价的总指标进行多层次分解（分组），排列成倒立树状目标层次结构，由评价总指标到下层指标，逐渐分解到下层子指标。原始数据只需要知道最下层子指标的数据就可以了。一个指标进行分解，是为了得到更具体的指标，以便进行量化，分解到一般可以计量的子指标时，分解就可以停止。因为一般突变系统某状态变量的控制变量不超过四个，所以相应的一般各层指标（单指标的子指标）分解不要超过四个。

这样，绿色产品的评价指标体系就是一个由目标层、准则层、指标层及分指标层构成的层状体系。其中，目标层由准则层加以反映，而准则层则由具体评价指标加以确定。各个层次及其具体内容的示例，如图5-3所示。

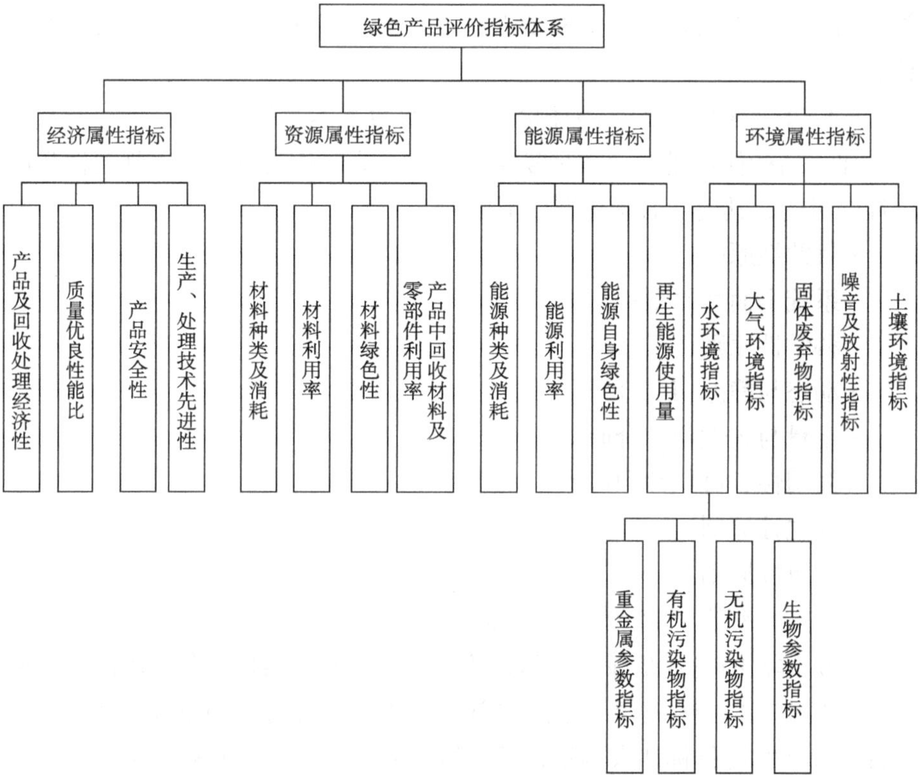

图5-3　绿色产品的评价指标体系

5.4.4　绿色营销的效益评价

5.4.4.1　绿色营销的效益评价指标体系

（1）效益的重新界定

效益，即收获与付出之间的比率。这个比率越大，满意度亦越高，越为人所追求。效益的重新界定表现在对收获和付出的重新认识。著名的马斯洛需求理论认为，人类的需要分为生存需要、安全需要、交际需要、尊重需要和自我实现的需要五个层次，高层次的需要在低层次的需要得到满足的情况下产生。我们可以发现，人的需要是从有形的物质方面转向无形的精神方面，由内在感受转向外在观点，再转向外在观点影响下的内在满足感。因此，“收获”既包括物质方面的满足，又包括精神方面的满足；既包括自我满足，又包括社会满足。同样地，“付出”亦不再是指单一的金钱付出，还包括时间、体力、精力等方面。在这里，我们所提到的效益即广义的收获和付出之间的比率，用公式表示为：

$$效益=\frac{物质（有形）收获+精神（无形）收获}{金钱付出+时间付出+体力付出+精力付出} \tag{5.6}$$

（2）绿色营销的效益

绿色营销是将绿色引入到企业的营销活动中，一方面使企业内部生机盎然、绵绵不息，另一方面有益于社会和生态环境，创造一个双赢的局面，实现人与大自然的和谐相处，人与社会的相得益彰。绿色营销的效益就是指在绿色营销的整个过程中所获得的全部有形收获（如利润的增加）、无形收获（如企业形象的提高、生态环境的改善等）同全部支出（如环保产品的设计、绿色消费观念的宣传等）的对比关系。

5.4.4.2　绿色营销的效益评价指标

按主体的不同，绿色营销的效益可分为企业效益、企业外效益（包括生态效益和社会效益）；按时间长短的不同，绿色营销的效益可分为短期效益（直接效益）、长远效益（间接效益）；按是否能用金钱来衡量，绿色营销的效益可分为经济效益、公共效益。为方便起见，这里仅以不同的主体为线索对绿色营销的效益进行评价。

（1）企业效益

企业是从事绿色营销的主力军，对企业来讲，需要搜索绿色信息，开发绿色资源，研制绿色产品，制定绿色价格，选择绿色渠道，开展绿色促销，实施绿色管理。这一系列活动都需要耗费成本，也会带来效益，不同的营销活动所产生的效益也不一样。企业效益既包括可以定量的企业经济效益，又包括只能定性的企业竞争力效益。

企业经济效益，是指企业从事绿色营销获得的经济效益同非绿色营销获到的经济效益的比较，主要表现为利润率上的比较。

企业竞争力效益，是指企业从事绿色营销所获得的竞争力的提高与所增加的成本之间的比较。这是一项定性指标，但对于企业来说相当重要，特别是在竞争异常激烈的今天，有时候企业甚至不惜牺牲一部分经济效益来换取竞争力效益，因为企业竞争力效益蕴含着企业发展的动力。企业竞争力效益主要包括以下几个方面：

· 企业市场占有率的扩大；

· 企业美誉度的提升；

· 企业知名度的提升；

· 企业内部企业文化的形成，如企业工作环境的改善、职工的绿色意识提高，以及营销人员责任感的加强。

（2）企业外效益

绿色营销是营销经历了一系列的导向变化发展过来的，经历了产品导向→顾客导向→社会导向→绿色营销导向（满足顾客需求、社会利益和生态的可持续性）。由此可见，绿色营销最大的贡献在于引入了对生态环境的关注与保护，因为要创造出营销自身的可持续性，就要依赖环境不断地提供营销所需资源，同时能持续吸收营销过程的产物。所以，必须关注企业外部的生态效益和社会效益。

①生态效益

生态效益指生态系统内的物质循环、能量转化效率，而生态系统则包括水、土、气候、生物、矿产等自然环境，以及交通、城镇及其基础设施等人工环境。具体来讲，生态效益的内容有：

a.资源的节约率

· 材料的利用率；

· 材料的回收率；

· 再生能源的使用量；

· 能源利用率；
· 资源替代率。
b. 污染减少指数
· 水污染减少指数；
· 大气污染减少指数；
· 固体废物污染减少指数；
· 工业“三废”减少指数；
· 土壤污染减少指数。
②社会效益
社会效益是指企业绿色营销活动对社会结构、社会状态、社会过程、社会消费观念、社会福利、教育、社会秩序、社会参与等方面的利益率，包括：
· 企业进行的公益活动给社会带来的收益；
· 消费者高层次的需要得以满足；
· 居民素质的提高、身体素质的提高、绿色消费观念的深入等。
以上各个指标构成了子指标层，子指标层又构成了指标层、准则层、目标层，乃至整个效益评价体系（见图5–4）。

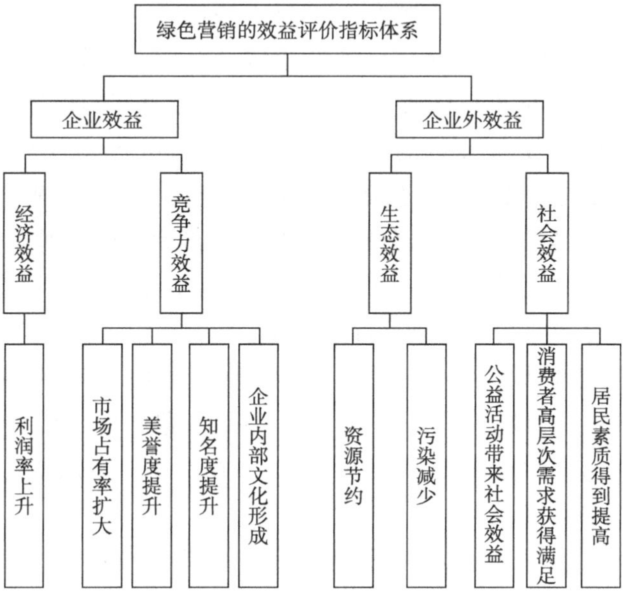

图 5–4　绿色营销效益评价体系

5.4.4.3　绿色营销的效益评价模型

如果将企业效益量化，作为横坐标；企业外效益量化，作为纵坐标，我们可以建立一个效益评价的矩阵模型，参见图5–5，其中a、b分别为企业效益和企业外效益的临界值。采用TOPSIS方法对企业绿色营销效益的各个指标进行量化并对比，得到临界值。通过这个模型，我们可以清楚地看到企业从事绿色营销效益的轨迹，并以此为基点决定企业的调整方向。

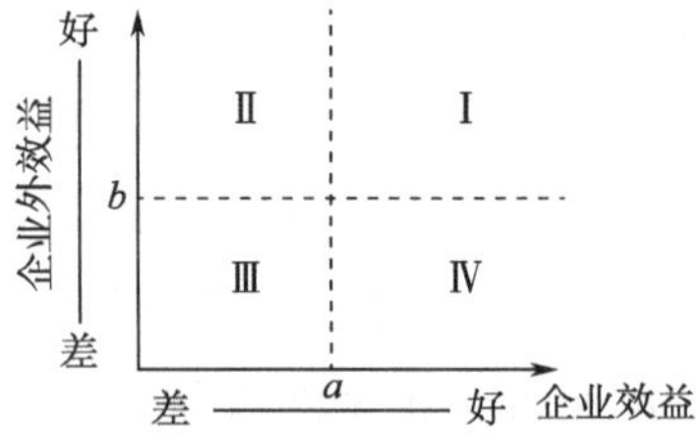

图 5–5　绿色营销效益评价矩阵图

（1）企业效益的评价

①指标量化

在十分制体系下，邀请m个权威专家对n个企业的各个指标进行打分，分值越大越有利于企业，反之则不利。具体指标如表5–4所示。

企业的经济效益X_1：首先将实践中调查获取的原始利润率数据与同行业的平均对应指标进行比较，认为企业经济效益好的得分9.0~10.0，比较好的得分8.0~8.9，不太好的得分6.0~7.9，相同的得分5.0，不好的得分0~4.9，在各层次中又依据其强弱取其邻值。当然，应在调查研究的基础上，请多方面的消费者与专家分别独立打分，得到指标系列X_{i1}。

企业的市场占有率X_2：同样地，将企业的市场占有率与同行业的平均市场占有率比较并评分，得到指标系列X_{i2}。

企业的知名度X_3：在市场调研中，熟悉该企业的得分9.0~10.0，知道的得分8.0~8.9，听说过的得分7.0~7.9，有点印象的得分5.0~6.9，不清楚的得分2.0~4.9，完全没概念的得分0~1.9，在层次中又依据其强弱取其邻值，得到指标系列X_{i3}。

企业的美誉度X_4：依据该企业形象是否良好，企业是否肯为社会和公众谋福利，以及值得消费者信赖的程度，经评判得到指标系列X_{i4}。

内部企业文化X_5：内部企业文化的评判依据，即企业内部环境是清洁还是混乱、企业职工的工作意识是认真负责还是得过且过、整个企业的理念是拥有核心力量还是一盘散沙等，经评判得到指标系列X_{i5}。

②建立评分表

表 5–4　专家对某（第 1 个）企业各个指标的评分表

指标 专家	经济效益 X_1	市场占有率 X_2	知名度 X_3	美誉度 X_4	企业文化 X_5
1	x_{11}	x_{12}	x_{13}	x_{14}	x_{15}
2	x_{21}	x_{22}	x_{23}	x_{24}	x_{25}
3	x_{31}	x_{32}	x_{33}	x_{34}	x_{35}
4	x_{41}	x_{42}	x_{43}	x_{44}	x_{45}
5	x_{51}	x_{52}	x_{53}	x_{54}	x_{55}
6	x_{61}	x_{62}	x_{63}	x_{64}	x_{65}
7	x_{71}	x_{72}	x_{73}	x_{74}	x_{75}
…			…		
m	x_{m1}	x_{m2}	x_{m3}	x_{m4}	x_{m5}
求和	X_{11}	X_{12}	X_{13}	X_{14}	X_{15}

将专家对所有企业各个指标的评分进行汇总，得到表5–5。

表 5–5　企业各指标的得分

指标 企业	经济效益 X_1	市场占有率 X_2	知名度 X_3	美誉度 X_4	企业文化 X_5
1	X_{11}	X_{12}	X_{13}	X_{14}	X_{15}
2	X_{21}	X_{22}	X_{23}	X_{24}	X_{25}
3	X_{31}	X_{32}	X_{33}	X_{34}	X_{35}
4	X_{41}	X_{42}	X_{43}	X_{44}	X_{45}

续表

企业＼指标	经济效益 X_1	市场占有率 X_2	知名度 X_3	美誉度 X_4	企业文化 X_5
5	X_{51}	X_{52}	X_{53}	X_{54}	X_{55}
6	X_{61}	X_{62}	X_{63}	X_{64}	X_{65}
7	X_{71}	X_{72}	X_{73}	X_{74}	X_{75}
…					
n	X_{n1}	X_{n2}	X_{n3}	X_{n4}	X_{n5}

③企业绿色营销效益的评价

a.指标正向化

在评价时会遇到的指标具体可以分为以下四类。

极大型指标：也被称为效益型指标，数值越大越好，包括成绩、收入等。

极小型指标：也被称为成本型指标，数值越小越好，包括开销、死伤人数等。

中间型指标：数值有一个中间的最优点，如pH酸碱度越接近7越好，血压越接近理想血压越好。

区间型指标：数值在一个区间内最好，如城市最优人口规模在1 000万到1 200万之间（数字仅用来举例，无实际意义）。

根据不同类型的指标需要按照不同的公式进行正向化处理，即把所有指标转化为极大型。极小型转化最容易，直接用 $\max - x$ 即可，若变量 x 为正数，也可直接取倒数。如开销最大是3 000，x 变量对应的开销为1 000，转化后的值应为3 000–1 000=2 000，或者直接取倒数为1/1 000。

中间型指标的特点：指标的值既不要太大也不要太小，取某个特定的值最好（如评估水质量用到的pH酸碱度）。

令 X 是一组中间型指标序列，且最佳的数值为 x_{best}，那么正向化的公式如下：

$$1-\frac{|x_i - x_{\text{best}}|}{\max\left(|x_i - x_{\text{best}}|\right)} \tag{5.7}$$

区间型转化较为复杂，若{xi}为一组中间型指标序列，且最佳的区间为[a，b]，那么正向化的公式如下：

$$M=\max\left\{a-\min\left\{x_i\right\},\max\left\{x_i\right\}-b\right\},\quad \tilde{x}_i=\begin{cases}1-\dfrac{a-x}{M},x<a\\1,a\leqslant x\leqslant b\\1-\dfrac{x-b}{M},x>b\end{cases}\tag{5.8}$$

本书所选取的企业绿色营销效益（包括效益和外效益）的评价指标均为极大型指标，因此无需转化。

b.正向化矩阵标准化

这里有 n 个要评价的对象（企业），5个正向化的评价指标，则可以构建正向化矩阵。其中 x_{12} 代表第一个企业在第二个指标（此处指“市场占有率”）上正向化之后的得分。

$$X=\begin{bmatrix}x_{11}&x_{12}&\cdots&x_{15}\\x_{21}&x_{22}&\cdots&x_{25}\\\vdots&\vdots&\ddots&\vdots\\x_{n1}&x_{n2}&\cdots&x_{n5}\end{bmatrix}$$

将标准化矩阵记为 Z，则其中的每一个元素都等于对应矩阵 X 中的元素取值除以所在列元素的平方和开根号，即：

$$Z_{ij}=\frac{x_{ij}}{\sqrt{\sum_{i=1}^{n}x_{ij}^2}}\tag{5.9}$$

c.计算得分并归一化

n 个评价对象，5个评价指标的标准化矩阵如下：

$$Z=\begin{bmatrix}z_{11}&z_{12}&\cdots&z_{15}\\z_{21}&z_{22}&\cdots&z_{25}\\\vdots&\vdots&\ddots&\vdots\\z_{n1}&z_{n2}&\cdots&z_{n5}\end{bmatrix}$$

定义最大值为每列元素最大值的集合：

$$z^+=\left(\max\left(z_{11},z_{21},\cdots,z_{n1}\right),\max\left(z_{12},z_{22},\cdots,z_{n2}\right),\cdots,\max\left(z_{15},z_{25},\cdots,z_{n5}\right)\right)$$

定义最小值为每列元素最小值的集合：

$$z^{-}=\left(\min\left(z_{11},z_{21},\cdots,z_{n1}\right),\min\left(z_{12},z_{22},\cdots,z_{n2}\right),\cdots,\min\left(z_{15},z_{25},\cdots,z_{n5}\right)\right)$$

则第i个评价对象与最大值的距离为j个指标分别与最大值计算距离之后的求和：

$$D_i^{+}=\sqrt{\sum_{j=1}^{5}\left(z_j^{+}-z_{ij}\right)^2} \tag{5.10}$$

同理，第i个评价对象与最小值的距离为j个指标分别与最小值计算距离之后的求和：

$$D_i^{-}=\sqrt{\sum_{j=1}^{5}\left(z_j^{-}-z_{ij}\right)^2} \tag{5.11}$$

那么，第i个评价对象未归一化的得分为$S_i=\dfrac{D_i^{-}}{D_i^{+}+D_i^{-}}$，即$z$与最小值的距离除以$z$与最大值的距离和$z$与最小值的距离之和。因为距离都是非负的，很明显$S_i$取值在0和1之间，$D_i^{+}$越大，$S_i$越大，即越接近最优解。

归一化之后的得分为$\tilde{S}_i=\dfrac{S_i}{\sqrt{\sum_{i=1}^{n}S_i^2}}$，此处应满足$\sum_{i=1}^{n}\tilde{S}_i=1$。

归一化和标准化本质上都是为了消去量纲的影响，计算结果归一化之后更容易比较大小。

得到所有方案的得分之后，可以对分数进行排序，衡量各个企业的绿色营销效益。

（2）企业外效益评价

①企业外效益指标

· 资源节约X_1；

· 污染减少率X_2；

· 营销活动的公益性X_3；

· 消费者高层次需求得到满足的程度X_4；

· 居民身体素质和消费素质得到提高的程度X_5。

②建立评分表

③企业绿色营销外效益的评价

得到各企业绿色营销效益和外效益的标准化得分以后，可以计算企业绿色营销效益的临界值a：

$$a=\frac{\max\left\{\tilde{S}_i\right\}+\min\left\{\tilde{S}_i\right\}}{2} \tag{5.12}$$

同理可以得到企业绿色营销外效益的临界值b。

5.4.4.4　绿色营销活动的评价和分析

（1）企业的绿色营销活动在效益评价模型中的定位

在计算出临界值后即可建立图5-5中的矩阵图，并在矩阵图的坐标系中进行定位，从而明确企业发展的态势和走向，并对企业的绿色营销活动进行调整。

（2）分析与调整对策

基于图5-5，可以看出企业在内外的效益状况，具体分析如下：

第一象限，即企业效益好，企业外效益好（是一种最佳方案）；

第二象限，即企业效益差，企业外效益好；

第三象限，即企业效益差，企业外效益差（既不利己，也不利人）；

第四象限，即企业效益好，企业外效益差。

如果企业的效益评价轨迹是从第二象限趋向第一象限，则表明企业的绿色营销活动是在取得了较好的社会效益和生态效益的基础上，被消费者认同，其经济效益也在稳步提高。对此，国家和社会应予以提倡，企业也应将之纳入重点发展项目加以保持和扩大。再如，企业的效益评价轨迹是从第四象限趋向第二象限，则表明企业的绿色营销活动所取得的较好的社会效益和生态效益是以企业自身的经济效益为代价的。例如，不含磷的洗衣粉在各大商场上柜率不高，植物饭盒推广困难大，等等，虽然大家都认同它们的环保价值，但仍受价格、消费习惯、消费观念等因素的制约。单纯由企业来负担将会令企业处于力不从心的地步，所以需要政府施以援手，提供适时的政策扶持和一定的财政支持，以保护企业的绿色热情，更积极地从事绿色营销活动。

本章小结

本章介绍了绿色营销的内涵、策略、管理及评价体系。让读者深入了解绿色营销与传统营销的区别以及当前实施绿色营销的必要性，理解从产品、价格、渠道和促销四个方面进行绿色营销的方法，并且引入了绿色营销的评价体系，包括建立绿色产品的评价指标以及进行评价的方法及模型。

案例分析

麦当劳

一、企业简介

麦当劳（McDonald's）是全球大型跨国连锁餐厅，1955年创立于美国芝加哥，主要售卖汉堡包，以及薯条、炸鸡、汽水、冰品、沙拉、水果等快餐食品。麦当劳遍布南极洲除外的全球六大洲119个国家，拥有约32 000间分店，在很多国家代表着一种美式生活方式。作为美国最大跨国快餐连锁企业，麦当劳已是公众讨论关于食物导致肥胖、公司道德和消费责任等焦点话题所提及的快餐文化的代表，被指责影响公众健康，如高热量导致肥胖，以及缺乏足够均衡营养等。很多人抨击其为垃圾食品。法国以本国饮食文化为荣，很多人敌视麦当劳，视它为美国生活方式入侵的代表。然而，麦当劳率先成为行业典范，积极采用绿色营销方式，改变公众对麦当劳的负面印象。

绿色营销方方面面关系着可持续发展。企业采用绿色营销的方式不仅有利于企业成本的节约，还有助于建立关注人类可持续发展的绿色形象。

二、发展愿景及行动计划

（一）愿景

2018年，麦当劳在全球宣布了“Scale for Good”可持续发展愿景及行动计划，其中包括了包装与回收、儿童营养、儿童福祉、青年就业等领域。

从2018年底至2022年，麦当劳中国计划开设超过1 800家绿色餐厅，符合美国绿色建筑委员会（USGBC）颁发的“能源与环境设计先锋评级”（Leadership in Energy and Environmental Design，LEED）中“室内设计与施工”（简称“ID+C”）类别的认证标准。此外，麦当劳中国承诺不断推进绿色包装：在2020年前，纸制食品包装100%使用国际森林认证原纸，同时积极减少包装材料。从2018年11月起，北京部分麦当劳餐厅试点推行减少吸管的方案。

麦当劳中国董事会主席张懿宸先生说：“麦当劳的成功，归功于它的规模。我们的一小步，世界的一大步。如果麦当劳做出好的改变，哪怕是一个小小的改变，都可以为世界带来重大的影响。我们相信，麦当劳在中国加速发展的同时，需要肩负起更多的社会责任。可持续发展不应该是个别企业的竞争优势——只有全行业携手共进，才能推动真正的变革。”麦当劳中国将和其他100多个国家和地区一起，逐步推动相关计划的落实。

（二）行动计划

1. 亚太最大规模LEED批量认证，建造更多绿色餐厅

目前，中国是麦当劳全球第三大市场，平均每天新增至少一家餐厅。麦当劳中国承诺：从2018年底至2022年初，开设超过1 800家绿色餐厅，占全部麦当劳新餐厅95%以上。相关餐厅将符合LEED中“室内设计与施工”认证标准——从餐厅选址与设计、建材与施工到能源管理，全程减少对环境的负面影响，推动节能减排。这也是首次在中国开发及应用的LEED Volume批量认证，涉及门店数量为亚太区之首。

对于现有的餐厅，麦当劳中国也一直持续改造并优化能源管理，包括使用LED节能灯具、更高效能的空调及厨房设备等。今天，麦当劳餐厅平均用电量较2013年减少30%，目标2022年较2018进一步降低11%。

2. 推进绿色包装——减少包装及塑料；纸质包装100%使用森林认证原纸

麦当劳中国宣布三项绿色包装行动计划，在确保顾客用餐体验的前提下，更负责任地使用包装，不断优化并减少包装材料。

行动一：积极减少包装材料使用。2015年，麦当劳中国相继取消麦辣鸡腿堡、麦香鱼以及板烧鸡腿堡的包装盒，改为单层包装纸，减少了相关产品包装近80%的用纸量。对于薯条盒、派盒、汉堡包装纸、餐巾纸、开

心乐园餐纸盒等包装，麦当劳也优化裁切工艺和尺寸设计，令所需用纸量减少了约20%。

行动二：减少塑料。2018年11月1日开始，麦当劳中国在北京10家餐厅分别试点测试“免吸管杯盖”和不主动提供吸管的方案，以鼓励消费者减少吸管使用。而早在2007年，麦当劳中国就率先提供纸制外卖袋，十年来累计减少超过20亿个塑料袋。此外，所有餐厅还更换了麦旋风塑料杯、调整了刀叉尺寸，以减少塑料的使用。

行动三：100%使用国际森林认证的原纸。2020年前，麦当劳中国使用的纸制食品包装，将100%来自经森林管理委员会（FSC）或森林认证认可计划（PEFC）认证的原纸，以支持可持续的森林管理。

三、环保取得成果

麦当劳的绿色行为也获得了世界级的环保背书。

在2019年美国绿色建筑委员会（USGBC）主办的中国绿色建筑峰会（Greenbuild China 2019）上，麦当劳中国摘得了全场最高奖项——“先锋领导力大奖”（Leadership Award），这也是麦当劳在全球范围内首次获此殊荣！

2019年，麦当劳中国获得由皇家特许测量师学会（RICS）中国颁发的“年度可持续发展成就大奖”。

2018年，麦当劳中国在中国绿色建筑峰会上荣获“行业先锋大奖”，麦当劳中国在持续推行绿色餐厅行动所做出的努力获得充分肯定。

麦当劳应用绿色营销来获得可持续发展，能够帮助麦当劳获得未来的可持续发展，赢得绿色环保的企业形象。在2018年提出企业愿景时，麦当劳就将绿色环保–爱地球作为一项重要的目标，企业的产品、渠道等都坚持了绿色环保的理念，做到了整合绿色营销。

（资料来源：https://www.mcdonalds.com.cn/news/mcdonalds-china-announces-scale-for-good-green-package-and-green-restaurant。）

问题讨论：

麦当劳有哪些绿色营销策略？是如何设计其绿色营销效益评价体系的？

思考题

1. 解释绿色营销的概念。
2. 绿色营销有哪些观念？
3. 绿色营销和传统营销有何区别？
4. 为什么要实施绿色营销？
5. 绿色营销面临哪些困难？
6. 绿色营销的宏观策略包括哪几个方面？
7. 绿色营销的微观策略包括哪几个方面？
8. 如何构建绿色营销的效益评价模型？

参考文献

[1] PEATTIE K. Green marketing [M]. Pearson Higher Education, 1992.

[2] 万后芬. 绿色营销 [M]. 2版. 北京：高等教育出版社，2006.

[3] 刘彦. 绿色营销与企业发展 [J]. 中国科技论坛. 1995 (1): 30–33.

[4] 马瑞婧. 绿色营销：企业可持续发展战略研究 [D]. 武汉：中南财经政法大学，2006.

[5] 万后芬. 企业必须重视绿色营销 [J]. 营销与公关，1994 (1): 19–22.

[6] 戴巧珠，臧庆华. 发展绿色战略、增长竞争优势 [J]. 外国经济与管理，1992 (5): 11.

[7] 刘宇伟. 绿色营销：中国跨世纪营销新阶段 [C]. 中国高校市场学会95年会编文案，1995.

第 6 章　绿色回收

【学习目标】

1. 掌握绿色回收的概念、体系及成本与收益分析方法。
2. 掌握绿色回收的不同模式和方法。
3. 理解绿色回收技术及流程。
4. 了解生产者责任延伸制下回收的重要性和实施方式。
5. 了解绿色回收碳足迹的核算及策略。

当今世界，环境保护和可持续发展已经成为全球范围内的关键议题。废弃物的大量产生和处理对社会和环境造成了巨大的压力，而绿色回收正是应对这一挑战的重要途径之一。绿色回收不仅是简单的废物处理方式，更是一种具有深远影响的可持续性资源管理方式。通过分类、收集和再利用废弃物，绿色回收减少了环境污染、节约了资源、降低了能源消耗，并为社会带来了经济增长和就业机会。它不仅在个体层面引导我们养成环保意识和行为习惯，也在全球范围内促进了环保合作和可持续发展。

6.1　传统回收与绿色回收

为响应节能减排政策、推动废弃资源回收利用问题的解决以及经济社会的可持续发展，近年来我国通过整合有限的资源，构造集废弃物资回收、分拣、转运、加工利用、集中处理为一体的产业化格局，废弃资源回收利用行业得到了前所未有的发展。

我国的废弃资源回收行业从1997年开始发展，目前仍处于起步阶段，属于朝阳产业。尽管近年来行业发展势头迅猛，但废弃资源利用率相较于发达国家还有很大的差距，废弃资源回收利用存在巨大的市场空间。2010年，国务院印发了《关于加快培育和发展战略性新兴产业的决定》，把回收行业列为节能环保战略性新兴产业的重要部分，体现了废弃资源回收在国民经济中的战略地位和重要作用。近年来，政府的一系列举措促进了我国废弃资源回收行业的稳步快速发展，显现出后发优势。随着全球环保意识的不断提升，绿色生活方式正在成为一种新的潮流。在这个浪潮中，绿色回收作为一个重要的环保行为，逐渐成为人们生活的一部分。

绿色回收不同于传统的回收——企业简单的回收自己的包装物，而是一种从消费者利益出发，并承担相应社会责任的行为，整个回收过程不能给环境和社会造成危害。同时，绿色回收还倡导终端消费者参与回收过程，一起承担保护环境的责任[1]。绿色回收旨在通过积极回收和再利用废弃物，以减少对自然资源的消耗，减少废弃物对环境造成的污染，降低能源消耗的程度。绿色回收通过采用高效、低耗、低污染的技术和方法，可以最大限度地利用废弃物资源，将其转化为有价值的产品，降低废弃物焚烧、填埋等所带来的环境负荷，促进生态环境可持续发展，实现经济、社会和生态的协同发展。

表 6–1　废弃物资源回收行业发展相关政策

政策名称	发布部门	发布时间	相关内容
《关于印发废弃物资循环利用体系建设重点城市名单的通知》	国家发展改革委	2022年	确定北京市等60个城市为废弃物资循环利用体系建设重点城市。随后，列入试点城市的重庆、杭州、唐山等地迅速出台废弃物资循环利用体系建设指导文件
《关于组织开展废弃物资循环利用体系示范城市建设的通知》	国家发展改革委	2022年	要求到2025年，60余个大中城市率先建成基本完善的废弃物资循环利用体系，对全国形成示范引领效应
《关于加快废弃物资循环利用体系建设的指导意见》	国家发展改革委	2022年	到2025年，废弃物资回收网络体系基本建立，建成绿色分拣中心1 000个以上，废钢铁、废铜、废铝、废铅、废锌、废纸、废塑料、废橡胶、废玻璃等九种主要再生资源循环利用量达到4.5亿吨
《关于完善资源综合利用增值税政策的公告》	财政部和国家税务总局	2021年	规定了从事再生资源回收的增值税，一般纳税人销售其收购的再生资源，可以选择适用简易计税方法依照3%征收率计算缴纳增值税，或适用一般计税方法计算缴纳增值税

6.1.1　生产者责任延伸制下的回收

6.1.1.1　可持续发展中的企业社会责任

可持续发展已经成为企业发展战略研究的重要课题。企业社会责任（CSR）作为建构企业与社会和谐关系的基本思想，其实质是对企业在现代社会中的角色进行定位，是衡量企业经济生存能力和市场发展潜力的重要标尺。

尽管CSR是建构企业与社会和谐关系的一种基本思想，但是学术界和企业界对企业社会责任的界定存在争议。中国学者大部分倾向于把企业社会责任分为两个层次：一是企业的基本责任，主要指经济责任和法律责任；二是企业的社会责任，即企业在履行基本责任、实现生产经营目标的过程中应对政府、社区、消费者、职工、投资者或股东等履行的除基本责任之外的一切与整个社会生活质量有关的责任。本书所涉及的企业社会责任指的是后者。

企业对环境、资源的保护与合理利用的责任是企业对环境和资源所有现实的和潜在的受益人所承担的一项责任，也被称为企业环境社会责任（CER）。废弃产品问题源于产品的资源需求量和废弃产品致污能力的无限增长超过了生态承载力与环境容量，是人类目前所面临的环境资源问题之一。生产者（或企业）为应对废弃产品问题承担延伸责任（减量化责任、环境信息披露责任、回收利用与处置责任）是企业对环境、资源的保护和合理利用承担责任的一项具体内容，属于企业社会责任的具体内容。生产者责任延伸制（EPR）实质上就是生产者的新增环境社会责任，使生产者承担其产品的回收或处置等。生产者责任延伸制的两个特点是：将产品生命周期上游责任转嫁给生产者；提供诱因让生产者在产品设计时就考虑环境因素。

6.1.1.2　基于生产者责任延伸制的回收

生产者责任延伸制起源于欧洲，是瑞典环境经济学家林德奎斯特（Thomas Lindhqvist）在1988年向瑞典环境署提交的一份报告中首次提出的，其核心思想是生产者应该为废弃产品问题承担延伸责任。

1995年，在对报废汽车回收项目研究的基础上，林赫斯特对EPR进行了修订："生产者责任延伸制是一项制度原则，主要通过将生产者的责任延伸至产品生命周期的各个环节，特别是产品消费后阶段的回收、再循环和最终处理处置，以促进产品整个生命周期过程的环境保护。"

2001年，研究报告《生产者责任延伸制：政府工作指引》显示，世界经济合作与发展组织对生产者责任延伸制的理论进行了再次修正和完善。其定义为：生产者责任延伸制是一项环境政策，在该项政策中，生产者对产品的有形责任或者经济责任将被延伸到产品的生命周期的消费后阶段。

此次对生产者责任延伸制定义的修正，主要体现在以下两个方面：一是责任转移。产品消费后回收处理处置责任由政府承担转移给产品生产者承担。二是激励效应。通过责任转移实现对产品生产者清洁和环境友好的生产激励，特别体现在产品的设计阶段，最大限度地实现对环境友好、易于回收处理处置或者废物处理处置过程没有污染或者二次污染小的产品设计方案。

目前生产者责任延伸制已经成为主要发达国家一项重要的环境制度，该制度管理的废弃产品范围正逐步扩大。生产者责任延伸制大致包括了生产者的延伸责任和生产者责任延伸制的调整机制两个方面的基本内容。

（1）生产者的延伸责任

生产者责任延伸制和产品责任延伸制具有较大差异（如表6-2所示）。生产者延伸责任是生产者为应对废弃产品问题所需承担的延伸义务，具体包括以下三项重要内容。

①减量化责任

生产者通过实施绿色设计、推行绿色材料、清洁生产、生产绿色产品等活动，减少产品的资源承载量与降低产品的潜在环境污染。

②产品环境信息披露责任

生产者通过对所生产的产品承担环境危害警示、回收利用及处置的信息标注、产品拆解信息公开等责任，为报废产品的回收、处置、循环利用做好充分的准备与提供必要的便利。

③回收利用与处理责任

生产者通过建立相应的产品回收网络、实施回收利用与处置，达到提高回收利用率的目的；通过生产者的参与，促进其在设计开发阶段就开始充分考虑今后的报废处置，积极研究回收利用技术，最终降低对环境的压力，减少资源浪费。

2000年，欧盟公布的“2000/53/EC指令”充分体现了生产者的延伸责任。

首先，在减量化责任方面，要求在规定的时间达到指令规定的报废汽车回收利用率；要求在设计阶段就进行可拆解性、可回收性设计；要求从规定的时间起零部件中除豁免清单外不得使用Pb、Hg、Cd和Cr（Ⅵ）。

其次，在信息披露责任方面，要求进行材料代码标识，提供产品拆解信息。

最后，在回收利用与处置责任方面，要求汽车生产企业建立报废汽车回收网络，开展回收技术研究，承担报废汽车的回收处理费用。

生产者责任延伸制的主要目的是提高资源再利用率以及降低废弃物对环境的污染，它的一个最基本的特征就是强调生产者的主导作用，只有生产者才能决定产品设计的改进，生产者最有能力挖掘出废弃产品的最大价值，生产者也是再生材料最直接的用户。以生产者作为切入点引入外部激励，可以保证激励信号更为顺畅地在产品链上下游传播，更好地起到减少废弃物、鼓励资源再生利用的作用。

表 6–2　生产者责任延伸制和产品责任延伸制的差异

	生产者责任延伸制	产品责任延伸制
责任主体	生产者	产品链各环节成员
管制范围	产品生产、弃置	产品生产、消费、弃置
责任客体	产品	产品链各环节的投入与产出
责任赋予形式	法令强制	自愿性
政府介入程度	完全介入、命令与控制	辅导监督
费率/补贴率	政府部门决定	市场机制决定

生产者责任延伸制的实施对象是在废物流中问题突出的产品，主要包括包装材料废物、电子废物、废弃汽车等。生产者责任延伸制包含的产品生命周期上游和下游阶段，如图 6–1 所示。以汽车为例，汽车生产企业在产品生命周期中处于支配地位，原先只需要负责设计开发、生产、销售，现在根据生产者的延伸责任，还需要参与回收处置等末端处理，并需要在整个汽车产品生命周期中充分渗透生产者的延伸责任，需要增加减量化责任、环境信息披露责任、回收利用与处置责任等三项工作，如图 6–2 所示。

在汽车产品生命周期中，从市场分析调查到制造生产的前七个阶段生产者都应当承担减量化责任，即注重绿色设计、推行绿色材料、注意清洁生产、制造绿色产品。从销售到回收利用的四个阶段中，生产者则应承担信息披露责任，即环境危险警示、回收利用及处置信息标注、产品信息公开等责任。在整个产品生命周期中，生产者都应该对产品回收利用及处置问题负有责任，包括建立回收网络、实施回收利用与处置、达到法定回收利用率。

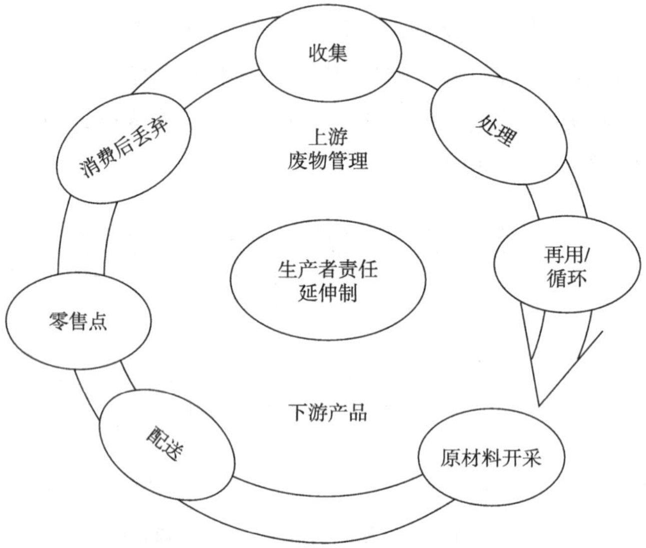

图 6–1　生产者责任延伸制包含的产品生命周期上游和下游阶段

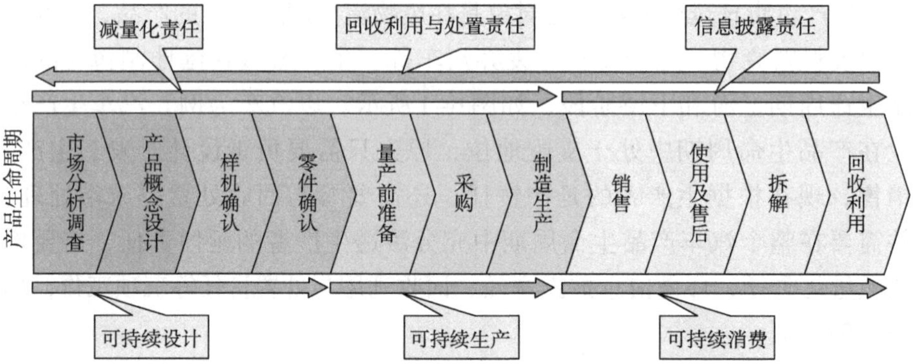

图 6–2　汽车产品生命周期中生产者的延伸责任

另一方面，结合产品生命周期中的生产者延伸责任，考虑汽车产品的可持续发展，可将其各个生产环节归纳为三个可持续阶段，即可持续设计、可持续生产和可持续消费。

可持续设计是指生产者在产品设计阶段就考虑到产品在整个生命周期（特别是产品售后及回收处置阶段）的可持续发展问题，承担起产品生命周期中的环境、经济以及社会责任，这是一个产品所产生的社会影响（特别是环境影响）的根源所在。包括可回收性设计、可拆解性设计、可再制造性设计和汽车产品的生命周期评价等。

可持续生产是指在产品生产阶段充分考虑到可持续要求，严格控制能量资源的使用以及废弃物的产生与排放，做到最小化地利用资源和影响环境，减少浪费，最大化地生产出合格产品。

可持续消费是指在汽车产品销售过程中以及销售以后的消费者使用阶段，生产者应当承担的延伸责任。比如，燃油经济性、温室气体排放等指标会直接影响到环境，成为企业环境社会责任的重要内容。而维修、回收以及拆解等阶段则需要更多地考虑消费者的利益以及国家整体的利益，是生产者延伸责任中不可缺少的重要部分。

（2）生产者责任延伸制的调整机制

生产者责任延伸制既是对循环经济“减量化、再利用、资源化”原则的贯彻，也是对环境资源问题“末端治理”模式的否定。目前，各国用以引导、促进与强制生产者承担延伸责任的法律手段分为经济调节和行政管制。

①经济调节手段

经济调节手段包括“押金—返还”机制、废弃产品收集与处置费、财政信贷优惠、税收减免、优惠与专项补贴、租约或服务经济机制等。

②行政管制手段

行政管理手段包括增加行业准入门槛、政府监督与认可等。

生产者责任延伸制的经济调节机制与行政管制机制相互衔接、配合共同构成了生产者责任延伸制的“混合调整机制”。以汽车产品为例，当报废汽车产生的回收价值较高时，行政管制作用就显得比较弱化，因为在利益和市场驱动下，生产者会自行采取行动，主动对报废汽车回收利用，反之亦然。选择行政管制手段或经济调节手段的决策方法如图 6–3 所示。

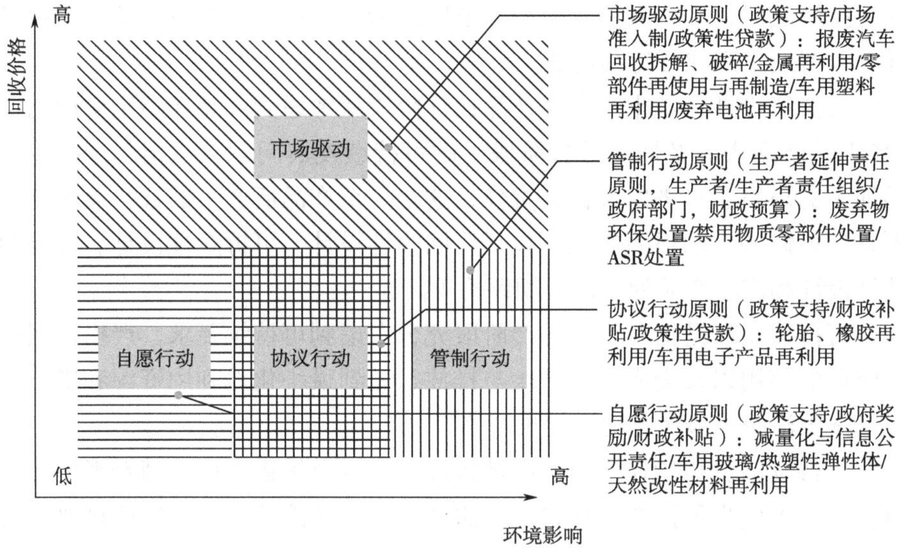

图 6–3　生产者责任延伸制中经济调节与行政管制手段的决策矩阵

生产者责任延伸制的主要内容集中在产品的消费后处理处置，通过明确生产者的义务来实现废弃物处置责任的合理分配。它通过一系列的制度建设来为生产者提供环境友好产品设计的动力，从而实现社会资源集约化、可持续利用，助力循环经济、可持续发展和生态文明建设[2]。

无废城市
——落实生产者责任延伸制度 优化废铅蓄电池回收利用体系

随着重庆汽车、电动自行车和储能等领域对铅蓄电池市场需求的持续增长，铅蓄电池报废量也逐年增长。废铅蓄电池属于典型的社会源危险废物，具有产生源分散、产生量不固定且种类复杂等特点，同时，因其具有再生资源回收利用价值，部分非正规企业和个人为谋取非法利益，非法收集处理废铅蓄电池带来的环境污染问题屡禁不绝，严重危害群众身体健康和生态环境安全。2019年，重庆入围全国废铅蓄电池集中收集和跨区域转运试点，及时部署废铅蓄电池污染防治工作，深入推进铅蓄电池生产者责任延伸，不断完善废铅蓄电池收集、转运体系，提高废铅蓄电池规范回收率和综合利用水平，促进铅蓄电池生产和再生铅行业规范有序发展。

通过完善废铅蓄电池环境管理政策，严格废铅蓄电池经营许可审查，指导废铅蓄电池行业产业发展，服务废铅蓄电池试点单位经营，强化废铅蓄电池行业环境监管等主要措施，重庆全市废铅蓄电池集中收集和跨区域转运制度体系基本健全，废铅蓄电池规范化管理制度基本落实，总体形成了以“生产企业为主、再生铅冶炼利用收集为辅”的协作互补收集网络格局。截至2023年，全市废铅蓄电池集中收集和跨区域转运制度体系基本健全，共有12家试点单位（8家铅蓄电池生产企业、4家再生铅冶炼企业）、15个集中转运站、69个网点正常运行，收集贮存能力10.274万吨/年，废铅蓄电池综合利用能力达19万吨/年，基本实现全省重点县（市、区）全覆盖。2022年，各试点单位累计收集废铅蓄电池0.72万吨，此外，通过再生铅企业、小微源危险废物综合收集试点单位收集了0.26万吨。自试点以来，累计规范收集12.21万吨废铅蓄电池（2020年收集3.87万吨、2021年收集7.36万吨、2022年收集0.98万吨）。据统计，8家铅蓄电池生产企业2020年至2022年在重庆销售年均1.13万吨铅蓄电池，2022年规范收集率达63.72%，提前完成2022年底规范收集率达50%的国家要求，成效显著。

（资料来源：https://www.sohu.com/a/628269678_ 121106884。）

6.1.2　典型的绿色回收对象

6.1.2.1　八大类再生资源的回收

再生资源是指在人类的生产、生活、科教、交通、国防等各项活动中被开发利用一次并报废后，还可反复回收加工再利用的物质资源，包括以矿物为原料生产并报废的钢铁、有色金属、稀有金属、合金，无机非金属，以及塑料、橡胶、纤维、纸张等。再生资源几乎覆盖了商品和资源在生产和生活环节流通的全过程——从开采和生产环节的尾矿、伴生矿、工业废渣等，到流通环节的包装、运输，再到终端消费环节产生的各种废弃物。从类型来看，再生资源主要包括八大类：废塑料、废纸、废电池、废纺织皮革、废有色金属、废弃电器电子产品、废轮胎、废玻璃。

（1）废塑料

在废塑料回收的主要组成部分中，再生PET、再生PE、再生PP仍然占据主导地位。中国再生塑料产业链下游应用领域主要涵盖型材、管材、板材、薄膜、人造革、鞋材、电线电缆等。其中，型材占比最高，其次为薄膜。

（2）废纸

废纸的商业价值，主要源于它对于环保的重大意义。一般制浆造纸过程会产生黑液、中段水和白水，它们对环境有不同程度的污染，而废纸制浆中没有黑液，故极大地降低了污染程度。再生纸制浆过程可以节省60%的用水，废水的排放量减少50%，尤其是可以省去造纸前期的几道工序，废纸制浆比原木制浆降低了75%的空气污染、35%的水污染，对于环境保护有显著效果。从市场角度来说，前些年国内市场原材料紧缺，中国以进口“洋垃圾”的方式分拣出废纸、金属、塑料等品类进行筛选加工提炼出原材料，这种现象一直持续到2018年。此后，在“禁废令”的限制下，企业无法再购买外废，国废价格迎来上涨通道，废纸打包站被纸厂倒逼之下，开始大量收购散户，回收商贩的废纸。

（3）废电池

新能源汽车与燃油车相比最大的区别在于动力电池的存在，动力电池由很多金属原材料及化学物质制成，比如锂、镍、钴、锰等，如果不对动力电池进行正规回收，那么散乱的动力电池很有可能对大气、土壤、河流等环境造成污染。因此在当下，动力电池回收便具有重要的发展意义。目前，我国工信部认定的新能源汽车动力蓄电池回收服务网点共有一万四千多个，电池回收利用体系初步建立。

（4）废纺织皮革

考虑到衣服种类、材质等较多、较杂，旧衣物回收行业走向了细分化，围绕旧衣服行业的某个门类或某个产业链条，国内已经自发形成多个专业回收中心。

（5）废有色金属

工业废料中通常含有金、银、钯、铂、铑、铱、钌等贵金属元素，可利用环保材料和技术，把有价值的贵金属元素加工提炼出来，把废料处理变现，创造经济价值，缓解经济压力。在珠三角地区、长三角地区等地，工业上多使用钯碳催化剂，其中含有大量可回收的钯碳废料，具有较高价值。我国是有色金属资源稀缺大国，资源的合理利用显得尤为重要。

（6）废弃电器电子产品

我国的废弃电器电子产品不但有大量的库存，而且有显著的发展势头。从长期来看，废弃电器电子产品的再生利用具有很好的发展前景。

（7）废轮胎

废轮胎被称为“黑色污染”，其回收利用一直是环保领域备受重视的问题。根据中国物资再生协会的信息，2021年，全国废轮胎回收量为640万吨。2022年，废轮胎回收量约为675万吨，同比增长5.5%。2018—2021年，我国废轮胎回收金额由50亿元增长至77亿元。2022年，全国废轮胎市场规模达101.3亿元，同比增长32%。由于成本持续提升，再生胶、石油、炭黑、钢材的价格走高，橡塑产业企业面临较大压力，废弃轮胎供应价格也水涨船高。同时，国际原油价格飙升，废弃轮胎回收再生产产生的再生油的价格也随之上涨。废轮胎热解产物炭黑、再生油、钢丝的价格均出现大幅增长；同时，有关废轮胎资源化利用的政策也愈发向好。

（8）废玻璃

在众多的废弃品中，废玻璃回收率很低，废玻璃回收相较于废塑料、废纸还有巨大空间。废玻璃是城市垃圾中非常难处理的成分之一，废玻璃含有二氧化硅，填埋时无法降解，其中有些含有锌、铜等重金属，会污染土壤和地下水。因此，处理废玻璃最好的方法是回收利用。废玻璃是一种可以无限次循环利用的固体废弃物，进行回收利用会产生很大的经济效益和环境效益。

以物资不断循环利用为特点的再生资源回收经济发展模式，正在成为全球潮流。在这种经济模式下，再生资源回收的价值被最大化利用。废弃物不再被简单地视为垃圾，而是被重新定义为有潜力的资源。通过科学的分类、收集和处理，可以将废弃物中的可回收物质进行分离和提取。这些可回收物质经过再加工和再利用，可以转化为新的产品或材料，形成闭环的绿色供应链。

6.1.2.2　气体废物的回收

目前工业废气排放量越来越大，尤其是大型化工厂或气田，每天排放的废气量都在上亿立方米以上。这些工业废气中，绝大多数都含有氢气、甲烷、乙烷、乙烯、C3以上轻烃和一氧化碳等可燃性气体。而这些气体对相关工业、能源、动力等行业的可用价值都是很大的。根据不同的废气特性和处理要求来选择，以下是一些常见的回收处理方案。

（1）直接燃烧法

利用燃气或燃油等辅助燃料燃烧放出的热量将混合气体加热到一定温

度（700℃~800℃），驻留一定的时间（0.3~0.5秒），使可燃的有害物质进行高温分解变为无害物质的一种方法。

（2）催化燃烧法

在催化剂的作用下，将废气中的有害可燃物质完全氧化为二氧化碳和水。

（3）吸收法

分为化学吸收及物理吸收，由于有机废气中含有大量的“三苯”气体，化学活性低，一般不能采用化学吸收。物理吸收是废气中一种或几种组分溶解于选定的液体吸收剂中，这种吸收剂应对吸收组分有较高的亲和力，具有低挥发性，吸收液饱和后经加热解折再冷却重新使用。

（4）等离子体分解法

等离子体分解法是在外加电场的作用下，介质放电产生的大量携能电子轰击污染物分子，引发一系列复杂的物理、化学反应，从而使污染物得以降解去除的一种废气治理方法。

（5）物理吸附法

利用吸附剂吸附废气中的有害物质，如活性炭、分子筛等。该方法具有处理效率高、成本低、操作简单等优点。

（6）化学吸收法

利用化学反应将废气中的有害物质吸收，如利用氢氧化钠吸收二氧化硫。该方法处理效率高，但成本较高。

（7）生物处理法

利用微生物将废气中的有害物质降解为无害物质，如利用生物滤池处理废气中的氨气。该方法处理效率高，但需要较长的处理时间。

（8）热氧化法

利用高温和氧化剂将废气中的有害物质氧化分解，如利用焚烧炉处理废气中的有机物。该方法处理效率高，但成本较高。

（9）膜分离法

利用膜的分离作用将废气中的有害物质分离出来，如利用气体分离膜处理废气中的二氧化碳。该方法具有处理效率高、操作简单等优点，但成本较高。

需要注意的是，不同的处理方案适用于不同的废气特性和处理要求，在选择处理方案时要根据实际情况进行评估和选择。同时，处理工业废气需要遵守相关法律法规和标准，确保处理后的废气符合环保要求。

除了工业产生的废气外，人们日常生活所产生的生活垃圾，在以填埋方式进行处置时，在厌氧环境下也会分解产生甲烷、二氧化碳等气体废物，被称为垃圾填埋气。垃圾填埋气的排放对大气环境会产生二次污染。其中甲烷与二氧化碳一样，也是一种温室气体，同等质量的甲烷导致的温室效应相当于二氧化碳的21倍，而垃圾产生的甲烷排放量约占全球甲烷排放量的6%~18%，在控制全球性气候变暖的过程中是一个不容忽视的重要方面。此外，如果不能对填埋气体进行有效控制，一旦聚积量过大，或迁移流动，就有可能孕育安全隐患。近几年我国一些城市曾发生过垃圾填埋气体爆炸着火事故。

同时，垃圾填埋气也是一种可回收利用的能源，热值与城市煤气热值接近，是天然气热值的一半，因此，世界上许多国家及地区都很重视其开发利用。据统计，目前世界上共有20多个国家的500多个垃圾填埋场进行填埋气体的回收利用。主要利用途径包括：直接燃烧产生蒸汽，用于生活或工业供热；通过内燃机发电，如德国运行的垃圾填埋场中有近40%安装了气体发电设备；作为运输工具的动力燃料，如净化后用于CNG（compressed natural gas）汽车；经脱水净化处理后用作管道煤气；用于二氧化碳制造工业；用于制造甲醇原料。在我国，利用垃圾填埋气发电已在杭州和深圳得以实现。

对垃圾填埋气进行收集和利用，是解决垃圾资源化利用、提高垃圾无害化处理率的一项有效措施，具有显著的环境效益和经济效益。随着城市垃圾无害化处理率和净化技术的提高，垃圾填埋气回收利用在发电、CNG汽车和居民生活等方面将有十分广阔的应用前景。

6.1.2.3　余热资源的回收

在工业生产中，很多方面已经采用了一些新工艺、新技术和新设备，相应地降低了热能的消耗。但是在生产过程中由煤、油、天然气等一次能源所转化出来的热能，只有一部分得到了有效利用，还有相当一部分剩余热能在燃烧或加热之后没有被充分利用而浪费掉了。因此，一般来说，根据排放掉的剩余热能的数量便可估计出热能利用率的高低。

能源利用率的高低与生产设备的先进和落后、工艺流程是否合理、设备的完好情况、维护保养工作的好坏以及能源管理工作的水平的高低都有关系。但是要看到，在工业生产的燃烧或加热过程中，不可避免地要有种种余热被排放出来。因为有的余热不排放出来，就达不到生产工艺的要求。从节能和提高能源利用率的角度看，合理地回收和利用余热，不仅是十分必要的，而且也是完全可能的。但这并不是说，对所有的余热都要全部加以回收。第一，这既没有科学根据，技术上也无法实现；第二，回收多少，必须进行综合经济效益分析才能决定。所以，合理而充分地回收余热资源，才能达到迅速提高能源利用率的目的。使余热得到再次使用，成为“二次能源”。

在广泛而大量地使用常规能源的情况下，不论在工业生产上还是在生活中，余热资源都是大量存在的。例如，各种工业加热炉、热处炉等炉窑在冶金和机械制造行业里很常见，具体如钢轨加热炉、锻造加热炉、化铁炉、退火炉、正火炉、渗碳炉等。在这些不同类型的炉子里，被加工的金属物料基本上是不发生化学变化的，只是把它们的温度升高或使其熔化而已。根据锻造工艺的要求，物料在吸收热量之后，被从炉内取出趁热进行锻打，此时物料必然带有热量，可利用它的高温展、延、塑性加工成形，但是热量却随着锻打而散去。如果能够合理地回收和利用这些余热，便能充分地发挥出燃料的作用，从而提高生产过程的总热效率。

回收利用余热资源的办法有很多，其基本方法是将一种较高温度的流体余热经过传热装置传给另一种温度较低的流体。例如，锅炉排烟中的余热可用来给锅炉的给水或补充水加热，使水经预热后再进入锅炉，或是将进入锅炉的助燃空气加以预热。这样可以降低燃料的消耗，提高锅炉效率，同时使运行操作更加安全。因此，余热回收中使用得最多最常见的装置，便是各种热交换器。不同的热交换器又因其介质、形式的不同，具有不同的功能。从最简单的一条金属管（管子内外分别通过不同温度的流体介质）到较复杂的余热锅炉等设备，都可以实现回收余热的目的[3]。

6.1.3 回收模式

在回收网络中，回收模式发挥着关键作用，在逆向供应链中，主要存在制造商企业自主回收、零售商回收和委托给第三方回收企业进行回收这三种基础回收模式。

以动力电池的回收模式为例，根据回收主体不同，目前动力电池回收有四种主流商业模式（如表6–3所示），一是以电池（材料）生产商为主的回收模式；二是以车企为主的回收模式；三是以第三方专业公司为主的回收模式；四是以行业联盟为主的回收模式。不同的回收参与主体在技术、渠道、成本和设备等方面存在差异。

表 6–3 动力电池的回收再利用模式

回收主体	回收模式	模式优点	模式缺点	代表企业
电池生产商	利用汽车生产企业、汽车4S店、售后服务点和动力电池租赁网点，通过逆向物流方式回收动力电池；将配送中心改为回收集中贮存点进行贮存、检测和分类——轻度报废电池投入梯次利用市场，重度报废电池经过再生处理后直接流向电池制造的原材料端	①电池技术专业性强 ②有利于电池企业打造产业闭环，形成降本空间 ③回收情况可反馈生产环节，有利于改进电池性能	①回收渠道需与整车厂、4S店合作，有一定的回收成本 ②对管理能力的要求较高	宁德时代
整车制造商	通过与报废汽车拆解企业达成合作，同时利用现有汽车销售4S店、售后服务点建设回收服务网点并通过逆向物流的形式进行电池替换和回收	具备现成回收网络，回收成本最小、效率最高	①专业性不足 ②安全隐患较大	上汽集团
第三方专业公司	通过回收网点、集中贮存点、汽车拆解企业进行回收	①回收经验较为成熟 ②回收积极性、专业性强	需自行搭建回收网络，回收成本较高	天奇股份
动力电池产业联盟	组建由动力电池生产企业、新能源汽车生产企业、第三方综合利用企业组成的产业联盟，发挥生产企业网点优势和综合利用企业的专业优势，优势互补，强强联合，共同建立动力电池回收网络体系	①回收成本低 ②回收效率更高	①管理难度大，信息反馈不及时 ②具有区域性限制 ③前期开展难度大	—

6.1.3.1 电池生产商为主的回收模式

动力电池生产商为回收主体，是将汽车4S店、售后服务点和动力电池租赁网点发展成为动力电池回收网点，目的是实现向锂电全产业链的延伸，打造“动力电池生产→动力电池消费→动力电池回收→资源再生→动力电池生产”的闭路循环利用。该模式的特点是电池生产商对自己的产品相对熟悉，回收技术难度小、成本低，还可凭借自身销售渠道以逆向物流的形式实现对废弃电池的高效回收。由于电池生产商对新电池的流向有一定的控制权，可以利用“以旧换新”“押金返还”等方式促使销售机构对废弃电池进行回收，如图6–4所示。

6.1.3.2　以车企为主体的回收模式

以整车企业为主导的回收模式渠道优势最为明显。整车制造商拥有4S店等丰富的汽车销售网络，回收效率高。工信部数据显示，截至2022年底，我国累计建立动力电池回收服务网点超过1万个，汽车生产商的服务网点占比超95%。

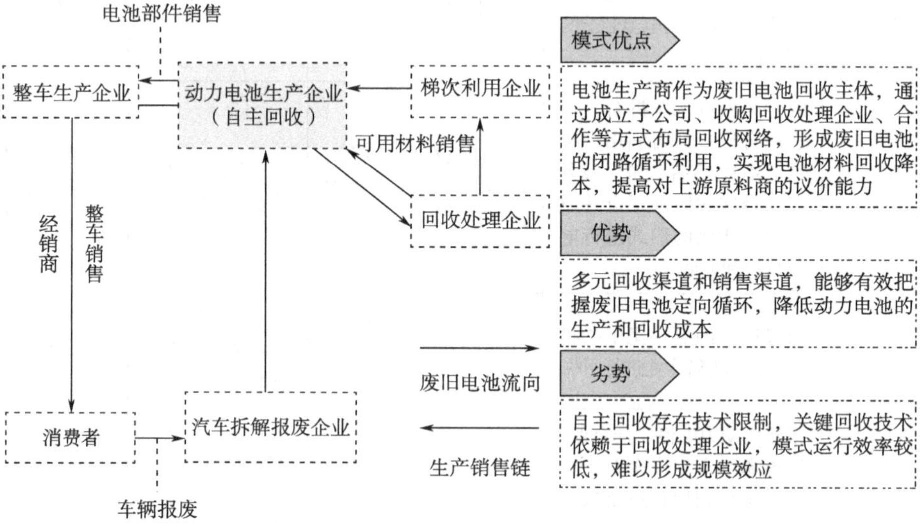

图6–4　动力电池回收商业模式之电池生产商回收模式

销售网络在提升回收效率的同时，在一定程度上也可以帮助降低回收成本。整车企业可以使用现有的物流渠道使废弃电池逆向运达制造商，从而减少另建渠道的费用。但是，从技术角度出发，由于废弃电池的梯次与再生利用对技术要求较高，整车制造商往往需要和电池生产企业或第三方企业进行合作才能完成废弃电池的二次利用，因此管理难度较大，且需要共同承担风险（如图6–5所示）。

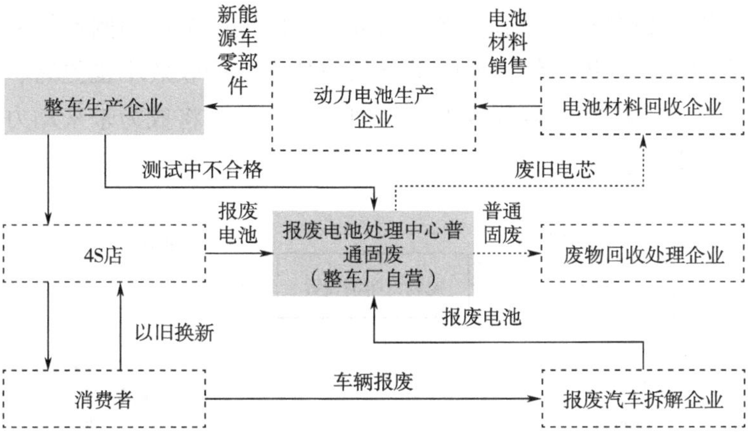

图 6–5 动力电池回收商业模式之整车企业回收模式

6.1.3.3 第三方专业公司回收模式

第三方动力电池回收企业，回收工艺成熟度高、专业性强，通常会有专门负责采购废料的团队进行多角度、宽领域的回收。但第三方企业需要自行构建电池回收到再销售的渠道网络，存在回收费用高、渠道铺设难度大、再销售难等问题，因此普遍采用与车厂、电池厂合作形式（如图6–6所示）。

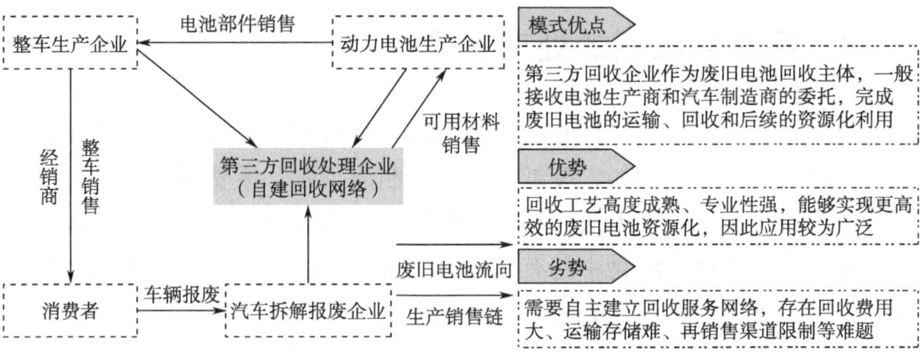

图 6–6 动力电池回收商业模式之第三方回收动力电池模式

6.1.3.4　行业联盟回收模式

行业联盟模式，就是将上述三方（动力电池生产企业、新能源汽车生产企业、第三方动力电池回收利用企业）等重要主体联合起来，形成统一的回收组织，如图6–7所示。该模式可以发挥生产企业的网点优势，综合利用企业的专业优势，保证回收链条的完整性，回收效率也更高、运作规模较大，从而可以在一定程度上降低回收成本，或将成为未来动力电池回收行业的主要合作模式。

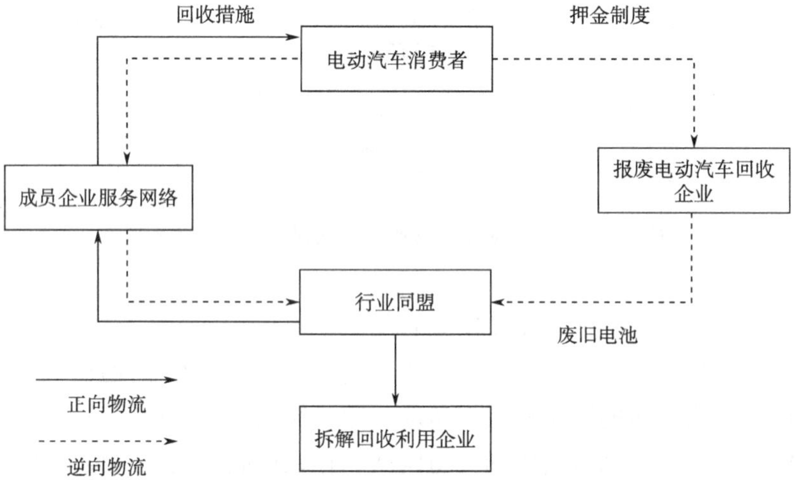

图 6–7　动力电池回收商业模式之行业同盟回收模式

6.1.4　绿色回收后的处理方式

经过绿色回收后，可再利用的废旧物，经过修复、清洗、消毒等处理后可重新投入使用。例如，废纸可以再次制成纸张，废塑料可以进行再生加工制成新产品。对于无法再利用或循环再生的废弃物，可以通过能源回收的方式进行处理。废物中的有机物可以进行焚烧或气化，产生热能或电能。同时，也可以利用废弃物中的可燃物质，如废油、废气等，进行能源回收。对于有机废弃物，如食品残渣、植物废料等，可以进行堆肥处理。通过合理的堆肥工艺，将有机废弃物分解成肥料，用于土壤改良和植物生长。对于一些有害废弃物，如电池、荧光灯管等，需要进行专门的处理，以防止对环境和人体健康造成危害。这些废弃物可以通过特殊的处理方式进行回收和处理，避免对环境造成污染。在处理绿色回收物时，需要根据具体的物品性质和特点采取适当的处理方式。这里我们以动力电池为例具体介绍常见的可回收再利用废旧物的回收处理方式和危险废物的回收处理方式。

6.1.4.1　梯次利用与回收拆解

动力电池回收利用是指将废旧的电池进行回收，并根据废旧动力电池的不同性能状态，对其进行检修处理后梯次利用或者拆解利用。根据回收处理工艺差异，动力锂电池回收处理可分为梯次利用模式和回收拆解模式，如图6–8所示。

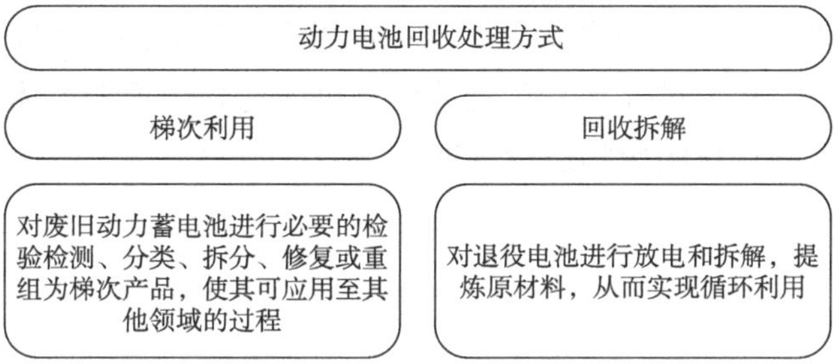

图 6–8　动力电池回收处理方式

（1）梯次利用

梯次利用主要针对磷酸铁锂电池回收，商业化程度仍有待进一步开拓。动力电池的梯次利用是将电池容量下降到80%以下的电池经过拆解、检测、筛分、重组等多个流程后，应用于对储能要求较低的场合，实现废弃动力电池的梯次利用。磷酸铁锂电池的循环寿命更长，安全性更高，梯次利用的价值也更高。相比三元锂电池，磷酸铁锂电池的电池容量下跌至80%以下时，其性能仍较为稳定，容量衰减速度较为平稳，安全性和热稳定性较好。与此同时，磷酸铁锂电池拆解回收的金属主要为锂，拆解回收的价值相对不高，因而动力电池的梯次利用主要针对磷酸铁锂电池的回收。但梯次利用的技术要求较高，同时梯次利用标准体系仍有待进一步完善。由于动力电池和储能电池的性能要求不同，废弃的动力电池进行梯次利用后应用于储能等领域存在一定的安全隐患。因此，多重因素下梯次利用的商业化程度仍有待进一步开拓。

（2）回收拆解

回收拆解主要针对三元锂电池回收，产业化程度高。三元锂电池续航时间更短，且热稳定性较差，梯次利用的价值不高，但可拆解回收钴、锂、镍等多种高价值金属，拆解回收再利用的价值高，是废弃电池拆解回收的主要对象。拆解回收的预处理过程主要通过人工处理，专用的破碎设备仍较为缺乏，分离提取技术主要包括干法冶金、湿法冶金以及生物冶金，技术发展相对成熟，产业化程度高。

6.1.4.2　危险废物的无害化处置与资源化利用

根据《国家危险废物名录》，危险废物指具有下列情形之一的固体废物（具有下列特征的液态废物亦被划分为危险废物）：一是具有腐蚀性、毒性、易燃性、反应性或者感染性等一种或多种危险特性的固体废物，如图6–9所示；二是不排除具有危险特性，可能对环境或者人体健康造成有害影响，需要按照危险废物进行管理。

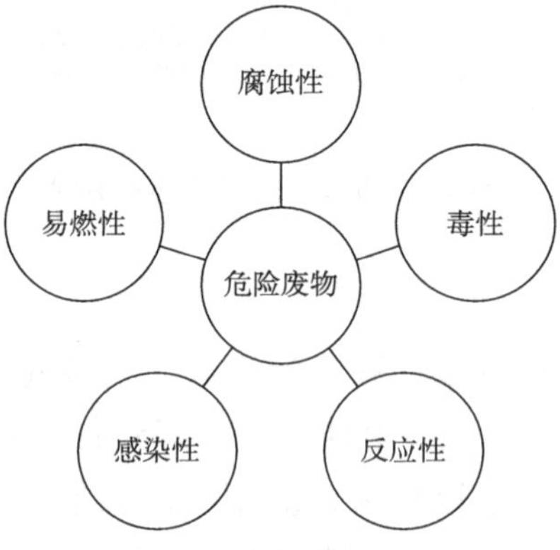

图6–9　危险废物的特性

危险废物来源广泛，主要来自化学、炼油、金属、采矿、机械、医药行业。2021年版《国家危险废物名录》中包含46大类危险废物，根据危险废物的来源，可将危险废物分为工业危险废物、医疗危险废物及其他危险废物，如图6–10所示。

目前我国危险废物处理方式主要包括无害化处置及资源化利用两种。

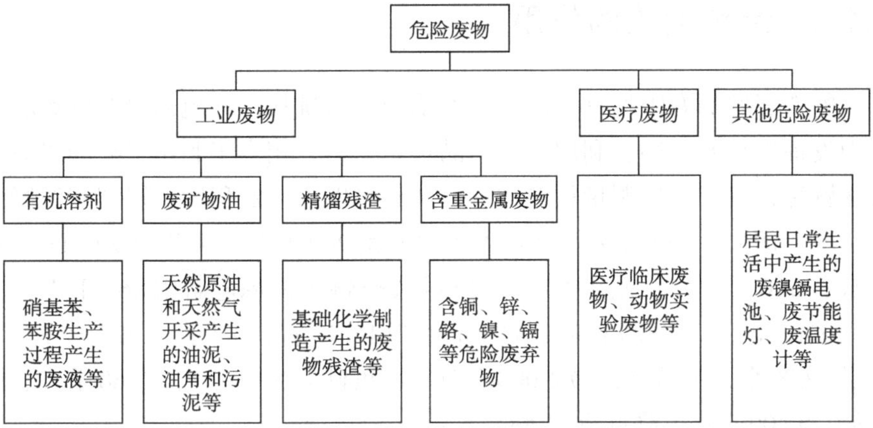

图 6–10　危险废物的分类图

（1）无害化处置

危险废物无害化处置，指通过改变危险废物的物理、化学、生物特性，减少已产生的危险废物数量，缩小危险废物体积，减少或者消除其危险成分，或者将危险废物最终置于符合环保规定要求的填埋场。危险废物无害化处置方法包括：土地填埋法、焚烧法、水泥窑协同处置等，其中土地填埋法及焚烧法是危险废物无害化处置最常用的两种方式，水泥窑协同处置为近几年快速发展的另一大常用无害化处理技术。土地填埋法具有处理量大、能耗小的优点，但建设要求严格，资金需求量大，且因占用土地资源面临选址难的问题，减量化效果较差，并且容易造成土壤二次污染；相比之下，焚烧法的减量效果好，但投资运营成本高，依赖国家补贴，最终产生的飞灰、炉渣仍需填埋处置。

（2）资源化利用

除危害性外，危险废物兼具资源性特征，因此可通过物理或化学反应，从危险废物中提取物质作为原材料或者燃料，从而实现危险废物资源化利用。例如，电镀厂产出的危险废物中通常富含有色金属资源，处置利用企业在无害化的同时可以提炼、富集其中的有色金属资源，从而实现危险废物资源化利用，将“放错位置的资源”进行回收利用。

危险废物的资源化处置方式在保护和改善环境的同时提高了资源利用效率，实现了经济效益、社会效益、环境效益的共赢。未来，资源化处置将成为危险废物处置利用行业倡导的先行处置方式。

6.1.5 绿色回收的作用

物料资源的有限性是当前社会面临的一大挑战，绿色回收在资源利用方面发挥着重要作用。利用回收产品再生物料，相当于利用了社会资源的潜在资源，使社会资源量相对增加，从而可以在一定程度上缓解资源紧张的状况。例如，用1吨废钢铁，可炼出好钢900千克，可节约铁矿石2吨，石灰石600千克，优质煤1吨；用1吨废杂铜可提炼电解铜860千克，节约铜矿石160吨；利用1吨废玻璃可生产出好玻璃900千克，可生产1斤装瓶子2 000个，可节约纯碱2 000千克、石英砂720千克、长石60千克、煤1吨、电400千瓦，降低成本20%。

回收产品再生物料比原始性生产资料的开发具有更好的经济效益。炼钢要经过采矿、炼铁、炼钢等这样一个复杂的过程方能使原料成材，如果用废钢代替生铁炼钢，不仅可以节约找矿、采矿、炼铁等一系列生产所耗费的支出，而且冶炼的钢材质量比生铁作原料所炼钢材质量还好。因此，发展中国家十分重视废钢铁的回收利用，将其称为”还原工业”。在发达国家，废弃钢铁用于炼钢的比例一般可达50%~70%，而我国仅在30%左右。

回收产品再生可以节约能源。例如，用废钢铁炼钢比用铁矿石炼钢可节约用煤75%，节约用水40%，减少矿石消耗95%；另外，通过回收废纸再制造新纸也能够带来重要的节能效益。以1吨废纸为例，可以制造出800千克的新纸，并且相比于全新纸张的生产过程，可以节约用煤500千克和节约用电500千瓦。总之，利用回收产品再生物料，既可以节约开采资源的能源消耗，又可以节约物料生产过程中的能源消耗。

通过回收再生利用废弃产品，可以显著减少其对环境的破坏和污染。通过回收再生利用废弃产品，不仅可以降低环境污染的程度，还能够减少相关的经济损失。通过回收再生利用废弃产品，可以避免大量废弃物进入自然环境中，减少对空气和水资源的污染。同时，在再生过程中，往往会采取先进的环保技术和设备，进一步减少生产过程中的排放和污染。

因此，绿色回收是一种可持续性的资源管理方式，扮演着保护环境和资源的重要角色。通过废弃物的分类、收集和再利用，绿色回收减少了垃圾填埋和焚烧对环境的污染，同时也节约了自然资源的消耗。此外，绿色回收还能降低能源消耗和碳排放，将废弃物转化为再生资源，减少了能源的浪费和对环境的伤害。不仅如此，绿色回收产业还创造了就业机会，促进了经济发展，同时提高了人们对环保的认识和意识，推动社会的绿色发展。总而言之，绿色回收在实现可持续发展和构建绿色社会方面具有不可忽视的作用。

风叶再用于生产水泥

——通用电器与威立雅的回收再利用成功实践

2020 年，全球领先的可再生能源制造企业之一的通用电气（GE）可再生能源公司与知名的资源优化管理企业——威立雅北美公司（VNA）签署了一项多年期风机叶片回收利用协议。威立雅集团将在美国回收通用电器公司的陆上风机叶片并将其转化为水泥制造的原材料。为了将叶片转化为原材料，威立雅把从风机上拆除的叶片运送到密苏里州的工厂粉碎，并将其用于窑炉，以代替制造水泥所需的煤、砂和黏土。这种方法所制得的水泥具有与传统方法制造水泥相同的性能和质量，产品符合 ASTM 标准。

从实施成效看，无论在降低能源资源消耗，还是减少污染物和二氧化碳排放方面都表现良好。一是提升了废弃资源利用率。通过此过程回收的单一风机叶片重达 7 吨，超过 90% 的叶片材料都可被再利用，65% 的叶片在水泥厂用作原料，28% 转化为窑内化学反应所需的能量。二是降低了能源消耗。通过水泥窑协同处理的回收方式可以减少 13% 的用水量。此外，还可减少水泥转窑燃料和原材料消耗，包括近 5 吨煤、2.7 吨二氧化硅、1.9 吨石灰石和近 1 吨的其他矿物基原材料。三是减碳效益显著。与传统的水泥生产相比，此方法可以减少 27% 的二氧化碳排放量。

（资料来源：https://mp.weixin.qq.com/s/rjfFlEwg1u0 czx7QAxJdHg。）

6.2　绿色回收体系

6.2.1　绿色回收的原则

回收再利用的 4R1D 原则是指减少（reduce）、重复利用（reuse）、回收（recycle）、替代（replace）和降解（degradable）。这些原则被广泛应用于资源管理和环境保护领域，旨在引导人们在日常生活和生产活动中更加合理地利用资源，减少废物排放，从而实现可持续发展。4R是从3R演变而来的。固体废物即垃圾的管理需要遵循3R原则：减量（reduce）、复用（reuse）、再生（recycle）。随着技术进步，又增加了替代（replace）和降解（degradable），形成了4R1D。

减量：指尽量减少使用不必要的材料和资源，减少浪费。通过精简生产流程、优化设计、提高资源利用效率等方式，来减少对自然资源的消耗。

重复利用：尽可能多次利用产品或材料，延长它们的使用寿命。包括修复和重新加工产品，以及将产品转换为其他用途，从而减少废物产生。

回收：指将废弃物转化为新的原材料或产品。通过回收废弃物并对其重新加工，可以减少对新鲜原材料的需求，降低能源消耗和环境负面影响。

替代：在一些情况下，可以通过替代使用更环保的材料或技术来减少对有害物质的使用，从而降低环境压力。

降解：使用的包装材料应具有易降解性，不会对人体和生态系统造成伤害，以实现更环保的处理方式，减少包装垃圾对环境的影响。

4R1D原则的实施，需要国家和城市政府制订有效的长远政策，使可持续发展观念贯穿于废物处理中，同时需要社区、企业以及个人增强环保意识、资源意识和通力配合，实现可持续发展。

6.2.2　绿色回收技术

绿色回收技术是指利用环保和可持续的方法来回收和处理废弃物和资源的技术。绿色回收技术可以在不同领域和环境中应用，有助于减少废弃物对环境的影响，促进资源的可持续利用。以下是一些常见的绿色回收技术[4]。

6.2.2.1　热处理技术

通过破碎、分选、加热提取、融合等手段，将废弃物转化为适合再利用的形态和性质，将废弃物中的有用成分提取出来，或者将有害物质转化为无害物质。

6.2.2.2　生物降解技术

生物降解技术利用微生物或酶类来分解有机废弃物，将其转化为有用的物质或能源。这种技术可以用于处理有机废弃物，如食品残渣、纸张等，减少对填埋场的依赖，同时减少对化石燃料的需求。

6.2.2.3　垃圾分类技术

垃圾分类技术通过人工或自动化的方式将废弃物进行分类，以便更有效地回收和处理可再生资源。这种技术可以帮助减少废弃物的数量，提高可回收物质的回收率，促进资源的再利用。

6.2.2.4　材料分离技术

利用各种物理或化学手段，将废弃物中的有用成分进行分离和提纯，如电泳分离、色谱分离等。

6.2.2.5　循环经济技术

循环经济技术通过设计和实施循环利用和再生产的流程，将废弃物转化为新的产品或原材料。这种技术可以减少资源的消耗，降低环境影响，并促进经济可持续发展。

6.2.2.6　污水处理技术

污水处理技术通过物理、化学和生物方法处理废水，去除污染物质，使其达到环保标准，可以实现水资源的再利用，减少对自然水资源的消耗。

6.2.2.7　再生能源技术

再生能源技术包括太阳能、风能、生物质能等可再生能源的开发和利用，可以减少对化石燃料的依赖，降低温室气体排放，实现能源的可持续利用。

6.3　绿色回收的成本与收益分析

通过绿色回收成本与收益模型的研究，可以为企业和政府提供决策支持，推动绿色回收的可持续发展。同时，该模型还可以不断完善和优化，以适应不同地区和行业的实际情况。绿色回收成本与收益模型主要包括以下几个部分。

（1）成本分析

分析绿色回收活动的成本，包括投资成本、运营成本、回收处理成本和环境成本等。这些成本可以通过具体的财务数据和市场调研进行估算。

（2）收益分析

分析绿色回收活动的收益，包括再利用产品销售收入、政府补贴、节约能源和原材料的费用等。这些收益同样需要基于具体的数据和市场情况进行估算。

（3）经济效益评估

基于成本和收益的分析，计算绿色回收活动的经济效益。可以采用净现值（NPV）、内部收益率（IRR）等财务分析工具，对绿色回收项目的投资回报进行评估。

（4）敏感性分析

分析绿色回收成本与收益模型中关键参数的不确定性，以评估其对项目经济效益的影响。这有助于决策者了解项目风险，并制定相应的应对措施。

6.3.1 绿色回收成本的分析方法

绿色回收成本的分析方法可以从多个角度进行，主要包括作业成本法、生命周期成本分析、边际成本分析等[5]，其中，最常用的是作业成本法。

6.3.1.1 作业成本法

作业成本法将绿色回收成本主要分为直接成本、间接成本、环境成本等。通过对动因的识别，划分出作业中心，再将资源归集到各个作业中心中，计算出各个作业中心的成本，然后根据作业动因对作业中心的成本进行拆分，最终计算出各个产品的总成本。作业成本法的基本原理如图6-11所示。作业成本法和传统成本法最大的不同就是对于间接费用的分配。传统成本法下，由于间接成本与企业的生产过程没有直接关系，因此根据具体的产量和人工工时对间接费用进行分配。而作业成本法根据成本动因论，分析成本产生和变化的原因，以作业为桥梁连接产品与资源，更能反映出产品与资源耗费之间的动因关系，核算结果也更科学合理[6]。

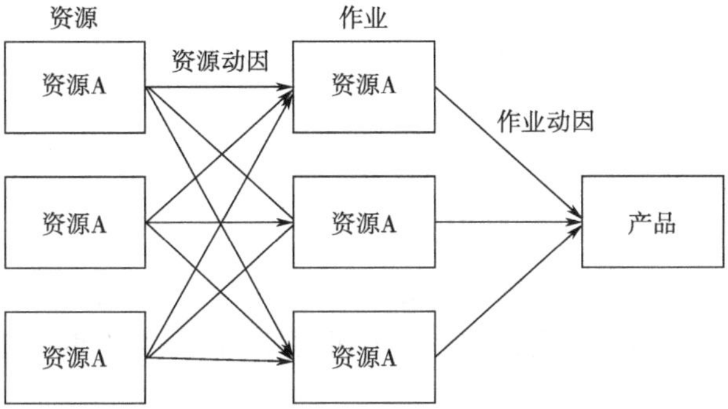

图 6–11　作业成本法的基本原理

（1）间接成本核算

结合上述回收流程以及作业成本法原理，运用作业成本法对绿色回收的间接成本进行核算，具体核算流程如下。

①确定作业并划分作业中心

在设置作业中心时有规可循，原则有三：作业相近原则、可量化原则以及作业核心职能原则。作业相近原则要求作业中心中各作业的功能与性质要具有相近性，方便作业中心成本的管理；可量化原则要求归集的成本必须可量化，用具体的货币金额体现出来，以便后续对各作业的成本分配；作业核心职能原则要求作业中心须具备特定核心职能，对作业中心内各作业起到统筹作用。根据绿色回收包含的具体工作，并按照作业中心的划分原则将其细分，具体如表6–4所示。

表 6–4　作业中心的划分

回收作业中心	作业 1	作业 2	作业 3
收集	业务处理	包装接收	
运输	包装运输	车辆修养	
仓储	入库	存储	出库
拆卸清理	拆分	装卸	清理

续表

回收作业中心	作业 1	作业 2	作业 3
检测分类	包装检测	包装分类	
再加工处理	粉碎	加工	再生
废弃物处理	焚烧	掩埋	

②确定资源动因并计算资源动因分配率

常见的资源动因有工时、运输里程、批次、水电用量等，需要结合绿色回收过程的实际情况确定。然后根据以下公式计算得出资源动因分配率。

$$\text{资源动因分配率} = \frac{\text{资源耗费总额}}{\text{资源动因总量}} \tag{6.1}$$

③分配各作业中心资源，得出作业成本库

根据计算出的资源动因率及资源总耗费计算各作业中心成本。作业中心的资源费用计算公式为：

$$\text{作业中心的某资源费用} = \text{资源动因率} \times \text{消耗的相应资源动因量} \tag{6.2}$$

表 6–5　绿色回收作业成本库

回收作业	费用 1	费用 2	费用 3	费用 4	费用 5
收集	人工费	业务处理费	办公费		
运输	人工费	车辆折旧费	车辆运行费	燃油费	管理费
仓储	人工费	仓库租赁费	折旧费	办公费	管理费
拆卸清理	人工费	设备折旧费	水电费	办公费	
检测分类	人工费	设备折旧费	水电费	管理费	
再加工处理	人工费	设备折旧费	水电费	物料费	
废弃物处理	人工费	设备折旧费	水电费		

从表6–5的内容可知，绿色回收过程中所涉及的资源主要包括：人工

费、办公费、运输费、燃油费、厂房折旧费、设备折旧费、水电费、管理费等。

④确定作业动因并计算作业动因率

根据计算汇总出的作业成本库，将各作业成本根据作业动因分配到绿色回收的相关产品或服务中。作业动因的确定要结合企业的规模、企业所实施绿色回收的复杂程度、企业管理上的要求等，选择能够获取的信息情况。作业动因分配率具体计算方法如下所示。

$$\text{作业动因分配率}=\frac{\text{某作业中心归集的总成本}}{\text{对应作业中心的作业动因量}} \tag{6.3}$$

⑤计算产品成本

根据计算出的作业动因分配率与各个产品所消耗的动因量，将作业成本分配至各产品或服务中，得出各产品或服务的间接成本。具体计算方法如下所示。

$$\text{产品间接成本}=\sum \text{各项作业动因分配率}\times\text{该作业消耗的作业动因量} \tag{6.4}$$

最后，计算产品或服务总成本。将为了实施绿色回收所发生的直接材料成本与绿色回收间接成本相加，得出产品的总成本，如下所示。

$$\text{产品成本}=\text{直接成本}+\text{间接成本} \tag{6.5}$$

（2）环境成本核算

环境成本是指为了控制企业对环境造成的影响，而主动或被动实施的措施的成本[7]。于启武指出，企业在生产过程中，将耗费的自然资源与减少的相关生态资源价值用货币表现出来就是环境成本[8]。胡颖森认为，环境成本是企业破坏环境造成的损失以及自然资源消耗而耗费的货币资金[9]。John Jr. Spomar也从两个方面来阐述环境成本，一方面是可以对公司利润最大化目标产生直接影响的成本，另一方面是社会成本[10]。联合国国际会计和报告标准政府间专家工作组在第15次会议文件《环境会计和财务报告的立场公告》中对环境成本下了定义：环境成本是“本着对环境负责的原则，为管理企业活动对环境造成的影响而被要求采取的措施的成本，以及因企业执行环境目标和要求所付出的其他成本[11]”。

绿色回收对环境的污染主要来自三个环节：运输环节、再加工处理环节以及废弃物处理环节，如图6–12所示。运输环节中需要使用大量汽车等运输工具，因而也会产生大量的汽车尾气，尾气中包含一氧化碳、氮氧化物、PM2.5等化合物，在直接危害人体健康的同时，还会对人类生活的环境产生深远影响；再加工处理环节主要通过机器设备来完成绿色修复与再生，机器设备在加工过程中会产生大量的有毒气体以及工业废水，若不对其进行治理则会对周边的环境带来极坏的影响；废弃物处理环节中，目前对纸塑类的废弃处理方式主要有掩埋和焚烧两种，处理过程中也会产生二氧化碳、二氧化硫、氮氧化物等有毒气体。绿色回收产生的废水、废气污染物对外部环境产生了不利的影响，势必也会为绿色回收企业带来外部环境成本，因此将此部分环境成本划分为外部环境损害成本。

除此之外，绿色回收企业在回收包装中也存在着其他与环境成本相关的支出，主要有以下几类：

环境体系认证费用：指绿色回收企业为提升包装回收的规范性与权威性，自愿向环境管理体系认证机构申请环境认证所缴纳的认证费。

环保培训费：为了提升环境保护意识，企业为实施绿色回收管理的员工进行环保培训所产生的培训费。

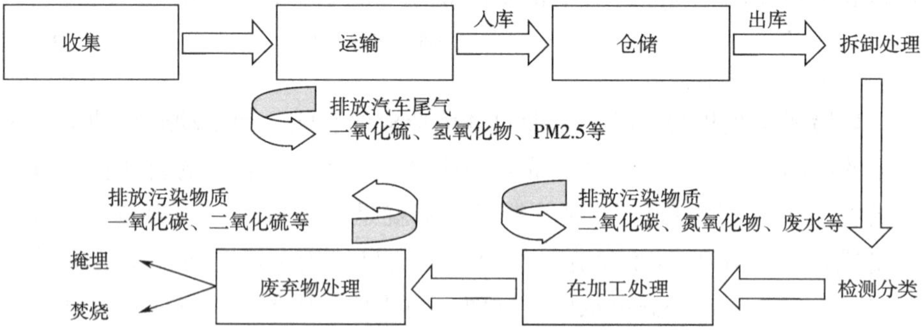

图 6–12　绿色回收对外部环境产生的影响

绿化费：为了提高工作环境的质量，同时为了环境保护，企业将资金投入到绿化建设上，因而产生的费用。比如，企业用加工处理以及废弃物处理过程中的流放水循环利用，灌溉绿化土地，减少资源浪费。

基于以上分析，将绿色回收中的环境成本分为内部环境成本与外部环境损害成本，具体环境的成本构成如表6–6所示。

表 6-6　绿色回收中的环境成本构成

环境成本	内部环境成本	环境体系认证费用、环保培训费、绿化费
	外部环境损害成本	对外部环境产生各种消极影响而形成的成本损失

将绿色回收中的环境成本按空间分为内部环境成本和外部环境损害成本，内部环境成本在企业的会计核算中易于识别，并能以货币计量直接分配到回收成本中，而外部环境损害成本由于具有外部性、不确定性、潜在性等特征，没有直接的数据来源据以计算，所以我们借助LIME环境损害影响评价法对其进行测定，然后结合其排放量加以计算。

LIME法是基于端点模型的生命周期影响评价法，是一种相对全面、科学的环境损害计算方法，依据结合法以及AHP法确定各端点之间的重要性清单，计算特性化系数①和损害系数②，评估范围包含了全球变暖、大气污染、臭氧破坏等11个环境领域中的一千种环境物质，针对企业生产过程中的污染物排放，结合流行病学、生态病学等自然学科理论知识，对环境污染物的损害量进行评估，并将各环境物质作为评价对象，通过以下公式求得单一环境物质货币化指标。

$$\sum_{j=1}^{J}\Sigma_{i=1}^{J}S_i \times DF_{ij} \times WTP_j = \Sigma_{i=1}^{I}S_i \times \left[\sum_{j=1}^{J}DF_{ij} \times WTP_j\right] \tag{6.6}$$

式中，S_i 为物质 i 生命周期清单，DF_{ij} 为物质 i 对保护对象 j 的损害系数，WTP_j 为保护对象 j 的一指标单位损害回避意愿支付额。

根据LIME数据库，外部损害成本的计算程序和方法有以下五个步骤：

· 计算各作业中心产生的污染物排放量；

· 将各污染物数量单位统一标准（LIME系数表中的标准单位：重量为千克，烟气为立方米，电力为千瓦时）；

· 计算每单位污染物的环境损害系数；

· 将污染物排放量予以标准化，然后与LIME系数相乘，得出该污染物的外部损害成本；

---

① 对环境领域影响度的表示系数。利用这个系数可以根据标准物质的等价量在不同环境领域换算。

② 对人类健康以及生物多样性端点的影响系数。

· 根据各主要污染物外部损害成本的计算表，对外部污染物损害成本进行汇总。

基于上述方法，汇总出绿色回收总成本，包括直接成本、间接成本以及环境成本。综上所述，企业在绿色回收过程中成本包含以下几个部分，见图6–13。

6.3.1.2　生命周期成本分析

生命周期成本法（life cycle costing，LCC）是从产品的整个生命周期来考虑绿色回收成本，包括原材料采购、生产、运输、使用和回收等各个阶段的成本。通过对整个生命周期的成本进行分析，可以更全面地评估绿色回收的成本效益。通过生命周期成本法可以对绿色回收的成本进行全面分析和评估，从而为决策者提供科学的依据，实现资源的最优配置和经济收益的最大化。同时，政府可以出台相关政策，提供资金支持，鼓励企业开展绿色回收活动[12]。在运用生命周期成本法对绿色回收成本进行分析时，需要确定绿色回收成本的生命周期评价系统边界，通常需要考虑以下因素进行绿色回收成本的全面评估。

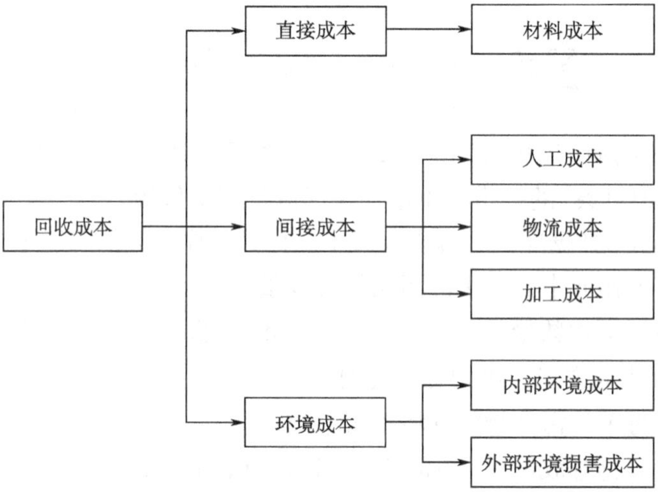

图 6–13　绿色回收成本的构成

（1）目标和目的

确定评价的目标和目的，如是为了评估特定产品的绿色回收成本，还是为了比较不同回收方案的成本效益。

（2）系统范围

确定评价的系统范围，包括从原材料采集、生产、运输、使用阶段到回收、处理和再利用阶段的全生命周期过程。

（3）功能单元

确定评价的功能单元，即评价的基本单位，如产品的重量、体积或功能等。

（4）数据采集

确定需要收集的数据范围，包括原材料采集、生产过程、运输、使用阶段和回收处理等各个环节的数据。

（5）影响范围

确定评价的影响范围，包括对环境、经济和社会的影响。

（6）不确定性和灵敏度分析

考虑评价中的不确定性因素，并进行灵敏度分析，以确定系统边界的合理性和可靠性。

6.3.1.3　边际成本分析

边际成本是指生产或消费一个额外单位产品或服务所增加的成本。在绿色回收成本分析中用于评估增加或减少一单位回收量所带来的成本变化。换句话说，这种方法是从单位产品或单位服务的角度来考虑绿色回收成本，主要是通过比较增加绿色回收所需的额外成本和相应的收益来评估成本效益。通过边际成本分析可以确定最优的回收量，以最大化收益或最小化成本。在运用边际成本分析法对绿色回收成本进行分析时，需要首先确定初始成本和回收量，然后通过计算增加或减少一单位回收量所带来的额外成本变化来计算边际成本，最后将边际成本与边际收益进行比较，以确定最优的回收量。假设一个城市的废纸回收项目，初始每月回收100吨废纸的成本为10 000元。经过分析，发现增加每月回收量到110吨，将带来额外的运输成本和人力成本，每增加10吨的成本为2 000元。同时，每增加10吨的回收量可以带来额外收益3 000元。根据边际成本分析，我们可以计算出增加10吨回收量的边际成本为2 000元，边际收益为3 000元。因此，增加回收量是值得的，因为边际收益大于边际成本。通过不断比较边际成本和边际收益，可以确定最优的回收量，以最大化收益或最小化成本。

6.3.2 绿色回收成本与收益模型

绿色回收成本与收益模型旨在分析绿色回收活动的成本和收益，以评估其经济可行性，可以帮助决策者了解绿色回收的经济效益，并制定相应的政策和措施来推动绿色回收的发展。绿色回收成本和收益模型可以根据不同的情况和目的进行设计和应用，以便全面评估绿色回收的成本和收益。同时，还可以结合生命周期评价等方法，进行更深入的评估和决策支持。以下是一些常见的绿色回收成本与收益模型。

6.3.2.1 社会效益模型

绿色回收收益模型中的社会效益模型是指通过回收利用废弃物品和资源对社会和环境产生的积极影响，评估回收对社会的正面影响，如提高居民生活质量等。具体描述包括以下两个方面。

（1）减少环境污染

通过回收利用废弃物品，可以减少对环境的污染，降低垃圾填埋和焚烧所产生的有害气体和污染物质，保护自然生态环境。

（2）节约资源

回收利用废弃物品可以减少对自然资源的开采和消耗，促进资源的可持续利用。例如，通过回收废旧塑料瓶，可以减少对石油等原料的开采，降低对环境的破坏程度。同时，废旧塑料瓶的回收利用可以用于再生塑料制品的生产，促进再生塑料产业的发展，创造就业机会，促进经济的发展。因此，废旧塑料瓶的回收利用产生了明显的社会效益。

6.3.2.2 品牌价值模型

在绿色回收收益模型中，品牌价值模型指的是企业通过参与绿色回收活动，提升品牌形象和价值的模型。具体描述包括以下两个方面。

（1）提升企业形象

通过积极参与绿色回收活动，企业可以树立环保形象，展现企业社会责任感，提升消费者对企业的好感度和信任度。

（2）塑造品牌价值观

参与绿色回收活动可以体现企业的环保价值观，树立企业良好的社会形象，吸引更多消费者对企业产品和服务的认可和支持等。例如，一家知名的饮料公司积极参与塑料瓶回收活动，并将回收的塑料瓶用于生产再生塑料瓶。通过这一举措，该公司树立了环保形象，展现了对环境的关注和责任感，提升了消费者对该公司的好感度和信任度。消费者会更愿意购买该公司的产品，因为他们认可并支持该公司的环保行为，从而增加了消费者对该品牌的忠诚度。同时，该公司在市场上也获得了环保形象的竞争优势，与其他竞争对手形成了差异化竞争优势，吸引更多消费者选择该公司的产品。因此，该公司通过参与绿色回收活动成功提升了品牌价值。

6.4　绿色回收的碳足迹核算及减排实践

6.4.1　回收环节的碳足迹核算

回收环节的碳排放核算采用逆向物质流思维，系统边界一般从产品寿命终止到再生能量/材料生产。废弃产品的回收环境影响核算基于“零负担原则”，即废物本身的环境负担不计入核算体系。因此，回收环节温室气体由两部分组成，即回收排放（来自拆解以及再生过程直接和间接排放）和再生材料替代原生材料所产生的避免排放。其计算过程如下：

$$ER = PE - BE_m \tag{6.7}$$

式中，ER 为回收全过程碳足迹，PE 为回收过程的碳排放，BE_m 为再生产品的避免碳排放。再生产品的避免碳排放计算公式如下：

$$BE_m = \sum_i (Q_i \times B_i \times SE_i) \tag{6.8}$$

式中，Q_i 为回收并送至处理工厂或生产工厂的再生能量或材料 i 的量（单位：吨），B_i 为校正系数，SE_i 为生产原生能量或材料 i 的温室气体排放量［单位：吨二氧化碳当量（tCO_2e）］。

6.4.2　绿色回收流程

绿色回收是指将废弃物进行分类、收集、处理和再利用的过程，以减少对环境的影响并促进资源的循环利用[13]。绿色回收需要政府、企业和个人的共同努力，以实现对环境的保护和资源的可持续利用。一般来说，绿色回收再利用的模式如图6–14所示。

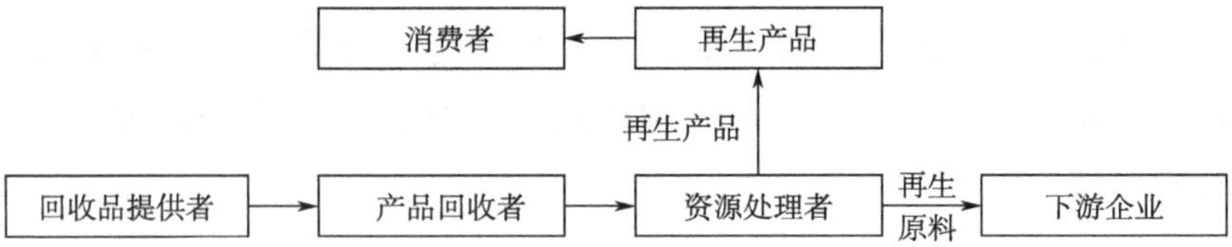

图 6–14　绿色回收再利用的模式

回收品提供者可以是下游企业、零售商或最终消费者；产品回收者可能是生产厂商本身或指定的分销商、零售商或专门回收机构；资源处理者可以是制造商本身或那些能够对回收产品进行再制造或循环利用的企业。产品恢复价值后，再生产品交给零售商再销售，再生资源由制造商再利用或交给下游企业。

6.4.2.1　绿色回收流程的实施步骤

概括来说绿色回收的流程包括以下几个主要步骤。

一是分类。首先，废弃物需要进行分类，通常分为可回收物、有害废物和其他垃圾。可回收物包括纸张、塑料、玻璃、金属等可再利用的材料，有害废物包括电池、药品、化学品等对环境有害的废弃物。

二是收集。分类后的废弃物需要被收集起来，通常由政府或专业的回收机构负责。这些机构会设置回收箱或者定期上门收集，以便将废弃物运送到相应的处理设施。

三是运输。收集到的废弃物会被运输到相应的处理设施，这可能涉及不同的运输方式，包括卡车、火车等，具体取决于废弃物的种类和处理设施的位置。

四是处理。一旦废弃物到达处理设施，就会根据其种类进行相应的处理。可回收物会被送往再生资源回收厂进行处理，例如纸张会被回收成新的纸张产品，塑料会被加工成再生塑料制品。有害废物则需要在专门的处理设施进行安全处理，以防止对环境和人类健康造成伤害。其他垃圾则会被送往垃圾填埋场或者焚烧处理。

五是再利用。经过处理后的可回收物会被再利用，成为新的产品或者原材料，从而减少对自然资源的消耗。这有助于减少废弃物对环境的负面影响，并促进资源的循环利用。

6.4.2.2　绿色回收流程的实施阶段

具体来说，企业绿色回收流程可以分为输入、转换、输出三个阶段。

（1）输入

企业回收物流的输入主要包括以下几类。

产品在生产流通过程中产生的废弃物料，包括报废的零部件、边角余料、包装物和废气、废渣等。

消费者退回的产品。产品过了保质期、质量不过关、运输和保管不当造成货物损伤、订单处理错误造成错误送货等情况都会形成退货。

被回收的产品。这个主要是对产品做更新升级处理。

被召回的产品。有些产品销售之后，消费者在使用的过程中发现产品存在缺陷，企业不得不将它们召回重新处理，特别是那些关系到人们生命安危的产品，如汽车。

（2）转换

回收产品的转换处理可分为以下四个步骤。

第一步，检验。企业必须事先制定废弃物回收的标准，按照标准对废弃物进行检验，以免造成不合理的回收。例如，制定产品退货标准、产品或零部件报废标准等。

第二步，分拣。分拣是转换过程的重要环节。企业需要根据回收原因和废弃物种类对输入源分门别类，以便分别加工处理。例如，可以先按照类型分为产品、包装物、报废零部件等几类，然后每类再按某一标准进行细分，如按照产品下一步的去向分为可重新销售的产品、需维修的产品、需拆卸重新投入生产的产品、需丢弃处理的产品等。

第三步，处理。处理也是转换过程的一个重要环节。对于不需要维修的产品，可直接回收之后再由零售商销售；对于需要维修的产品需维修处理后再销售；对于报废的产品或零部件，可将它们拆卸、再生成原材料投入生产；对于废气废渣，可采取焚烧、填埋和机械处理等手段。

第四步，信息反馈。企业回收物流信息系统可以对退回的货物、报废的产品等信息及时记录汇总，并辅助各部门决策。例如，为生产部门提供生产管理信息和原材料信息，为营销部门提供产品再销售信息等。

（3）输出

输出主要是通过转换后得到回收品的最终处理方式并执行处理。产品报废后的循环利用方式主要分为以下几种。

一是直接再利用。这种方式是通过技术改进来提高或修复原有产品的性能，使用户能够接着使用，或进入低一级的市场再销售。

二是翻新再制造。产品报废后，有些耐用零部件可以继续使用，所以可以对部分老化的零部件进行修整、更换，使产品可被重新利用。但是这种方法要求设计产品时采用模块化的方法，这样才便于零部件的更换。

三是零部件再循环利用。这种方法是将报废产品进行分解，回收拆卸下来的零部件，经过休整后重新再利用；再利用时可以回用到同类产品中，也可以回用到其他产品中。

四是原材料的再生利用。报废产品经过拆卸后，如果零部件不能再循环利用，则需要回收各种材料，经加工处理再生成可利用的原材料重新进入生产环节。

6.4.3 绿色回收的碳减排策略

绿色回收对于减少碳排放、保护环境、实现可持续发展具有非常重要的意义。政府、企业和公众都应该积极参与绿色回收行动，推进绿色经济发展。

6.4.3.1 畅通废旧产品设备回收处置

按照市场化、法治化原则，坚持规范化、规模化、精细化导向，组织开展废旧产品设备回收处置供需对接，推动产品设备生产、使用单位与规范化资源循环利用企业加强信息共享和业务合作。支持发展废旧产品设备回收、运输、拆解、利用一体化模式，减少中间环节。鼓励各级公共资源交易平台开设专栏，开辟绿色通道，畅通废旧产品设备资产交易。支持发展“互联网+”模式，培育废旧产品设备线上交易平台。充分发挥资产评估机构的作用，提升废旧产品设备资产评估工作的水平和效率。

6.4.3.2 推动再生资源高水平循环利用

推动废旧产品设备规模化、规范化、清洁化再生利用。强化再生资源先进加工利用技术装备推广应用，支持现有加工利用项目提质改造，提高机械化、信息化和智能化水平。支持企业和科研机构加强技术装备研发，推广废旧产品设备精细拆解、复合材料高效解离、有价金属清洁提取、稀贵金属再生利用等先进技术，加强大型成套装备研发应用。

6.4.3.3　规范废旧产品设备再制造

鼓励对具备条件的废旧产品设备实施再制造，再制造产品设备质量特性和安全环保性能应不低于原型新品。推广应用无损检测、柔性加工等技术工艺，提升再制造加工水平。加快完善废旧产品设备再制造标准，严格实施再制造产品设备质量监管，规范再制造产品设备生产销售。支持产品设备生产制造企业建立逆向回收体系，发展高水平再制造。

本章小结

绿色回收是一种可持续性的资源管理方式，在实现可持续发展和构建绿色社会方面具有不可忽视的作用，其中再生资源主要包括八大类：废塑料、废纸、废电池、废纺织皮革、废有色金属、废弃电器电子产品、废轮胎、废玻璃。回收模式发挥着关键作用，在逆向供应链中主要存在制造商企业自主回收、零售商回收和委托给第三方回收企业进行回收这三种基础回收模式。经过绿色回收后，可再利用的废旧物经过修复、清洗、消毒等处理后可重新投入使用。回收处理方式和危险废弃物的回收处理方式主要有梯次利用与回收拆解以及无害化处置与资源化利用等。

绿色回收应遵循4R1D原则。绿色回收技术主要有热处理技术、生物降解技术、垃圾分类技术、材料分离技术、循环经济技术、污水处理技术、再生能源技术等。绿色回收的流程包括分类、收集、运输、处理、再利用五个步骤，企业绿色回收流程可以分为输入、转换、输出三个阶段。绿色回收成本分析可以从多个角度进行，主要包括作业成本法、生命周期成本分析法、边际成本分析法等。绿色回收收益模型包括社会效益模型、品牌价值模型等。绿色回收对于减少碳排放、保护环境、实现可持续发展具有非常重要的作用。政府、企业和公众都应该积极参与绿色回收行动，推进绿色经济发展。

案例分析

英科再生

英科再生是一家资源循环再生利用的高科技制造商，从事可再生资源的回收、再生、利用业务。在技术层面创新地打通了塑料循环再利用的全产业链，是将塑料回收再生与时尚消费品运用完美嫁接的独创企业（见图6–15）。

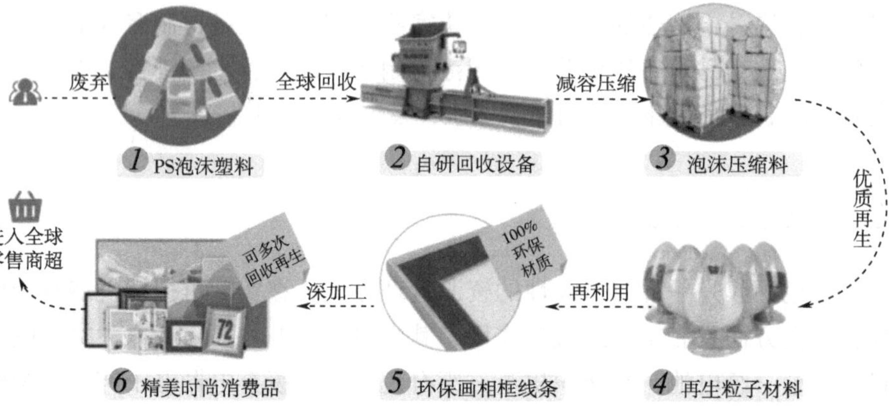

图6–15　英科再生业务框架

该企业目前主要从事PS泡沫塑料和PET饮料瓶两种塑料的回收再生利用。其自主研发的泡沫减容设备已投放于上海市20多个站点，每月回收100~200吨白色泡沫塑料，为上海市做好“垃圾分类”“两网融合”工作贡献了企业力量。

企业生产的再生PS产品，款式新颖多样，且防水、防潮、防虫蛀、不含甲醛，跟木头等材料相比，可以说是物美价廉、经济环保，能起到“以塑代木”节约森林资源的作用。

此外，企业生产的高品质再生PET粒子，使用100%消费后塑料，已经取得了GRS、FDA、EFSA等认证，成功演绎废弃资源“变废为宝”的故事。

英科再生始终坚持绿色发展理念，具备每年回收再利用约15万吨塑料的能力，相当于帮助全球每年减少30万吨碳排放、节省45万吨原油资源、减少约200万棵树木砍伐，成立至今已累积减少约250万吨碳排放，节省约375万吨原油资源，减少约2 500万棵树木砍伐。

图 6–16　英科再生 PET 饮料瓶回收再生利用

与此同时，企业充分践行“向爱、向善、求真”的价值观，始终将社会责任理念与企业的发展战略紧密结合，每年接待千余人次中小学生进行低碳环保科普教育，以实际行动践行ESG理念。

未来，英科再生将紧紧围绕“碳达峰碳中和”的时代主题，借助资源循环再生利用全产业链的优势，不断拓宽资源再生利用的广度和深度，为改善地球环境，实现碳中和的目标做出不懈努力。

问题讨论：

案例中，英科再生公司围绕“碳达峰碳中和”时代主题开展绿色回收，给我们哪些启示？谈谈如何核算其回收过程的碳排放？

思考题

1. 请简述绿色回收的4R1D原则。
2. 绿色回收的模式有哪些？
3. 绿色回收的处理方式主要有哪些？
4. 绿色回收应用的技术主要有哪些？
5. 绿色回收的原则主要有哪些？
6. 绿色回收物流流程包括哪几个阶段？
7. 绿色回收成本的分析方法主要有哪些？

8. 绿色回收成本的成本收益模型主要有哪些?
9. 绿色回收的主要作用有哪些?
10. 绿色回收的碳减排策略主要有哪些?

参考文献

[1] 杨玉中，景国勋，吴立云. 煤业集团绿色供应链管理 [M]. 北京：中国经济出版社，2007.
[2] 陈铭. 汽车产品的回收利用 [M]. 上海：上海交通大学出版社，2017.
[3] 霍光云. 余热回收 [M]. 天津：天津科学技术出版社，1985.
[4] 申屠华剑. 退役锂离子电池磷酸铁锂正极材料绿色回收技术研究 [D]. 北京：中国科学院大学（中国科学院宁波材料技术与工程研究所），2023.
[5] 陈克勤. 快递企业应用作业成本法浅探 [J]. 财会月刊，2012（08）：57-60.
[6] 张琪. Z公司快递包装回收成本核算问题研究 [D]. 长沙：湖南工商大学，2021.
[7] 陈毓圭. 环境会计和报告的第一份国际指南：联合国国际会计和报告标准政府间专家工作组第15次会议记述 [J]. 会计研究，1998（05）：2-9.
[8] 于启武，徐泓，易验. ISO 9000质量体系与ISO 14000环境管理体系结合研究 [J]. 中国标准化，1999（11）：15-17.
[9] 胡颖森. 刍议企业环境成本的核算与控制 [J]. 财会月刊，2010（08）：44-46.
[10] SPOMAR J J. Environmental accounting 101 [J]. American Drycleaner, 2012，70（7）：62-64.
[11] 张劲松. 环境会计报告研究 [D]. 哈尔滨：东北林业大学，2007.
[12] 刘奕捷. 基于IGA的绿色供应链回收成本优化研究 [D]. 邯郸：河北工程大学，2011.
[13] 曹化梁. 快递企业包装绿色化法律对策研究 [D]. 兰州：兰州理工大学，2022.

第 7 章　绿色供应链绩效评价

【学习目标】

1. 掌握绿色供应链绩效评价的内容、原则和分析方法。
2. 理解绿色供应链绩效评价流程和评价指标权重的确定方法。
3. 理解绿色供应链绩效评价的作用。
4. 了解绿色供应链绩效评价的指标体系。
5. 了解平衡计分卡和层次分析法。

近年来，随着环境问题迅速成为供应链管理中的关键议题之一，管理人员更加注重改善环境、提升绿色性能等方面，以增强企业的核心竞争优势。因此，对于绿色问题的关注不断增长，绿色供应链绩效评估已经成为一个至关重要的考虑因素，与环境协调的法律法规相继出台。在绿色供应链管理过程中，评价绿色供应链绩效至关重要。为了发挥绿色供应链管理在社会经济中的作用，迫切需要建立一套科学合理的评价指标体系，对其绩效进行科学合理的评估。通过对绿色供应链绩效的评估，可以衡量整个供应链对环境的影响程度，帮助企业识别绿色供应链管理中的不足和薄弱环节，降低整体运营成本，提升竞争力。

7.1　绿色供应链绩效评价的作用与原则

绿色供应链绩效评价[1]即建立绿色供应链评价指标体系，采用运筹学以及数量统计方法，通过定量与定性分析的方式，准确、客观、公正地评价绿色供应链。绿色供应链预见性地考量了影响企业未来发展的环境以及资源因素等，同时进一步深入地探究了企业传统的供应链，调动供应链条中企业合作共赢的理念，将环境、资源因素引入企业群带当中，实现高效利用环境资源的目标，绿色供应链条突破了单一追求利润最大化的目标，而是引入了经济与环境协同发展的新目标，在企业的经营发展中加入了环境责任与社会责任，实现了企业发展与生态环境可持续发展的重要战略目标。总之，绿色供应链理论为绩效评价奠定了坚实的基础。

7.1.1　绿色供应链绩效评价的作用

7.1.1.1　环保责任和社会责任

绿色供应链绩效评价有助于组织确保其供应链活动符合环保和社会责任标准。这可以提高企业的可持续性和社会形象，满足消费者对可持续产品和服务的需求。

7.1.1.2 降低环境风险

通过对供应链环节的评估企业能够识别潜在的环境风险，并采取措施减轻这些风险。这有助于防范可能对企业声誉和业务稳定性造成负面影响的环境问题。

7.1.1.3 削减成本

实施绿色供应链管理实践通常涉及资源使用效率的提高和废物减少，有助于削减能源和原材料成本。此外，采取环保措施还可以降低企业面临的法规和法律风险，从而减少潜在的罚款和诉讼成本。

7.1.1.4 提升市场竞争力

在全球范围内，越来越多的消费者和企业客户关注环保问题。通过在绿色供应链管理方面取得良好绩效，企业能够提高在市场上的竞争力，吸引更多的客户和合作伙伴。

7.1.1.5 可持续发展

绿色供应链绩效评价有助于企业更好地理解其可持续发展目标，推动供应链的可持续性。这有助于确保企业能够长期在经济、社会和环境层面上保持平衡。

7.1.1.6 合规性

绿色供应链管理有助于确保企业遵守环境法规和标准。通过评估供应链的绿色绩效，企业可以及时调整其实践，以确保符合相关法规，减少面临的合规风险。

总体而言，绿色供应链绩效评价有助于企业在经济发展的同时，更好地平衡社会和环境的需求，实现可持续发展。通过对绿色供应链的绩效评价，可以找出影响系统整体效率的主要因素，明确改进方向，为优化改进提供有益的建议。

7.1.2 绿色供应链绩效评价的原则

为了保证评价标准的科学性和公正性，应遵循以下原则[2]。

7.1.2.1 全面兼顾原则

在实际管理中，企业可能为了追求自身利益而忽视上下游企业的利益，进而破坏彼此间的友好合作关系，甚至影响整个链条的稳定。因此，为了避免此类问题的出现，应优先考虑供应链的整体绩效，并关注每个企业的表现。绿色供应链绩效评价指标体系需要反映整个绿色供应链在运行过程中的各个方面，而不仅仅是单个节点企业的运营状况。绩效评价需要兼顾供应链的未来竞争力以及整个企业在运营过程中的业绩，对企业的长远利益和发展潜力进行评估。此种评价体系需要对企业实施绿色供应链管理后整体绩效产生影响性评估，测量企业过去实施绿色供应链管理的企业绩效，并对企业实施绿色供应链管理后绩效的潜在性发展进行预测。

7.1.2.2　多层次、多渠道、全方位原则

绩效评价指标较多，可以将评价指标进行分层，每层的重点指标进行标志，对关键的评价指标进行分析和总结。收集各种信息，多层次、多渠道，进行全方位评估，这不仅有助于绿色供应链绩效的综合评价，而且能够提高绿色供应链绩效评价的可操作性。在实际管理操作中，可以应用于客户和资深专家的评价，以及上、下、同级和职员的评价与考核等诸多形式。

7.1.2.3　定量与定性相结合原则

传统绩效评价指标的确定一般采用定性与定量两种方法，绿色供应链管理企业绩效评价指标的确定也不例外。对容易量化的指标进行定量，对不容易量化的指标进行定性。在评价的过程中定量指标比较客观，不能包含所有测评信息，定性指标虽然不易收集但对某些因素来说能清楚地包含所要表达的信息。因此，在指标选择时应该根据实际情况客观选择，把定量指标和定性指标结合起来能更全面地评价企业绩效[1]。

7.1.2.4　系统性原则

在对绿色供应链管理下的企业绩效进行评价时，企业作为绿色供应链上不可缺少的节点，必须从实施绿色供应链管理战略的角度出发，把自身作为绿色供应链这个有机整体的一部分，同时不能忽略上下游企业之间的相互联系，以维护供应链的整体性。因此，绩效评价指标体系的构建要建立在系统的整体性和相关性原则基础之上，选择出的各个指标既要包括单个企业自身的特点，又要体现绿色供应链上下游企业的整体特点。在对整个绿色供应链绩效进行评价的过程中，需要从系统观点出发，在设计的过

程中，应根据企业特点考虑，还需从绿色整体特点设计指标体系。

7.1.2.5 经济性原则

在绩效评价过程中，由于人、财、物的投入，必然会产生一定的成本，通常情况下，在一定范围内增加成本投入，评价结果可能更精确，但会增加确定关键影响因素的难度；成本投入过少则可能会导致供应链绩效水平的评估不准确；而当成本大于收益时，评价就失去了意义。因此设计指标时，必须权衡收益与成本。

7.2 绿色供应链绩效评价的内容

对企业的绿色供应链管理进行评价不应该只是对企业某个时间或某几个事件的评价，也不只是对绩效的评价，而应该是非常广泛的。下面具体论述绿色供应链绩效评价的内容[3]。

7.2.1 对绿色供应链的整体绩效评价

对绿色供应链进行评价需要结合绿色环保和绩效评价，从而综合地对企业进行评价。在对绿色供应链进行绩效评价时，其首要任务就是将绿色环保意识纳入评估综合管理水平的考量之中，经过综合评估后找到绿色供应链管理中可能存在的不足并且提出相对应的改进措施，作为之后绿色供应链发展的决策依据。

7.2.2 对绿色供应链内各节点企业的评价

对同一条供应链上的每个企业进行单独的绩效评价不仅能使企业相互对比，也能促进企业勇于创新，免于落后。通过绩效评价可以不断引进好企业，排除落后企业，使整条供应链更加持久稳定。

7.2.3 对绿色供应链内各企业合作关系的评价

一条绿色供应链可以看作是一个利益共同体，绿色供应链中的每个企业都扮演着不同的角色，可以确定的是，每个企业对于绿色供应链管理绩效的评价影响是长期存在的，维持这种长期关系所产生的经济效益是可观的。但是，生活中的运营生产是由无数的绿色供应链编织的一张大网，每个企业都可能在不同的绿色供应链中扮演不同的角色。在扮演不同角色时所投入的资源也难以区分。正因为这样，分析绿色供应链内各企业的合作关系评价难度极高，绿色供应链内各企业的合作关系评价难以获取。

7.2.4 对绿色供应链内各企业激励关系的评价

激励关系包括重点企业对非重点企业的激励和各个企业间的互相激励。一个好的激励制度对企业的工作效率大有益处，既可以让重点企业继续保持甚至不断发展，又可以促进非重点企业向重点企业转变，完成供应链利益最大化的目标。供应链激励要求要有好的评价规则和对不同激励对象的不同激励方式。

7.3 构建绿色供应链绩效评价的指标体系

绿色供应链管理绩效评价主要检验企业实施绿色供应链管理战略决策的正确性，即是否能够提高企业的财务绩效、经营绩效和环境绩效，实现三者的最优化。在绩效评价过程中不仅要测评企业的财务绩效和经营绩效，还要重点测评企业的环境绩效，以更全面地了解供应链管理的绿色化与企业的总体绩效之间的关系。因此，建立一套全面、科学和可行的绩效评价指标体系是企业实施绿色供应链管理的关键，而建立一套客观科学的评价体系是检验实施绿色供应链管理战略决策正确与否及其效果好坏的必要途径。

7.3.1 一般评价指标体系

根据绩效评价原则，一般来说将财务绩效、客户服务、业务流程、学习与发展和环境保护五个方面作为绿色供应链绩效评价的一级指标[4]，具体如表 7–1 所示。

表 7-1　绿色供应链管理评价指标

一级指标	二级指标
财务绩效	总资产周转率
	总资产报酬率
	净资产收益率
	利润增长率
	销售增长率
客户服务	市场占有率
	产品合格率/准时交货率
	顾客抱怨率
	绿色认同度
业务流程	产销率
	产品及产量柔性
	供应链响应时间
学习与发展	信息共享程度
	开发成功率
	研究与开发投入回报
	新产品收益率
环境保护	资源综合利用率
	资源回收再利用率
	环保效率比率
	产品回收收益率

7.3.1.1　财务绩效[1]

财务绩效指标是使用较多的传统绩效评估指标。财务评价方式较为直观，是企业绩效评价中的重点，供应链评价相较于传统的绩效评价体系，更加注重整体性与系统性。绿色供应链的财务绩效评价内容主要包括以下方面。

（1）供应链方面

财务收益是将供应链作为考核对象，核算供应链全部资产收益，供应链整体的财务收益是考查的重点内容；资产运行状况也是企业关注的焦点问题，资产周转率是反映企业资产运营效率的重要指标，其中资产的总和为供应链节点上各个资产的相加结果；发展潜力将销售利润率与指标利润增长率作为数据，两项指标易于获取，方便计算，同时还具有较强的针对性。

（2）股东财务方面

作为企业出资人，股东尤其重视资产收益率，其为股东投资提供了有力的指标参考，净资产收益率是财务中经常使用的指标，其计算简便并具有一定的代表性。

7.3.1.2　客户服务

客户是企业的生存之本、利润来源，因此客户服务也是绿色供应链绩效评价的主要衡量标准之一。客户服务主要评价客户满意度，主要有以下内容。

（1）产品服务能力

市场占有率反映的是供应链终端产品在市场中的占有份额，为供应链产品年销售额与市场总销售额的比值；产品合格率/准时交货率揭露了顾客对企业产品的满意程度，如果企业产品差强人意，产品合格率/准时交货率也会相应降低。

（2）产品售后服务能力

产品出现问题时，顾客的心理诉求是获得最快速、最优质的产品维修服务，如果售后服务拖延了维修时间，只会增加顾客的不满与抱怨，顾客抱怨率随之增加。

（3）绿色认同度

绿色认同度是客观反映企业产品绿色度和供应链绿色度的重要指标。

7.3.1.3　业务流程

企业要想按时向顾客交货，满足现在和未来顾客的需要，就必须以优化企业的内部业务流程为前提。业务流程通常用产销率、产品及产量柔性、供应链响应时间等来衡量。

7.3.1.4　学习与发展

对员工制定学习成长计划既能实现员工个人的自我价值，使其在企业长期发展中形成良好的工作氛围，具备极高的人员竞争力，又能促进企业的自身优化，帮助企业不断创造价值。学习与发展指标可以通过员工满意度、开发成功率、研究与开发投入回报率等指标进行衡量。

7.3.1.5　环境保护

环境保护是绿色供应链绩效评价中最具特色和最为重要的一项评价维度。双碳目标下，环境保护工作已经成为企业不容忽视的重要举措，绿色供应链必须将环境保护放在突出位置，充分合理利用资源。环境保护方面通常可以从资源综合利用率、资源回收再利用率、环保效率比率等方面加以评价。

7.3.2 基于国家标准的评价指标体系

参考《绿色制造 制造企业绿色供应链管理 评价规范》（GB/T 39257—2020）等国家现行标准，按照层次分析法逻辑，构建有电网企业特色的供应链绿色效率评价指标体系，如表7–2所示。该标准包含目标层、准则层、指标层，共三个层次，其中准则层包含战略及目标、绿色采购、绿色物流等六个方面，指标层包含绿色发展规划和目标、绿色供应链管理体系、管理制度及标准等20个指标。

表 7–2 供应链绿色效率评价指标

目标层	准则层	指标层	指标说明
电网供应链绿色效率	战略及目标 A_1	绿色发展规划和目标 A_{11}	绿色发展战略纳入企业规划，制定3~5年供应链绿色提升目标，确定每一年的分目标，如绿色发展战略规划、绿色供应链提升目标
		绿色供应链管理体系 A_{12}	建立绿色供应链管理体系（可与企业现有管理体系整合），建立统一、协调的管理程序文件（或标准），如产品绿色设计、绿色采购、绿色生产、绿色物流、绿色回收及末端处置、绿色信息管理及披露等
	绿色采购 A_2	管理制度及标准 A_{21}	制定系统的绿色供应商选择原则及绿色供应商评估、监督、业绩评价管理程序，形成标准或管理制度文件
		EPC业务流程效率 A_{22}	建立并保存绿色采购过程记录文件，确保采购管理过程的可追溯性，企业绿色采购要求及时传递给供应商，流程精简，办事高效
		应急管理和响应 A_{23}	制定供应商管理应急预案，定期收集供应商合规性信息，检验、测试供应商的产品/服务的符合性，出现异常情况启动应急管理和响应程序，对异常情况进行有效应对

续表

目标层	准则层	指标层	指标说明
电网供应链绿色效率	绿色采购 A_2	供应商绩效评价 A_{24}	供应商定期进行绿色绩效评价，如产品绿色化程度、生产过程绿色化程度、生产变更情况、审核监督与改进、异常事件与整改、管理过程综合评价等
		绿色采购要求 A_{25}	明确产品/服务绿色采购要求，并有效落实
	绿色物流 A_3	管理制度 A_{31}	企业内部物流和外部（原材料供应商以及产品和回收产品的承运方）物流符合绿色物流要求
		物流方案 A_{32}	对物流方案进行优化，满足产品运输有关的绿色性要求（如果有），减少运输过程中能源消耗和污染物及噪声排放；产品及包装物可回收的企业，建立逆向物料渠道和管理程序
		产品运输、储存要求 A_{33}	根据产品特性，如需要，制定保证产品完整性及防止有害物质泄漏的运输、储存要求，如运输过程特殊要求、仓储环境条件要求（如温度、湿度、光照等要素）等
		运输工具 A_{34}	定期检查运输工具的安全状况，防止运输过程中物品丢失、散落及危险品泄漏
	绿色建造 A_4	污染物排放 A_{41}	监测废气、废水、固体废弃物、温室气体排放以及噪声数据，并满足国家和地方的标准
		用能和用水计量系统 A_{42}	建立和健全用能计量系统，监测和记录生产过程中的能源及水资源消耗；定期进行分析，识别企业的节能减排潜力，制定节能减排计划
	绿色回收 A_5	回收利用标识 A_{51}	对可回收利用的产品/材料及包装物进行标识，对再生利用品和再制造品按规定进行标志
		回收利用绩效 A_{52}	定期统计产品/包装物回收利用指标，如产品可回收利用率、实际回收利用率、循环利用材料的使用率、材料利用率、废品率等

续表

目标层	准则层	指标层	指标说明
电网供应链绿色效率	绿色回收 A_5	回收体系 A_{53}	识别产品/包装物回收利用的可能性，以及识别产品/包装物生产过程及运输使用过程中废品、废弃物或消耗品回收利用的可能性；产品及包装物可回收利用的企业，建立生产者责任延伸制度
		无害化处理 A_{54}	对没有再利用价值的废弃物进行无害化处理，有害或危险废弃物应交给有相应资质的组织处理，并保留相关记录
		下游企业协同 A_{55}	指导下游企业回收、拆解及再利用，建立产品及包装物回收拆解文件，并传递给下游相关方；通过培训和现场辅导等方式提高零部件、原材料以及产品的回收率；防止在回收利用过程中产生二次污染
	绿色链碳管理 A_6	绿色信息管理水平 A_{61}	对企业及供应商绿色信息进行规范管理，信息可查询、可追溯，并在供应链系统有效传递；建立绿色供应链管理信息平台（可与企业信息化系统融合），功能包括基础信息管理、绿色设计系统、绿色物料管控、绿色供应商管理、绿色生产信息管理、绿色物流和末端处置、绿色信息披露等
		绿色信息披露 A_{62}	披露企业绿色供应链相关信息，如绿色发展战略、目标及企业合规性声明；按政府及相关管理部门的要求定期披露企业的环境排放、能源等数据；产品绿色属性及有害物质使用情况；产品拆解、回收处理及循环利用信息；绿色供应商信息

7.3.3 基于平衡计分卡的绿色供应链绩效评价

7.3.3.1 平衡计分卡

平衡计分卡是一种绩效管理工具，旨在帮助组织从四个不同的角度来评估绩效，包括财务、客户、内部业务流程和学习与成长。这种方法可以帮助组织建立全面的绩效评估体系，从而更好地管理业务和提高绩效。基于平衡计分卡的绩效考核是指利用平衡计分卡来评估员工、团队或整个组织的绩效。

平衡计分卡是一项与公司战略相结合，协助企业将组织战略加以落实的管理制度。该方法是由哈佛商学院的罗伯特·卡普兰（Robert Kaplan）、诺朗·诺顿研究所所长以及美国复兴全球战略集团创始人兼总裁戴维·诺顿（David Norton）提出的“未来组织绩效衡量方法”。当时该计划的目的，在于找出超越传统以财务量度为主的绩效评价模式，以使组织的“策略”能够转变为行动而发展出来的一种全新的组织绩效管理方法。平衡计分卡自创立以来，在国际上特别是在美国和欧洲，很快引起了理论界和企业界的浓厚兴趣与反响。该方法之所以如此受青睐，是由于它与传统绩效评价方法相比，有以下一些特点[5]。

（1）平衡计分卡克服了传统财务指标衡量企业业绩的不足

传统的企业绩效衡量主要依赖财务指标，这样就可能造成下属单位一味追求财务指标的提高，而忽视非财务指标对企业发展特别是长期发展的重要性。另外，由于财务指标是一种滞后性指标，因而它不利于企业的事前控制。然而，财务指标的提高在很大程度上是建立在非财务指标提高的基础上的，企业只有从非财务指标的提高入手，才能切实做到企业管理水平的提高，企业业绩评价的目标也才能真正得到体现。平衡计分卡继承了传统财务指标的优势，并补充了顾客、内部经营过程、学习和成长三个方面的非财务指标，从而对企业的业绩评价更加全面和具体。

（2）平衡计分卡与企业的战略相结合，能有效推动战略的实施

平衡计分卡的一个重要优点是它与企业的战略目标紧密地结合在一起，首先从企业的战略出发，把企业抽象的战略转变为具体可执行的目标和一系列业绩衡量指标，包括四个不同的方面：财务、客户、内部经营过程和学习与成长。平衡计分卡提供了一个框架、一种语言，用以传播企业的使命和战略，它利用衡量结果把企业当前和未来成功的关键因素告知企业员工，并通过阐明企业想要获得的结果和获得这些结果的必然因素，充分调动员工的能力和集体智慧来实现企业的长期目标，把战略目标分解成可操作的分目标和具体目标，以便评价和控制。

（3）平衡计分卡以企业价值最大化为目标，平衡了企业各利益相关者的不同要求

由于不同利益相关者的目标和要求不同，企业必须在这些相互矛盾和

竞争的不同要求之间进行平衡。平衡计分卡四方面的因果联系说明了部门之间如何协作共同努力实现企业目标，而不是仅实现某部门的目标。它把企业看成是一个有统一内部联系的系统。因此，平衡计分卡实际上就是衡量公司在满足不同利益关系人要求方面的业绩，它在将公司使命转化为具体目标和业绩指标的同时，也在平衡公司各利益关系人之间的不同要求。

平衡计分卡为全面系统地评价企业的经营业绩提供了一种十分有效的手段。当然，不同的企业都应当有各自版本的平衡计分卡，同时也应当有不同的衡量企业战略达成程度的标准。比较通用的衡量指标是财务目标、客户满意度、员工满意度、生产率、发展及创新。

7.3.3.2 平衡计分卡指标及可持续发展

在绿色供应链绩效评价中，使用平衡计分卡的关键在于正确地确定绿色供应链的评价指标，一般来说基于平衡计分卡的四方面评价指标包括表7–1中的财务方面、客户方面、流程方面，同时还加入一个可持续发展方面。

一般来说，传统供应链往往会忽视“可持续发展”的重要机制，反映供应链可持续发展的绩效指标主要包括三个方面[1]。

（1）新产品开发能力

产品开发之前还需要进行市场调研与预测，并计算产品投入市场中获得的收入增长率，同时还要计算产品获得的收益率，其与产品开发的效率有正相关关系。

（2）技术投资

高额的技术投资代表产品具有良好的发展潜力，其中研发投资率可以反映企业的投资力度，员工培训投资也不失为一种提升企业可持续发展能力的重要指标。

（3）社区环保水平

环保水平是反映供应链的重要指标。“三废”排放是影响环境的重要因素，其排放总量可以衡量供应链对周围环境的影响；资源回收再利用是供应链关注的重点，资源以及废弃物回收利用是绿色供应链运行的必要趋势，在节省自然资源的同时也能够减轻对环境的污染；能源耗费不仅关乎成本同样也关乎环保问题，在能源稀缺的背景下，以有限资源发挥无限优势已经成为发展重点。

一般来说，平衡计分卡的建立与实施都要经过以下步骤：准备工作；明确企业战略；确定成功关键因素；确定平衡计分卡的框架；确立财务、客户、流程、可持续发展四个方面的目标；确定评价指标；确定平衡计分卡四个方面及其对应的指标权重；用平衡计分卡进行业绩评价。

7.4　绿色供应链绩效评价的指标权重

在确定了绿色供应链绩效评价指标之后，可以运用层次分析法等方法设定各个指标的权重，以此构建完整的评价体系。

层次分析法（analytic hierarchy process，AHP）是匹兹堡大学的萨蒂（Thomas Saaty）教授在1973年时提出的一种将决策问题分解为不同层次以寻求最优方案的运筹学模型。在日常生活中，人们常常会遇到一些难以定量描述但又被多个因素影响、制约的问题，而层次分析法将需要解决的问题从上到下依次划分为目标层、指标层和方案层，这个过程使问题有条理的被拆解、重组，最终形成一个科学的系统，通过建立判断矩阵、求解特征向量、进行一致性检验等步骤求得每一层的各元素对上一层某元素的权重，随后以加权和递归的方法求得总权重，依据权重大小判断每一个元素的重要程度或选出最优方案。整体而言，层次分析法的计算较为简便，不涉及高深复杂的高数知识与公式，仅利用矩阵的基础计算将各个因素对决策的影响程度进行量化，但该方法也有一定的弊端，在具体操作时需要将同一层的影响因素两两比较以建立判断矩阵，但比较的结果往往受个人经验与偏好的影响，所以研究结论的客观性不足。

接下来以层次分析法为例，论述评价指标权重确定的过程。

7.4.1　构建层次结构

将决策目标、影响因素、决策对象按制约关系依次放在目标层、指标层和方案层。其中目标层是指要解决的问题，即研究对象；指标层是指解决该问题时所涉及的因素与准则；方案层为所有的备选方案。层次结构详见图7–1。

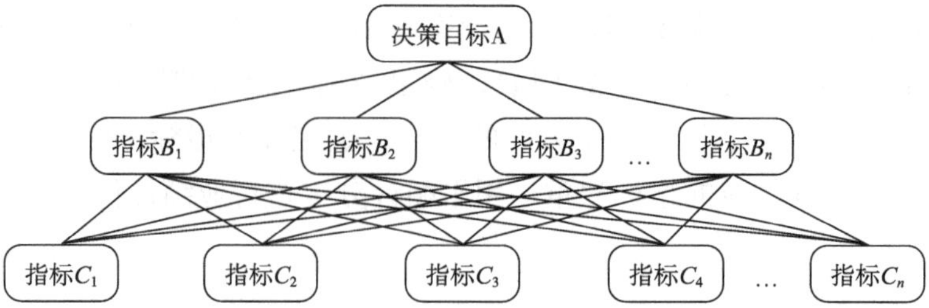

图 7–1　层次结构

7.4.2　构造判断矩阵

在层次结构建立之后将每一层的影响因素放在一起进行两两比较，并参考比例尺度表对每个因素的重要程度进行划分，通过划分得到数据，建立判断矩阵。

记判断矩阵为 $A=\left(a_{ij}\right)_{n\times n}$， a_{ij} 表示因素与因素的重要程度比较结果，详见表7–3，判断矩阵具有 $a_{ij}=\dfrac{1}{a_{ji}}$ 的性质[6]。

表 7–3　比例尺标度

量化值	含义
1	因素 i 与因素 j 同等重要
3	因素 i 比因素 j 稍微重要
5	因素 i 比因素 j 较强重要
7	因素 i 比因素 j 强烈重要
9	因素 i 比因素 j 绝对重要
2，4，6，8	因素 i 比因素 j 重要程度介于各相邻判断之间

最终得到的判断矩阵为：

$$A=\begin{pmatrix} 1 & \cdots & \dfrac{1}{a_{ji}} \\ \vdots & \ddots & \vdots \\ a_{ij} & \cdots & 1 \end{pmatrix}(i,j=1,\ 2,\ 3,\ \cdots)$$

7.4.3 计算各因素权重

层次分析法在计算各因素权重之前要对判断矩阵进行归一化处理，权重计算的方法有和积法与方根法，以方根法为例，具体计算步骤如下。

（1）求解判断矩阵每一行的几何平均值

将每一行的元素相乘并对乘积开次方根，则可得：

$$b_{ij}=\sqrt[n]{\prod_{j=1}^{n}a_{ij}}\,(i,j=1,\ 2,\ 3,\ \cdots,\ n)$$

（2）按列归一

将判断矩阵的行顺序进行纵向排列，即得到新的矩阵，将其记为：

$$B=\begin{pmatrix}b_{11}\\ \vdots\\ b_{i1}\\ \vdots\\ b_{n1}\end{pmatrix}(i=1,\ 2,\ 3,\ \cdots,\ n)$$

随后对 B 的列进行求和，得 $S_i=\sum_{i=1}^{n}b_{i1}\left(i=1,\ 2,\ 3,\ \cdots,\ n\right)$。

（3）计算层次权重

用矩阵 B 中的所有元素依次除以 S_i，则可以得到各因素的权重。记指标层因素 i 的权重为 w_i，则根据计算方法可得：

$$w_i=\frac{b_{i1}}{S_i}\left(i=1,\ 2,\ 3,\ \cdots,\ n\right)$$

并将 w_i 对照矩阵 B 的列顺序组成新的矩阵 W。同理可得方案层各因素的权重，记为 u_i，组成的矩阵记为 U。

（4）进行一致性检验

首先，用判断矩阵 A 的每一行依次乘以矩阵 W，得到新的元素 A_{w_i}。

$$A_{w_i}=\sum_{i,j=1}^{n}a_{ij}\times w_{ji}\left(i,j=1,\ 2,\ 3,\ \cdots,\ n\right)$$

其次，计算判断矩阵的特征向量值，记特征向量为 λ，根据矩阵的计算可得：

$$\lambda_{max}=\sum_{i=1}^{n}\frac{A_{w_i}}{nw_i}(i=1,\ 2,\ 3,\ \cdots,\ n)$$

最后，计算 CR 值，$CR=\frac{CI}{RI}$，其中 $CI=\frac{\gamma-n}{n-1}(n=1,\ 2,\ 3,\ \cdots)$，$RI$ 值依照矩阵阶数查表7–4可得。

表 7–4　平均随机一致性指标 *RI* 值

n	1	2	3	4	5	6	7	8	9	10
RI	0	0	0.58	0.90	0.12	1.24	1.32	1.41	1.45	1.49

当 $CR<0.1$ 时，一致性检验通过，CR 值越接近0越说明判断矩阵的数据越合理；当 $CR=0$ 时，矩阵的一致性检验达到最理想的情况；当 $CR>0.1$，则说明判断矩阵在进行两两比较时存在逻辑错误或自相矛盾的数据，需要返回检查，直到一致性检验通过。

在此需要特别说明的是，即使所有判断矩阵的一致性检验都已通过，但最后计算出的结果矩阵也需要做一致性检验，但这时 CI 值和 CR 值的计算公式出现变化，为避免混淆，我们将结果矩阵的一致性检验记为 CR'，计算公式如下：

$$CI'=\sum_{i=1}^{n}CI_i\times w_i;\ \ RI'=\sum_{i=1}^{n}RI_i\times w_i;\ \ CR'=\frac{CI'}{CR'}(i=1,\ 2,\ 3,\ \cdots n) \tag{7.1}$$

注意，各指标的综合权重越大，表明该因素对结果的影响程度越高。

7.5　绿色供应链绩效的评价分析

1965年，美国自动控制学者查德（L.A. Zadeh）提出了模糊综合评价法，这种方法可以将定性评价转化为定量评价。在处理定性、不确定及信息不完善的问题方面具有很大的优越性，可以弥补单项评价方法的“非黑即白，非此即彼”的不足。模糊数学可以将一个受多种因素制约的事物做出整体综合性的评价，有助于解决难以量化的模糊问题，使结果变得清晰明了。将模糊综合评价应用到绿色供应链绩效评价中，具体步骤如下：

第一步，建立评价指标集，$U=\{U_1, U_2, \cdots, U_m\}$；

第二步，建立权重集，对每个指标赋予相应的权重，各权重所组成的集合 $W=(W_1, W_2, \cdots, W_m)$ 称为指标权重集，各个指标权重通过层次分析法确定；

第三步，建立评语集 $V=\{V_1, V_2, \ldots, v_n\}$；

第四步，确定判断矩阵 R，确定指标在评语集中的隶属度 R_{ij}，$i=1, 2, \cdots, m$，$j=1, 2, \cdots, n$。

第五步，建立综合评价模型 $C=W\cdot R$，其中 W 为权重向量，C 为每一层评价后的结果向量。最后根据最大隶属度原则对评价结果进行判断，就可得到最终的评价结论。

在实施绿色供应绩效评价时，绿色供应链的现状必须根据企业的实际情况加以搜集。将企业目的绩效水平与标杆绩效进行比较分析，寻找差距，确认哪些指标的表现不良、需要做进一步的改进并指出可能提高的领域。目前最常用和最有效的绩效标杆主要有两种：公共性标杆和竞争性标杆。公共性标杆是一个独立的机构组织，参加者来自不同行业和区域的公司，参加者提供信息并获取标杆评估结果。评估结果可以来自不同行业，甚至于不同国家，结果可以被广泛应用而且是公开性的。竞争性标杆是比较自身和同一市场的其他竞争对手的流程实践和绩效，既可以与竞争者合作，也可以在不知情的情况下进行。

另外，虽然不同的企业处于不同的供应链中，在不同的行业、不同的企业都存在着许多共同的流程和业务活动。比如，很多企业都有收货流程，如何快速和准确地完成收货活动，不同的企业有不同的绩效。一家饮料制造企业可以从一家仓储企业那里得到快速和准确完成收货流程的最佳实践。一家仓储企业又可以从另一家化纤企业的仓储和运输部门那里学习到低成本运作的最佳实践。

通过与最佳实践的差距分析比较，可获得各种表现不良的绩效指标，但这些指标并不是真正的问题所在，往往只是一种表面现象。这些问题彼此之间互为因果、互相影响，因此需要运用一些方法来构建逻辑图，找出真正的问题所在。

根据与最佳实践的差距分析比较，设定将来的目标，并且鉴别出达到这些目标所能给企业带来的效益。目标的设定则可以有多项依据：同行业的表现、公司要求的成长率或是利用数学模型来计算等。当然如果现况表现比目标值更好，便不需进行后续的分析与改善。可以参考最佳实践，运用头脑风暴法等方法，寻找各种解决方案，进一步构造目标供应链作业模式和作业流程。

7.6　绿色供应链绩效评价评级案例

某电力企业成立于2001年8月，是中国效率最高、效益最好的综合性能源公司，业务涉及风电、光伏发电、火电、水电等领域。评价时基于平衡计分卡，参考表7–2选取了20个指标，这里用C_1，C_2，…，C_{20}代替，出于保密原因，不具体列举指标。

建立其评价语时，按照质量好坏，共分为五个档次，即V={非常好，较好，一般，较不好，非常不好}，将调查问卷答案转化成1~5的分值，分别对应评语中的“非常不好”“较不好”“一般”“较好”“非常好”。根据2020年绿色供应链绩效，邀请9位专业教师（1位教授，2位副教授，6位讲师）和多位企业内部人员和专家对其进行评价。该电力企业绿色供应链绩效评价统计结果如表7–5所示。

表 7–5　某电力企业绿色供应链评价

	非常好	较好	一般	较不好	非常不好
C_1	0.03	0.15	0.43	0.32	0.07
C_2	0.07	0.47	0.29	0.17	0.00
C_3	0.20	0.47	0.33	0.00	0.00
C_4	0.36	0.34	0.30	0.00	0.00
C_5	0.22	0.43	0.21	0.14	0.00
C_6	0.32	0.18	0.42	0.08	0.00
C_7	0.41	0.27	0.22	0.03	0.07
C_8	0.33	0.45	0.20	0.01	0.01
C_9	0.18	0.31	0.28	0.19	0.04

续表

	非常好	较好	一般	较不好	非常不好
C_{10}	0.03	0.06	0.54	0.31	0.06
C_{11}	0.04	0.06	0.78	0.08	0.04
C_{12}	0.42	0.29	0.28	0.01	0.00
C_{13}	0.30	0.49	0.20	0.01	0.00
C_{14}	0.29	0.49	0.20	0.02	0.00
C_{15}	0.10	0.20	0.69	0.01	0.00
C_{16}	0.06	0.33	0.52	0.06	0.03
C_{17}	0.12	0.27	0.55	0.04	0.02
C_{18}	0.11	0.46	0.41	0.02	0.00
C_{19}	0.15	0.55	0.27	0.03	0.00
C_{20}	0.29	0.49	0.20	0.02	0.00

第一步，根据表 7–4 可建立评价指标的模糊评价矩阵，再根据模糊评价矩阵法的模型公式，具体矩阵如下：

$$R_1=\begin{pmatrix} 0.03 & 0.15 & 0.43 & 0.32 & 0.07 \\ 0.07 & 0.47 & 0.29 & 0.17 & 0.00 \\ 0.2 & 0.47 & 0.33 & 0.00 & 0.00 \end{pmatrix}$$

$$R_2=\begin{pmatrix} 0.36 & 0.34 & 0.3 & 0.00 & 0.00 \\ 0.22 & 0.43 & 0.21 & 0.14 & 0.00 \\ 0.32 & 0.18 & 0.42 & 0.08 & 0.00 \end{pmatrix}$$

$$R_3=\begin{pmatrix} 0.41 & 0.27 & 0.22 & 0.03 & 0.07 \\ 0.33 & 0.45 & 0.2 & 0.01 & 0.01 \\ 0.18 & 0.31 & 0.28 & 0.19 & 0.04 \\ 0.03 & 0.06 & 0.54 & 0.31 & 0.06 \\ 0.04 & 0.06 & 0.78 & 0.08 & 0.04 \end{pmatrix}$$

$$R_4=\begin{pmatrix} 0.42 & 0.29 & 0.28 & 0.01 & 0.00 \\ 0.30 & 0.49 & 0.20 & 0.01 & 0.00 \\ 0.29 & 0.49 & 0.20 & 0.02 & 0.00 \end{pmatrix}$$

$$R_5=\begin{pmatrix} 0.10 & 0.20 & 0.69 & 0.01 & 0.00 \\ 0.06 & 0.33 & 0.52 & 0.06 & 0.03 \\ 0.12 & 0.27 & 0.55 & 0.04 & 0.02 \end{pmatrix}$$

$$R_6=\begin{pmatrix}0.11 & 0.46 & 0.41 & 0.02 & 0.00\\0.15 & 0.55 & 0.27 & 0.03 & 0.00\\0.29 & 0.49 & 0.2 & 0.02 & 0.00\end{pmatrix}$$

第二步，根据模糊综合评价法模糊公式 $C=W\cdot R$，其中 W 是上文通过层次分析法得到的权重，$W=(W_1, W_2, W_3, W_4, W_5, W_6)$，将 $W_1\cdot R_1$ 可以得到 C_1，以此类推可以得到具体的 C_2、C_3、C_4、C_5、C_6，如下所示：

$C_1=W_1\cdot R_1=(0.115, 1.120, 0.764)\cdot R_1=(0.165, 0.430, 0.340, 0.060, 0.080)$

$C_2=W_2\cdot R_2=(0.075, 0.33, 0.59)\cdot R_2=(0.289, 0.275, 0.340, 0.094, 0.000)$

$C_3=W_3\cdot R_3=(0.042, 0.39, 0.181, 0.103, 0.269)\cdot R_3=(0.193, 0.411, 0.216, 0.094, 0.030)$

$C_4=W_4\cdot R_4=(0.109, 0.309, 9.581)\cdot R_4=(0.307, 0.468, 0.209, 0.120, 0.000)$

$C_5=W_5\cdot R_5=(0.080, 0.188, 0.730)\cdot R_5=(0.107, 0.275, 0.554, 0.040, 0.070)$

$C_6=W_6\cdot R_6=(0.075, 0.333, 0.591)\cdot R_6=(0.229, 0.504, 0.237, 0.023, 0.000)$

第三步，将上述结果构成新的矩阵，作为一级指标体系的模糊权重，构成模糊评价矩阵 R：

$$R=\begin{pmatrix}0.165 & 0.430 & 0.340 & 0.060 & 0.080\\0.289 & 0.275 & 0.340 & 0.094 & 0.000\\0.193 & 0.411 & 0.216 & 0.094 & 0.030\\0.307 & 0.468 & 0.209 & 0.120 & 0.000\\0.107 & 0.275 & 0.554 & 0.040 & 0.070\\0.229 & 0.504 & 0.237 & 0.023 & 0.000\end{pmatrix}$$

第四步，根据一级指标的权重，进一步评价结果，具体计算如下：

$C=(0.059, 0.020, 0.264, 0.300, 0.113, 0.241)\cdot R=(0.226, 0.432, 0.266, 0.070, 0.020)$。

第五步，本文将绿色供应链绩效的好坏分为1~5这五个分值，分值越小仓储减排质量越差。即：$v_1=5$，$v_2=4$，$v_3=3$，$v_4=2$，$v_5=1$，利用上述模糊评价结果与之分数相对应，可以得出该电力公司绿色供应链的最终绩效分数，具体计算如下：

$$C'=C\cdot v=3.85$$

同理可得其他评价指标的结果，此处不再赘述。

本章小结

本章介绍了绿色供应链绩效评价的原则、内容和评价体系的构建过程，供应链的绩效评价指标要与其战略结合，因此每个企业的绿色供应链评价指标不尽相同，大体可以依据国家标准、平衡计分卡等设定评价指标，指标权重可以运用层次分析法设定各个指标的权重，实施评价时可以依据模糊综合评价法。

案例分析

新疆金风科技股份有限公司[7]

新疆金风科技股份有限公司于1998年注册成立，2001年改制为股份有限公司。金风科技的主要业务包括风力发电机组的生产制造、覆盖风机全生命周期的智慧运维服务、风电厂的投资开发和管理。此外，公司在智能水务方面也有相应的业务布局。作为国内风电设备制造业的先进企业，金风科技已成功获得了“绿色供应链管理示范企业”“供应链创新与应用试点示范企业”等称号，并且金风科技是国内风电整机行业中唯一跻身评选名单的企业。

金风科技绿色供应链主要包括绿色设计、绿色采购、绿色生产、绿色营销和绿色回收五个环节。

一、绿色设计

围绕技术领先战略，增强产品性能和环境友好性。金风科技持续推进GW2S、GW2.5S、GW3S、GW6S等系列化机组研发工作，结合风机各领域关键技术应用对产品软硬件进行全线优化升级。公司在智能风机的开发过程中运用直驱永磁技术，实现了高效发电、高可靠性、低维护成本和并网友好四项突破，努力降低风电机组在全生命周期的度电成本。在风机研发制造阶段即考虑如何降低风机运行对生态环境的影响，实施噪声降低、光影控制等环境友好型设计，并且应用深度感知、协同决策、自我认知和控制技术，使风机能够更好地适应外界环境。

秉持环保理念进行生产设计。首先，公司利用可回收的钢模板进行风机水泥底座的浇筑，从而避免了建筑垃圾的产生。其次，风电厂升压站尽可能采用预制仓设计，以降低伴随现场施工过程带来的建筑垃圾数量。最后，为了减少VOCs等挥发性有害气体的排放，公司改进了设备涂装的方案设计，在行业内率先开发运用“燃气触媒红外加热”技术。

二、绿色采购

实行责任采购。在选择供应商时，公司不仅仅依据价格、质量和交付时间等基础指标，还综合考虑了社会责任的履行程度这一新型考核标准。供应商在保障劳工权益、遵守商业道德、组织安全生产和参与社会公益等方面的表现，都在一定程度上影响其排名情况。此外，公司还引入惩罚机制，对于社会责任履行不到位的供应商采取督促整改、取消供货资格等惩罚措施，从而倒逼上游企业强化责任意识。

推动供应商绿色转型。一方面，公司整合智慧能效管理、污水排放管理、固体废弃物管理、大气监测管理及绿色物料管理等多个节能环保系统，搭建了供应商环境信息综合管理平台，以此对供应商的能耗排放情况进行远程监控；另一方面，公司还对部分供应商进行实地调研，提供智慧能源系统解决方案，帮助供应链企业降低能耗，推动其尽可能使用可再生能源，提高风电全产业链的绿色制造水平。截至2019年底，已经有31家供应商在金风科技的帮助下实施了节能减排项目。金风科技持续贯彻可持续发展理念，目前其供应商每年能够节能4 000余万度，供应商企业内部所使用的可再生能源也达到3 200万度。

三、绿色生产

在生产过程中降低能耗。在水处理业务中，公司结合物联网、大数据等新兴技术和新能源使用技术，立足智慧运营、大数据分析、能源互联网+、可视化和扁平化的移动监管四大方针，开发了智慧水务能源方案。与传统水厂相比，金风科技的污水处理能耗显著降低。

注重生产废弃物管理。公司严格遵循“分类回收、集中保管、统一处理、综合评价”的原则，对各类废弃物进行妥善处理。针对一般固体废弃物、危险废弃物分别制定了科学合理的处理方案。对于风电场建筑过程中产生的垃圾采取减量与回收并重的管理策略。

由表7-6可知，在有害废弃物排放量上，2017年和2018年排放量较低，2019年虽然大幅上升，但主要原因是风电市场需求增大，促使公司扩大了风电机组产能，增加了发电机生产厂，从而导致有害废弃物排放量相应增加。不过，风电场建筑垃圾从2017—2019年一直呈下降态势，并且2019年较2018年降幅高达82.5%。这都表明了金风科技坚持绿色生产的决心。

表 7–6　主要废弃物排放量

废弃物	主要来源	2019 年	2018 年	2017 年
有害废弃物（吨）	生产车间	103.21	38.20	23.42
风电场建筑垃圾（吨）	风电场	363.59	2 082.71	2 111.79

加强生产全过程的风险管理和环境保护。公司严格执行“三同时”制度，即在风电场开发前期进行环境风险排查，在风电场建设中通过风险控制活动避免对生态环境造成额外破坏，在风电场运营期间积极开展生态环境维持和恢复工作，从而保证环境风险全程受控。

四、绿色营销

传统的营销模式要消耗大量的资源和能源。金风科技积极开展绿色营销，首先，通过线上加线下的模式进行宣传，除了参加风电行业展会、召开新品发布会等线下方式，还通过微信公众号、行业网站和企业官网等平台传达企业理念，分享企业动态；其次，公司采取事件营销策略，连续三年以绿色电力证书的形式支持北京马拉松赛事，连续两年在风电行业内部组织“风中足迹”马拉松活动。2019 年共计 6 000 多人参加了第二届“风中足迹”半程马拉松赛，这意味着该项活动对社会的影响力逐渐扩大。风电与马拉松的融合象征了风电企业攻坚克难的顽强毅力，以及倡导公共健康的绿色理念，有助于企业树立正面的社会形象，获得良好的声誉。

五、绿色回收

据统计，风电行业 70% 的故障部件具备维修价值。金风科技在分析评估风机废旧、损坏部件的性能、寿命的基础上进行再制造工程设计，并采用一系列先进制造技术，使修复或改造后的部件质量、性能达到新品水平。公司不断提升回收部件的再利用能力，自主研发 50 余套检测平台，能够对风机废旧部件实施高技术修复和改造，提高风电机组的回收再利用率。截至 2019 年底，公司在维修监测方面的专利达 50 余项，累计维修再制造风机零部件超过 10 万件。

问题讨论：

1. 新疆金风科技股份有限公司在绿色供应链管理中采取了哪些措施？
2. 如何评价新疆金风科技股份有限公司的绿色供应链绩效？

思考题

1. 绿色供应链绩效评价的原则有哪些？
2. 绿色供应链绩效评价的作用是什么？
3. 绿色供应链绩效评价采用哪些方法？目的分别是什么？
4. 简述绿色供应链绩效评价的流程。
5. 如何确定绿色供应链绩效评价的指标权重？
6. 绿色供应链绩效评价的定义是什么？
7. 绿色供应链绩效评价的内容包括哪些方面？
8. 绿色供应链绩效评价体系包括哪些指标？
9. 指标权重如何影响评价结果？
10. 你对绿色供应链绩效评价体系建立有哪些建议？

参考文献

[1] 杜丽霞.基于平衡计分卡的绿色供应链绩效评价研究［J］.商业经济，2017（11）：124–128.

[2] 李佳佳. 绿色供应链绩效评价模型的建立研究［D］. 沈阳：沈阳理工大学，2013.

[3] 张帝. M公司绿色供应链管理绩效评价研究［D］. 成都：成都理工大学，2023.

[4] 杨琪. Z公司绿色供应链绩效评价研究［D］. 太原：太原科技大学，2023.

[5] 谢梅.层次分析法在平衡计分卡中的应用［J］. 财会通讯，2004（04）：39–42.

[6] 于睿. 绿色供应链绩效评价体系研究［D］. 西安：西安建筑科技大学，2005.

[7] 周书明，罗文萱.基于绿色供应链的企业社会责任履行机制：以金风科技为例［J］.绿色财会，2021（01）：42–48.

[8] 全国绿色制造技术标准化技术委员会. 绿色制造 制造企业绿色供应链管理 评价规范. GB/T 39257—2020［S］. 北京：中国标准出版社，2020.

第 8 章　绿色供应链的标准化

【学习目标】

1. 掌握标准的概念和分类、绿色供应链标准的定义。
2. 了解绿色供应链标准体系的构建目标、原则和思路。
3. 了解绿色供应链标准体系的结构。
4. 理解绿色供应链标准子体系的相关内容。

建立绿色供应链管理体系标准，是实现供应链绿色低碳甚至零碳化的前提条件，从而化解因产业转移导致的碳泄漏问题，实现全生命周期的低（零）碳排放，为生产端碳减排提供新的碳治理手段。

随着我国工业化进程的加快，国际贸易合作领域不断拓宽，绿色供应链标准化一方面可以消除国际贸易合作领域中越来越多的绿色贸易壁垒，增强我国产品的国际竞争力；另一方面可以规范各个行业绿色供应链领域的运作模式及执行标准，更快速、更高效地与国际接轨。

8.1　绿色供应链标准概述

8.1.1　标准的定义

国家标准《标准化工作指南第一部分：标准化和相关活动的通用词汇》（GB/T 2000.1—2002）将“标准”定义为“为了在一定范围内获得最佳秩序，经协商一致制定并由公认机构批准，共同使用和重复使用的一种规范性文件”。该文件以科学、技术和实践经验的综合成果为基础，以促进最佳社会效益为目的。

标准是伴随技术的产生、发展和实践过程而逐步形成的，是人们根据客观需要通过主观分析总结综合而产生的结果，这种结果取决于对市场和社会需求的正确分析和研究。标准的规范作用和有效实施有利于人类社会的发展和进步。

8.1.2　标准的分类

标准有不同的分类方法：依据标准制定主体和适用范围的不同，将标准分为国家标准、行业标准、地方标准、团体标准、企业标准等类别；依据约束力的不同，将标准分为强制性标准、推荐性标准和指导性技术文件等类别；依据标准化的对象不同，将标准分为技术标准、管理标准、工作标准和服务标准等类别；依据标准内容的功能不同，将标准分为术语标准、符号标准、分类标准、规范标准、规程标准和指南标准等类别；依据成熟程度的不同，将标准分为法定标准、推荐标准、试行标准、标准草案。

目前，我国运用较多的分类方法主要是按适用范围分类，下面对国家标准、地方标准、行业标准和企业标准进行详细介绍。

（1）国家标准

国家标准，是指由国家的官方标准化机构或国家政府授权的有关机构批准、发布，在全国范围内统一和适用的标准。一般来说，国家标准是指对全国经济技术发展有重大意义，必须在全国范围内统一的标准。我国国家标准由国务院标准化行政主管部门编制计划和组织草拟，并统一审批、编号和发布。

（2）地方标准

地方标准，是指在某个省、自治区、直辖市范围内需要统一的标准。对没有国家标准和行业标准而又需要在省、自治区、直辖市范围内统一的工业产品的安全和卫生要求，可以制定地方标准。地方标准由省、自治区、直辖市人民政府标准化行政主管部门编制计划，组织草拟，统一审批、编号、发布，并报国务院标准化行政主管部门和国务院有关行政主管部门备案。地方标准不得与国家标准、行业标准相抵触，在相应的国家标准或行业标准实施后，地方标准自行废止。

（3）行业标准

行业标准，是指中国全国性的各行业范围内统一的标准。《中华人民共和国标准化法》规定“对没有国家标准而又需要在全国某个行业范围内统一的技术要求，可以制定行业标准”。行业标准由国务院有关行政主管部门编制计划，组织草拟，统一审批、编号、发布，并报国务院标准化行政主管部门备案。行业标准是对国家标准的补充，行业标准在相应国家标准实施后，自行废止。

（4）企业标准

企业标准，是指企业所制定的产品标准和企业内部在技术要求和管理工作要求上需要协调、统一而制定的标准。企业生产的产品在没有相应的国家标准、行业标准和地方标准时，应当制定企业标准，作为组织生产的依据。在有相应的国家标准、行业标准和地方标准时，国家鼓励企业在不违反相应强制性标准的前提下，制定充分反映市场、顾客和消费者要求的，严于国家标准、行业标准和地方标准的企业标准，在企业内部适用。企业标准由企业制定，由企业法人代表或法人代表授权的主管领导批准、发布，由企业法人代表授权的部门统一管理。企业的产品标准，应在发布后30日内办理备案。一般按企业隶属关系报当地标准化行政主管部门和有关行政主管部门备案。

8.1.3　绿色供应链标准

绿色供应链标准是为了推动可持续和环保实践而制定的一套准则和规范，旨在降低产品或服务在其整个供应链中对环境的负面影响。这些标准通常覆盖了资源使用、生产过程、物流、社会责任和环境管理等方面。

8.1.3.1　绿色供应链标准体系的构建原则

一是立足当前，关注长远。

二是明确目标，结构合理，层次清晰，全面成套。

三是应具有动态性和开放性。注重框架设计，标准子体系以引领示范为主，为新标准项目的研制预留空间，结合绿色供应链理论与实践的发展，对绿色供应链标准体系不断修改完善。

四是以供应链及各环节中与绿色相关的各类标准为主。着眼于供应链及各环节中与绿色相关的基础、技术、管理、服务及作业等各类标准[1]。

8.1.3.2　绿色供应链标准体系的构建思路

绿色供应链的本质是不同行业应根据自身的特点，将绿色要素贯穿于供应链各个环节中，因而从绿色供应链环节、绿色要素、行业三个维度，构建绿色供应链标准化参考模型，如图8-1所示。该模型的建立有助于认识和理解绿色供应链标准化的对象、边界和相互联系[1]。

基于上述模型，参照《综合标准化工作指南》（GT/B 12366—2009）和《标准体系表编制原则和要求》（GT/B 13016—2009）的要求，绿色供应链标准体系包含综合类、绿色设计、绿色采购、绿色生产（施工）、绿色物流、绿色营销、回收再利用及处置七个子体系，其总体结构见图8-2。绿色供应链各环节的不可割裂性决定了各环节标准子体系之间的相互关联、相互协调、相互支撑。

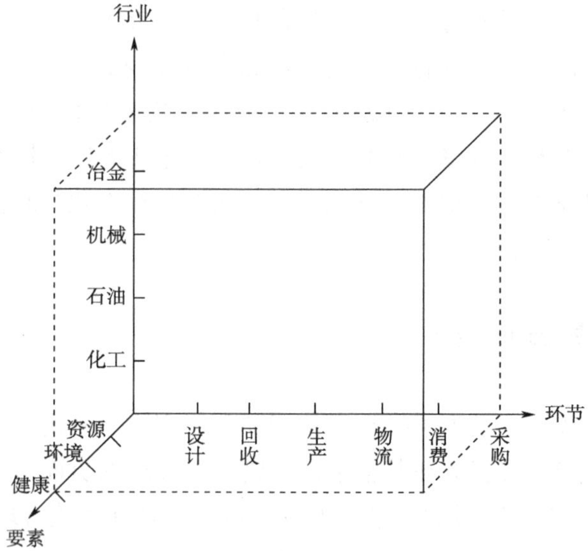

图 8-1　绿色供应链标准化参考模型

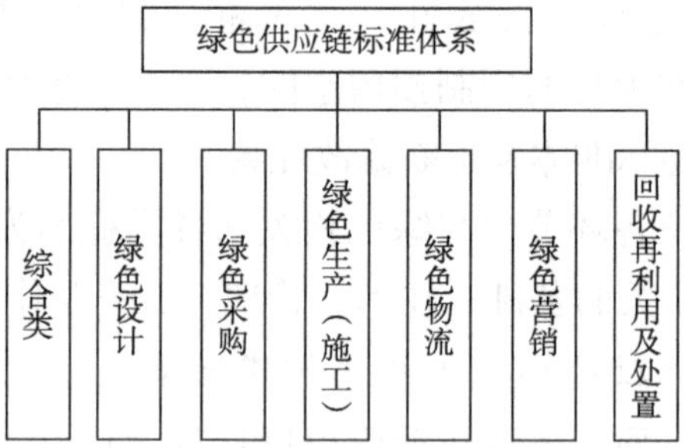

图 8-2　绿色供应链标准体系结构

8.1.3.3　绿色供应链标准体系结构

绿色供应链标准体系的具体结构见图 8-3：实线框为绿色供应链标准体系，该体系是一个具有普遍指导性和动态性的有机体；虚线框为国民经济的各个行业分类；线框之间的箭头代表绿色供应链标准体系对各行业的指导关系，各行业可根据自身特点，对绿色供应链标准体系进行整合和再设计，以保证体系对行业实际需要的适宜性、充分性和有效性。

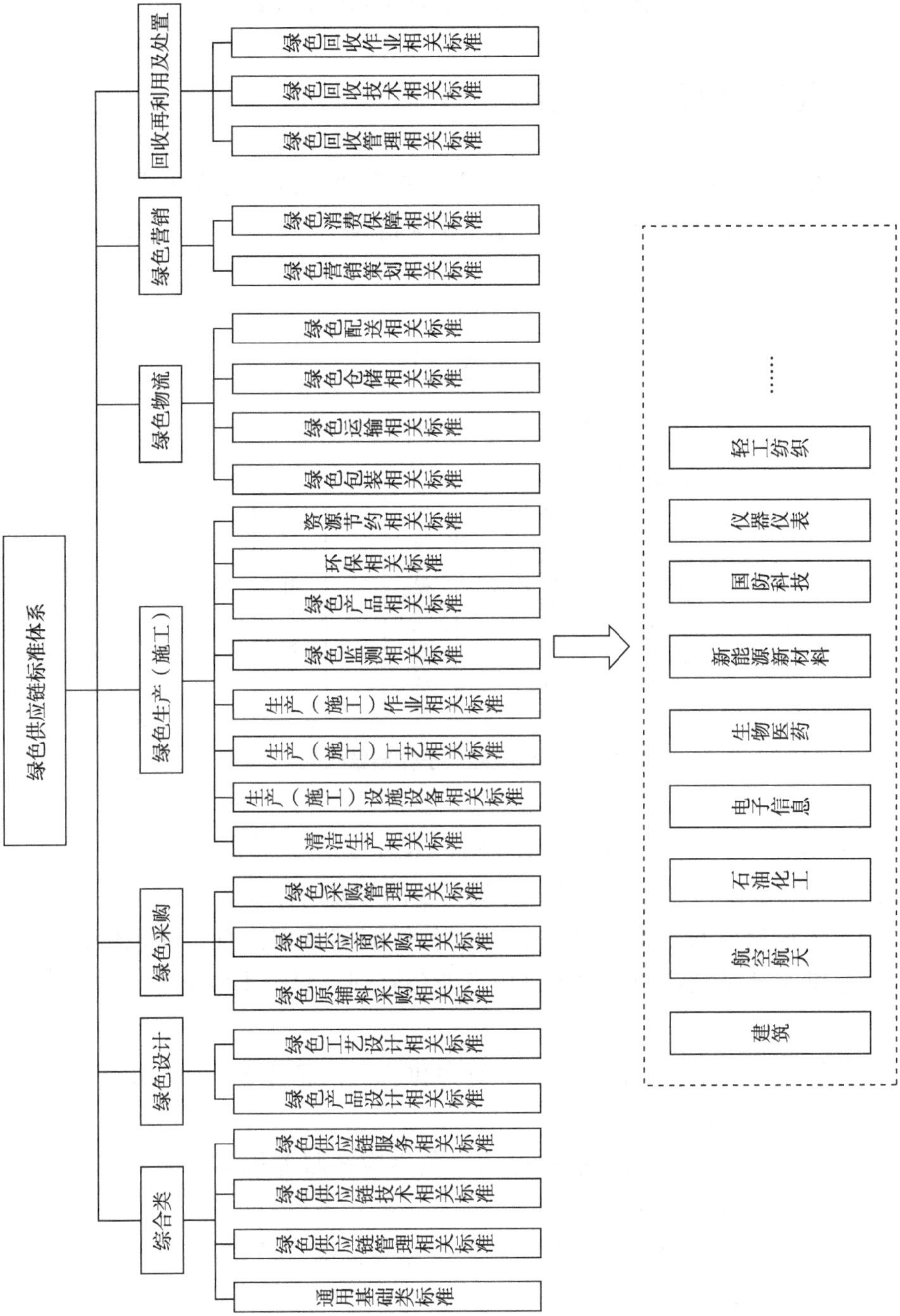

图 8-3　绿色供应链标准体系结构

8.2 绿色供应链标准子体系

8.2.1 综合类标准子体系

综合类标准子体系（见图8–4）以整个绿色供应链为标准化研究对象，包括通用基础、绿色供应链管理、绿色供应链技术、绿色供应链服务等相关标准。

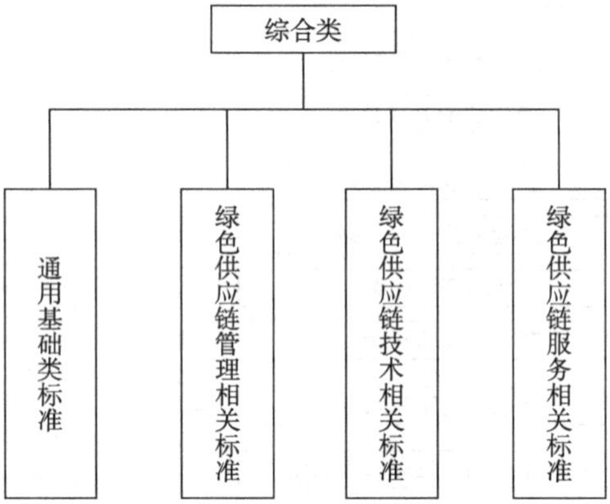

图8–4 综合类标准子体系结构

通用基础类标准：包括标准化导则、术语与分类、符号与标志、数值与数据、量和单位、计算和统计、计量与监测等方面标准。

绿色供应链管理相关标准：包括绿色供应链管理体系、绿色绩效评价、绿色供应链风险管理、绿色供应链业务管理、绿色供应链追溯等相关方面的标准。

绿色供应链技术相关标准：包括绿色供应链信息技术、绿色供应链设施设备技术等方面的标准。

绿色供应链服务相关标准：包括绿色供应链服务规范、服务质量要求、服务评价等相关方面的标准。

在绿色供应链管理方面，国家制定了相关标准规范企业及社会行为，具体标准见表8–1。

表 8-1　通用类国家标准汇总[①]

发布单位	标准名称	内容
中华人民共和国国家市场监督管理总局、中国国家标准化管理委员会	《供应链风险管理指南》（GB/T 24420—2009）	该标准给出了供应链风险管理的通用指南，包括供应链风险管理的步骤，识别、分析、评价和应对供应链风险的方法和工具
	《供应链管理业务参考模型》（GB/T 25103—2010）	该标准规定了供应链管理的概念和定义，明确了供应链管理的范围和内容，给出了供应链管理的业务参考模型，适用于供应链管理及相关领域的研究与开发，可为供应链的实施用户、系统提供商在选型、开发及实施过程中提供相应的参考
	《绿色制造 制造企业绿色供应链管理 导则》（GB/T 33635—2017）	1. 该标准规定了产品绿色设计原则、要求及绿色性指标 2. 该标准详细规定了在产品设计阶段，基于生命周期评价方法对设计方案进行绿色性评审，及时提出修改意见或建议

在绿色供应链管理方面，我国现有标准的对象通常是一般供应链，如《供应链风险管理指南》（GB/T 24420—2009）和《供应链管理业务参考模型》（GB/T 25103—2010）等国家标准，其中有部分涉及绿色管理内容，但缺乏针对绿色供应链管理方面特有的标准。2017年5月，国家发布《绿色制造 制造企业绿色供应链管理 导则》（GB/T 33635—2017），这是我国第一部直接针对绿色供应链管理进行规定的国家标准，其内容规范了制造企业供应链管理原则、框架和基本要求，明确将产品生命周期、生产者责任延伸理念和绿色制造要求融入制造企业供应链管理系统，为全面推进绿色制造、构建绿色制造体系、打造绿色供应链提供支撑。

8.2.2　绿色设计标准子体系

绿色设计处于产品生命周期的萌芽时期，与产品生命周期各个环节密切相关。绿色设计在很大程度上决定了整个生命周期的绿色程度[2]。绿色

① 资料来源：全国标准信息公共服务平台 . https：//std.samr.gov.cn/.

设计标准子体系（见图8–5）包括绿色产品设计相关标准和绿色工艺设计相关标准。

绿色产品设计相关标准：如绿色产品设计的要求、规范，包括绿色材料选用、寿命设计、可维护设计、包装设计等相关方面的标准。

绿色工艺设计相关标准：如绿色工艺规程、技术、装备等方面的设计标准。

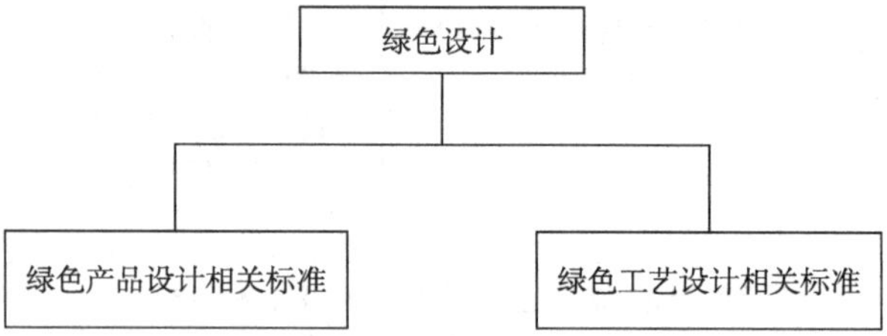

图8–5　绿色设计标准子体系结构

为实现绿色设计，完善政府绿色设计政策，国家部委制定了相关标准规范企业及社会行为，发挥政府引导作用，主要标准见表8–2。

表8–2　绿色设计国家标准汇总[①]

发布单位	标准名称	内容
中华人民共和国国家市场监督管理总局、中国国家标准化管理委员会	《机械产品绿色设计 导则》（GB/T 31206—2014）	该标准规定了机械产品绿色设计的目标、基本原则、通用技术要求和管理要求等
	《家具绿色设计评价规范》（GB/T 26694—2011）	该标准规定了家具绿色设计的术语和定义、战略思考、评价指标、评价方法
	《绿色制造 制造企业绿色供应链管理 导则》（GB/T 33635—2017）	1. 该标准规定了产品绿色设计原则、要求及绿色性指标 2. 该标准详细规定了在产品设计阶段，基于生命周期评价方法对设计方案进行绿色性评审，及时提出修改意见或建议
	《电子电气生态设计产品评价通则》（GB/T 34664—2017）	该标准规定了电子电气生态设计产品评价的术语和定义、原则和方法、对组织的基本要求及评价要求

① 资料来源：全国标准信息公共服务平台 . https：//std.samr.gov.cn/。

从表8-2我们可以看出，国家标准规定了绿色设计的定义、原则、管理要求及评价要求和指标，为地方标准和行业标准的建设提供了一定依据。

8.2.3　绿色采购标准子体系

绿色采购是绿色供应链中的重要一环，即在尽量控制成本和满足采购者对产品和服务要求的基础上，使采购对环境的负面影响最小。绿色采购标准子体系（见图8-6）包括绿色原辅料采购标准、绿色供应商选择相关标准和绿色采购管理相关标准。

绿色原辅料采购标准：如原材料、辅料、半成品的质量标准，验收标准等。

绿色供应商选择相关标准：如绿色供应商的选择评定标准、绿色供应商绩效评价标准等。

绿色采购管理相关标准：如采购流程控制、绿色采购信息管理等相关方面的标准。

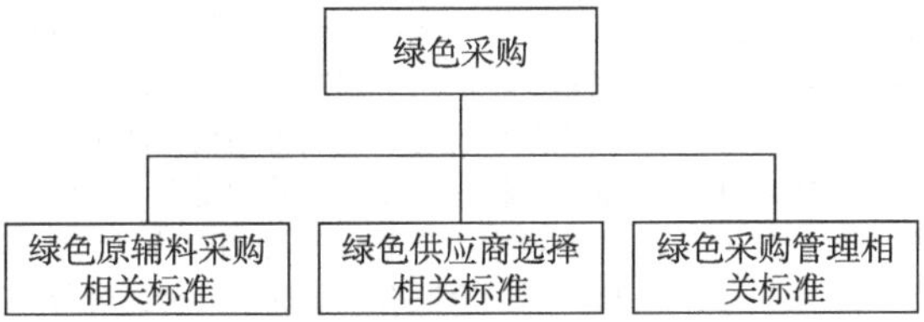

图 8-6　绿色采购标准子体系结构

绿色采购是绿色供应链管理的关键环节，企业针对采购的产品及供应商进行有效的管理，是降低企业产品环境风险，提高供应链环境绩效，保持供应链稳定性的重要手段。为实现绿色采购，完善政府绿色采购政策，国家部委制定了相关标准规范企业及社会行为，发挥政府采购引导作用，相关标准见表8-3。

表 8–3　绿色采购国家标准汇总 [①]

发布单位	标准名称	内容
国家市场监督管理总局、中国国家标准化管理委员会	《绿色制造 制造企业绿色供应链管理 采购控制》（GB/T 39258—2020）	1. 该标准规定了制造企业绿色供应链管理采购控制的目的、范围、总体要求和具体控制要求等。适用于制造企业绿色采购管理，其他组织的绿色采购可参照采用 2. 该标准在产品采购控制方面，制定物料采购控制要求，严格按照采购要求进行采购，应考虑物料的有害物质含量、物料中循环利用材料的使用情况、可回收性，以及物料使用过程中的能效、资源使用、环境排放情况，要求供应商提供的物料符合绿色采购控制要求。在服务采购控制方面，企业进行物流服务外包时，物流服务方应具备降低运输环节环境影响的控制程序、运输工具和技术措施，减少运输过程中的能源消耗、污染物排放等。在供应商绿色管理方面，制定供应商准入条件，对新增供应商进行资格认证，考核内容应包括遵守绿色相关法律法规、政策和标准，具备持续稳定提供采购方质量、能效和环保要求产品的能力，产品生产、物流、储存过程等符合采购方绿色要求等；与合格供应商签订协议，要求供应商做出产品和生产过程符合采购方绿色要求的声明和承诺，约定违约处理机制；进行供应商风险评估管理
国家市场监督管理总局、中国国家标准化管理委员会	《绿色制造 制造企业绿色供应链管理 物料清单要求》（GB/T 39259—2020）	1. 该标准规定了制造企业绿色供应链管理物料清单总体要求、范围、绿色属性识别与核查、重点管控物料清单及管理要求。适用于制造企业绿色供应链管理 2. 该标准规定了重点管控物料清单应该包括物料的基本信息、物料绿色要求及采购要求和企业产品绿色信息等，主要物料应控制物料来源的合法性、物料潜在的环境影响、供应商的合法合规情况及环境绩效等
	《绿色制造 制造企业绿色供应链管理 信息化管理平台规范》（GB/T 39256—2020）	1. 该标准规定了制造企业绿色供应链信息化管理平台的目的、范围、基本要求，总体架构、功能要求和运行及改进要求。适用于制造企业绿色供应链信息化管理平台的设计、开发、实施及运行维护，其他组织的绿色供应链信息化管理平台可参照采用 2. 该标准在物料绿色信息管理方面，依据GB/T 39259，对企业产品和物料绿色属性的识别、核查及生命周期管理提供信息化工具支持；在供应商绿色信息管理方面，依据GB/T 39258，为企业采购环节或现有采购系统提供供应商绿色信息支持

① 资料来源：全国标准信息公共服务平台 . https：//std.samr.gov.cn/。

《绿色制造 制造企业绿色供应链管理 采购控制》(GB/T 39258—2020)提出了制造企业采购控制管理的六大总体要求，在产品与服务绿色管理、供应商绿色管理、应急管理及文件和信息管理四个方面进行管理评审和持续改进，形成采购控制管理架构，如图8-7所示。

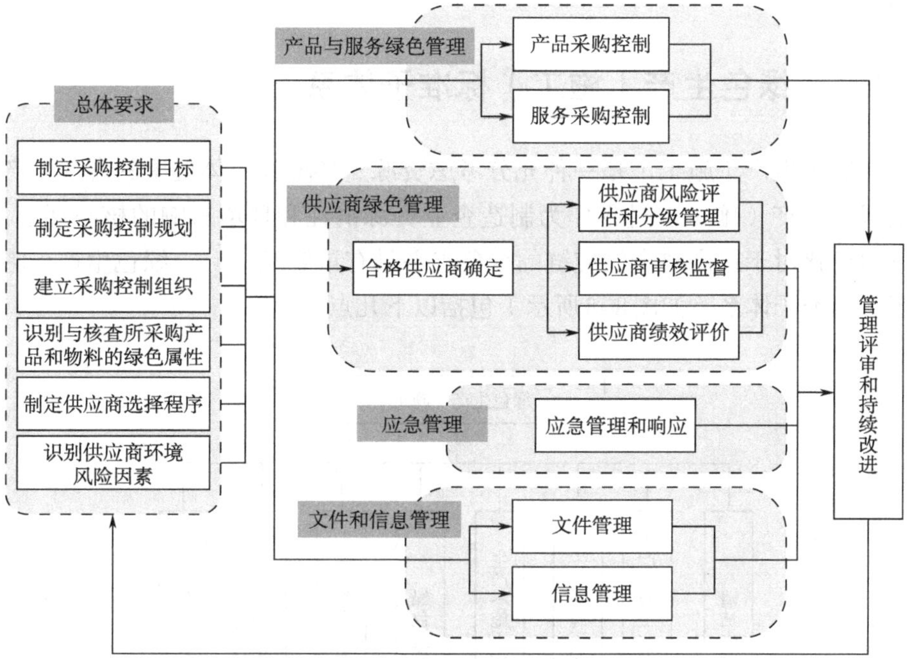

图8-7 制造企业采购控制管理架构

从《政府采购法》首次提出政府采购支持环境保护的要求，到发布节能产品、环保产品、政府采购清单和绿色采购相关标准，我国绿色采购方面的标准在不断拓展，但与发达国家相比，仍处于粗放、分散和片面化的状态，绿色采购对象主要是货物项目，仅覆盖部分行业，缺少建设工程和服务类项目，存在绿色采购范围过小的问题。我国应在现行绿色采购的基础上，大力推动重点领域的绿色采购。制造企业采购有自身的特点，例如物资采购类别多、范围广，要求采购人员对物资进行仔细区分。从绿色采购的角度，这就要求我们推动绿色物料的采购与管理。绿色采购不仅在采购物资的质量上提出要求，而且对产品生产及使用过程中的碳排放也十分重视，这要求我们在选择产品供应商时对其进行绿色评价与选择以及风险评估等。制造企业涉及部门较多，其中每一个部门几乎都要进行采购，所以要对每个部门的物资情况有所了解，在物资采购的时候要注意管理的方式和方法。从绿色采购的角度来说，在多部门或跨部门采购中，如何评价集中采购、分散采购等采购模式的绿色程度，以选择更加绿色低碳的采购模式，是国家相关标准有待拓展的方面。

8.2.4 绿色生产（施工）标准子体系

绿色生产（施工）是一种充分考虑资源、环境及人体健康的现代生产模式。生产（施工）过程作为制造企业资源消耗和环境影响的核心环节，其绿色化对于提高整个供应链的绿色水平具有重要意义[3]。绿色生产（施工）标准子体系（如图8-8所示）包括以下几点。

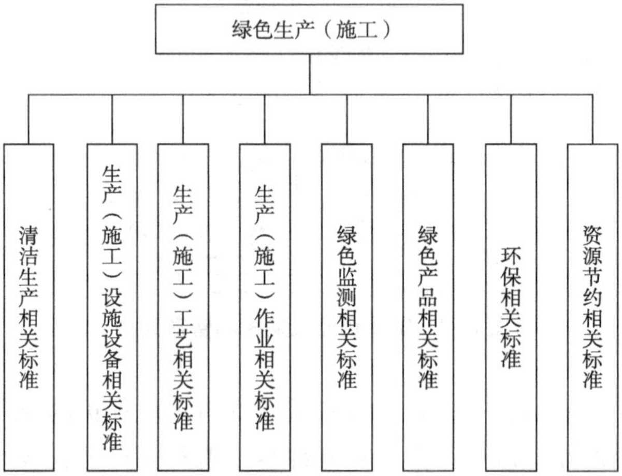

图 8-8　绿色生产（施工）标准子体系结构

清洁生产相关标准：如各行业开展清洁生产的一般要求、清洁生产园区评价类标准、清洁生产的技术标准等。

生产（施工）设施设备相关标准：如能够提高资源能源利用效率、降低环境影响的设施设备的技术和维护管理等相关方面的标准。

生产（施工）工艺相关标准：如生产和施工过程中能够节能、降耗、环保的先进工艺的流程、方法、管理等相关方面的标准。

生产（施工）作业相关标准：如保障实现绿色生产和施工的作业规程、规范、作业管理等相关方面的标准。

绿色监测相关标准：如监视测量方法、程序等相关方面的标准。

绿色产品相关标准：如以节约资源、保护环境、减少对人体健康影响为特性的产品标准。

环保相关标准：如废弃物排放限值、排放监测及处置等相关方面的标准。

资源节约相关标准：如能源消耗限额、计量统计、综合利用及物料消耗等相关方面的标准。

为实现绿色制造，国家部委制定了相关标准规范行业及企业行为（见表8–4）。

表 8–4 绿色生产（施工）国家标准汇总①

发布单位	标准名称	内容
住房和城乡建设部、国家市场监督管理总局	《建筑工程绿色施工评价标准》（GB/T 50640—2010）	该标准从环境保护与节约资源方面设立了绿色施工评价指标，构建了评价体系，确立了评价方法、评价组织、评价程序，客观反映某工程实施绿色施工的实际效果
	《工程施工废弃物再生利用技术规范》（GB/T 50743—2012）	该标准规定了工程施工废弃物再生利用的基本技术要求，用于指导施工过程中产生的废弃物的处理、回收和再利用，促进物料的绿色循环利用
	《绿色工业建筑评价标准》（GB/T 50878—2013）	该标准从节地与可持续发展场地、节能与能源利用、节水与水资源利用、节材与材料资源利用、室外环境与污染物控制等方面规定了各行业评价绿色工业建筑需要达到的共性要求，推进工业建筑的可持续发展，规范绿色工业建筑评价工作
	《建筑工程绿色施工规范》（GB/T 50905—2014）	该标准以建筑工程先进施工技术、工艺和管理方法为研究对象，并将其与相关标准合理衔接。总结我国建筑工程施工技术、方法及经验，推广应用建筑业新技术、新工艺、新材料、新机具，规范建筑工程绿色施工，做到节约资源、保护环境以及保障施工人员的安全与健康

① 资料来源：中华人民共和国住房和城乡建设部. https：//www.mohurd.gov.cn/。

续表

发布单位	标准名称	内容
住房和城乡建设部、国家市场监督管理总局	《工业建筑节能设计统一标准》(GB 51245—2017)	该标准针对工业建筑中建筑与建筑热工、供暖通风空调与给排水、电气、能量回收与可再生能源利用等专业提出通用性的节能设计要求，规定相应的节能措施，指导工业建筑节能设计，统一节能设计标准，做到节约和合理利用能源资源，提高能源资源利用效率
	《生产建设项目水土保持技术标准》(GB 50433—2018)	该标准明确了生产建设项目水土保持技术工作内容和遵循的技术要求，完善了对主体工程的约束性规定和不同水土流失类型区的特殊规定；细化了水土保持评价、水土保持措施布设内容和要求；完善了水土保持措施设计要求以及各设计阶段的任务
	《微电网工程设计标准》(GB/T 51341—2018)	该标准规定了总体规划设计、一次系统设计、二次系统设计、环境保护与水土保持、消防等方面的技术要求，达到规范微电网工程设计，充分利用可再生资源，保障微电网安全、稳定运行的目的
	《绿色建筑评价标准》(GB/T 50378—2019)	该标准重新构建了绿色建筑评价技术指标体系，调整了绿色建筑的评价时间节点，增加了绿色建筑等级，拓展了绿色建筑内涵，提高了绿色建筑性能要求。从上述方面推进绿色建筑高质量发展
	《建筑碳排放计算标准》(GB/T 51366—2019)	该标准分别规定了建筑运行阶段、建造及拆除阶段、建材生产及运输阶段的碳排放计算标准，用以规范建筑碳排放计算方法

从表8-4内容可以看出，目前有关绿色生产（施工）的国家标准主要包括施工规范、评价标准、水土保持、节能设计等方面。

8.2.5　绿色物流标准子体系

绿色物流是指利用先进物流技术规划和实施物流活动，以降低对环境的污染，减少资源消耗。绿色物流标准子体系（见图8-9）包括四点。

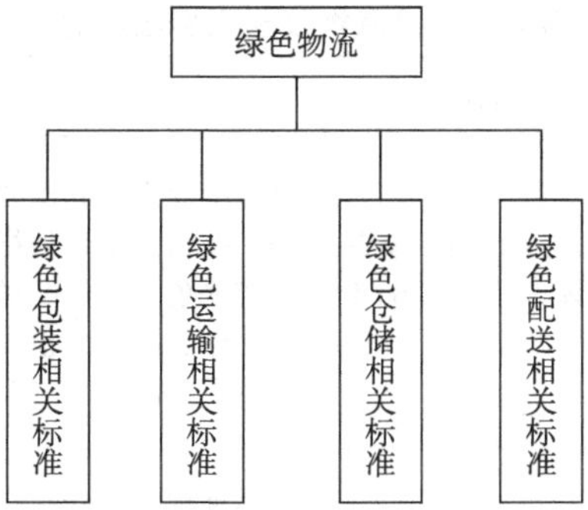

图 8–9　绿色物流标准子体系结构

绿色包装相关标准：如绿色包装材料、包装工艺、过程控制、标志等相关方面的标准。

绿色运输相关标准：如运输工具、运输防护、装卸搬运、货物组配、运输路线规划及车辆调配、运输过程环境监控等相关方面的标准。

绿色仓储相关标准：如仓库环境影响评价、仓库规划及建设、仓储设施设备、仓储技术相关方面的标准等。

绿色配送相关标准：如配送管理、服务规范、货物追溯等相关方面的标准。

联邦快递（FedEx）

FedEx在节能和环保领域进行了积极探索，取得了一系列令人瞩目的成果。提倡建立轻型车辆运输系统，FedEx大规模采用高效飞机，新机型拥有更高的燃油效率和更大的载货量，能够显著降低货运燃料消耗；重视对新能源的利用，FedEx增加对电力的使用，减少对石油的依赖，加大了对电动汽车和混合动力电动汽车的购置力度，新能源汽车在车队中的比重不断提高；重视技术研发和使用，FedEx致力于汽车燃油效率的提高，通过新技术研发来改善燃油效率，开发新技术，使物流系统、运输工具和线路选择效率更高。这些成果既体现了FedEx在保护环境、提高人类生存质量方面的社会责任，更在行业内树立了标杆，为其他企业在此方面做出了榜样。

为实现绿色物流，国家部委制定了相关标准，用以规范行业及企业行为，实现绿色物流标准化和规范化，具体参见表8–5。

表 8-5 绿色物流国家标准汇总[①]

发布单位	标准名称	内容
中华人民共和国商务部	《绿色仓储与配送要求及评估》（GB/T 41243—2022）	该标准规定了仓储要求、配送要求和包装要求等，并给出了评估指标。要求建立健全和推动落实绿色仓储、配送与包装管理体系，组织绿色仓储、配送与包装标准及制度培训，并对相应结果进行记录、考核和评估
全国物流标准化技术委员会	《仓储服务质量要求》（GB/T 21071—2021）	该标准规定了仓储服务的基本要求、服务质量指标及要求、客户满意度调查的要求，强调仓储作业指标和仓储管理指标，可作为绿色仓储评价指标（有具体计算公式）
全国物流标准化技术委员会	《仓储绩效指标体系》（GB/T 30331—2021）	该标准给出了仓储作业绩效指标体系和指标计算方法。与以往的绩效指标相比，增加了单位仓库面积能耗的计算，突出强调仓储能耗绩效的重要性
全国物流标准化技术委员会	《仓储货架使用规范》（GB/T 33454—2016）	该标准制定了仓储货架使用的总体要求、仓储货架的操作、日常保养及损伤评估等规定及建议。强调绿色仓储的特性，以满足现代化企业低成本、低损耗、高效率的物流供应链的管理需要
中国国家标准化管理委员会	《绿色包装评价方法与准则》（GB/T 37422—2019）	该标准规定了可回收利用率与实际回收利用率的具体计算公式，明确了绿色包装评价指标体系的一级指标和二级指标，规范了绿色包装的具体评价流程
全国物流标准化技术委员会	《绿色物流指标构成与核算方法》（GB/T 37099—2018）	该标准规定了企业的绿色物流指标体系与指标核算方法。适用于绿色物流的建设，评价和考核，为政府、行业管理部门、第三方评价机构以及企业绿色物流水平评估提供依据。强调绿色物流是通过充分利用物流资源，采用先进的物流技术，合理规划和实施运输、储存、装卸、搬运、包装、流通加工、配送、信息处理等物流活动，降低物流活动对环境影响的过程

① 资料来源：全国标准信息公共服务平台 . https：//std.samr.gov.cn/。

8.2.6　绿色营销标准子体系

绿色营销是指在营销活动中融入绿色理念，促进经济社会可持续发展的营销模式。绿色消费是指一种以适度节制、避免或减少对环境的破坏、崇尚自然和生态保护等为特征的消费行为和过程[4]。绿色营销活动对于绿色消费具有重要的引导和保障作用。绿色营销标准子体系（见图8–10）包括两个方面。

绿色营销策划相关标准：如营销策划管理、营销信息管理及工作程序等相关方面的标准。

绿色消费保障相关标准：如绿色消费引导和保障、产品售后维护、培训等相关方面的标准。

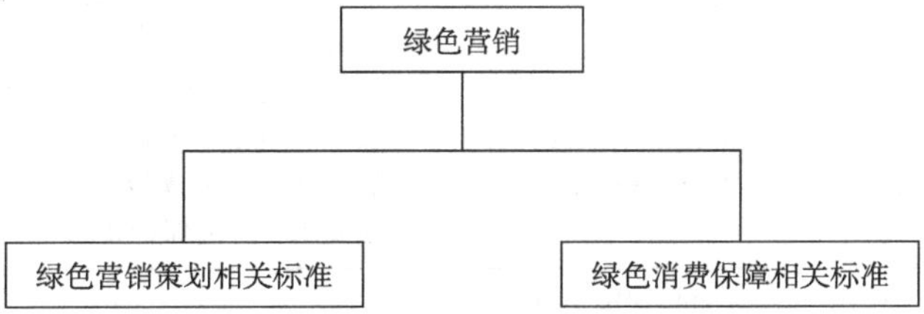

图 8–10　绿色营销标准子体系结构

8.2.7　绿色回收标准子体系

考虑产品退出一般使用期后的回收再利用问题，是绿色供应链区别于传统供应链的显著特征之一。建立完善的绿色回收标准子体系，是实现绿色供应链闭环运行的重要基础。绿色回收标准子体系（见图8–11）包括三个方面。

绿色回收管理相关标准：如逆向物流、回收再利用及处置过程环境管理、有毒有害物质及最终废弃物处置、可再生利用标志、回收利用评价等相关方面的标准。

绿色回收技术相关标准：如回收再利用及处置工艺、技术、方法、设备、监测方法与检测技术等相关方面的标准。

绿色回收作业相关标准：如回收再利用及处置的程序、操作规程、作业方式等相关方面的标准。

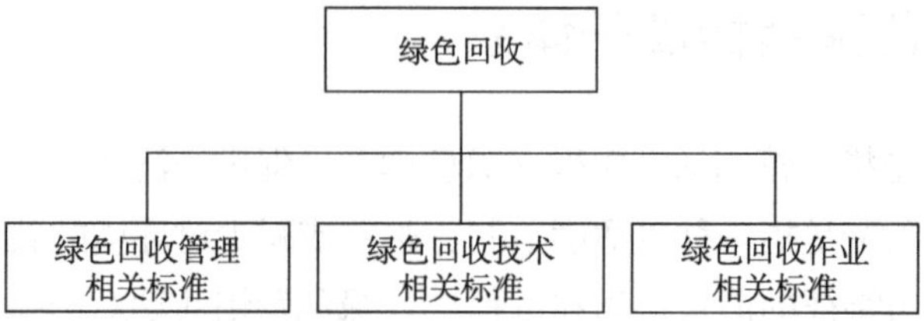

图 8–11　绿色回收标准子体系结构

为实现绿色回收，国家部委制定了相关标准规范企业及社会行为，主要内容如表8–6所示。

表 8–6　绿色回收国家标准汇总①

发布单位	标准名称	内容
国家市场监督管理总局、国家标准化管理委员会	《再生资源回收体系建设规范》(GB/T 37515—2019)	该标准规定了再生资源回收体系建设的基本要求，规定了分拣中心、回收站的分类、设置要求、资源规模要求、场地规模要求、经营要求、环境保护要求
国家市场监督检验检疫总局、国家标准化管理委员会	《废弃产品回收利用术语》(GB/T 20861—2007)	该标准规定了废弃产品回收利用的基本术语
	《电子废弃物中金属废料废件》(GB/T 27686—2011)	该标准规定了电子废弃物中金属废料废件的分类标准，包含四大类别、15个组别
	《废弃产品回收处理企业统计指标体系》(GB/T 28744—2012)	该标准规定了废弃产品回收处理企业统计指标体系设定的原则和要求，规定了废弃产品回收处理企业统计指标体系至少分为三级
	《废弃电器电子产品回收处理污染控制导则》(GB/T 32357—2015)	该标准规定了废弃电器电子产品回收的污染控制的基本要求
	《电子电气产品制造商与回收处理企业间回收信息交换格式》(GB/T 29770—2013)	该标准规定了电子电气产品制造商与回收处理企业间关于回收处理信息的交换格式
	《产品及零部件可回收利用标识》(GB/T 23384—2009)	该标准规定了产品及零部件可回收利用标识类型及使用要求

① 资料来源：全国标准信息公共服务平台.https：//std.samr.gov.cn/。

我国现有的回收标准大多是关于回收术语、技术、体系的界定，覆盖多个行业领域。在回收体系建设方面，国家制定了《再生资源回收体系建设规范》（GB/T 37515—2019），对分拣中心、回收中心等节点规定了建设要求；在废弃物分类方面，特别是金属类废弃物分类方面，《电子废弃物中金属废料废件》（GB/T 27686—2011）规定了四大类别、15 小组别的金属废弃物分类方法；在指标体系评价方面，《废弃产品回收处理企业统计指标体系》（GB/T 28744—2012）规定了回收企业统计的基础指标体系。

本章小结

本章主要对制造业企业绿色供应链管理子体系进行标准与优化分析，从绿色设计、绿色采购、绿色生产（施工）、绿色物流、绿色营销与绿色回收再利用及处置等方面入手着重汇总了相关的国家标准，并从这些标准中分析出有关绿色供应链现存标准的不足之处，同时提炼出制造业企业在绿色设计、绿色采购、绿色生产（施工）、绿色物流、绿色营销与绿色回收再利用及处置环节的后续优化方向，以保障制造业企业绿色供应链高效顺利运行。

案例分析

联合利华（Unilever）绿色供应链标准的实现

联合利华是一家全球性的消费品公司，其产品包括食品、个人护理产品和清洁用品。联合利华在实现绿色供应链标准方面取得了显著成就。

联合利华致力于实现可持续采购，确保其原材料的生产过程符合环保和社会责任标准。同时，公司与供应商建立了伙伴关系，共同努力实现更可持续的农业和渔业实践。联合利华还采取了措施来降低碳足迹，包括减少运输的碳排放和改进生产工厂的能源效率。公司设立了碳足迹目标，并采用清洁能源，以减少对非可再生能源的依赖。联合利华通过推动循环经济，努力减少废弃物。公司通过提倡可回收材料的使用、包装优化和产品设计创新，以降低包装对环境的影响。联合利华注重其产品对社会的影响。例如，公司通过“可持续生活计划”倡导可持续的消费行为，并在社区开展项目，提高可持续生活水平。联合利华努力提高供应链的透明度，使消费者能够更好地了解产品的来源和制造过程。公司参与了多个倡导透明供应链的倡议。

联合利华的领导层对可持续发展有强烈承诺，将可持续性纳入公司战略的核心，并为实现绿色供应链标准提供了资源和支持。联合利华与全球各地的合作伙伴建立了伙伴关系，共同努力实现绿色供应链目标。公司认识到需要跨足产业链合作，以推动整个价值链的可持续性。此外，注重创新，采用科技和先进技术来提高供应链的效率和可持续性。联合利华制定了一系列的可持续性目标，并定期度量和报告其在绿色供应链方面的成果。这有助于确保公司保持透明，并持续改进其实践。Unilever成功达到了绿色供应链标准要求。企业的努力不仅有助于降低环境和社会风险，还提高了其品牌声誉和市场竞争力。

问题讨论

1. 联合利华通过哪些措施实现绿色供应链标准？

2. 联合利华实现绿色供应链标准的关键成功因素有哪些？

思考题

1.标准的概念是什么？

2.标准的分类有哪些？

3.绿色供应链标准的定义是什么？

4.绿色供应链标准体系的构建目标是什么？

5.绿色供应链标准体系的构建原则是什么？

6.绿色供应链标准体系的构建思路是什么？

7.绿色供应链标准包含哪些子体系？

8.绿色供应链标准子体系分别包含哪些内容？

9.你对绿色供应链标准的实施有哪些建议？

10.你对绿色供应链标准体系的构建有哪些建议？

参考文献

[1] 曹艳，等. 绿色供应链标准体系研究 [J]. 标准科学，2016（S1）：73–78.

[2] 张唯实. 能源效率与中国经济增长关系研究 [J]. 经济问题，2010（08）：13–16.

[3] HAN HAO. An overview of energy efficiency standards in China's transport sector [J]. Renewable and Sustainable Energy Reviews，2017（67）：246–256.

[4] 李红杰，陆秀琴. 化纤标准化与产业结构调整 [J]. 上海标准化，2010（06）：21–23.

第9章　ESG管理

【学习目标】

1. 掌握ESG标准的概念和发展历程。
2. 了解国内外主要ESG标准。
3. 熟悉ESG常见的指标体系。
4. 熟悉ESG报告的编制流程。
5. 理解ESG在绿色供应链中的作用。

9.1　ESG 的概念和发展历程

9.1.1　ESG 的概念

ESG是environmental（环境）、social（社会）和governance（治理）三个英文单词的缩写，是一种关注企业环境、社会、公司治理绩效而非传统财务绩效的投资理念和企业评价标准[1]。其中，环境是指考虑企业对环境的影响，例如企业环保政策、员工环保意识、生产废弃物排放措施等；社会是指考虑企业对社会的影响，例如企业社区关系、员工健康、职场性别等；治理是指考虑企业的公司治理，例如治理内部权力争斗、管理层监督实效缺失、高管腐败等现象。投资者可以通过观测企业ESG评级来评估投资对象在绿色环保、履行社会责任等方面的贡献，对企业是否符合长期投资做出判断。

9.1.2　ESG 的发展历程

自20世纪下半叶开始，全球范围内涌现出了生态环境保护、消费者维权、企业社会责任等理论和实践，为ESG概念框架的诞生提供了原始理论和现实基础。具体而言，ESG的概念中对于环境和社会议题的关注可以溯及20世纪六七十年代，当时西方国家在经历工业化带来的经济高速增长的同时，也面临着来自资源、环境和气候方面日益严峻的挑战，这引发了欧美各国的公众环保运动，抵制、抗议企业因过度追求利润而破坏环境的行为。这些运动整体上奠定了以欧洲为代表的西方国家可持续发展的价值取向。随后，消费者通过选择产品或服务，将劳工保护和环保理念传递给企业，企业出于自身利益也开始关注劳工权益和环保问题。在经济发展的同时，歧视员工、财务丑闻、企业造成的外部严重污染等问题不断出现，促使人们开始思考可持续的商业发展模式。在此背景下，企业社会责任投资行为逐渐进入商业活动领域。

20世纪90年代以后，社会责任投资的理念在发达资本市场趋于成熟。1997年，联合国环境规划署金融倡议组织（UNEPFI）发布了《关于可持续发展的承诺声明》，提出企业要将环境和社会因素纳入运营和战略。2004年，联合国全球契约组织（UNGC）发布《有心者胜》（Who Cares Wins）报告，首次完整提出ESG概念，ESG是一系列衡量企业环境、社会、治理绩效而非财务绩效的投资理念和企业评价标准。企业在环境和社会方面的表现会通过直接方式（如原材料、劳工成本等）或间接方式（如员工、投资方、监管机构或社会团体等公司利益相关方）影响到公司利润，对企业在短期甚至长期内的整体利益产生巨大影响。因此，不同于传统的财务、业务绩效评价，ESG的关注点在于企业的环境、社会、治理绩效，对企业在促进经济可持续发展、履行社会责任等方面所做出的贡献进行评估。报告同时指出，将ESG的理念更好地融入金融分析、资产管理和证券交易将有助于构建更有韧性的投资市场，并推动全球契约原则在商界的实施。

2006年，联合国成立责任投资原则组织（PRI），正式提出ESG投资需要遵守六项基本投资原则，推动投资机构在决策中纳入ESG考量。2008年，高盛基于ESG研究框架推出了高盛可持续权益资产组合（GS SUSTAIN）。此后，国际组织和全球知名机构持续深化ESG理念并推出相关披露标准、评估方法及投资产品，促进ESG理念、原则和标准体系的发展与深化。2015年之后，随着《巴黎协定》的签署，全球对于气候变化的共识进一步推动了ESG的深入发展。2019年，由苹果、亚马逊、美国航空公司、摩根大通、沃尔玛、百事等181位美国顶级公司CEO组成的商业圆桌会议发表联合声明，重新定义了公司经营宗旨，将“创造一个美好社会”作为公司的首要任务，而非将“股东利益”作为唯一目标，这一主张也契合了ESG所提倡的价值体系。近年来，美国市场ESG的发行趋势强劲，越来越多的投资者对ESG表现出浓厚的兴趣，进一步推动了ESG的快速发展。

对于中国市场，ESG在中国政策话语体系中逐渐主流化。有关政府部门印发ESG相关政策，明确对ESG理念的响应和支持，推动中国ESG的创新发展，国家出台了一些新政策来推动ESG标准化发展。2022年2月，中国人民银行等四部委发布《金融标准化“十四五”发展规划》，明确指出标准是绿色金融可持续发展的重要支柱，并提出了加快建立绿色债券标准、制定上市公司和发债企业环境信息披露标准、建立ESG评价标准体系等重点工作[2]。中国证监会于2022年发布了《碳金融产品行业标准》，碳金融产品被划分为碳市场融资工具、碳市场交易工具以及碳市场支持工具，为相关碳金融产品制定了统一的规范，给证券公司等金融机构发行、推广相关的金融产品给定了具体的实施准则与路径。此外，ESG相关团体标准在2022年也呈爆发式增长,《企业ESG披露指南》《企业ESG评价体系》《企业ESG报告编制指南》《能源企业ESG评价标准》等多项团体标准发布，这为我国特色ESG标准体系建设起到了积极推动作用。2021年中国人民银行印发《金融机构环境信息披露指南》行业标准，有效促进更多金融机构编制环境信息披露报告[3]。2022年，国务院国资委印发《提高央企控股上市公司质量工作方案》，明确要求央企控股上市公司探索建立健全ESG体系，并力争到2023年全部央企控股上市公司披露ESG专项报告[4]。

9.2　国内外主要 ESG 标准

实践中成熟的国际和国内标准是我国企业进行ESG披露和提升ESG评级的重要参考，对推动我国ESG标准的形成具有重要意义。国际和国内主流的ESG标准包括GRI《可持续发展报告标准》、SASB《可持续会计准则》、TCFD气候信息披露框架、ISSB《国际财务报告可持续发展披露准则》，以及《上海证券交易所上市公司环境信息披露指引》等。

9.2.1　ESG 国际标准

9.2.1.1　GRI《可持续发展报告标准》

全球报告倡议组织（GRI）由联合国环境规划署（UNEP）和非政府组织“对环境负责经济体联盟”（CERES）共同发起成立。自2000年发布第一版《可持续发展报告指南》以来，GRI指南经历了多个版本的变迁，2021年最新发布了《可持续发展报告标准》详情见表9-1。GRI标准是目前全球应用最广泛的可持续发展报告框架[5]。除了通用标准以外，GRI还发布了多个行业标准，如油气行业、煤炭行业、农业、水产养殖和渔业行业标准。新版标准包含三个范畴框架：GRI基础、GRI一般披露、GRI实质性议题。

表 9–1　GRI《可持续发展报告标准》

	具体内容
发布组织	全球报告倡议组织（GRI）成立于1997年，由美国的一个非政府组织“对环境负责的经济体联盟”（Coalition for Environmentally Responsible Economies，CERES）和联合国环境规划署（United Nations Environment Programme，UNEP）共同发起，秘书处设在荷兰的阿姆斯特丹，最新的《可持续发展报告标准》于2021年发布
披露特征	新版GRI标准适用于任何有可持续发展信息披露需求的企业/机构，帮助他们满足监管的要求及利益相关方的期待
影响力	目前，GRI新版标准已经成为全世界应用最广的可持续发展报告框架

9.2.1.2　SASB《可持续会计准则》

可持续发展会计准则委员会（SASB）基金会是美国的一个非营利组织，致力于促进投资者与企业交流对财务表现有实质性影响且有助于决策的相关信息[6]。

2018年，SASB发布了首套具有全球适用性的可持续发展会计准则（如表9–2所示）。在传统行业分类的基础上，SASB创建了可持续工业分类系统，将企业分为77个行业（涵盖11个领域），并制定了完整的会计和披露准则，在环境、社会资本、人力资本、商业模式与创新、领导力与治理五个维度设立相关议题和指标。SASB准则在实质性议题的定义过程中更多考虑对财务决策的影响，其受众主要为投资者。SASB准则可与其他披露标准结合使用，例如，采用SASB准则做一般性披露，辅以TCFD标准进行气候相关议题披露。

表 9–2　SASB《可持续会计准则》

	具体内容
发布组织	可持续发展会计准则委员会基金会（Sustainability Accounting Standards Board Foundation，SASB）是一家2011年于美国成立的非营利组织，致力于制定一系列针对特定行业的ESG披露指标，促进投资者与企业交流对财务表现有实质性影响且有助于决策的相关信息

续表

	具体内容
主要内容	SASB 准则共包括六个元素，各个企业根据所在行业特点和必要性可酌情进行删减，这六个元素分别是： ①一般披露指导：为使用SASB标准的发行人提供包括范围、报告格式、时间、限制和前瞻性声明在内的一般指导。 ②行业描述：针对每类标准所对应的主体行业进行简单描述，包括关于该行业可能涉及的公司类别、业务模型和行业分布的相关假设。 ③可持续性主题及描述：简要描述了对行业相关可持续性披露主题进行良好管理或管理不善分别如何影响企业价值创造。 ④可持续性会计准则：通过定性或者定量指标来度量企业在每个相关可持续性主题方面的绩效表现。 ⑤技术协议：以客观性、可测量性、完整性、相关性为原则对定义、披露范围、会计指导、编制和陈述进行指导。 ⑥活动度量标准：用来衡量发行人业务规模的活动指标以促进SASB会计指标的规范化
披露特征	每个行业在SASB系统中都有自己独特的一套可持续性会计准则。在制定行业会计准则时，SASB在六个元素的议题中选取与该行业最相关的议题

9.2.1.3　TCFD 气候信息披露框架

气候相关财务信息披露工作小组（TCFD）的披露框架于2017年推出，覆盖了治理、战略、风险管理和目标四个主题领域[7]，如表9-3所示。TCFD披露框架旨在帮助金融机构充分评估气候变化对企业运营的影响，包括向低碳经济转型有关的潜在风险和机遇。随着各国政府、国际组织和交易所不断加强对气候相关指标的披露要求，越来越多的金融机构和企业采用TCFD报告框架披露相关信息。例如，港交所2022年发布《2022上市委员会报告》，提出着重将气候披露标准调整至与TCFD的建议及国际可持续发展准则理事会（ISSB）的新标准一致。新加坡交易所也要求上市公司使用TCFD披露框架。

表 9-3　TCFD 气候信息披露框架

	具体内容
发布组织	气候相关财务披露特别工作组（TCFD）：由G20金融稳定理事会于2015年12月成立，其职责是为全球金融行业创建准则，用于充分评估气候变化对企业未来运营的影响

续表

	具体内容
主要内容	包含四个领域，分别是治理、战略、风险管理和目标，可以帮助金融机构评估企业在收入、成本支出、资产、负债等方面可能受到的影响
披露特征	所有机构均可采用，旨在收集有助于决策且具有前瞻性的财务影响信息，高度专注于向低碳经济转型所涉及的风险和机遇
影响力	截至2019年12月，TCFD框架的支持者已发展到930位，市值超过11万亿美元，新的支持者还在不断增加。英国金融行为监管局（FCA）于2020年12月宣布，所有英国上市顶级商业公司必须使用TCFD框架，按照"遵循或解释"的原则报告相关信息。该规定适用于自2021年1月1日起的会计期，并且企业必须在年度财务报告中添加相关陈述

9.2.1.4　ISSB《国际财务报告可持续发展披露准则》

在推进全球可持续发展的过程中，可持续发展标准虽然众多，但缺乏全球统一的可持续发展报告标准体系。2021年11月，国际财务报告准则基金会（IFRS Foundation）宣布国际可持续准则理事会（ISSB）正式成立，负责制定国际财务报告可持续披露准则（IFRS Sustainability Disclosure Standard，ISDS），以期制定一个全面的可持续发展披露的全球标准，满足全球投资者关于可持续发展信息的需求[8]。

ISSB准则（如表9-4所示）的目的在于帮助财务报告使用者获得更加一致、完整、可比较和可验证的可持续性财务信息。ISSB准则是在整合了现有国际成熟的ESG标准基础上制定。ISSB于2022年3月发布了《国际财务报告可持续披露准则第1号——可持续相关财务信息披露一般要求》（IFRS S1）和《国际财务报告可持续披露准则第2号——气候相关披露》（IFRS S2）征求意见稿，并于2023年2月在ISSB的理事会上通过。国际可持续披露准则（ISDS）的最终准则于2023年6月26日正式发布，2024年1月1日正式生效。

值得一提的是，欧盟于2022年通过《可持续发展报告指令》（CSRD），将制定一个欧盟统一的可持续发展披露准则，或将改变欧盟ESG报告过度依赖外部标准的历史。

表 9-4　ISSB《国际财务报告可持续发展披露准则》

	具体内容
发布组织	2021年11月，国际财务报告准则基金会（IFRS Foundation）宣布正式成立国际可持续准则理事会（ISSB），负责制定国际财务报告可持续披露准则（IFRS Sustainability Disclosure Standard ，ISDS），以期制定一个全面的可持续发展披露的全球标准，满足全球投资者关于可持续发展信息的需求
主要内容	IFRS S1主要提出了可持续相关信息的定义以及框架性要求，这些定义和要求符合国际会计准则理事会的要求。在披露内容方面，ISSB要求企业披露其面临的所有可持续相关风险和机遇的重大信息。在披露框架方面，ISSB要求企业基于TCFD披露建议中提出的四个维度进行披露，即治理、战略、风险管理、指标和目标。在披露主体方面，ISSB要求可持续相关财务信息的披露主体应与相关通用目的财务报告的主体相同。在与传统财务报表的关系方面，ISSB要求可持续相关财务信息应作为披露主体通用目的财务报告的一部分发布，与财务报表同时披露
披露特征	ISSB准则旨在确保公司在同一报告中同时提供可持续相关信息以及财务报表。这些准则旨在与各种会计准则结合使用。它们还采用了与IFRS会计准则相同的基础概念，后者在全球140多个国家和地区得到强制采用。因此ISSB准则适用于世界各地，建立了真正的全球基准

9.2.2　ESG 国内标准

9.2.2.1　《中国企业社会责任报告编写指南（CASS-CSR）》

《中国企业社会责任报告编写指南（CASS-CSR）》创造了“四位一体”的企业社会责任模型，如表9-5所示。该模型突出了责任管理的重要作用，认为责任管理是企业履行社会责任的原点与重要保障，是企业社会责任的重要内容。责任管理包括责任战略、责任治理、责任融合、责任绩效、责任沟通和责任调研。《中国企业社会责任报告编写指南（CASS-CSR）》描述了撰写企业社会责任报告的原则、步骤和所涉及的具体指标，为企业提供了有益的指导。

表 9-5　《中国企业社会责任报告编写指南（CASS-CSR）》

	具体内容
发布时间	2009年首次发布，2017年修订为4.0版本

续表

	具体内容
发布组织	中国社科院企业社会责任研究中心
主要内容	该指南4.0报告内容由六部分组成： 报告前言（P）：包含报告规范、高管致辞、责任聚焦、企业简介。 责任管理（G）：企业实现可持续发展的基石，包含愿景、战略、组织、制度、能力和参与。 市场绩效（M）：主要描述企业在市场经济中负责人的行为，包含股东责任、客户责任以及伙伴责任。 社会绩效（S）：主要描述企业对社会责任的承担和贡献，包含政府责任、员工责任、安全生产以及社区责任。 环境绩效（E）：主要描述企业在节能减排、应对气候变化、保护环境方面的责任贡献，主要包含绿色管理、绿色生产以及绿色运营。 报告后记（A）：包括对未来规划、关键绩效表、企业荣誉表、报告评价、参考索引以及意见反馈
披露特征	该指南是国内最早针对所有企业的社会责任报告编写指南，在更新迭代版本时，该标准体系不断融入国际最新的可持续发展标准内容，并注意和本土的实际情况结合，是一部与时俱进的指南。该指南2.0版本吸收了2010年通过的ISO 26000的关键指标；3.0版本融合GRI 4.0和全球契约（GC）的内容，将经济责任改为市场责任，纳入更多利益相关方的责任；最新4.0版本融合GRI standards、联合国可持续发展目标SDGs和港交所ESG报告指引等国内外最新主流指标体系的内容，并把定位由“报告编制指南”转变为“报告综合指南”。 2019年8月，GRI在官网发布了《CASS-CSR4.0与GRI可持续性报告标准的对标文件》，以帮助报告机构更好地将CASS-CSR4.0与GRI结合

9.2.2.2　《上海证券交易所上市公司环境信息披露指引》

上市公司环境信息披露是上市公司环境治理水平的结果体现，是投资者识别上市公司“绿色”程度的重要基础。建立和完善上市公司环境信息披露制度是构建绿色金融体系、促进经济绿色发展的重要举措。该文件旨在提出符合我国国情并与国际接轨的上市公司环境信息披露标准，明确推荐我国上市公司进行环境信息自愿披露的通用指标。

9.2.2.3　香港《环境、社会及管治报告指引》

2012年8月香港联合交易所首次发布《主板上市规则》附录二十七及《创业板上市规则》附录二十。2019年12月18日，香港联合交易所（以下简称“联交所”）刊发检讨《环境、社会及管治报告指引》（简称《指引》）及相关《联交所证券上市规则》（简称《上市规则》）条文的咨询总结，并发布上市发行人环境、社会及管治披露情况的最新审阅结果，称将修订《环境、社会及管治报告指引》以及相关《上市规则》条文，提升发行人在环境、社会及管治方面的管理及披露，如表9–6所示。

表 9–6　《环境、社会及管治报告指引》

	具体内容
修订历程及强制性	2012年8月首次推出，适用原则是“建议披露”，即没有强制性；2015年12月修改发布，引进英国的适用原则，叫“不遵守就解释”（Comply or Explain），即具有一定的强制性；2019年12月最新修订，对于管治架构、汇报原则和汇报范围这些大的方面，必须强制披露；但对于部分更具体的关键绩效指标（KPI）部分，适用“不遵守就解释”
发布组织	港交所
适用对象	香港上市公司
主要内容	12个层面，48个指标
披露时限	针对2022年1月1日或其后起始的财年，ESG报告须与年报同时于财年结束后的四个月内刊发
其他事项	指引将环境、社会及管治主要范畴分成两大类：环境及社会。企业管治则列载于《企业管治守则》。港交所于2021年11月发出了《气候信息披露指引》，提供实用的指引和说明示例，以协助上市公司遵守TCFD批露框架，预期于2025年对所有上市公司强制实施TCFD的气候相关披露规定

9.3　ESG 评价指标

9.3.1　GRI《可持续发展报告标准》

GRI标准是唯一一个专门针对多方利益相关者的影响报告的全球标准，使其成为塑造基于双重实质性的报告结构的重要因素。GRI准则的可持续性指标体系分为四个范畴，GRI在这四个范畴中识别出30个相关的可持续性主题，如表9–7所示。

表 9–7　GRI《可持续发展报告标准》指标

	具体内容
环境	物料、能源、水、生物多样性、（气体）排放、废污水和废弃物、有关环境保护的法规遵循、供应商环境评估
经济	经济绩效、市场地位、间接经济影响、采购实践、反贪腐、反竞争行为、顾客健康与安全、营销与标识、客户隐私
社会	雇佣、劳资关系、职业健康与安全、培训与教育、多元化与平等机会、反歧视、强迫或强制劳动、人权评估、当地社区公共政策
组织治理	组织概况（组织本身的全方位介绍）、战略（决策者的声明：关键影响、风险和机会）、治理（结构、权责、最高治理单位的治理、风险管理、薪酬等）、利益相关方沟通（鉴别选择、制度、沟通、关键主题与关注事项等）

3.3.2　SASB《可持续会计准则》

SASB 准则中所强调的可持续性主要是从企业角度出发，通过规范企业的行为和活动来提高企业长期创造价值的能力。SASB 准则的可持续性指标体系分为五个范畴，SASB 在这五个可持续性维度中识别出 26 个相关的可持续性主题，如表 9–8 所示。

表 9–8　SASB《可持续会计准则》指标

	具体内容
环境	温室气体排放、空气质量、能源管理、水及污水管理、废弃及有害物管理、生态影响
社会资本	人权和社区关系、顾客隐私、数据安全、可及性和可负担性、产品质量和安全、顾客权益、销售实践与产品标示
人力资本	劳工实践、员工健康与安全、员工参与、多元化与共融
商业模式和创新	产品设计和生命周期管理、商业模式弹性、供应链管理、材料采购与效率、气候变化的物理影响
领导力与管制	商业伦理、竞争行为、环境合法合规管理、重大事故风险管理、系统化风险管理

9.3.3 TCFD气候信息披露框架

TCFD提出11个指标为企业提供了一个全面评估和披露其气候相关风险和机会的框架。通过遵循这些指标，企业可以更好地应对气候变化带来的挑战，并为可持续发展做出贡献，如表9-9所示。

表9-9 TCFD气候信息披露框架指标

	具体内容
气候治理	企业在高层管理层中是否设立了专门的气候治理机构，以及是否有明确的责任分工和决策程序
战略规划	企业需要评估气候变化对其业务的潜在影响，并制定相应的战略来应对这些风险和机会
风险管理	企业需要识别和评估与气候变化相关的风险，并采取相应的措施来管理这些风险
机会管理	企业需要识别和评估与气候变化相关的机会，并制定相应的战略来利用这些机会
目标与指标	企业需要设定明确的目标和指标，以衡量其在应对气候变化方面的进展
财务规划和预算	企业需要将气候相关的风险和机会纳入财务规划和预算过程中
政策和规程	企业需要了解并遵守与气候变化相关的政策和规程，并评估其对业务的影响
检测和报告	企业需要建立有效的监测和报告机制，以跟踪其在应对气候变化方面的进展，并向利益相关者提供透明的信息
员工培训	企业需要为员工提供与气候变化相关的培训，以提高其对气候变化的认识和应对能力
供应链管理	企业需要评估其供应链中的气候相关风险，并与供应商合作，共同应对这些风险
产品和服务创新	企业需要推动产品和服务的创新，以适应气候变化的需求，并满足客户的期望

9.3.4 ISSB《国际财务报告可持续发展披露准则》

ISSB报告体系从国际层面为企业提供了一个全面评估和披露其财务相关风险和机会的框架。通过遵循这些指标，企业可以更好地应对未知的挑战，并为可持续发展做出贡献，如表9-10所示。

表 9-10 ISSB《国际财务报告可持续发展披露准则》指标

	具体内容
气候治理	温室排放气体量，与气候机遇相关的资产或业务活动的金额和百分比，为应对气候相关风险和机遇而发生的资本支出、融资或投资的金额，挂钩气候因素的高管薪酬百分比
风险管理	易受转型风险影响的资产或业务活动的金额和百分比，易受物理风险影响的资产或业务活动的金额和百分比，内部碳定价、政策和规程

9.3.5 《中国企业社会责任报告编写指南(CASS-CSR)》

CASS-CSR报告体系更符合中国逻辑和思维，内容更贴近中国企业实际情况。CASS-CSR的指标体系分为四个范畴，如表9-11所示。

表 9-11 《中国企业社会责任报告编写指南（CASS-CSR）》指标

	具体内容
环境	绿色管理（环境管理体系、环保预警及应急机制、环保技术研发应用等）、绿色生产（绿色设计、采购使用环保原材料、节能政策措施、单位产值综合耗能等）、绿色经营（绿色办公措施、绿色办公绩效、生态恢复与治理、保护生物多样性等）
经济	对股东的责任（规范治理、最高治理机构、反腐败、合规信息披露、保护中小投资者的利益）、对客户的责任（提升可及性、产品合格率、创新驱动、研发投入、严禁虚假宣传等）、对伙伴的责任（诚信经营、经济合同履约率、公平竞争、供应商审查等）
社会	政府责任、员工责任、安全生产、社区责任
组织治理	愿景（使命、价值观、社会责任理念口号）、战略（实质性议题识别与管理、社会责任战略规划与年度计划）、组织（企业高层参与、领导机构和工作机制、组织体系和职责分工）、制度（管理制度、指标体系、考核评优）、能力（培训、研究、外部参与）

9.3.6 《上海证券交易所上市公司环境信息披露指引》

为了规范上市公司的信息披露行为，上海证券交易所提出了一系列的环境、社会和公司治理信息披露指引。上海证券交易所要求上市公司披露环境信息的内容包括但不限于表9–12所示的几个方面。

表 9–12　《上海证券交易所上市公司环境信息披露指引》指标

	具体内容
环境	环境政策和目标、环境管理体系（组织架构、职责分工、环境风险评估、环境责任追究等，并对外披露相应的信息）、环境风险管理、资源利用与环境效益（资源消耗量、能源利用效率等）
社会	利益相关者关系、社会责任履行情况、员工权益保护、产品质量和安全
组织治理	公司治理结构、内部控制和风险管理、公司道德与诚信建设、投资者关系管理

9.3.7 香港《环境、社会及管治报告指引》

香港交易及结算所（港交所）要求上市公司披露环境信息的内容包括但不限于环境、社会与社区，如表9–13所示。

表 9–13　香港《环境、社会及管治报告指引》指标

	具体内容
环境	排放物、资源使用、环境及天然资源、气候变化
社会	雇佣、健康与安全、发展及培训、劳工准则、供应链管理、产品责任、反贪污
社区	社区投资

9.4 ESG 报告的编制

ESG报告的编制是一个涉及法律、财务、市场研究、公关和内部审计等多个环节的复杂过程。ESG报告的编制流程如图9-1所示。另外，ESG报告的编制原则如下。

（1）实质性

所有对于利益相关方及社会公众具有显著影响的事件和信息均需披露。

（2）真实性

ESG信息披露必须以客观事实或有事实基础的客观判断为依据，不得有虚假披露和误导性陈述。

（3）准确性

ESG信息披露不得夸大事实，应语言明确、简明易懂，达到以普通投资者的判断能力能够准确理解和解释的程度。

（4）完整性

ESG信息披露应当全面披露企业在环境、社会和治理各个方面的正面和负面信息，不得有任何隐瞒或者重大遗漏，避免由漏报、少报引起的投资人决策或判断偏差。

（5）一致性

ESG信息披露的数据计算、披露方法和披露内容在不同时期宜保持一致性、连贯性。

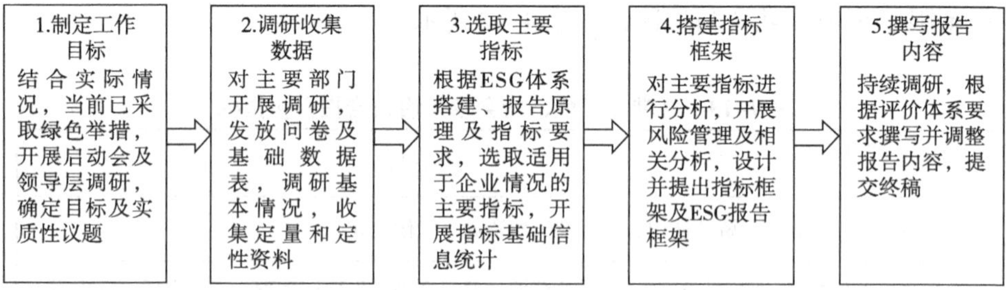

图9–1　ESG报告的编制流程

本章小结

随着ESG投资理念被广泛认同和传播，企业ESG表现受到社会各界的关注。本章节对ESG的产生及发展进行了详细的概述，对ESG现状进行了分析，梳理了政府部门出台的一些ESG相关政策，对国内外主要的ESG标准和评级机构进行了总结，对评价指标、信息披露、投资指引也做了详细的展示。评价体系不仅能衡量和评价流通企业非财务方面的绩效，还是创新、市场差异化和长期增长的引擎。

案例分析

京东物流ESG实践

京东物流在ESG方面做出了不错的成绩，2022年度，京东物流通过实质性议题调研评估了ESG相关事宜对内部及外部利益相关方的影响程度，京东物流董事会对ESG议题进行确认，并在ESG报告中对产生重要影响的议题进行重点回应和披露。植根于实体经济，京东物流始终秉持“长期主义”理念，坚持做难而正确的事，做有长期价值的事。为此，京东物流从企业自身的高质量治理出发，在2022年成立了ESG管理委员会。京东物流ESG管理委员会对公司ESG事宜进行监督与决策，不断审视企业经营过程中的风险管理，完善ESG目标体系建设，参见图9-2。

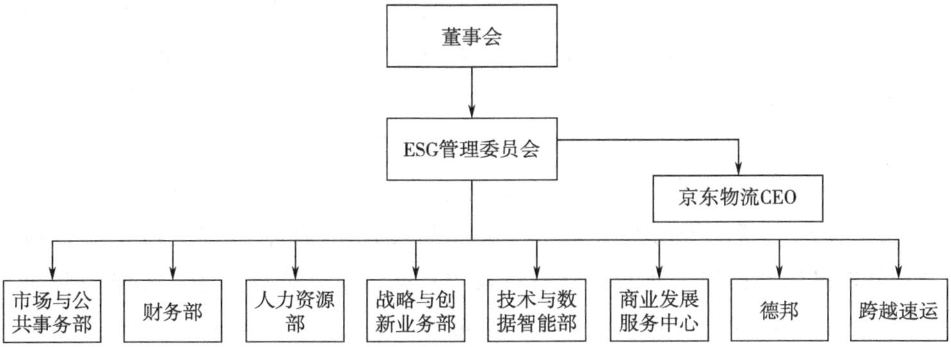

图 9–2 京东物流 ESG 治理框架图

京东物流ESG管理委员会每季度定期向董事会汇报ESG管理相关事宜的进展，提升公司内部ESG管理的透明度与协同落地效率，同时下设的ESG专项工作组在日常工作中负责公司ESG决策事项的落地执行。京东物流以目标管理为导向扎实推进ESG管理效能的提升。2022年，京东物流基于物流业务场景的特点，设定了仓储、分拣、运输、配送等全业务环节的具体环境目标，并将目标设定跨度分为近期、中期和远期，明确了至2030年前各业务条线协同参与的ESG目标体系。京东物流ESG管理委员会负责定期跟进重点目标的达成情况，并及时与相关业务部门开展沟通和动态调整，以务实行动推动各项可持续发展目标的达成。通过设立长期的、科学的、有雄心的目标，京东物流有效完成自身运营和价值链的绿色降碳与可持续发展。

作为持续深耕一体化供应链的物流企业，京东物流紧密连接生产端和消费端。2022年，全球供应链在气候变化、公共卫生等一系列不确定性因素的影响下，面临着流通受阻、供应中断的巨大压力。京东物流始终致力于打造柔性、韧性与绿色的一体化供应链，为客户带来更加高效、便捷、绿色的服务体验。2022年，京东物流的“织网计划”取得卓著成效，以35座京东物流“亚洲一号”智能产业园和1 500多个仓库为核心，搭建了高度协同的多层级物流基础设施网络，不仅为不同行业的企业客户提供一体化供应链解决方案和物流服务，也建立了产业端与消费端之间的深度信赖。同时，客户服务能力也同步提升，京东快递的客户服务满意度持续位于行业第一梯队。随着全球气候变化带来的生态危机不断加剧，国际社会呼吁各国开展更强有力的气候变化应对行动，中国的各个行业也在“1+N”政策体系下进一步部署规划。作为国内首家设立科学碳目标（SBTi2）的物流企业，京东物流持续在各个业务场景务实推进绿色化、低碳化转型。京东物流西安“亚洲一号”智能产业园成为全国首个“碳中和”物流园区；在全国批量投放了新能源换电车辆并上线氢能源运输测试线路，为更多客户和消费者提供“零碳”运输服务；发布了行业内首个原厂直发包装认证标准，预计带动行业减少一次性包装100亿个，相当于减少砍伐约2 000万棵树木；绿色供应链战略行动“青流计划”历经五年，已与合作伙伴携手在100余个城市达到月回收纸箱约9万个。京东物流在明确自身减碳目标与路径的同时，还加入全球可持续消费倡议，主导发起成立中华环保联合会绿色供应链专委会，发布《物流园区碳中和指南》并发起“供应链脱碳行动”，持续推进供应链上下游生态伙伴积极融入产业脱碳大循环，构建绿色价值链。

2023年1月5日，在第四届中国城市信用建设高峰论坛——碳路中国ESG实践与发展主题论坛上，京东物流“秉持可持续发展理念打造绿色、有责任、可信赖的供应链”案例在众多申报单位中脱颖而出，荣获新华信用金兰杯“环境实践先锋案例”奖。

（资料来源：https://mp.weixin.qq.com/s/DDIBofshJs2 Jm6tZaLWSeg。）

问题讨论：

京东物流在ESG方面做出了哪些不错的成绩？京东物流ESG治理结构中各部门需要注意什么？

思考题

1. ESG的概念是什么？
2. 请简述ESG的发展历程。
3. ESG的要素主要包括哪些？
4. ESG评价指标主要包括哪些？
5. ESG报告编制原则包括哪些？
6. 请简要概括ESG报告编制工作流程。
7. ESG的未来前景和发展趋势是怎样的？

参考文献

[1] 孙伟业.物流企业ESG治理发展探析[J].物流科技，2024，47（6）：54-57.

[2] 近一年国内外ESG政策有哪些新变化？[EB/OL].（2023-03-02）. http://www.stcn.com/article/detail/805535.html.

[3] 商业银行环境（ESG）信息披露进展与2023展望[EB/OL].（2023-03-03）. http://www.stcn.com/article/detail/806542.html.

[4] 提高央企控股上市公司质量工作方案[EB/OL].（2022-05-27）. http://www.sasac.gov.cn/n2588030/n2588944/c24789613/content.html.

[5] ESG披露标准之可持续发展报告标准（GRI Standards）[EB/OL].（2024-09-01）. https://ohesg.com/criteria/gri.html.

[6] CSR/ESG服务平台[EB/OL].（2024-03-11）. https://www.saqm.org.cn/esg/guide/index.aspx.

[7] 什么是TCFD（气候相关财务信息披露工作组）？[EB/OL]. https://www.ibm.com/cn-zh/topics/tcfd.
[8] ISSB正式发布首批国际可持续披露准则[EB/OL].（2023-06-27）. https://baijiahao.baidu.com/s?id=1769850139323518729&wfr=spider&for=pc.

第 10 章　基于博弈论的绿色供应链管理

【学习目标】

1. 掌握博弈论和绿色供应链决策的概念。
2. 理解绿色供应链管理中的合作与竞争策略。
3. 了解非合作博弈以及合作博弈的理论方法。
4. 掌握基于博弈论的绿色供应链决策模型和方法。
5. 培养分析和解决复杂供应链问题的能力。

随着全球环境问题的日益突出，绿色供应链管理逐渐成为企业可持续发展的重要战略之一。基于博弈论的绿色供应链管理是近年来学术界和企业界关注的热点领域。本章旨在探讨如何将博弈论应用于绿色供应链管理中，为企业提供更加科学、有效的管理方法。绿色供应链管理是指在供应链管理中融入环境保护理念，通过优化产品设计、采购、生产、物流等环节，降低环境污染和资源浪费，实现经济效益和环境效益的协调发展。博弈论是一种研究决策问题的数学理论，可以用来分析供应链中各方的行为和策略，为绿色供应链管理提供新的思路和方法。

10.1 绿色供应链决策与博弈论

绿色供应链决策是指在供应链管理过程中，通过制定一系列环保和可持续发展的策略，降低整个供应链对环境的负面影响，并提高资源的利用效率；这些策略包括绿色采购、绿色设计与制造、绿色物流、绿色销售和绿色回收等[1]。绿色供应链决策的核心目标是降低碳排放、减少能源消耗、优化资源利用、减少废物和污染物排放等。涉及的供应链环节包括原材料采购、生产制造、物流运输、产品使用和废弃处理等。绿色供应链决策需要企业在供应链管理中积极采取环保和可持续发展的措施，并与供应商、合作伙伴和利益相关者合作，共同推动绿色供应链的发展和实践。这不仅有助于减少环境影响，还可以提高企业的竞争力和可持续发展能力。

博弈论（Game Theory）的应用有助于理解和预测绿色供应链主体在环境可持续性方面的行为决策，以及这些决策如何影响整个供应链的性能和生态环境。例如，博弈论可以帮助分析供应商和制造商在面对环境法规、市场需求和竞争压力时如何策略互动，以及如何通过合作或竞争来达到更好的环境绩效和经济效益。

绿色供应链中的企业之间存在非合作博弈和合作博弈。

（1）非合作博弈

在某些情况下，供应链中的企业可能不愿意合作或者存在竞争关系。

非合作博弈可以帮助企业分析其他企业的策略，并找到自己的最优策略。在绿色供应链管理中，这种非合作博弈可能涉及企业对产品定价的决策、环保标准的遵守以及对环保成本的分摊等方面。

（2）合作博弈

在绿色供应链管理中，企业之间的合作是非常重要的。合作博弈可以利用合理的利润分配，帮助企业之间达成共赢的结果，进而保证合作的稳定性。对于绿色供应链节点企业而言，通过合作，可以共同投资开发环保技术、共享环保信息、共同应对环保政策等，从而实现整个供应链的绿色发展。

总的来说，博弈论为绿色供应链决策提供了一个有效的工具和方法论基础，可以帮助企业更好地理解供应链中的互动和冲突，并制定更加科学、合理的决策。

10.2 博弈论

1928年冯·诺依曼（John von Neuman）证明了博弈论的基本原理，1944年冯·诺依曼和摩根斯特恩（Oskar Morgenstern）撰写了《博弈论与经济行为》，将博弈论应用于经济领域，博弈论成为经济学研究的主流工具之一。具体而言，博弈论是分析多主体的不同决策对其收益产生影响的强有力工具，处理的是交互最优决策问题。参与博弈的主体在进行决策时会充分考虑其他博弈主体的策略，从而做出使得自身利益最大化或能实现帕累托最优的决策。在开展博弈论研究时，根据研究问题的类型和情形的不同有不同的博弈模型。

10.2.1 博弈论的分类

按照博弈者之间是否有合作关系，博弈可以分为合作博弈（cooperative game）和非合作博弈（non-cooperative game）。在某些情况下，供应链中的企业可能会先后进行决策。这种情况下，后决策的企业可以根据先决策企业的选择来调整自己的策略。这种博弈被称为动态博弈。在绿色供应链管理中，这种动态博弈可能涉及企业对环保技术的投资、对环保政策的响应等方面。

合作博弈是指博弈者之间有一定的协议，他们需要在协议允许的范围内博弈。比如，两家企业之前通过一定的谈判达成协议，对各自的产量或价格进行操作，以达到共同垄断市场的行为。反之，如果博弈者不能通过谈判达成一个有约束力的协议来限制博弈者的策略，则是非合作博弈。

非合作博弈可以分为完全信息静态博弈、完全信息动态博弈、不完全信息静态博弈、不完全信息动态博弈。与之对应的有四种均衡分别为：纳什均衡（Nash equilibrium）、子博弈精炼纳什均衡（subgame perfect Nash equilibrium）、贝叶斯纳什均衡（Bayesian-Nash equilibrium）、精炼贝叶斯纳什均衡（perfect Bayesian-Nash equilibrium）。Stackelberge 博弈作为一种两阶段完全信息动态博弈，其博弈的时间是序贯的。它们的关系如表 10-1 所示。

表 10-1　博弈论的分类

	静态	静态
完全信息	完全信息静态博弈 （纳什均衡）	完全信息动态博弈 （子博弈精炼纳什均衡）
不完全信息	不完全信息静态博弈 （贝叶斯-纳什均衡）	不完全信息动态博弈 （精炼贝叶斯-纳什均衡）

10.2.2　非合作博弈

10.2.2.1　非合作博弈组成要素

非合作博弈包含三个基本组成要素——局中人、策略、支付值，具体含义如下。

局中人：参与博弈的具有独立决策权的主体（或人），根据供应链管理的实际情景，可以指供应商、零售商、消费者、政府、平台企业、公司、回收商个体、制造商等。

策略：各个局中人的行动、应对方案或措施等，根据供应链管理的实际情景，可以是批发价格、零售价格、投资水平等连续型策略，也可以是制造商是否引进新技术、零售商是否开展广告宣传等离散（有限）型策略。

支付值：各竞争局势（即局中人策略组合）下各个局中人的损益值，

根据供应链管理的实际情景，可以指利润、收益、成本、风险、费用、效用、时间等。

10.2.2.2　纳什均衡

纳什均衡为完全信息静态博弈，博弈的局中人都是同时独立决策，在博弈过程中，不管其他成员做出何种决策，成员个体总是做出能使自己利益最优的策略组合。即：在博弈 $G=\{S_1,\cdots,S_n;U_1,\cdots,U_n\}$ 中，如果各博弈方的各个策略组成的某个策略组合 $(S_1,...,S_n)$，任意博弈方 i 的策略 S_i^* 都是对其余博弈方策略的组合 $U_i\left(S_1^*,\cdots,S_{i-1}^*,S_i^*,S_{i+1}^*,\cdots,S_n^*\right)\geqslant U_i\left(S_1^*,\cdots,S_{i-1}^*,S_{ij}^*,S_{i+1}^*,\cdots,S_n^*\right)$ 对任意 $S_{ij}\in S_i$ 都成立，则称 $\left(S_1^*,\cdots,S_n^*\right)$ 为 G 的一个纳什均衡。

如果参与者目前选择的策略形成了纳什均衡，那么任何参与者单方面改变他们的策略对自己的收益没有好处。任何一方采取的策略都是其余各方所采取组合策略下的最佳对策；当所有其他人都不改变策略时，任何一方为了让自己的收益最大，都不会（或者无法）改变自己的策略，这个时候的策略组合就是一个纳什均衡。

10.2.2.3　Stackelberg 博弈

Stackelberg博弈在1934年由德国著名经济学家斯塔克尔伯格（H. Von Stackelberg）提出。区别于一般的博弈模型，Stackelberg博弈的主体间存在地位上的不平等，作为一种两阶段完全信息动态博弈，其博弈的时间是序贯的，即在决策时存在先后顺序，主要思想为双方基于彼此可能采取的战略选择各自的战略，从而确保各自在对方策略中实现利益最大化，由此实现纳什均衡。

该模型假设存在两个不对等势力的寡头，一个寡头是领导者，另一个寡头是跟随者。跟随者规模较小，生产成本较高且自身的决策成本和风险太高，故它在决策时通常以领导者的决策为依据。两寡头进行博弈时，领导者在预测跟随者策略行为的基础上先进行决策；跟随者根据领导者的决策进而制定符合自身利润最大化的决策。双方博弈不仅具有先后顺序，而且具有完全信息，因此该模型是一个具有完全且完美信息的动态博弈。在分析Stackelberg模型时常用逆序求解法进行求解。具体模型如下：

假设市场需求函数为：$p = a - bQ$。其中，$Q = q_1 + q_2$，p 为销售价格，a 为市场基数，b 为敏感系数，q_1 和 q_2 分别是领导者和跟随者的产量。

可以得出寡头企业的利润为：$\pi_i = pq_i - c_i q_i$；其中 $i \in \{1,2\}$，c_i 为单位产品成本。

跟随者的利润函数为：

$$\pi_2(q_1, q_2) = (a - b(q_1 + q_2))q_2 - cq_2 \tag{10.1}$$

对式（10.1）求 q_2 的一阶导数并等于0，得出：

$$q_2^* = \frac{a - q_1 - c_2}{2b} \tag{10.2}$$

式（10.2）是跟随企业的反应函数。

领导者在考虑跟随者的反应函数基础上确定自身的产量，故领导者的最优产量为：

$$q_1^* = \frac{a - 2c_1 + c_2}{2b} \tag{10.3}$$

假设 $c_1 = c_2 = c$ 可以得到双方企业的利润：

$$\pi_1 = \frac{(a-c)^2}{8b}，\ \pi_2 = \frac{(a-c)^2}{16b}$$

10.2.2.4　演化博弈

演化博弈理论深入探索了博弈论在生物学中的应用，特别是纳什均衡这一概念在生物学角度的重要解释，可以被理解为无数次动态博弈后的稳定状态，也正好契合了“物竞天择，适者生存”的自然法则。尽管演化思想的起源可以追溯到生物学领域，但演化博弈论和演化经济学都共同聚焦于“创新、选择和扩散”这一核心的演化机制。演化博弈论更是为演化经济学提供了坚实的微观基础。

在传统的博弈论框架中，参与人常常被假定为完全理性，且在完全信息条件下进行决策。然而，在真实世界的经济活动中，这种完全理性和完全信息的条件往往难以实现。在企业间的竞争与合作中，个体差异显著，而经济环境和博弈问题的复杂性导致的信息不完全和有限理性问题也变得显而易见。演化博弈论打破了传统博弈论的束缚，它并不要求参与人是完全理性的，也不依赖于完全信息的假设。这一理论巧妙地将博弈理论分析与动态演化过程分析结合，强调的并非静态均衡或比较静态均衡，而是一种动态的均衡。

演化博弈论的灵感来源于生物进化论，并已成功地解释了生物进化中的多个关键现象。如今，学者们运用演化博弈论来剖析社会习惯、规范、制度或体制的形成因素及其演变过程，取得了令人瞩目的成果。演化博弈论已经逐渐成为演化经济学的重要分析工具，并正在发展成为一个有特色的经济学领域。

演化博弈模型有如下几个特征：以参与人群体为研究对象，分析动态的演化过程，解释群体为何达到以及如何达到目前的这一状态的；群体的演化既有选择过程也有突变过程；经群体选择下来的行为具有一定的惯性。

演化博弈理论有两大要素：复制动态方程和稳定策略均衡解。

（1）复制动态方程

演化博弈模型中，所构建的复制动态方程的基本形式为：

$$\frac{dx(t)}{dt}=\left[f\left(s_i,x\right)-f\left(x,x\right)\right]x_i \tag{10.4}$$

式中，s_i表示演化群体内博弈的策略集，x_i表示在t时刻下，博弈群体中有多少数量比例的个体选择了策略s_i，$f(s_i,x)$表示当博弈个体选择s_i时个体的期望支付，$f(x,x)$表示整个群体的平均期望支付。

（2）稳定策略均衡解

在演化博弈过程中，博弈双方不再是以稳定的纳什均衡解作为策略最终的选择结构，而是通过一个不断比较、学习和模仿的过程，逐渐去探究演化稳定均衡解。

演化博弈模型的策略矩阵如表10–2所示。

表10–2 演化博弈模型的策略矩阵

主体 A/B	选择P_1策略	选择P_2策略
选择P_1策略	(g,g)	(k,f)
选择P_2策略	(f,k)	(c,c)

表中，g表示双方都选择P_1策略时的收益，c表示双方都选择P_2策略

时的收益，k表示主体A选择P_1策略而主体B选择P_2策略时主体A的收益，f表示主体A选择P_2策略而主体B选择P_1策略时主体A的收益。

因此，行为主体A的收益（用U_1代表）和行为主体B的收益（用U_2代表）以及整个博弈群体的平均收益（用U代表）满足以下等式：

$$U_1 = xg + (1-x)k \tag{10.5}$$

$$U_2 = xc + (1-x)f \tag{10.6}$$

$$U = xU_1 + (1-x)U_2 \tag{10.7}$$

根据演化博弈概念，构建演化博弈的复制动态方程：

$$F(x) = \frac{dx}{dt} = x(U_1 - U) \tag{10.8}$$

通过数理计算可以得出复制动态方程的最终形式：

$$F(x) = x(1-x)\left[k - f + x(g - f - k + c)\right] \tag{10.9}$$

令复制动态方程结果为0，得出三个解如下：

$$x_1 = 0\ ,\quad x_2 = 1\ ,\quad x_3 = \frac{c-k}{g-f-k+c}$$

再将这三个解代入公式$F'(x)$中，即复制动态方程的一阶导方程中。若$F'(x) < 0$，则该解就是演化博弈的稳定策略均衡解。

10.2.3　合作博弈

合作博弈研究的是不同决策主体之间相互合作时的最优策略，下文将分别概述合作博弈的基本组成要素、主要性质以及合作博弈的分配。

10.2.3.1　合作博弈的基本要素及主要性质

合作博弈包含三个基本组成要素——局中人、联盟、联盟特征值，具体含义如下。

局中人：类似非合作博弈的局中人，表示参与博弈的具有独立决策权的主体，可以指制造商、公司、个体、政府、供应商、消费者等，在本文中指原始供应商、第三方再制造供应商和制造商。

联盟：参与博弈的局中人之间组成的合作团体。例如，在供应链管理中可以是上游的制造商与下游的零售商组成的联盟，也可以是横向的零售商之间的联合订货联盟，在本书中指原始供应商、第三方再制造供应商和制造商三者组成的联盟。

联盟特征值：局中人联盟创造的利益或节省的成本，可以代表实际供应链中的制造商、零售商、回收商等合作创造的利润、效益或节省的成本、时间等，在本书中代表再制造供应链局中人形成的联盟的收益。

假设 $N=\{1,2,\cdots,n\}$ 表示合作博弈的局中人集合，联盟 $\mathbb{C}$ 是局中人集合 N 的任意子集，即 $\mathbb{C}\subseteq N$，集合 N 本身可看作一个最大联盟，而单个局中人组成的集合也可看作一个联盟。为了叙述方便，空集也被看作一个联盟，即空联盟。将所有联盟的集合记为 2^N（它表示 N 的幂集），即 $\mathbb{C}\in 2^N$。在合作博弈中，各个局中人关心的已不再是自己在策略集中选取什么样的策略，而是与哪些局中人组成合作联盟、采取统一行动才能分配或获得最大的利润（或收益、效用）。为此需要介绍合作博弈的基本组成要素之一：联盟特征函数（characteristic function）或联盟特征值。n 个局中人的合作博弈的联盟特征函数是定义在 2^N 上的实值函数，即 v： $2^N\to\mathbb{R}$， $\mathbb{R}$ 为实数集。

在合作博弈中，利用联盟特征函数能够具体、完整地刻画各个联盟的效益（或损失）情况，因此常将 n 个局中人的合作博弈记为 (N,v)，有时也简单地称为合作博弈 v。在用联盟特征函数研究合作博弈时，实际上已做了这样的隐含假设：所有局中人都可以通过某种共同的兑换货币来衡量支付值。满足这样假设的合作博弈被称为可转移支付（transferable utility）的合作博弈，简称合作博弈。反之，则被称为不可转移支付的合作博弈。本文所研究的合作博弈都是可转移支付的合作博弈。

对任意两个联盟 $\mathbb{C}_1\subseteq N$， $\mathbb{C}_2\subseteq N$ 且 $\mathbb{C}_1\cap\mathbb{C}_2=\varnothing$，若满足：

$$v(\mathbb{C}_1)+v(\mathbb{C}_2)\leqslant v(\mathbb{C}_1\cap\mathbb{C}_2) \quad (10.10)$$

则称合作博弈 v 具有超可加性（super additivity）。上式表示，两个没有共同局中人的联盟合并成为一个较大联盟之后，共同创造的利润（或效益）不小于原来两个联盟创造的利润（或效益）之和。超可加性在合作博弈中具有重要作用。它意味着联盟越大，联盟创造的利润（或效益）越大。然而，有时大联盟也可能是无效的，因为大联盟在达成利润（或效益）等分配协议上比较困难。

比超可加性更具一般性的概念是合作博弈的凸性（convexity）。凸性在供应链管理、经济学等应用领域具有重要作用。

对任意两个联盟 $\mathbb{C}_1 \subseteq N$，$\mathbb{C}_2 \subseteq N$，若满足：

$$v(\mathbb{C}_1)+v(\mathbb{C}_2)\leqslant v(\mathbb{C}_1\cap\mathbb{C}_2)+v(\mathbb{C}_1\cup\mathbb{C}_2) \tag{10.11}$$

则称合作博弈 v 具有凸性，或 v 是凸合作博弈。显然，凸合作博弈一定具有超可加性。

10.2.3.2　合作博弈的分配

在合作 n 人对策 $\Gamma=(N,v)$ 中，局中人集合 $N=\{1,2,3,\cdots,n\}$，如果 n 维向量 $x=(x_1,x_2,\cdots,x_n)$ 满足：$x_i \geqslant v(\{i\})$ 且 $\sum_{i=1}^{n} x_i = v(N)$，其中 $i=1,2,3,\cdots,n$，则称 x 为 Γ 的分配（imputation），x_i 表示局中人 i 得到的配额，$v(\{i\})$ 表示局中人 i 单干时的收益，$v(N)$ 表示所有局中人形成大联盟所得到的收益，Γ 的分配的全体记为 $E(v)$。合作博弈分配满足的两个条件代表了分配的个体理性和集体理性，即局中人得到的份额不能少于个体单干所得到的支付，所有局中人的分配之和等于所有局中人形成大联盟所得到的收益。

合作博弈的局中人都应从所在合作联盟的效益中分得各自的份额，而这一份额应如何合理地分配以及用什么方法进行分配是合作博弈的重要研究方向。如何分配局中人合作的收益（支付），即所谓的求“解”，很多学者做出了不同的研究。1953 年，Shapley 提出了 Shapley 值作为合作博弈的解，给出了一种解决 n 人合作对策问题的数学方法，体现局中人的边际贡献，即边际主义[2]，经典 Shapley 值可以表示为：

$$x_i(v)=\sum_{\mathbb{C}\subseteq N\setminus\{i\}}\frac{|\mathbb{C}|!(n-|\mathbb{C}|-1)!}{n!}\left[v(\mathbb{C}\cup\{i\})-v(\mathbb{C})\right]$$，其中，$i=1,2,3,\cdots,n$，$|\mathbb{C}|$ 表示联盟 $\mathbb{C}$ 中的局中人数量。

同年，Gillies 引进核（core）的概念作为研究稳定集合的工具[3]，合作博弈的分配 $x=(x_1,x_2,\ldots,x_n)$ 在核心 $C(v)$ 的充要条件是：

$$\sum_{i\in\mathbb{C}} x_i \geqslant v(\mathbb{C}),\quad \forall \mathbb{C}\subset N$$

$$\sum_{i=1}^{n} x_i = v(N)$$

随后很多学者对合作博弈的分配进行了研究。1969 年，Schmeidler 提出以超出值来衡量联盟的态度，最小化联盟的不满为合作博弈的解——核仁（nucleolus）[4]。1964—1979年，Aumann和Maschler等提出了一系列合作博弈的解，如稳定解、强纳什均衡（strong Nash equilibrium）、联盟核（coalition structure core）和议价集（bargaining set）等[5]。但上述均衡概念均是静态的，为了克服这一弱点，Chwe在1994年提出将最大一致集（largest consistent set）作为合作博弈的解[6]。1997年，Owen提出Owen值，在Shapley值的基础上考虑了成本在同盟间分配对同盟结构的影响[7]。2007年，van den Brink提出Shapley值与平均分配（equal division）之间的差异[8]；2015年，van den Brink和Funaki提出了δ贴现Shapley值，并直观地解释了值中的参数δ——合作博弈局中人谈判破裂的概率，在边际主义和平等主义之间提供了一种均衡[9]。

10.3 博弈论在绿色供应链中的应用举例

传统电商与传统零售商逐渐打破界限，以消费者为中心的“新零售”作为一种新模式营运而生。在“新零售”发展的过程中，供应链成员将线上线下相融合进行双渠道经营。但在零售业发展的同时，也要注意严峻的生态环境问题。近年来由于过度碳排放造成的“海平面上升”“气候异常”“温室效应”等问题比比皆是，节能减排问题已成为需要每个国家、每个企业、每个组织、每个人共同面临的问题。2019年2月1日，北京市出台节能减排补贴政策，相对于以往的北京市节能补贴政策来说，补贴商品扩展到了15类。根据节能家电不同能效等级补贴8%~20%，最高补贴额为800元。将节能减排融入双渠道供应链中，分析供应链成员决策问题必不可少，因此本节以“基于竞合博弈节能补贴对双渠道低碳供应链决策影响分析”为例，说明如何应用博弈论分析供应链决策问题。

首先，在单周期静态环境中，构建三种情形下双渠道低碳供应链竞合博弈：无节能家电补贴政策、有节能家电补贴政策、节能家电补贴政策下考虑制造商公平关切行为，三种情形分别使用上标Ⅰ、Ⅱ、Ⅲ进行区分。供应链由单一制造商、单一零售商与消费者组成，制造商作为Stackelberg博弈领导者先行动，决定线上直销价格W_2与线下批发价格W_1，零售商再

根据直销价格 W_2 与批发价格 W_1 确定最优零售价格 P，如图 10-1 所示。在竞合博弈过程中，制造商作为主导者以供应链整体最大收益即制造商、零售商收益之和最大化为目标，而零售商仍以自身收益最大化为目标。

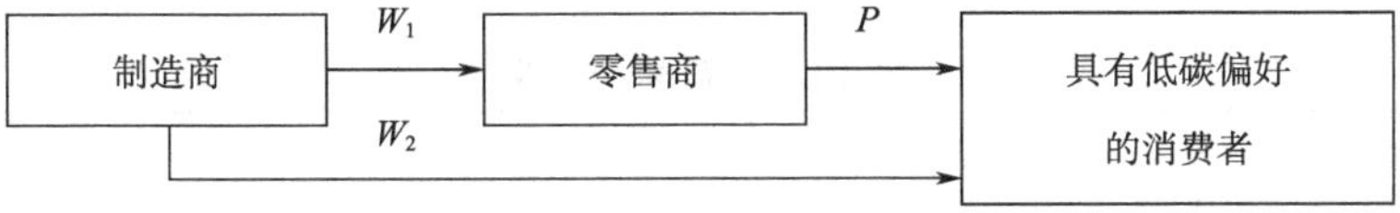

图 10-1　双渠道供应链结构图

10.3.1　研究假设

其一，制造商与零售商是完全信息博弈，当制造商具有公平关切时，在博弈过程中零售商会考虑这种公平关切行为。

其二，具有节能偏好的消费者对价格敏感，节能产品价格越高，消费者对其需求量越少，对其替代品需求量越多。在节能家电补贴政策下，将碳减排量替换为能效比。当能效比增加时，节能家电的需求量会上升，同时节能成本也会增加。零售商销售努力程度与线上需求量呈负相关，与线下需求量呈正相关。λ 为渠道间交叉价格影响系数，反映了对立渠道上的销售价格对于自身渠道销售量的影响，当线上直销价格变大时，线下节能家电的销量会增加，反之亦然。因此综合 Ma 等学者的研究[10]，制造商（线上）及零售商（线下）需求函数定义如下：

无节能家电补贴政策时，需求函数为：

$$D_M^I = \alpha - W_2{}^I + \lambda P^I - cs + dm \qquad (10.12)$$

$$D_R^I = 1 - \alpha - P^I + \lambda W_2{}^I + cs + dm \qquad (10.13)$$

节能家电补贴政策下，以一级能效空调为例将补贴比例 0.13 引入需求函数模型中，下文中为方便计算，将 0.13 替代为字母 e 进行计算。节能家电补贴政策拉动节能产品需求的增长，并通过直接面对消费者的直销价格、零售价格表现出来。对于线上渠道来说，增加了 $0.13W_2{}^{II}$ 的销量，而减少了 $0.13P^{II}$ 的销量，线下则与之相反。

节能家电补贴政策下需求函数为：

$$D_M^{II} = \alpha - W_2^{II} + \lambda P^{II} + 0.13(W_2^{II} - P^{II}) - cs + dm \tag{10.14}$$

$$D_R^{II} = 1 - \alpha - P^{II} + \lambda W_2^{II} + 0.13(P^{II} - W_2^{II}) + cs + dm \tag{10.15}$$

式中各符号及其定义，见表10–3。

表 10–3　符号与定义

符号	定义
W_1	制造商批发价格
W_2	制造商线上直销价格
P	低碳产品零售价格
m	能效比
s	零售商线下销售努力
α	消费者偏好线上消费所占比例
λ	交叉价格敏感系数
c	销售努力敏感系数
d	消费者对产品节能程度敏感系数
k_m	节能减排成本系数
k_s	销售努力成本系数
h	制造商的公平关切系数
D	需求
π	利润

10.3.2　三种情形下双渠道供应链竞合博弈模型构建与分析

10.3.2.1　情形 I：无节能家电补贴政策

在无节能家电补贴政策下，制造商利润由线上直销收益 $W_2^I D_M^I$ 与线下批发收益 $W_1^I D_R^I$ 之和，再减去节能减排成本 $1/2k_m m^2$ 构成；零售商利

润由零售收益 $P^I D_R{}^I$ 减去批发成本 $W_1{}^I D_R{}^I$ 与线下销售努力成本 $1/2k_S S^2$ 构成；供应链总利润由制造商与零售商利润之和构成。因此，制造商、零售商、供应链总利润函数如下所示：

$$\underset{W_1^I,\ W_2^I}{\Pi_M^I} = W_2{}^I D_M{}^I + W_1{}^I D_R{}^I - \frac{1}{2}k_m m^2 \tag{10.16}$$

$$\underset{P^I}{\Pi_R^I} = (P^I - W_1{}^I) D_R{}^I - \frac{1}{2}k_S S^2 \tag{10.17}$$

$$\Pi_{总}^I = \mathrm{W}_2{}^I D_M{}^I + P^I D_R{}^I - \frac{1}{2}k_m m^2 - \frac{1}{2}k_S S^2 \tag{10.18}$$

制造商主导、零售商跟从的Stackelberg博弈求解过程如下：

对式（10.17）中 P^I 求二阶偏导，得 $-2<0$，所以存在唯一最优解：

$$P^{I*} = \frac{\left(1-\alpha + W_1{}^{I*} + W_2{}^{I*}\lambda + dm + cs\right)}{2} \tag{10.19}$$

将最优零售价 P^{I*} 代入式（10.18）中求解关于批发价格 $W_1{}^I$ 与最优直销价格 $W_2{}^I$ 的联和方程组得：

$$W_1{}^{I*} = -\frac{\lambda(\alpha + dm - cs + \lambda - \alpha\lambda + dm\lambda + cs\lambda)}{2(\lambda^2 - 1)} \tag{10.20}$$

$$W_2{}^{I*} = -\frac{(\alpha + dm - cs + \lambda - \alpha\lambda + dm\lambda + cs\lambda)}{2(\lambda^2 - 1)} \tag{10.21}$$

命题1：在未实行节能家电补贴政策时，线上直销价格 $W_2{}^{I*}$、线下批发价格 $W_1{}^{I*}$、线下零售价格 P^{I*} 与能效比 m 成正相关；线下销售努力 s 与线下批发价格 $W_1{}^{I*}$、线上直销价格 $W_2{}^{I*}$ 成负相关，与线下零售价格 P^{I*} 成正相关；线上渠道消费者 α 的增加会令批发价格 $W_1{}^{I*}$、直销价格 $W_2{}^{I*}$ 随之增加，零售价格 P^{I*} 随之下降，且对批发价格 $W_1{}^{I*}$ 影响幅度最小，直销价格 $W_2{}^{I*}$、零售价格 P^{I*} 被影响幅度一致。

证明：

$$\frac{\partial W_1{}^{I*}}{\partial m} = \frac{d\lambda}{2(1-\lambda)} > 0\text{，}\quad \frac{\partial W_2{}^{I*}}{\partial m} = \frac{\partial P^{I*}}{\partial m} = \frac{d}{2(1-\lambda)} > 0$$

$$\frac{\partial W_1{}^{I*}}{\partial s} = \frac{-c\lambda}{2(1+\lambda)} < 0\text{，}\quad \frac{\partial W_2{}^{I*}}{\partial s} = \frac{-c}{2(1+\lambda)} < 0\text{，}\quad \frac{\partial P^{I*}}{\partial s} = \frac{c}{2(1+\lambda)} > 0$$

$$\frac{\partial W_1^{I*}}{\partial \alpha}=\frac{\lambda}{2(1+\lambda)}>0, \quad \frac{\partial W_2^{I*}}{\partial \alpha}=\frac{1}{2(1+\lambda)}>0, \quad \frac{\partial P^{I*}}{\partial \alpha}=-\frac{1}{2(1+\lambda)}<0$$

$$\left|\frac{\partial P^{I*}}{\partial \alpha}\right|=\left|\frac{\partial W_2^{I*}}{\partial \alpha}\right|, \quad \left|\frac{\partial W_1^{I*}}{\partial \alpha}\right|-\left|\frac{\partial W_2^{I*}}{\partial \alpha}\right|<0$$

证毕。

能效比的增大会使得节能减排成本增加，此时制造商会提高线上直销价格以及批发价格，通过零售商以及消费者减少成本压力。而进货成本的上升也会令零售商提高零售价格，将成本分摊到消费者身上以确保自身的收益不会减少。

在未实行节能家电补贴政策时，由于线上销售渠道天然的竞争优势，线下零售商必须通过促销、折扣、广告等方式提高线下销售努力，以更好的与线上渠道进行竞争。但随之而来的是推广成本的上升，因此零售商会提高销售价格确保盈利，此时线上渠道也因渠道竞争压力加大而降低线上节能家电的销售价格以重新获得竞争优势。当线下零售商更努力地销售节能家电时，从制造商处进货的需求量加大，而此时制造商的线上销售量下降，因此制造商会提高批发价格以实现线上线下双赢。

当大部分消费者通过网络渠道购买节能家电，参与线下销售渠道的零售商则会通过降低节能家电的价格继续吸引顾客，同时减少进货量，此时制造商会通过提高批发价格以确保线下渠道的收益。无论消费者是偏向于哪种渠道进行消费，都会反映到直接面向消费者的直销价格与零售价格上，因此对于购买人数的反应更为强烈。

10.3.2.2 情形Ⅱ：有节能家电补贴政策且制造商为公平中性

节能家电补贴政策下制造商、零售商、供应链利润函数结构组成与无节能家电补贴情况下相一致，仅需求函数发生变化，如下所示：

$$\underset{W_1^{II},\ W_2^{II}}{\Pi_M^{II}}=W_2^{II}D_M^{II}+W_1^{II}D_R^{II}-\frac{1}{2}k_m m^2 \tag{10.22}$$

$$\underset{P^{II}}{\Pi}{}_R^{II}=(P^{II}-W_1^{II})D_R^{II}-\frac{1}{2}k_S S^2 \tag{10.23}$$

$$\Pi_{总}^{II}=\mathrm{W}_2^{II}D_M^{II}+P^{II}D_R^{II}-\frac{1}{2}k_m m^2-\frac{1}{2}k_S S^2 \tag{10.24}$$

根据与情形I相同的逆序求解法可得：

$$P^{II^*}=\frac{dm-\partial+cs+1}{2(1-e)}+\frac{(\lambda-e)W_2^{II}}{2(1-e)}+\frac{W_1^{II}}{2} \tag{10.25}$$

将 $P^{II\,*}$ 代入供应链总利润函数式（10.24）中，对 W_1^{II} 、W_1^{II} 求解一阶偏导并令其等于0得：

$$W_1^{II^*}=\frac{\begin{pmatrix}\lambda^2(dm+cs-\partial+1)+(\lambda-e)(dm-cs)\\+\partial e(\lambda-1)+e^2(1+2dm)-e\lambda(3dm+cs)+\lambda(\partial-2e)\end{pmatrix}}{2(e-1)(\lambda^2-2e\lambda+2e-1)} \tag{10.26}$$

$$W_2^{II^*}=\frac{\lambda(-dm-cs+\partial-1)+(-\partial-dm+cs)+e(1+2dm)}{2(\lambda^2-2e\lambda+2e-1)} \tag{10.27}$$

命题2：节能家电补贴政策放大了渠道间价格竞争 λ 的影响力度；在无节能家电补贴向有节能家电补贴的转变中，消费者渠道选择对批发价格的影响由正相关转化为与阈值 λ 相关，当交叉价格影响系数 $\lambda<0.13$ 时，批发价格 $W_1^{II^*}$ 会随线上消费人数 α 的增加而下降；直销价格 $W_2^{II^*}$ 、零售价格 P^{II^*} 的相关性无变化，但被影响幅度发生变化；节能家电补贴后零售价格受渠道选择影响的幅度变化高于节能家电补贴前，而当 $\lambda<0.26$ 时直销价格变动幅度才大于节能家电补贴前的变动幅度。

证明：

$$\frac{\partial W_1^{II^*}}{\partial\alpha}=\frac{-e+\lambda+e\lambda-\lambda^2}{2(e-1)(\lambda^2-2e\lambda+2e-1)}$$

$$\frac{\partial W_2^{II*}}{\partial\alpha}=\frac{\lambda-1}{2(\lambda^2-2e\lambda+2e-1)}$$

$$\frac{\partial P^{II^*}}{\partial\alpha}=\frac{1-\lambda}{2(\lambda^2-2e\lambda+2e-1)}$$

将 $e=0.13$ 代入分母可得 $(\lambda^2-2e\lambda+2e-1)<0$ ，同理将 $e=0.13$ 代入分子中可得：当 $\frac{\partial P^{II^*}}{\partial\alpha}<0$ ，$\frac{\partial W_2^{II^*}}{\partial\alpha}>0$ 。当 $\lambda<0.13$ 时，$\frac{\partial W_1^{II^*}}{\partial\alpha}<0$ 。$|\frac{\partial P^{II^*}}{\partial\alpha}|-|\frac{\partial P^{I^*}}{\partial\alpha}|=\frac{1}{\lambda^2-2e\lambda+2e-1}-1$ ，由于 $\lambda^2-2e\lambda+2e-1\in(0,1)$ ，可得其为正。同理，$|\frac{\partial W_2^{II^*}}{\partial\alpha}|-|\frac{\partial W_2^{I^*}}{\partial\alpha}|=\frac{\lambda-1}{(\lambda^2-2e\lambda+2e-1)}-1$ ，由一元二次函

数可知，当$\lambda<0.26$时，$\frac{\lambda-1}{(\lambda^2-2e\lambda+2e-1)}>1$，即差值为正，证毕。

节能家电补贴政策的加入使原有的市场环境中出现了一个新的刺激点，打破了两条渠道原有的均衡，在非直接面对消费者的批发价格上表现出来。节能家电补贴政策下，批发价格并不会随线上消费者的增加而持续上升，相反会受到渠道间价格竞争度的限制。当渠道间价格竞争程度未达到阈值时，零售商的收益在供应链总和中占比较大，此时制造商会选择保证零售商的收益以实现供应链整体收益最大化的目标。

节能家电补贴政策刺激了消费，使得零售价格对消费者渠道选择的变动更为敏感，直销价格也受渠道间交叉影响系数的制约。当渠道间价格竞争十分激烈时，零售商会大幅降低价格开启价格战，而制造商为保证供应链收益最大化会降低补贴前节能家电价格的上涨幅度，以保证供应链的平稳运行。

命题3：节能家电补贴政策下直销价格$W_2^{II^*}$、零售价格P^{II^*}仍随能效比m的增加而上升，但批发价格$W_1^{II^*}$会受渠道间交叉价格影响系数λ限制，当$\lambda<0.13$时，批发价格会随能效比的增加而下降；实行节能家电补贴政策后，线下零售价格P^{II^*}对于节能减排程度的增加更敏感，线上直销价格则相反；实行节能家电补贴政策后，对于批发价格$W_1^{II^*}$来说，当$\lambda<0.31$时，补贴后对节能减排量程度增加的反应会更激烈。

证明：

$$\frac{\partial W_2^{II^*}}{\partial m}=\frac{d(2e-\lambda-1)}{2(\lambda^2-2e\lambda+2e-1)}>0$$

$$\frac{\partial W_1^{II^*}}{\partial m}=\frac{d(2e^2-3e\lambda-e+\lambda+\lambda^2)}{2(e-1)(\lambda^2-2e\lambda+2e-1)}$$

$$\frac{\partial P^{II^*}}{\partial m}=\frac{d(1-3e+2e^2+\lambda-e\lambda)}{2(e-1)(\lambda^2-2e\lambda+2e-1)}=\frac{d(2e-\lambda-1)}{2(\lambda^2-2e\lambda+2e-1)}>0$$

$$\begin{aligned}\frac{\partial W_1^{I^*}}{\partial m}-\frac{\partial W_1^{II^*}}{\partial m}&=\frac{\lambda^3(e-1)+\lambda^2(2e-2e^2-1)+2e^2\lambda+e-2e^2}{2(e-1)(\lambda^2-2e\lambda+2e-1)}\\&=\frac{-0.87\lambda^3-0.7062\lambda^2+0.338\lambda+0.0962}{-3.74(\lambda^2-0.26\lambda+0.74)}\end{aligned}$$

$$\frac{\partial W_2^{I^*}}{\partial m}-\frac{\partial W_2^{II^*}}{\partial m}=\frac{\lambda^2-2e\lambda+\lambda}{2(e-1)(\lambda^2-2e\lambda+2e-1)}=\frac{\lambda^2+0.74\lambda}{-3.74(\lambda^2-0.26\lambda+0.74)}>0$$

$$\frac{\partial P^{I^*}}{\partial m}-\frac{\partial P^{II^*}}{\partial m}=\frac{\lambda^3+2\lambda^2(1-2e)+2e-3}{4(\lambda^2-2e\lambda+2e-1)}=\frac{\lambda^3+1.48\lambda^2+2.74}{4(\lambda^2-0.26\lambda+0.74)}<0$$

将 $e=0.13\in(0,1)$、$\lambda\in(0,1)$ 代入 $(\lambda^2-2e\lambda+2e-1)$ 中可知 $\frac{\partial W_1^{II^*}}{\partial m}$ 及 $\frac{\partial W_1^{I^*}}{\partial m}-\frac{\partial W_1^{II^*}}{\partial m}$ 中的分母为负，由分子关于 λ 的二次函数、三次函数可知 $\lambda<0.13$ 时，$\frac{\partial W_1^{II^*}}{\partial m}$；$\lambda<0.31$ 时，$\frac{\partial W_1^{I^*}}{\partial m}-\frac{\partial W_1^{II^*}}{\partial m}<0$，证毕。

节能家电补贴政策是针对消费者的节能补贴政策，并未改变节能减排带给制造商的减排成本压力，因此随着碳减排量的增加，产品的定价仍会随之上升。当线下渠道价格变动对线上销量影响不大时，补贴会令零售商的批发量增加，制造商会在一定程度上降低批发价格。补贴与减排成本的增加是消费者与制造商、零售商的直接博弈，因此对未直接与顾客接触的批发价格影响较少。节能家电补贴放大了渠道间价格竞争因素的影响，当竞争不激烈时，线上直销价格的增加并不会导致线下渠道销量剧增，零售商因此也不会过多增加进货量，当零售商为自身收益向制造商施压降低批发价格时，制造商并不会亏损过多，同时制造商为确保线下节能家电的批发数量及整条供应链收益最大化，会同意降低批发价格。

节能减排补贴的标准根据能耗判断，一级能耗能够获得最高13%的补助（500元封顶），人们更加注重产品的节能减排程度，补贴会带来节能家电需求的增加，而实体店运营成本高于线上运营，制造商施加的节能成本与零售商自身产生的运营成本会令线下定价对节能减排量的变动更加敏感。

命题4：在节能家电补贴政策下，制造商的线下销售努力 s 仍与零售价 P^{II^*} 成正相关，与线上直销价格 $W_2^{II^*}$ 成负相关，但批发价格 $W_1^{II^*}$ 却转变为受渠道间交叉价格影响系数的限制，当 $\lambda<0.13$ 时，批发价格才会随线下销售努力上升；实行节能家电补贴政策后，线下销售努力 s 对零售价格 P^{II^*}、直销价格 $W_2^{II^*}$ 的影响度力均高于补贴前；当渠道间交叉价格影响系数 $\lambda<0.26$ 时，补贴后线下销售努力 s 对批发价格 $W_1^{II^*}$ 的影响程度低

于补贴前。

证明：

$$\frac{\partial W_1^{II^*}}{\partial s}=\frac{c(e-\lambda)(1-\lambda)}{2(e-1)(\lambda^2-2e\lambda+2e-1)}$$

$$\frac{\partial W_2^{II^*}}{\partial s}=\frac{c(1-\lambda)}{2(\lambda^2-2e\lambda+2e-1)}$$

$$\frac{\partial P^{II^*}}{\partial s}=\frac{c(\lambda-1)}{2(\lambda^2-2e\lambda+2e-1)}$$

将 $e=0.13$ 代入分母可得 $(\lambda^2-2e\lambda+2e-1)<0,\ e-1<0$，同理将 $e=0.13$ 代入分子中可得当 $\frac{\partial P^{II^*}}{\partial s}>0$，$\frac{\partial W_2^{II^*}}{\partial s}<0$。当 $\lambda<0.13$ 时，$\frac{\partial W_1^{II^*}}{\partial s}>0$。

$$\begin{aligned}\frac{\partial W_1^{II^*}}{\partial s}-\frac{\partial W_1^{I^*}}{\partial s}&=c\cdot\frac{(2e^2-4e)\lambda+(e-1)\lambda^3+(1-2e^2+2e)\lambda^2+e}{2(e-1)(\lambda^2-2e\lambda+2e-1)}\\&=c\cdot\frac{-0.4862\lambda-0.87\lambda^3+1.2262\lambda^2+0.13}{-3.74(\lambda^2-0.26\lambda+0.74)}>0\end{aligned}$$

$$\frac{\partial W_2^{II^*}}{\partial s}-\frac{\partial W_2^{I^*}}{\partial s}=c\cdot\frac{(1-\lambda)(2e-\lambda)}{2(\lambda^2-2e\lambda+2e-1)}=c\cdot\frac{(1-\lambda)(0.26-\lambda)}{2(\lambda^2-0.26\lambda+0.74)}$$

$$\frac{\partial P^{II^*}}{\partial s}-\frac{\partial P^{I^*}}{\partial s}=c\cdot\frac{\lambda^3+\lambda^2(-1-2e)+4e\lambda-2e}{2(\lambda^2-2e\lambda+2e-1)}=c\cdot\frac{\lambda^3-1.26\lambda^2+0.52\lambda-0.26}{2(\lambda^2-0.26\lambda+0.74)}>0$$

易得当 $\lambda>0.26$，$\frac{\partial W_2^{II^*}}{\partial s}-\frac{\partial W_2^{I^*}}{\partial s}>0$，证毕。

由于线上购物的便利性，线下零售商需要付出更多的销售努力吸引消费者，此时线下销售量会增加，因此制造商、零售商会通过增加零售价格、降低线上直销价格来应对。当直销价格下降并未过多减少线下销售渠道的销量，同时零售价格的提高也未使得线上渠道消费者激增时，制造商会通过提高批发价格来确保整条供应链的收益不降低。

节能家电补贴会带来节能家电销售量的增加，制造商通过让利、促销来加大线下销售力度，会引发消费者更大的反应，因而对价格的调控力度会更大。当$\lambda<0.26$时，零售商销售努力地增加会使得批发价格降低，为了保证自身线下利润以及整条供应链收益的最大化，制造商不会对批发价格做出过多调整，因此在补贴政策刺激消费后，批发价格变动幅度反而降低。

10.3.2.3　情形Ⅲ：有节能家电补贴政策且制造商具有公平关切

实行节能家电补贴政策后，节能家电的定价以及供应链成员的利润都会发生较大的变动。制造商在追求整条供应链最大利润的基础上还要承担节能减排成本，因此会引发制造商的公平关切行为，在追求整条供应链收益最优时会考虑自己收益在供应链总收益中是否公平。

当制造商具有公平关切时，制造商的效用函数要引入公平关切的影响，但是零售商的效用函数仍等于利润函数。因此，根据杜少甫等专家学者的研究[17]，节能家电补贴政策中节能补贴引发制造商公平关切行为时制造商、零售商、供应链效用函数如下所示：

$$\Pi_M{}^{III} = (1+h)\Pi_M{}^{II} - h\Pi_R{}^{II} \tag{10.28}$$

$$\Pi_R{}^{III} = \Pi_R{}^{II} \tag{10.29}$$

$$\Pi^{III} = \Pi_M{}^{II} + \Pi_R{}^{II} = (1+h)\Pi_M{}^{II} + (1-h)\Pi_R{}^{II} \tag{10.30}$$

根据求解的逆序求解法，可以得到最优解如下：

$$W_1{}^{III^*} = \frac{\begin{pmatrix}(1-\alpha+dm-cs)(\lambda^2-\lambda^2 h+4h)\\ +(dm-cs+\alpha)(\lambda+3\lambda h-e)+eh(5\alpha-5cs-8-11dm)\end{pmatrix}}{2(\lambda^2-2e\lambda+2e-1)(e-1)(3h+1)} + \frac{e\lambda(\alpha-3dm-cs-2)+e^2(1+3h+2dm)+eh\lambda(5cs-5\alpha+2-dm)}{2(\lambda^2-2e\lambda+2e-1)(e-1)(3h+1)}$$

$$W_2{}^{III^*} = \frac{\lambda(-dm-cs+\partial-1)+(-\partial-dm+cs)+e(1+2dm)}{2(\lambda^2-2e\lambda+2e-1)}$$

$$P^{III^*} = \frac{dm-\partial+cs+1}{2(1-e)} + \frac{(\lambda-e)W_2{}^{III^*}}{2(1-e)} + \frac{W_1{}^{III^*}}{2}$$

命题5：制造商的公平关切行为会对批发价格 $W_1{}^{III^*}$ 产生较大的影响。当制造商开始关注自身的收益相较零售商是否公平时，节能成本对于批发价格 $W_1{}^{III^*}$ 的影响不仅仅受渠道间交叉价格影响系数 λ 的约束，还会受到制造商公平关切程度 h 的制约。当 $\lambda, h < 0.09$ 时，批发价格 $W_1{}^{III^*}$ 随能效比 m 的增加而下降；而此时渠道消费人数 α 的变化却因制造商的公平关切行为而摆脱了渠道间交叉价格影响系数 λ 的约束。制造商的公平关切行为并不会对直销价格 $W_2{}^{III^*}$、零售价格 P^{III^*} 与影响因素间的相关性产生影响；

但会令能效比 m 对零售价格 P^{III^*} 影响幅度变小，线下销售努力 s 、消费者渠道偏好 α 对零售价格 P^{III^*} 影响程度变大。

证明：

$$\frac{\partial W_1^{III^*}}{\partial m}=\frac{d(\lambda^2(1-h)+\lambda h(3-e)+\lambda(1-3e)+h(4-11e+6e^2)+2e^2-e)}{2(\lambda^2-2e\lambda+2e-1)(e-1)(3h+1)}$$

$$=\frac{d(\lambda^2(1-h)+2.87\lambda h+2.61\lambda+2.6714h-0.2662)}{2(\lambda^2-2e\lambda+2e-1)(e-1)(3h+1)}$$

将 $e=0.13$ 代入分母可得 $2(\lambda^2-2e\lambda+2e-1)(e-1)(3h+1)>0$ ，即 $\frac{\partial W_1^{III^*}}{\partial m}$ 的正负可由分子决定，易由此得出：当 $\lambda,h<0.09$ 时，$\frac{\partial W_1^{III^*}}{\partial m}<0$。

$$\frac{\partial W_1^{III^*}}{\partial \alpha}=\frac{\lambda^2(h-1)+\lambda h(3-5e)+\lambda(e+1)+h(5e-4)-e}{2(\lambda^2-2e\lambda+2e-1)(e-1)(3h+1)}<0$$

$$\frac{\partial W_1^{III^*}}{\partial s}=-\frac{\lambda^2(h-1)+\lambda h(3-5e)+\lambda(e+1)+h(5e-4)-e}{2(\lambda^2-2e\lambda+2e-1)(e-1)(3h+1)}>0$$

$$\frac{\partial W_2^{III^*}}{\partial m}=\frac{\partial W_2^{II^*}}{\partial m}=\frac{d(2e-\lambda-1)}{2(\lambda^2-2e\lambda+2e-1)}>0$$

$$\frac{\partial W_2^{II^*}}{\partial \alpha}=\frac{\partial W_2^{III^*}}{\partial \alpha}=\frac{\lambda-1}{2(\lambda^2-2e\lambda+2e-1)}>0$$

$$\frac{\partial W_2^{III^*}}{\partial s}=\frac{c(1-\lambda)}{2(\lambda^2-2e\lambda+2e-1)}<0$$

$$\frac{\partial P^{III^*}}{\partial m}=d\cdot\left(\frac{1}{2(1-e)}+\frac{\lambda-e}{2(1-e)}\frac{\partial W_2^3}{\partial m}+\frac{1}{2}\cdot\frac{\partial W_1^3}{\partial m}\right)$$

$$=d\cdot\frac{\lambda^2(h-1)+\lambda h(3-5e)+\lambda(e+1)+h(5e-4)-e}{2(\lambda^2-2e\lambda+2e-1)(e-1)(3h+1)}>0$$

$$\frac{\partial P^{III^*}}{\partial \alpha}=\frac{2h\lambda^2+\lambda h(3-7e)+(e-1)(1+5h-\lambda)}{2(\lambda^2-2e\lambda+2e-1)(e-1)(3h+1)}<0$$

$$\frac{\partial P^{III}}{\partial s}=\frac{(2e-1-\lambda)(\lambda-1)(5h+1)}{2(\lambda^2-2e\lambda+2e-1)(e-1)(3h+1)}>0$$

$$\frac{\partial P^{III^*}}{\partial s}-\frac{\partial P^{II^*}}{\partial s}=\frac{-2h+e+7eh-5h\lambda-\lambda}{2(\lambda^2-2e\lambda+2e-1)(e-1)(3h+1)}>0$$

$$\frac{\partial P^{III^*}}{\partial m}-\frac{\partial P^{II^*}}{\partial m}=\frac{\lambda^2(h-1)+2e\lambda(h+1)-3h-1-6he^2-2e^2+2e+14eh}{2(\lambda^2-2e\lambda+2e-1)(e-1)(3h+1)}<0$$

$$\frac{\partial P^{III^*}}{\partial \alpha}-\frac{\partial P^{II^*}}{\partial \alpha}=\frac{-2h-3eh-4eh\lambda+2h\lambda^2}{2(\lambda^2-2e\lambda+2e-1)(e-1)(3h+1)}>$$

证毕。

零售商的销售努力会造成自身成本增加，而线上渠道消费者的增多会使得线下销售量减少，两者情形都会直接令零售商收益减少。由于制造商的公平关切行为会减少零售商的收益，因此零售商会提高零售价格的上涨幅度。节能成本的增加并不是直接面对零售商，而是制造商通过对批发价格的调节，间接施加给零售商，当零售商在制造商公平关切行为下收益变低，制造商会通过下调批发价格以保证两者收益是公平的，因此零售价格增长幅度相较无公平关切时低。

命题6：当制造商对收益分配是否公平的关注增加时，批发价格 ${W_1}^{III^*}$ 与零售价格 P^{III^*} 都会随之上升，且对批发价格 ${W_1}^{III^*}$ 的影响幅度为零售价格 P^{III^*} 的二倍；但制造商的公平关切行为对线上直销价格 ${W_2}^{III^*}$ 无影响。

证明：

$$\frac{\partial {W_2}^{III^*}}{\partial h}=0$$

$$\frac{\partial {W_1}^{III^*}}{\partial h}=\frac{2(1-\lambda)(\lambda+1-2e)}{(\lambda^2-2e\lambda+2e-1)(e-1)(3h+1)^2}>0$$

$$\frac{\partial P^{III^*}}{\partial h}=\frac{\lambda-e}{2(1-e)}\cdot\frac{\partial {W_2}^{III^*}}{\partial h}+\frac{1}{2}\cdot\frac{\partial {W_1}^{III^*}}{\partial h}=\frac{(1-\lambda)(\lambda+1-2e)}{(\lambda^2-2e\lambda+2e-1)(e-1)(3h+1)^2}>0$$

证毕。

制造商的公平关切行为体现在制造商与零售商针对批发价格的博弈上面。因而制造商的公平关切程度对于线上零售价格无影响，当制造商察觉收益减少会通过提高批发价格弥补损失，且当零售商会接受制造商的公平关切行为时，只能通过提高零售价格保证利润不会降低，在节能家电补贴刺激消费的情形下，零售商会采取提高零售价格的方式从消费者身上获益。

在无节能家电补贴、仅有节能家电补贴、节能家电补贴下考虑制造商公平关切行为三种情形下，分别分析能效比、零售商销售努力程度、不同渠道消费者比例对直销价格、零售价格、批发价格相关性及影响幅度的变化。通过对比得出有无节能家电补贴政策、制造商有无公平关切行为对于供应链成员博弈行为的影响。但是，直接分析三种情形下各自利润的影响因素和对比不同情形下利润的高低有一定难度，现使用Matlab进行数值模拟以更好地对利润变化进行分析。

10.3.3 数值分析

假定偏向线上渠道消费者所占比例 $\alpha=0.5$，消费者对产品节能程度敏感系数 $d=0.5$，节能减排成本系数 $k_m=0.5$，渠道间交叉影响系数 $\lambda=0.5$，销售努力敏感系数 $c=0.3$，销售努力成本系数 $k_s=0.5$，零售商线下销售努力 $s=1$，制造商公平关切系数 $h=0.5$，能效比 $m=4.5$。

10.3.3.1 三种情形下能效比对于利润的影响

通过图10–2至图10–4可知：能效比（节能减排效果）的增加使零售商的利润不断上升。节能家电补贴促使消费者增加对于节能环保家电的购买，两种销售渠道的销售量都会增加，且零售商不必承担增加的节能减排成本，因此收益不断增加，且在情形Ⅱ仅具有节能家电补贴时收益最大。而制造商收益则随着节能成本的增加而不断减少。当制造商具有公平关切时，尽管节能成本会随着节能产品的销量及节能程度而增加，但制造商的公平意识会对零售商产生压制，此时制造商收益最大化。供应链总利润会随着能效比的增加不断增加，在仅含有节能家电补贴的情形下收益最大。

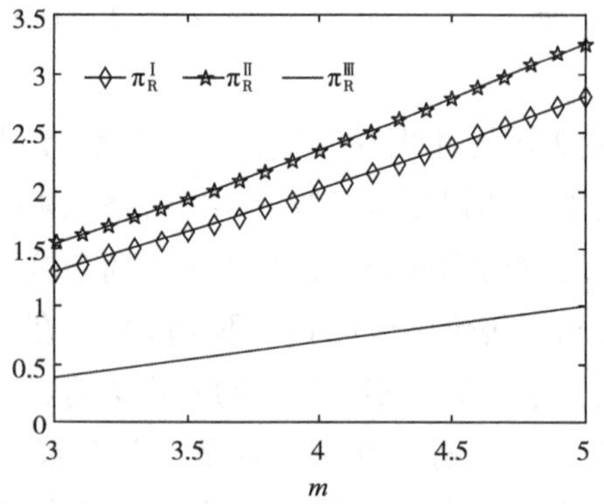

图 10–2 零售商利润

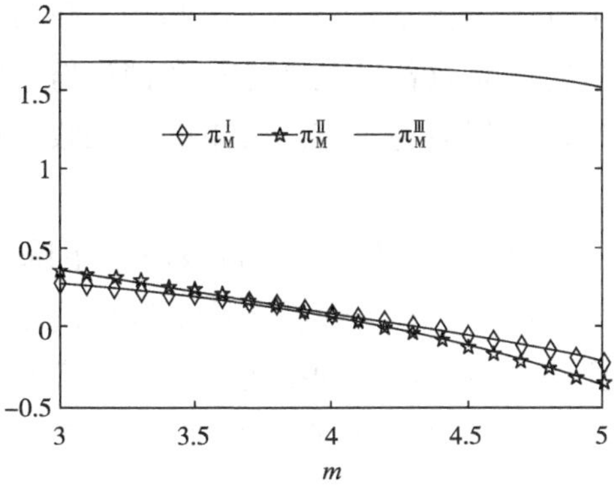

图 10-3　制造商利润

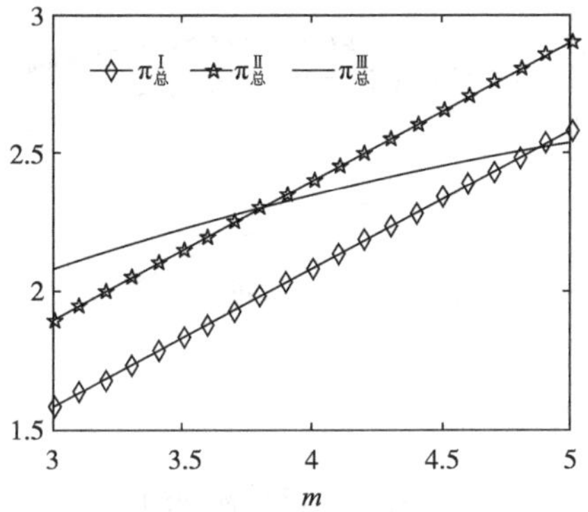

图 10-4　总利润

结论：在竞合博弈过程中，制造商会牺牲自己的收益来实现整条供应链收益最大化，因此节能程度的增加给零售商带来的增益多于制造商的损失，整条供应链的收益在情形Ⅱ仅具有节能补贴时最高。

10.3.3.2　三种情形下零售商销售努力对于利润的影响

由图 10-5 可知：零售商销售努力增加后，批发价格下降，零售价格上升，因此零售商收益增加，但收益并不会随销售努力的增加一直上升，当努力过度后，零售商的收益会随之下降。由图 10-6 可知：零售商更努力地销售节能产品，会令制造商的批发价格、直销价格下降，造成收益下降，但是当制造商具有公平关切时线上直销价格不变，抑制住零售商讨价还价的能力后批发价格上升，当销售数量达到一定程度时，制造商的收益增加。由图10–7可知：节能补贴后制造商、零售商、供应链总收益总是高于未补贴前，但是供应链的总收益还是随零售商销售努力的增加呈现出递减的趋势，可见销售付出的努力为零售商带来的增加收益低于为制造商带来的损失。

结论：零售商过度的销售努力会使自身收益下降，反而令制造商收益增加。在节能减排补贴下零售商收益下降的阈值晚于补贴前，因此零售商在补贴政策下也要注重节能产品的推销。若零售商在节能补贴政策下仍选择加大推广力度，供应链总收益在情形Ⅲ制造商具有公平关切情形下最高。

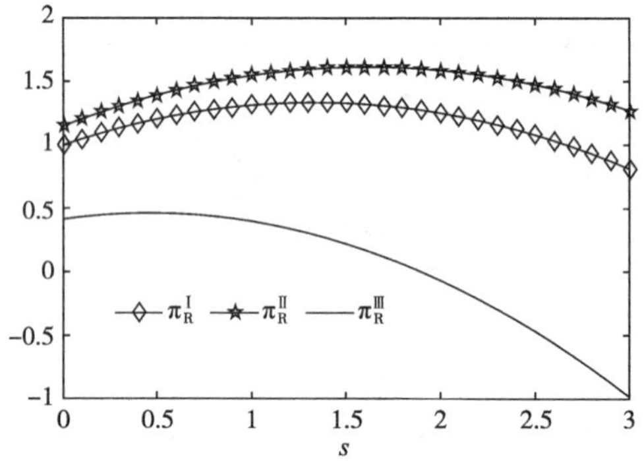

图 10–5　零售商利润

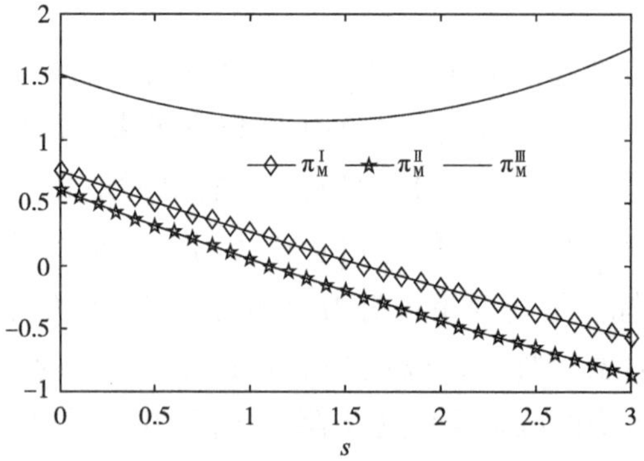

图 10–6　制造商利润

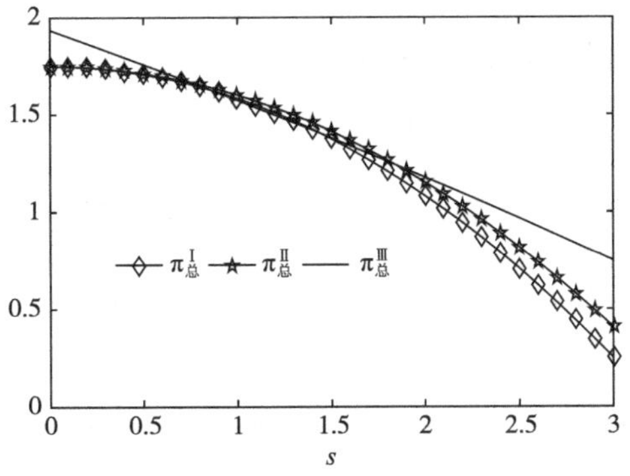

图 10-7　总利润

10.3.3.3　三种情形下消费者线上渠道偏好对于利润的影响

由图10-8、图10-9可知：线上购买节能家电人数的增加会使制造商的收益不断增加，而零售商的收益则不断减少。线上消费人数的增加会使线上直销价格增加，而批发、零售价格下降。对于制造商，线上渠道的增益足够弥补由于批发价格下降带来的亏损，而零售商则会因为价格与销量的双重下降而收益减少。节能家电补贴会带来零售商与制造商收益的增加，但是制造商的公平关切行为会使零售商的收益低于节能家电补贴政策前的收益。当消费者全部转移到线下购买节能产品时，制造商的收益不足以支付节能减排所带来的成本，利润为负。

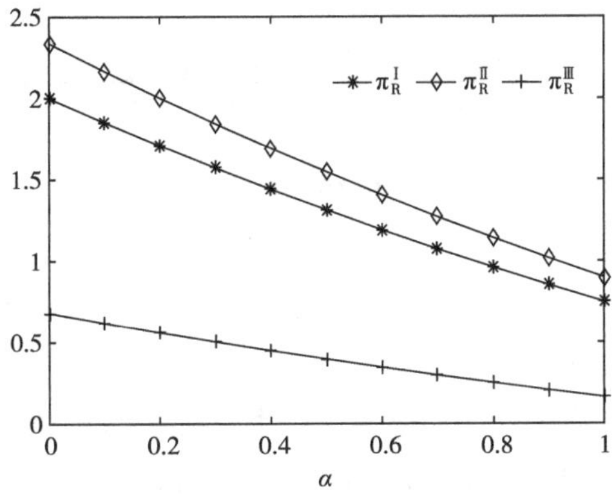

图 10-8　零售商收益

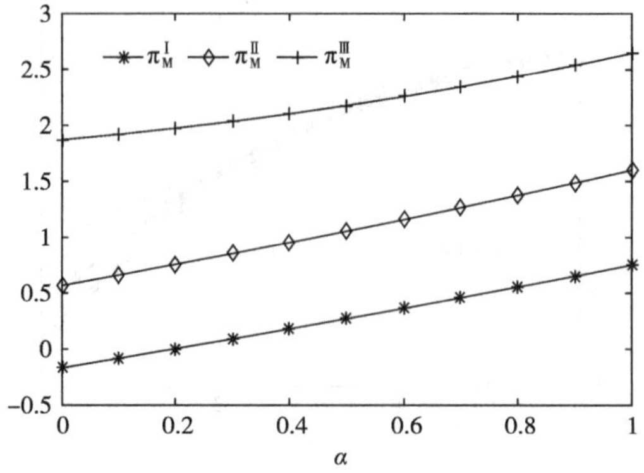

图 10-9 制造商收益

由图10-10可知：随着线上份额的增加，供应链的收益会减少。但是当制造商具有公平关切时，供应链的总收益会增加。节能家电补贴政策会使总收益增加。

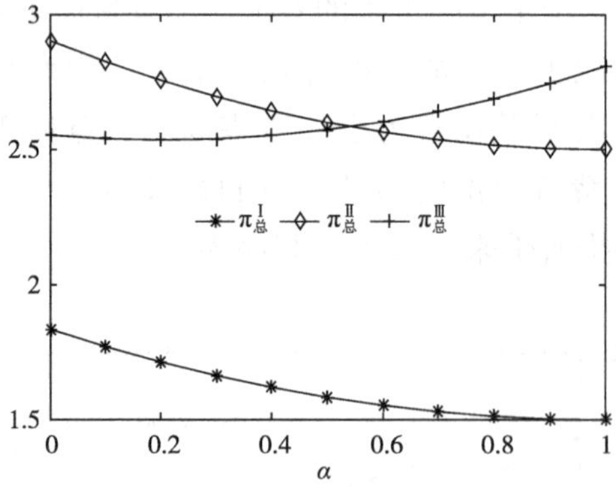

图 10-10 总收益

结论：在制造商追求供应链收益最大化时，零售商对于供应链总收益的增加做出了主要贡献。

10.3.3.4 制造商的公平关切程度对于利润的影响

由图10-11可以看出：当制造商关注自身收益是否公平时，制造商的利润增加，零售商的收益下降。制造商公平关切程度较低时，作为供应链主导者的制造商收益反而会低于零售商；当公平关切程度达到阈值0.2时，制造商的收益将超过零售商。制造商的公平关切行为可以带来整条供应链收益的增加，并呈现出先略降再持续上升的趋势。竞合博弈过程中制造商会牺牲一部分自身的收益来追求整条供应链的收益最大化，因此，制造商的收益会低于零售商。

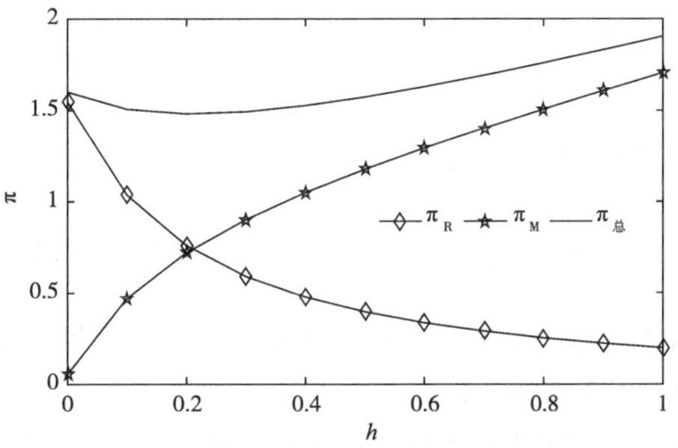

图 10-11　公平关切程度对收益的影响

结论：制造商公平关切行为为制造商带来的收益高于零售商的损失。

10.3.4　制造商价值分配核心的探讨

10.3.4.1　基础讨论

对于格力等家电制造商来说，除了线上开展直销业务外，线下将固定数量的家电通过一个零售商或多个零售商进行销售是否会有不同？下面我们将通过价值分配进行探讨。

假定供应链由一个制造商、多个零售商构成联盟 $N=\{m,s_1,s_2,\cdots,s_n\}$，零售商 $i\in\{1,2,\cdots,n\}$ 分别需要 $q_1,q_2,...,q_n$ 数量的节能家电，其中 $q_1\geqslant q_2\geqslant\cdots\geqslant q_n$。对于任意 $S\subseteq N$，有 $q_N=\sum\limits_{i\in S\setminus\{m\}} q_i$，假设制造商决定生产节能家电数量的多少，设总量 $0<u<q_N$，且制造商对每一位零售商提高的节能家电数量是均等的。设特征函数 $v(S)$ 如下：

$$v(S)=\begin{cases}0, m\notin S\\ -km^2/2, S=m\\ -km^2/2+w\min\{u,q_N\},其他\end{cases}$$

当$0<u<q_N$时，为保证核心非空，需满足：

$$x_m+\sum_{i=1}^{s}x_i=u\left(-\frac{1}{2}km^2+w\right)$$

$$0\leqslant x_i\leqslant w\min\left\{0,u-q_{N\backslash\{i\}}\right\}$$

$$u\left(-\frac{1}{2}km^2+w\right)-\sum_{i=1}^{s}w\min\left\{0,u-q_{N\backslash\{i\}}\right\}\leqslant x_m\leqslant u\left(-\frac{1}{2}km^2+w\right)$$

结论：制造商在产量固定，且给予每位零售商同等节能家电数量时，制造商更偏向于与更多的零售商合作。

证明：只需比较制造商价值分配核心的最小值即可，且由于产品定价及制造商减排成本一致，由此假设$|S_1|>|S_2|$，$\forall S_1$，$\forall S_2\subseteq N$，制造商分配价值$f=\sum_{i=1}^{s}\max\left\{0,u-q_{N\backslash\{i\}}\right\}$，随后进行分类讨论：

当$0<u<|S_2|q_2-q_2$时，$f^1=f^2=0$；

当$|S_2|q_2-q_2<u<|S_1|q_1-q_1$时，$f^1=0<f^2$；

当$|S_1|q_1-q_1<u$时，

$$f^1=\sum_{i\in N\backslash\{m\}}\max\left\{0,u-q_{N\backslash\{i\}}\right\}=\sum_{i\in N\backslash\{m\}}\left(u-q_{N\backslash\{i\}}\right)$$
$$=|S_1|u-\left(|S_1|-1\right)q_N=u-\left(|S_1|-1\right)\left(q_N-u\right)$$

$$f_2=\sum_{i\in N\backslash\{m\}}\max\left\{0,u-q_{N\backslash\{i\}}\right\}=\sum_{i\in N\backslash\{m\}}\left(u-q_{N\backslash\{i\}}\right)$$
$$=|S_2|u-\left(|S_2|-1\right)q_N=u-\left(|S_2|-1\right)\left(q_N-u\right)$$

由于$|S_1|>|S_2|$，可得$f_1<f_2$，证毕。

10.3.4.2　数值验证

假定制造商有五家零售商可选择，制造商制造节能家电总量为40台，分别可提供{36，37，38，39，40}的节能家电数量，假设每台节能家电可创造10单位价值。表10–4和表10–5分别为五家零售商和四家零售商的产能选择。

表 10–4　五家零售商的产能选择

产能选择	价值	1	2	3	4	5	价值之和	分配值最小值
40	400	80	80	80	80	80	400	0
39	390	70	70	70	70	70	350	50
38	380	60	60	60	60	60	300	100
37	370	50	50	50	50	50	250	150
36	360	40	40	40	40	40	200	200

表 10–5　四家零售商的产能选择

产能选择	价值	1	2	3	4	价值之和	分配值最小值
40	400	100	100	100	100	400	0
39	390	90	90	90	90	360	30
38	380	80	80	80	80	320	60
37	370	70	70	70	70	280	90
36	360	60	60	60	60	240	120

由表10–4、表10–5可知，制造商在零售商更多的时候可分配利润更高，因此，格力等节能家电厂家可选择与更多零售者合作。

10.3.5　结论

由单一制造商、单一零售商与低碳消费者组成的双渠道低碳供应链中，建立无节能家电补贴政策下不考虑制造商公平关切行为、有节能家电补贴政策不考虑制造商公平关切行为、节能家电补贴政策下考虑制造商公平关切行为的三种情形下由制造商主导的Stackelberg博弈模型。首先给出在三种情形下的最优定价。其次研究三种情形下能效比、零售商销售努力程度、消费渠道偏好、制造商公平关切程度对定价变动趋势及变动程度影响的区别。最后通过数值分析对比三种情形下不同影响因素对收益变动的影响，得出主要结论如下。

一是节能家电补贴政策对于批发价格影响最大。在渠道间交叉价格影响系数调控下，能效比（节能减排程度）、线下销售努力程度、消费渠道偏好与批发价格的相关性与补贴前相反。

二是节能家电补贴政策会放大渠道间价格相互影响的力度，当制造商具有公平关切行为时，被放大的影响力度会受到一定的制约。

三是在竞合博弈过程中，制造商会牺牲自己的收益来实现整条供应链收益最大化，因此节能程度的增加给零售商带来的增益多于制造商的损失，整条供应链在情形Ⅱ仅具有节能补贴时总收益最高。

四是零售商过度的销售努力会使自身收益下降，反而令制造商收益增加。在节能家电补贴下零售商收益下降的阈值晚于补贴前，因此对于零售商来说，在补贴家电政策下也要进行节能家电的推销，以获得更大的收益。

五是当制造商具有公平关切行为时，能效比对于批发价格的影响不仅仅受渠道间交叉影响系数的约束，还会受到制造商公平关切程度的制约。制造商公平关切程度增加时，零售价格的增速为批发价格为二倍，公平关切行为增加了制造商盈利的机会，同时为制造商带来的收益高于零售商的损失。

六是制造商在产量固定，且给予每位零售商同等节能家电数量时，制造商会更偏向于与更多的零售商合作。

本章小结

本章首先对绿色供应链决策和博弈论进行了理论概述，其中详细介绍了博弈论与绿色供应链的关系，为博弈论在绿色供应链实际问题中的应用进行铺垫，同时也概括了博弈论的分类以及非合作博弈与合作博弈的主要理论。随后，将博弈论的理论知识应用在低碳供应链中，运用非合作博弈理论研究基于竞合博弈节能补贴对双渠道低碳供应链决策的影响，同时运用数值模拟方法对其进行分析，进而得出研究结论。

案例分析

博弈论在实际供应链中的应用

某大型电子产品制造商，为了满足政府对环保的要求，决定实施绿色供应链管理。该公司在产品设计、材料采购、生产、包装、物流等环节都采取了环保措施，并引入了博弈论的方法来协调供应商和自身之间的利益关系。

该公司的博弈论模型基于供应商选择和生产计划两个环节。在供应商选择环节，该公司需要考虑多个供应商的报价和环保水平，并决定与哪些供应商合作。在生产计划环节，该公司需要考虑自身的生产能力和市场需求，并制定生产计划，同时也要考虑供应商的生产能力。

为了解决这两个环节的决策问题，该公司采用了博弈论中的纳什均衡方法。在供应商选择环节，该公司考虑了供应商的报价和环保水平，并计算出了每个供应商的纳什均衡点。根据这些纳什均衡点，该公司决定与哪些供应商合作，并达成了合作协议。在生产计划环节，该公司根据市场需求和自身的生产能力，制定了生产计划，并考虑了供应商的生产能力。通过计算纳什均衡点，该公司与供应商达成了生产计划的协调方案。

通过引入博弈论的方法，该公司在绿色供应链管理中取得了良好的效果。首先，该公司与供应商之间的合作更加协调，提高了供应链的效率。其次，通过采取环保措施，该公司的产品更加环保，得到了消费者的认可和好评。最后，通过实施绿色供应链管理，该公司降低了成本，提高了盈利能力。

问题讨论：

假如该电子产品制造商要进行绿色转型，如何将Stackelberg博弈运用于绿色供应链中？绿色供应链涉及哪些局中人？尝试构建博弈模型。

思考题

1.分析绿色供应链决策与博弈论的关系，并在现实案例中寻找依据。

2.设计一个基于博弈论的绿色供应链决策方案，并进行分析和评价。

3.在现实中的绿色供应链决策中，博弈论模型是否存在局限性？如果存在，应如何调整模型以更好地适应实际情况？

4.在绿色供应链决策中，合作博弈的分配方案该如何合理运用？

5.请解释纳什均衡如何帮助绿色供应链决策达到均衡？

6. Stackelberg博弈的主体间存在地位上的不平等，是否符合现实中绿色供应链局中人的地位状况或话语权？

7.非合作博弈与合作博弈各自的侧重点有何不同？

8.碳交易与碳税政策是否会对绿色供应链决策产生影响？尝试在绿色供应链博弈模型中予以刻画。

参考文献

[1] 王能民，孙林岩，汪应洛. 绿色供应链管理［M］. 北京：清华大学出版社，2005.

[2] SHAPLEY L S. A value for n-person games［J］. Contributions to the Theory of Games. 1953，2（28）：307-317.

[3] GILLIES D B. Solutions for games with incomplete information［J］. Contributions to the Theory of Games. 1953，2（29）：47-66.

[4] SCHMEIDLER D. The nucleolus of a characteristic function game［J］. SIAM Journal on Applied Mathematics. 1969，17（6）：1168-1173.

[5] AUMANN R，Maschler M. Games of economic rationality［J］. Econometrica: Journal of the Econometric Society. 1964，32（5）：557-570.

[6] CHWE M S. Structure and strategy in lattice games［J］. Journal of the American Statistical Association. 1994，89（428）：1096-1110.

[7] OWEN G. Values of games with a priori unions［M］//. Essays in mathematical economics & game theory［M］. New York：Springer，1977.

[8] van den Brink R. Null or nullifying players: The difference between the shapley value and equal division solutions [J] . Journal of Economic Theory. 2007, 136(1): 767 - 775.

[9] VAN DEN Brink, FUNAKI. Implementation and axiomatization of discounted shapley values [J] . Social Choice and Welfare. 2015, 45(2): 329 - 344.

[10] MA J H, GUO Z B. The influence of information on the stability of a dynamic bertrand game [J] . Communications in Nonlinear Science and Numerical Simulation. 2016, 30 (1–3): 32–44.

